Sebastian Dullien, Hansjörg Herr, Christian Kellermann
Der gute Kapitalismus

# XTEXTE

zu Kultur und Gesellschaft

Das vermeintliche »Ende der Geschichte« hat sich längst vielmehr als ein Ende der Gewissheiten entpuppt. Mehr denn je stellt sich nicht nur die Frage nach der jeweiligen »Generation X«. Jenseits solcher populären Figuren ist auch die Wissenschaft gefordert, ihren Beitrag zu einer anspruchsvollen Zeitdiagnose zu leisten. Die Reihe X-TEXTE widmet sich dieser Aufgabe und bietet ein Forum für ein Denken ›für und wider die Zeit‹. Die hier versammelten Essays dechiffrieren unsere Gegenwart jenseits vereinfachender Formeln und Orakel. Sie verbinden sensible Beobachtungen mit scharfer Analyse und präsentieren beides in einer angenehm lesbaren Form.

## Denken für und wider die Zeit

Sebastian Dullien, Hansjörg Herr,
Christian Kellermann

# Der gute Kapitalismus

... und was sich dafür nach der Krise ändern müsste

Mit einem Vorwort von Gesine Schwan

[transcript] X T E X T E

Gefördert durch die Friedrich-Ebert-Stiftung

**Bibliografische Information der Deutschen Nationalbibliothek**
Die Deutsche Nationalbibliothek verzeichnet diese Publikation in der Deutschen Nationalbibliografie; detaillierte bibliografische Daten sind im Internet über http://dnb.d-nb.de abrufbar.



Umschlaggestaltung: Kordula Röckenhaus, Bielefeld
Lektorat: Sönke Hallmann, Berlin
Korrektorat: Kirsten Hellmich, Bielefeld
Satz: Jörg Burkhard, Bielefeld
Druck: Aalexx Buchproduktion GmbH, Großburgwedel
ISBN 978-3-8376-1346-9

Gedruckt auf alterungsbeständigem Papier mit chlorfrei gebleichtem Zellstoff.

Besuchen Sie uns im Internet: *http://www.transcript-verlag.de*

Bitte fordern Sie unser Gesamtverzeichnis und andere Broschüren an unter: *info@transcript-verlag.de*

# Inhalt

# Vorwort

Gesine Schwan

Der Titel dieses Buches mag auf den ersten Blick naiv anmuten. Er erinnert an Wortverbindungen, auf die man eher skeptisch oder abschätzig reagiert: der gute Mensch, der gute Hirte. Damit verbindet man oft eine unrealistische Wunschwelt.

Trotzdem ist es ein weise gewählter Titel. Denn die Autoren wollen – gegen diese Erwartung – gerade eine realistische, politisch praktikable Alternative zum Kapitalismus der letzten dreißig Jahre vorstellen, den sie, wie sich dies in den letzten Monaten durchgesetzt hat, als »neoliberales« Modell bezeichnen. Korrekterweise müsste man es wohl »neo-neoliberal« nennen. Denn im Unterschied zum »Neoliberalismus« Euckens, Rüstows, Müller-Armacks und selbst Ludwig Erhards, die im vorigen Jahrhundert als »Ordoliberale« durchaus für einen staatlich geregelten Markt eintraten, war das Credo der letzten dreißig Jahre gerade die »Deregulierung«, der Glaube daran, dass möglichst ungeregelte Märkte am besten für Fortschritt, Produktivität, Innovation und ein langfristiges Gleichgewicht im Wohlstand sorgen können und am besten gleich noch die Politik überflüssig machen.

Die Krise der letzten Monate sowie ähnliche, aber weniger eingreifende Krisen in den neunziger Jahren des vergangenen Jahrhunderts haben uns nun gelehrt, dass stattdessen Instabilität, Finanzblasen, Stagnation, die wiederholte Zerstörung von Wohlstand und vor allem dessen zunehmend ungleiche Verteilung aus den ungeregelten Märkten hervorgingen, dass Nachhaltigkeit, schonender Umgang mit unseren natürlichen Ressourcen und Überwindung von weltweiter Armut aus systemischen Gründen unterminiert wurden.

Die Reaktion darauf fiel und fällt unterschiedlich aus: Während die einen sich auf die moralische Verurteilung von Finanzmanagern konzentrieren (und damit de facto alles »Systemische« beim Alten lassen), glauben andere, das »System« des Kapitalismus habe sich für immer diskreditiert – ohne freilich eine ordnungspolitische Alternative zu zeigen. Das Wort »System«

verweist hier dann auf eine kapitalistische Dynamik, die politisch nicht gestaltbar sei, weshalb es keinen »guten Kapitalismus« geben könne.

Die Autoren dieses Buches vertreten eine andere Position: Sie zeichnen – wohltuend analytisch und unter Verzicht auf oberflächliches Moralisieren – die politischen Entscheidungen nach, die zum »Neoliberalismus« der letzten dreißig Jahre geführt haben. Sie tun das ohne Schaum vorm Mund, verweisen auch auf Fehler »linker« Gewerkschaftspolitik mit überhöhten Lohnforderungen in den siebziger Jahren. Und überhaupt auf die schwierigen Herausforderungen einer immer weiter ansteigenden Arbeitslosigkeit, schmaler werdender Kassen der Sozialversicherungen und demografischer Veränderungen, die die Politik vor schwierige Entscheidungen stellten. Wenn die Entwicklungen der letzten Jahrzehnte aber durch die darauf antwortenden politischen Entscheidungen zustande gekommen sind, dann kann man sie, so die Autoren, mit einer anderern Politik auch umsteuern. Wie – das zeigt dieses Buch exemplarisch auf einer ganzen Reihe von Feldern.

Aus sozialwissenschaftlicher, politiktheoretischer und philosophischer Sicht erscheint mir in dem vorliegenden Entwurf eines »guten Kapitalismus« *eine* Botschaft besonders wichtig: Die Analyse der Autoren zeigt deutlich den auch kausalen Zusammenhang zwischen dem neuen Schub der ökonomischen Globalisierung seit den siebziger Jahren des vorigen Jahrhunderts, der quasi unbefragten Vorherrschaft der »neoliberalen« Angebots- und Deregulierungstheorie in der Wirtschaftswissenschaft, nach der die wichtigsten Entscheidungsträger in der Wirtschaft (und auch in der Politik!) ausgebildet worden sind, den Interessen der Kapitaleigner und Finanzmanager und schließlich der allgemeinen wirtschaftspolitischen Ausrichtung der politischen Parteien, einschließlich der europäischen Sozialdemokratien: »Waren in den 1950er- und 1960er-Jahren auch konservative Regierungen sozialdemokratisch eingestellt, so wurde ab den 1980er-Jahren die Masse der sozialdemokratischen Regierungen neoliberal.« (S. 37 in diesem Band)

Die Tatsache, dass seit den siebziger Jahren keynesianische Politik der Arbeitslosigkeit nicht mehr Herr wurde und die Sozialkassen zunehmend zu überfordern drohte, kann nicht der einzige Grund dafür gewesen sein. Es fehlte auch, z.B. in der Wissenschaft, der Sinn für die Notwendigkeit, unterschiedliche Ansätze bei der Erklärung von Phänomenen zu Rate zu ziehen, anstatt einer einzigen theoretischen Perspektive wie die Lemminge hinterherzulaufen.

Eine besonders wichtige Folge des marktradikalen Ansatzes war, dass die Wirtschaft als Ganze vorherrschend aus der Sicht der Einzelunternehmen – mit ihren durchaus legitimen, aber eben nicht zureichenden Perspektiven und Partikularinteressen – betrachtet und damit die gesamtwirtschaftliche Sicht vernachlässigt wurde. Methodisch wurde damit implizit das Ganze als die Summe der Teile betrachtet: Wenn die einzelnen Banken ein überzeugendes Risikokonzept hatten und stabil zu sein versprachen, genügte das.

Systemische Faktoren z.B., die eine Krise auslösen oder verstärken können, traten damit nicht mehr in den Blick.

In den Hochschulen hatte das Interesse der Studierenden an der Betriebswirtschaft dasjenige an der Nationalökonomie, die immerhin, erweitert zur Weltwirtschaft, an übergeordnete Interessen erinnern konnte, weit überflügelt. Zugleich förderte diese methodische Sichtweise geistig eine Quasi-Legitimierung der Priorität von Partikularinteressen, obwohl, theoretisch, nur eine naive Interpretation Adam Smith in dem Sinne deuten kann, dass die Interaktion von Partikularinteressen in einem ungeregelten Markt über die »unsichtbare Hand« automatisch auch das Gemeinwohl befördern würde. Adam Smith war schließlich ursprünglich Moralphilosoph und hat, was oft vergessen wird, komplementär zu seinem Hauptwerk über den Wohlstand der Nationen eine »Theory of Moral Sentiments« geschrieben, in der die Menschen über das moralische Gefühl zur (notwendigen) Gemeinwohlorientierung finden, die das Handeln leiten soll.

Der Zusammenhang zwischen der Entwicklung der Wirtschaft mit ihren Interessenvertretern, der Wirtschaftswissenschaft und der Wirtschaftspolitik in den letzten dreißig Jahren zeigt, dass die gegenwärtige Krise zu oberflächlich betrachtet wird, wenn man sie nur als aktuelle Finanzkrise beschreibt. Sie ist zugleich eine kulturelle Krise, die sich lange angebahnt hat und auf Einstellungen verweist bzw. aus ihnen resultiert, welche die verschiedensten Bereiche unserer Gesellschaft umfassen, so neben der Wirtschaft z.B. auch die Wissenschaft. Diese Zusammenhänge gilt es zu betrachten, wenn wir die aktuelle Krise verstehen und aus ihr Lehren ziehen wollen.

Dabei fällt auf, dass mächtige Interessen eben eine solche tiefere Betrachtung und das Ziehen von Lehren gern vermeiden und nicht zuletzt deshalb die Krise so schnell wie möglich in der öffentlichen Wahrnehmung beenden wollen. Das ist gefährlich, weil die Gründe ihres Entstehens ebenso wie ihre Folgen nicht einfach auf der Hand liegen und politisch vernebelt werden können, mit fatalen Folgen für die Ärmeren, für das Gerechtigkeitsgefühl eines großen Teils unserer Gesellschaft und für die Legitimität und Vitalität unserer Demokratien. Sie lassen sich eben nicht in einem Drei-Minuten-Statement aufdecken und verlangen einiges Nachdenken, auch einige theoretische Übung, die bei allem öffentlichen Lob für die Bildung vielen doch zu unbequem ist und die sie als zu »akademisch« abwehren.

Entscheidend ist der Blick auf die Ablösung von Werten wie Gerechtigkeit, Freiheit und Solidarität als Maßstäben unseres Zusammenlebens durch die Idee eines omnipotenten Marktes, der angeblich solche – natürlich immer auch strittigen – Maßstäbe überflüssig macht und überhaupt die inhaltliche Diskussion von Leistungen und Zielen unseres Handelns ersetzen kann. Der Wettbewerb wurde so zum allgegenwärtigen und allmächtigen Vehikel, um Leistung hervorzubringen und sie zugleich zu messen. Alle gesellschaftlichen Teilbereiche, Gesundheit, Kultur, Bildung und Wissenschaft, Politik, wurden nach dem Modell des ökonomischen Marktes und

Wettbewerbs strukturiert, die dort verhandelten Güter zu »Produkten« und Waren umbenannt (die Universitäten müssen ihren Ministerien nun »Produkt- und Leistungsbeschreibungen« vorlegen, wenn sie ihre Zukunftsperspektiven präsentieren). Patienten, Zuhörer, Schüler und Studenten, auch Wähler wurden zu »Kunden«. Die Privatisierung aller bis dahin öffentlichen Güter wurde zur Effizienzsteigerung angepriesen und auch praktiziert, ohne zu bedenken, welche Veränderungen das für die Gestalt des jeweiligen Bereichs, den Geist, in dem dieser lebt und funktioniert, und die zwischenmenschlichen Beziehungen nach sich zog.

Aus Aristoteles' Idee des Menschen als Wesen der Rationalität und der Politik wurden auf ihr Eigeninteresse zentrierte Privatiers, denen die Verantwortung für das Ganze als Politische Verpflichtung abhanden kam, und deren Gedanken nur noch darum kreisten, sich gegen die anderen als Mitbewerber zu behaupten.

Im Weltmaßstab entstand eine »bürgerliche Gesellschaft« von Bourgeois, nicht von Citoyens. Hegel hat das ehedem das »System der Bedürfnisse« genannt, die durch einen starken, keineswegs angelsächsisch pluralistischen, sondern autoritären Staat zusammengehalten werden müssten. Dafür schwebte ihm als Ideal der zeitgenössische preußische Staat vor. Der große Liberale Ralf Dahrendorf wurde in seinen letzten Lebensjahren nicht müde, dagegen eine neue Verbindung von gesellschaftlichem Zusammenhalt und kapitalistischer Wirtschaft anzumahnen, in der die Freiheit des Citoyen wieder aktiv werden muss.

Die kulturellen Folgen der Philosophie der uneingeschränkten Deregulierung, die nur oberflächlich an die individuelle Freiheit und Verantwortung appelliert, gehen an die Wurzel unseres Gemeinwesens und der Idee der Demokratie: In Wirklichkeit unterminieren sie Verantwortung und Gemeinwohlbindung, ohne die eine Demokratie auf Dauer zugrunde geht – nicht unbedingt laut, aber durch die stetige, unmerkliche Erosion ihrer normativen und politisch-kulturellen Grundlagen, auf die ihre Lebendigkeit angewiesen ist.

Die aktuelle Krise bietet die Chance, über diese jahrelange Fehlentwicklung neu nachzudenken und sie zu korrigieren. Das ist dringend notwendig, angesichts dessen, dass die wichtigsten Banken, kaum dass sie durch Steuergelder gerettet wurden, schon wieder exorbitante Vergütungen von Managern mit den Erfordernissen des globalen Marktes rechtfertigen und damit das Postulat der Gerechtigkeit, ebenso wie eine Begründung aus reflektierter Leistungsgerechtigkeit, als Legitimation abweisen. Auch niedrige Löhne stehen bei denen, die erneut nur die einzelunternehmerische Perspektive vertreten, schon wieder auf der Tagesordnung – und dies, obwohl im vorangegangenen Aufschwung zum ersten Mal seit Bestehen der Bundesrepublik Deutschland die Lohnquote und die Reallöhne gefallen sind! Viele wollen weitermachen wie bisher. Wer glaubt die Macht zu haben, will oft nicht lernen.

Es ist das Verdienst der Autoren, eine Analyse der vergangenen Entwicklung und Vorschläge für eine gemeinwohlverträgliche graduell-reformistische politische Gestaltung des Kapitalismus vorzustellen, die die unbedingt erforderliche neue Diskussion über öffentliche Güter unterstreicht, die keinen Zweifel an den Vorzügen der Marktwirtschaft gegenüber jeder planwirtschaftlichen Alternative lässt, die analytisch argumentiert und nicht nur moralisch postuliert und die die qualitativ neue Herausforderung einer – schwierigen! – internationalen politischen Regelung der kapitalistischen Märkte herausstellt. Ich wünsche dem Buch eine große Aufmerksamkeit und fruchtbare anschließende Diskussion mit politischen Konsequenzen!

# 1. Ein neues Wirtschaftsmodell für Deutschland

Schonungslos hat die jüngste Finanzkrise die Schwächen des aktuellen Wirtschaftssystems aufgezeigt. Ein ökonomisch relativ überschaubares Ereignis – das Platzen einer Immobilienblase in den USA – hat die globalisierte Wirtschaft an den Rand einer neuen Depression gebracht und Erinnerungen an die Weltwirtschaftskrise von 1929 wachgerufen. Bei Erscheinen dieses Buches dürfte die deutsche Wirtschaft wohl um spürbar mehr als 5 Prozent geschrumpft sein – so dramatisch wie noch nie seit dem Zweiten Weltkrieg. Mag es demgegenüber auch erste Indizien geben, die auf eine Stabilisierung der Konjunktur und ein neues Wachstum in Deutschland deuten, ist tatsächlich doch mit weiteren Rückschlägen zu rechnen. Denn höchst fragwürdig bleibt in der gegenwärtigen Lage vor allem, wie nachhaltig diese Stabilisierung ist. Man muss sich zudem vor Augen halten, dass in praktisch allen entwickelten Ländern die Wirtschaft mit einem Tempo geschrumpft ist, das seit Generationen unbekannt war. Selbst in einst kräftig wachsenden Schwellenländern wie China oder Brasilien ist die Dynamik dramatisch eingebrochen und zieht, wenn überhaupt, nur langsam wieder an.

Weltweit ist die Arbeitslosigkeit rapide nach oben gegangen. Millionen haben bereits ihre Arbeit verloren und bis die Krise endgültig überwunden ist, wird es wohl noch weitere Millionen treffen. In den USA hat sich die Arbeitslosenquote mehr als verdoppelt. Nach einigen Schätzungen sind alleine in China mit der Krise mehr Menschen arbeitslos geworden als in den Industrieländern während der Großen Depression. Die Arbeitslosenzahlen für Spanien liefen zeitweise auf die 20-Prozent-Marke zu und die Lage in einigen mittel- und osteuropäischen Krisenländern sieht kaum besser aus. Das aktuelle Krisenmanagement ist noch nicht vorüber. Dabei ist der Weltwirtschaft gerade das zum Verhängnis geworden, was in den vergangenen Jahren als ihr zentraler Wachstumstreiber gehandelt wurde: die immer stärkere Verknüpfung der internationalen Kapitalmärkte und des internationalen Handels, befördert durch immer komplexere Finanzinstrumente, die immer größere Gewinne einfuhren. In der Krise hat sich nun herausgestellt, dass das globale Finanzsystem mitnichten die negativen Folgen des Platzens der Blase am US-Immobilienmarkt eingrenzen konnte, sondern vielmehr selbst als globaler Verstärker des wirtschaftlichen Einbruchs gewirkt hat.

Direkt nach dem Ausbruch der Krise war man sich relativ schnell einig, dass es zumindest bei der Finanzmarktregulierung ein Umdenken geben müsse. Schnell entwickelte sich ein Konsens darüber, dass die Hauptursache der globalen Misere hier, auf den Finanzmärkten, zu suchen war. Infolge einer langen Phase der Unterregulierung hatten sie sich zu einer Art Parallelwelt des normalen Wirtschaftssystems entwickelt, in der sich selbst Insider bisweilen nicht mehr auskannten. Das Scheitern ihrer freien Selbstregulation veranlasste dann auch die »20 systemisch relevanten Länder« (G-20) zu Initiativen, die auf eine künftige Regulierung der internationalen Finanzmärkte zielten. Gemeinsam wollten die G-20 nun die unregulierten Transaktionen und Akteure bekämpfen. Ihre Agenda umfasste mehr Transparenz und Verantwortung der Finanzsphäre gegenüber der Wirtschaft – und das global, regional wie national.

Als im Winter 2008/2009 dann aber klar wurde, dass die Finanzkrise auch für den Rest der Wirtschaft dramatische Folgen haben würde, setzte ein Umdenken noch auf anderer Ebene ein. Mit massiven Konjunkturpaketen und einer expansiven Geldpolitik steuerten die großen Industrie- und die wichtigsten Schwellenländer gegen den Abschwung und versuchten, Wirtschaft und Finanzmärkte zu stabilisieren. Insbesondere die Maßnahmen zur Stützung von Banken und Unternehmen erreichten dabei Größenordnungen, die lange Zeit undenkbar gewesen waren. Von der Rückkehr des Staates oder der Rückkehr einer steuernden Wirtschaftspolitik nach keynesianischem Vorbild war plötzlich wieder die Rede. Gemeint war damit die staatliche Stimulierung von Nachfrage innerhalb eines Wirtschaftsraums, die auf den Ökonomen John Maynard Keynes zurückgeht, der eng mit dem Wirtschaftsmodell der Nachkriegsjahrzehnte in Verbindung gebracht wird. Institutionen, die sich wie die EU-Kommission oder der Internationale Währungsfonds (IWF) jahrzehntelang vor allem für die Haushaltskonsolidierung und Verbesserung von Angebotsbedingungen eingesetzt hatten, konnten sich plötzlich kaum überbieten in Forderungen nach immer größeren Konjunkturprogrammen zur Nachfragestützung. Diskutiert wurde nicht mehr, ob die Konjunktur mit Staatseingriffen gestützt werden sollte, sondern nur noch, wie dies möglichst schnell, wirksam und kostengünstig geschehen könnte.

Doch inzwischen hat sich die öffentliche Debatte längst über diese technischen Fragen hinwegbewegt. Politisch ist die Vision eines »Nachtwächterstaates« in einem national wie global dominanten Marktgefüge diskreditiert. In der Bevölkerung wächst die Ablehnung nicht nur gegen den Finanzkapitalismus, sondern zunehmend auch gegen den Markt als alleinigem Ordnungsmechanismus schlechthin. Der Eindruck nimmt zu, dass dieses Modell den Lebensstandard der breiten Masse keineswegs erhöhen konnte, dafür aber einzelnen Managern oder Spekulanten extrem hohe Einkommen beschert hat. Plötzlich sind Forderungen nach der Überwindung des Finanzkapitalismus wieder politisch salonfähig. Damit verbunden ist die Frage, wo künftig zunehmender Wohlstand und das dafür notwendige Wirtschaftswachstum herkommen sollen. Nach der Kreditkrise dürften die USA als globaler Wachstumsmotor für die nächsten Jahre ausfallen. Ob und wie andere Länder diese Funktion übernehmen können, ist völlig unklar.

Für Deutschland hat diese Frage noch eine andere, wichtige Dimension: Obwohl es bei uns keine Immobilienblase und keinen Bauboom gab, ist das Land dramatischer von der Krise betroffen als andere westeuropäische Länder wie etwa Frankreich oder Belgien. Ebenso wie der globalen sind dabei der deutschen Wirtschaft die vermeintlichen Stärken der vergangenen Jahre zum Verhängnis geworden. Deutschland als langjähriger Exportweltmeister bekam den Einbruch des Welthandels viel stärker als die kleineren, weniger globalisierten Nachbarn zu spüren. Offenbar hatte gerade Deutschlands Spezialisierung auf den Export hochwertiger Industrieprodukte wie Werkzeugmaschinen und Autos das Land besonders anfällig für die Krise gemacht. So wird auch hierzulande zunehmend die Frage diskutiert, ob die extrem hohe Exportabhängigkeit nicht vielleicht ein Irrweg war und ob das Land nicht ein neues Wachstumsmodell braucht, das weniger als bislang auf immer höhere Ausfuhren setzt.

Dieses Buch soll einen Beitrag zu dieser Debatte liefern. Ausgehend von einer Analyse dessen, was in den vergangenen Jahren – global wie national – in der Wirtschaft schiefgegangen ist, wird ein neues Wirtschaftsmodell für Deutschland in Europa und der Welt entworfen. Entgegen der vorherrschenden Meinung hat die jüngste Krise mehr Ursachen als einfach nur die einer laxen Regulierung der Finanzmärkte. Die Entfesselung der Finanzmärkte hat vielmehr mit grundlegenden Umwälzungen auf den Arbeitsmärkten zusammengespielt, mit enormen Ungleichgewichten bei internationalen Kapitalströmen und im globalen Handel sowie in der Wirtschaftsstruktur einzelner Länder. Es war letztlich nur eine Frage der Zeit, wann sich die aufgebauten Ungleichgewichte in einer Krise entladen würden. Ein grundlegendes Umdenken ist deshalb unaufschiebbar: bei der Finanzmarktregulierung, genauso wie in anderen Bereichen der Wirtschaft, bei den Arbeitsmärkten und sozialen Sicherungssystemen, aber auch bei der Art und Weise, wie die Zentralbank ihre Aufgabe auffasst. In diesem Buch entwickeln wir den Vorschlag für einen »guten Kapitalismus«, dessen Grundausrichtung soziale Gerechtigkeit und ökologische Nachhaltigkeit auf einem hohen Wohlstandsniveau garantieren soll. Dieser gute Kapitalismus ist kein fundamentaler Gegenentwurf zum bestehenden Wirtschafts- und Gesellschaftsmodell, wie es der historische Versuch der kommunistischen Planwirtschaft etwa war. Wir halten radikale Gegenentwürfe zwar für intellektuell anregend, jedoch für die gegenwärtigen Probleme wenig hilfreich. Beim derzeit existierenden Wirtschaftsmodell, das sich ab den 1970er-Jahren auch in Deutschland herausgebildet hat, sehen wir vor allem zwei große Problembereiche, die gelöst werden müssen – und auch gelöst werden können!

Erstens basierten die Reformen der vergangenen vierzig Jahre auf einer naiven marktradikalen Vorstellung. Märkte wurden als ein sich selbst regulierender Mechanismus verstanden, der von sich aus zu Stabilität einschließlich hoher Beschäftigung und einer einigermaßen akzeptablen Verteilung von Einkommen führt. Da die entfesselten Märkte das gewünschte Ergebnis in der Regel nicht lieferten, verabreichte die Politik der Ökonomie stets eine weitere Dosis an mehr Entfaltungsfreiheit. Es war schon Karl Polanyi, der uns im Jahr 1944 ins Stammbuch geschrieben hat, dass Märkte eine wichtige Rolle für die ökonomische und soziale Entwicklung spielen, dass Arbeit, Geld und Natur (Grund und Boden) jedoch strikten Regeln zu unterwerfen sind. Andernfalls können sich Arbeitsmärkte, Finanzmärkte und auch ökologische Prozesse in »Satansmühlen« verwandeln, wie Polanyi, der ungarische Ökonom, es ausdrückte. Der indische Wirtschaftsphilosoph Amartya Sen (1999) äußerte einen ganz ähnlichen Gedanken. Er betonte, dass Märkte eine Quelle von Freiheit sind, die sich jedoch nur dann entfalten kann, wenn einerseits Institutionen und Regulierungen bestehen, die das Funktionieren der Märkte garantieren, und die Marktteilnehmer andererseits über die materiellen Voraussetzungen zur Partizipation verfügen. Es ist notwendig, sich von dem Glauben zu verabschieden, dass Märkte ohne staatlichen Rahmen gut funktionieren könnten. Wir brauchen eine neue Balance zwischen Staat, Markt und Gesellschaft – und es ist offensichtlich, dass Staat wie Gesellschaft mehr Gewicht bekommen müssen.

Zweitens hat sich seit den 1970ern ein zunehmendes Ungleichgewicht zwischen dem globalen Markt auf der einen und der nationalen Ebene von Regulierung auf der anderen Seite herausgebildet. Ohne eine Auflösung dieser Asymmetrie wird es schwerlich gelingen, eine stabile weltwirtschaftliche Entwicklung zu garantieren. Ohne effektive und globale Institutionen und Regulierungen können sich ökonomische, soziale und ökologische Probleme so zuspitzen, dass der Globalisierungsprozess begleitet von krisenhaften Verwerfungen zurückgedreht wird. Für Deutschland bedeutet dies, dass neben nationalen Eingriffen in die Wirtschafts- und Finanzarchitektur ein schnelles und mutiges Vorantreiben der politischen und sozialen europäischen Integration notwendig ist – ungeachtet all der Widerstände und zur Not im Verbund mit einigen gleichgesinnten Mitgliedsstaaten. Eine europäische Währung ohne europäische Staatlichkeit ist schlicht und einfach unzureichend und wird dauerhaft ökonomische Probleme bereiten – ein Scheitern ist überdies nicht ausgeschlossen. Gleichzeitig muss sich Deutschland zusammen mit Europa für globale Regeln einsetzen, die verbindlich für alle sind, und nicht auf die Kompetenz und das Gutmenschentum der Finanzexperten vertrauen. Auf globaler Ebene wird es in absehbarer Zeit keine Staatlichkeit geben. Es sind jedoch globale Institutionen notwendig, die eine weltwirtschaftliche Koordination organisieren können und auch Sanktionsmechanismen besitzen.

Eine zentrale Frage für ein neues Wirtschaftsmodell ist, welche Rolle den Finanzmärkten zukommen soll. Dabei sollten der Finanzsektor und seine Dynamik im Bereich der Kreditschöpfung nicht verteufelt werden. Zwar wird übermäßige Kreditvergabe als ein zentraler Grund für die Blase am US-Immobilienmarkt und damit die aktuelle Krise angesehen. Es darf aber nicht vergessen werden, dass Kredit und Kreditwachstum an sich nichts Schlechtes sind. Vielmehr ist Kredit Treibstoff von Innovation und Wachstum. Unserer Meinung nach hat der Finanzsektor eine wichtige Rolle in einer sozial-ökologischen Wirtschaft. Anders als in den vergangenen Jahren, als die Finanzgeschäfte oft Selbstzweck waren, soll dieser Sektor aber wieder zum Dienstleister für den Rest der Wirtschaft werden. Die Finanzmärkte müssen die Wirtschaft mit ausreichend Mitteln versorgen, um einen optimalen Grad von Produktion sowie Vertrieb von Waren und Dienstleistungen zu gewährleisten. Sie müssen Wagniskapital bereitstellen, um Innovationen vor allem im Bereich der sogenannten grünen Wirtschaft zu ermöglichen. Sie müssen aber auch geduldiges Kapital zur Verfügung stellen, das es Unternehmen ermöglicht, langfristige Strategien zu entwickeln und längerfristig zu planen. Die Rahmenbedingungen für Investmentbanken, Fondsgesellschaften, Geschäftsbanken und andere Akteure auf den Finanzmärkten müssen so gestaltet werden, dass der Sektor als Ganzes diese Aufgaben erfüllt.

Diese Rolle kann der Finanzsektor natürlich nur so lange übernehmen, solange es nicht zu Überschuldung oder Schuldenkrisen einzelner Länder oder Sektoren kommt. Solche Krisen vernichten regelmäßig jenes Eigenkapital, das die Finanzmärkte zur Kreditvergabe an Unternehmen und deren produktive Investitionen brauchen. Daraus folgt für ein neues, stabiles Wachstumsmodell, dass eine kontinuierlich steigende Verschuldung – sei es des Staates oder der Privathaushalte – als Wachstumstreiber dafür nicht infrage kommen darf.

Der aktuellen Krise gingen eklatante globale Ungleichgewichte voraus, die sich insbesondere in einem riesigen Leistungsbilanzdefizit der USA ausdrückten. Die USA lebten weit über ihre Verhältnisse, wovon allerdings wiederum die großen Exportländer, allen voran China und Deutschland, profitierten. Solche Ungleichgewichte zwischen Ländern sind für eine gewisse Zeit tragfähig, aber wenn die Schuldenlast zu groß wird und das Vertrauen in diesen Markt verloren geht, kommt es zu abrupten Kapitalbewegungen mit den entsprechenden Konsequenzen eines wirtschaftlichen Abschwungs. Daraus leitet sich eine grundlegende Forderung unseres neuen Wirtschaftsmodells ab: Jenseits der besseren Finanzmarktregulierung müssen die wirtschaftlichen Rahmenbedingungen so gestaltet werden, dass Nachfrage ohne steigende Verschuldung geschaffen werden kann. Global gedacht bedeutet das die Schaffung von Nachfrage über Löhne und Gehälter, die wiederum möglichst in allen Ländern in etwa mit dem Produktivitäts- und Bevölkerungswachstum steigen sollten. Das zentrale Instrument zum Management dieser Nachfrage ist eine aktive Lohnpolitik. Sie muss für gerechte Löhne für alle sorgen. Jede Arbeitsmarktpolitik sollte deshalb gesamtwirtschaftliche Anforderungen an die Schaffung von Nachfrage mit einbeziehen. Oder anders ausgedrückt: Arbeitsmarktreformen dürfen nicht die globale wirtschaftliche Stabilität gefährden – so wie es bisher der Fall war. Finanzpolitik wiederum hat die Aufgabe, wachsende Ungleichheit zu vermeiden und sie gegebenenfalls zu korrigieren. Der wirtschaftliche Grund hierfür ist ganz einfach: Hohe Einkommensbezieher konsumieren relativ gesehen weniger, als es Bezieher niedriger Einkommen tun. Insofern gibt es eine größere Nachfragewirkung, wenn man niedrige Einkommen aufstockt, anstatt einen Steuernachlass für Millionäre zu ermöglichen – ganz abgesehen von Gerechtigkeitsfragen. Zudem sind große Ungleichgewichte zwischen Ländern ein Anzeichen für ungesunde Verschuldungstrends und müssen deshalb vermieden werden. Das gilt für Defizite wie für Überschüsse, oder wie Helmut Schmidt es ausdrückte: »Keiner kann auf die Dauer zulasten aller anderen Überschüsse erzielen, keiner kann auf die Dauer die Überschüsse und die Kapitalbildung der anderen in der eigenen Wirtschaft verbrauchen.«[1] Deshalb muss auch die Geldpolitik eines Landes oder im Falle Europas einer Region mit neuen Instrumenten jenseits des Leitzinssatzes zur Vermeidung und zum Abbau von Ungleichgewichten sowohl auf den Finanzmärkten als auch im Handel eingesetzt werden.

In unserem Modell geht es um die Frage nach dem Gleichgewicht von Markt, Staat und Gesellschaft. An vielen Stellen braucht es wieder mehr Staat. Mitnichten bedeutet das jedoch die Rückkehr zum alten Modell Deutschland der 1970er-Jahre. »Mehr Staat« meint auch nicht ein Zurückdrehen von Liberalisierungen im gesellschaftlichen Bereich. Im Modell Deutschland der 1970er war zwar der Aspekt langfristigen Denkens durch eine enge Verflechtung von Industrie und Banken unter dem Schlagwort »Deutschland AG« erreicht. Allerdings hat dieses Modell im Rahmen der europäischen Integration und globalisierter Produktion seine Grundlage verloren. Zudem zementierte das Modell zweifelhafte Machtstrukturen, die es zu überwinden galt. Manche Gruppen waren vom Arbeitsmarkt oder zumindest von bestimmten Positionen ausgegrenzt. Für Frauen etwa war die Erwerbstätigkeit in den 1970ern schwieriger als heute. Eine Rückkehr zu diesem Modell erscheint deshalb weder wünschenswert noch möglich, ebenso wie ein Kopieren des gerade gescheiterten angelsächsischen Modells, das auf kurzfristige Wertsteigerungen des »Shareholder Value« abzielte und dem Finanzmarkt ein übertriebenes Gewicht in der Wirtschaft einräumte.

Ein neues Wirtschaftsmodell, wie es in diesem Buch entwickelt wird, ist ein überaus ehrgeiziges Projekt. Viele Elemente eines solchen Modells lassen sich nicht im nationalen Alleingang umsetzen, schon gar nicht von einem Land, das wie Deutschland EU-Mitglied und wirtschaftlich wie rechtlich eng mit seinen Nachbarn verflochten ist. Für viele Ideen ist zudem aus grundsätzlichen ökonomischen Überlegungen die supranationale die angemessene Regulierungsebene. Das gilt insbesondere für Finanzmärkte und ihre Akteure. Kapital ist hochgradig mobil und sucht sich stets den – aus

Kapitalinteressen gesehen – optimalen Standort, der nicht selten in einem unregulierten »Offshore-Zentrum« liegt, wo Steuer- und Aufsichtsstrukturen kaum vorhanden sind. Abgesehen von den damit verbundenen Ungerechtigkeiten untergräbt eine solche »Regulierungsarbitrage« eine effektive Regulierung. Notwendig ist somit eine global koordinierte Finanzmarktregulierung. Auch in anderen Punkten wie etwa der Frage nach den globalen Ungleichgewichten ist eine internationale Koordinierung unumgänglich.

Doch Deutschland ist nicht hilflos. Deutschland ist immer noch – je nach Rechnung – die dritt- oder viertgrößte Volkswirtschaft der Welt und hat entsprechend Einfluss in globalen Verhandlungen. In Koordination mit den anderen EU-Ländern könnte Deutschland diesen Einfluss noch einmal verstärken und so die Gestaltung weltwirtschaftlicher Strukturen entscheidend mitbestimmen.

Wenn der politische Wille existiert, könnte zudem die EU auch vieles im Alleingang umsetzen, was auf den ersten Blick eine globale Regulierung erfordert. Wenn es etwa global keinen Konsens zur Regulierung von Offshore-Zentren gibt, könnten einfach den EU-Finanzinstituten und den Unternehmen innerhalb der EU Finanzgeschäfte mit diesen Ländern verboten werden. Deutschland könnte selbst alleine einen solchen Schritt beschreiten. Wenn andere Länder sich weigern, eine angemessene Besteuerung bestimmter Einkommen durchzusetzen, können Doppelbesteuerungsabkommen gekündigt werden.

Zu guter Letzt kann in vielen Bereichen der Umstieg auf ein neues Wirtschaftsmodell zu Hause beginnen. Der Abbau des enormen Leistungsbilanzüberschusses Deutschlands etwa könnte mit einer Wende in der Lohnpolitik ebenso wie mit einer stärkeren steuerlichen Umverteilung im Inland begonnen werden. Beide Elemente brauchen weder eine Koordinierung mit dem Ausland noch schaffen sie Konflikte mit den EU-Partnern. Und weniger Ungleichgewichte in der dritt- oder viertgrößten Volkswirtschaft bedeuten spürbar weniger Ungleichgewichte weltweit. Um aber gerade einen solchen Umbau voranzutreiben, muss das Ziel bekannt sein. Deshalb soll dieses Buch eine Blaupause liefern, ein Ziel, auf das die Politik hinsteuern kann. Das Projekt des guten Kapitalismus ist dabei natürlich ein Prozess, der durch dieses Buch angestoßen werden soll. Es soll der Auftakt zu einer breiten, gesellschaftspolitischen Debatte über die Zukunft unseres Wirtschaftssystems sein. Ermöglicht und angeregt wurde dieser Impuls durch die Friedrich-Ebert-Stiftung und deren Arbeitsbereich Internationale Politikanalyse unter der Leitung von Dr. Gero Maaß – für die Unterstützung möchten wir uns herzlich bedanken!

Ein paar Worte zu den Grenzen des Buches: Was wir hier entwickeln, ist ein Modellrahmen, in dem ein stabiles und kontinuierliches Wirtschaftswachstum möglich ist. Ganz bewusst behandelt dieses Buch deshalb vor allem dessen wirtschaftspolitische Seite. Ausgeklammert haben wir dabei wichtige andere Fragen, wie etwa die nach der ökologischen oder sozialen Gestaltung dieses Wachstums. Das bedeutet nicht, dass wir diese Fragen für unwichtig halten oder gering schätzen. Sie hier aber ebenfalls aufzugreifen, hätte den Umfang des Buches gesprengt.

Und noch eine Bemerkung zu der Diskussion um ein neues Wirtschaftsmodell für Deutschland. In der öffentlichen Debatte ist zuletzt häufiger die Bemerkung gefallen, dass das Land zu exportabhängig sei. Als Schlussfolgerung wurde zuweilen angeführt, Deutschland dürfe künftig nicht mehr so viel exportieren, was zum Teil interpretiert wurde als eine forcierte Schrumpfung der Exportbranchen wie Automobilindustrie, Maschinenbau oder Chemie. Wir halten diese Interpretation für ein Missverständnis. Auch wenn unser Wirtschaftsmodell für Deutschland die Vision einer weniger von den Ausschlägen der Weltwirtschaft abhängigen Volkswirtschaft beinhaltet, so geht es uns nicht um die Abschottung von den Weltmärkten oder gar die Schließung von Maschinenbauunternehmen oder die Schrumpfung der heimischen Industrie. Ausdrücklich geht es uns um Ungleichgewichte. In unserer Vision würde deshalb vielmehr der binnenwirtschaftlich orientierte Teil der Volkswirtschaft, die Produktion und der Vertrieb von Konsumgütern, aber auch neue, private Dienstleistungen ebenso wie der Bildungssektor in den kommenden Jahren stärker wachsen als der Exportbereich. Damit würden zum einen die großen Leistungsbilanzüberschüsse abgebaut, zum anderen würde die Exportquote sinken. Deutschland wäre weniger vom Export abhängig, ohne dass dieser in absoluten Zahlen kleiner werden müsste.

Das vorliegende Buch ist in drei große Kapitel eingeteilt. Zunächst wird der Blick zurück auf das gescheiterte neoliberale Globalisierungsmodell geworfen, das eng mit der Dominanz der Finanzwirtschaft zusammenhängt. Danach wird die Verknüpfung mit der Subprime-Krise hergestellt und der Weg aus der Krise als »Operation am offenen Herz« auf den Prüfstand gestellt. Im letzten Hauptteil wird schließlich unser Modell eines »guten Kapitalismus« im Detail entwickelt.

## Anmerkungen

1 Schmidt (2009).

# 2. Das gescheiterte Globalisierungsmodell

Im öffentlichen Meinungsbild wird die Globalisierung als kontinuierlicher, unaufhaltsamer Prozess jenseits der politischen Steuerungsfähigkeit dargestellt, als eine quasi schicksalhafte Entwicklung. Historisch ist diese Einschätzung allerdings falsch: Allein nach dem Zweiten Weltkrieg hat sich die Globalisierung in klar abgrenzbaren, deutlich zu unterscheidenden Phasen entwickelt, die mitnichten allesamt von politischen Steuerungsmechanismen ausgenommen waren. Ein Blick auf diese Phasen, ihren Übergang, aber auch ihre ökonomischen Konsequenzen, etwa in Form von Arbeitslosigkeit und Zuwächsen des Lebensstandards, ist dabei unerlässlich, wenn man die Debatte um eine machbare, alternative Wirtschaftsordnung, einen guten Kapitalismus, führen möchte.

## 2.1 Aufstieg des Neoliberalismus

Als die Weltwirtschaft in den 1930er-Jahren in die Große Depression stürzte, bedeutete das nicht nur hohe Wachstums- und Beschäftigungsverluste sowie deflationäre Tendenzen in nahezu der gesamten Welt, sondern ebnete auch einem spezifischen Modell des regulierten Kapitalismus den Weg. Die Weltwirtschaftskrise führte damals bei nahezu allen politischen Strömungen zu der Überzeugung, dass nur ein regulierter Kapitalismus eine Überlebenschance hätte. Anders als nach dem Ersten Weltkrieg kam mit dem Ende des Zweiten Weltkriegs hinzu, dass die Vereinigten Staaten aktiv ihre hegemoniale Position einsetzten, um die ökonomische Entwicklung in Westeuropa sowie den anderen Ländern des westlichen Blocks zu unterstützen.

Einer der Eckpunkte des damals geschaffenen Regulierungsmodells war das Abkommen von Bretton Woods. Es wurde in erster Linie zwischen den USA und Großbritannien ausgehandelt und im Juli 1944 noch während des Zweiten Weltkriegs auf einer Konferenz in dem amerikanischen Örtchen

Bretton Woods beschlossen. Das Abkommen wurde 1947 verabschiedet, die Bundesrepublik Deutschland trat ihm 1949 bei. Es schloss alle Länder der damaligen entwickelten westlichen Welt ein und war durch feste, bei fundamentalen Ungleichgewichten jedoch anpassungsfähige Wechselkurse gekennzeichnet – also Kurse, die auf den Devisenmärkten nur innerhalb einer engen Bandbreite um den institutionell fixierten Leitkurs schwanken dürfen. Nötigenfalls waren Zentralbanken aufgefordert, über Zinspolitik, Devisenmarktinterventionen oder Eingriffe in den Kapitalverkehr den Wechselkurs zu stabilisieren. Beim System von Bretton Woods durften die Wechselkurse um ± ein Prozent um den Leitkurs schwanken. Für die Verteidigung der Wechselkurse waren mit Abschluss des Abkommens nur die Zentralbanken außerhalb der USA zuständig, während sich die US-amerikanische Zentralbank Federal Reserve (Fed) vollständig passiv verhalten konnte. Eine solch asymmetrische Lastenverteilung bei der Wechselkursstabilisierung lässt sich durch die absolute Dominanz der USA in der Endphase und nach Ende des Zweiten Weltkrieges erklären. Um das Vertrauen in den US-Dollar zu stärken, verpflichteten sich die USA außerhalb der Bretton-Woods-Verträge außerdem, Dollarguthaben von Zentralbanken in Gold umzutauschen, wobei ein Umtauschkurs von 35 US-Dollar pro Unze Gold festgelegt wurde. Dollardevisen zu halten wurde somit für Zentralbanken außerhalb der USA gleichbedeutend mit dem Halten von Gold.

Auf der Konferenz in Bretton Woods wurden ebenfalls der Internationale Währungsfonds (IWF) und die Weltbank geschaffen. Der IWF hatte zur Aufgabe, Länder, die Schwierigkeiten bei der Verteidigung des Wechselkurses bekamen, durch Kredite zu unterstützen. Die Weltbank hingegen sollte entwicklungspolitische Funktionen übernehmen. Neben den Wechselkursen war das Finanzsystem auf internationaler Ebene vielfältigen Regulierungen unterworfen. Zwar waren Kapitalströme in Entwicklungsländern sehr gering, private Kredite gab es faktisch nicht, doch der internationale Kapitalverkehr zwischen den entwickelten Ländern wurde reguliert. Es galt als selbstverständlich, dass Länder Kapitalverkehrsregulierungen zur Verteidigung von Wechselkursen und zur Begrenzung von Leistungsbilanzungleichgewichten einsetzen konnten. Bis heute ist dieses Recht in den Statuten des IWF festgeschrieben.[1]

Das System von Bretton Woods gab der Weltwirtschaft einen stabilen monetären Rahmen. Zwar entwickelten sich anhaltende Leistungsbilanzüberschüsse in einigen Ländern, etwa in der Bundesrepublik Deutschland, jedoch waren die Ungleichgewichte, gemessen in Prozent am Bruttoinlandsprodukt (BIP), gering – verglichen mit der weltwirtschaftlichen Situation der vergangenen Jahre. Da es nur selten zu Währungskrisen kam, war der IWF weitgehend arbeitslos und übernahm, im Vergleich zu den Jahrzehnten nach dem Zusammenbruch des Systems von Bretton Woods, keine zentrale Funktion.

Auch die nationalen Finanzsysteme waren strikt reguliert und verschiedene Bereiche oftmals voneinander getrennt. Die Immobilienfinanzierung zum Beispiel war in der Regel vom Rest des Systems abgekoppelt oder wurde staatlich dominiert. Konsumentenkredite spielten eine untergeordnete Rolle, die Kreditexpansion fokussierte sich auf den Unternehmenssektor. In vielen Ländern wie etwa in den USA wurden Höchstgrenzen für Zinssätze gesetzt. Dabei spielten nicht einmal in Ländern wie den USA und Großbritannien, die traditionell ein eher kapitalmarktbasiertes Finanzsystem hatten, die Aktienmärkte eine herausragende Rolle. In Kontinentaleuropa, Japan und den Entwicklungsländern dominierten bankenzentrierte Systeme mit typischen Hausbanken als wichtigste externe Finanzierungsquelle von Unternehmen.

Das Kapitalismusmodell der Nachkriegszeit zeigte sich in verschiedenen Ausprägungen. In Asien, beispielsweise in Japan und auch vielen anderen marktwirtschaftlich orientierten Ländern, waren die Staatseingriffe umfassend und schlossen eine weitreichende Industriepolitik ein, die ihrerseits eine politische Zuweisung von Krediten beinhaltete. Der Außenhandel war durch protektionistische Eingriffe gekennzeichnet. Hinzu kam, dass Arbeitnehmer in Ländern wie Japan durch das Modell der Beschäftigung auf Lebenszeit, das paternalistische Züge aufwies, an ihr Unternehmen gebunden waren und faktisch keinem Arbeitsplatzrisiko unterlagen. So waren die Einkommen in diesen Ländern ausgesprochen egalitär verteilt. Obwohl in Europa die Rolle des Staates weniger umfassend war als in Asien, kam es auch hier zu massiven industriepolitischen Eingriffen.

Europa war von einem starken Sozialstaat und einem Klassenkompromiss geprägt. In der Bundesrepublik Deutschland wurden beispielsweise Mitbestimmungsmöglichkeiten für Arbeitnehmer geschaffen. Die sogenannte Wirtschaftsdemokratie ermöglichte es in Deutschland, dass Arbeitnehmer in Aufsichtsräten und selbst Vorständen von Großunternehmen vertreten sein konnten. Die Lohnentwicklung wurde in Europa in der Regel durch Tarifabschlüsse geregelt, die von starken Gewerkschaften und Arbeitgeberverbänden ausgehandelt wurden und für ganze Branchen oder gar die Gesamtökonomie galten. Auch war in Europa so die Einkommensverteilung, verglichen mit der heutigen Situation, ausgeglichen.

Selbst in den USA prägte letztlich das gleiche Grundmodell die Nachkriegsperiode. Noch Ende der 1960er-Jahre konnte John Kenneth Galbraith US-amerikanische Manager als dem Gemeinwohl verpflichtete staatliche Bürokraten charakterisieren – nichts deutete bisher auf das Bild von Spielern in einem halsabschneiderischen Kapitalismus. Wie Japan oder Europa waren die USA eine Mittelklassegesellschaft, in der sowohl absolute Armut als auch extremer Reichtum nur vereinzelt auftraten.

Dieses nach dem Zweiten Weltkrieg etablierte Modell bescherte der Weltwirtschaft eine ganze Reihe von Wirtschaftswundern, wie das deutsche oder japanische. Jedoch konnten alle westlichen Länder in Bezug auf ihr reales Wachstum eine positive Entwicklung verbuchen (Tabelle 2.1). Während die Arbeitslosigkeit in dieser Phase insgesamt vergleichsweise gering ausfiel (Tabelle 2.2), verzeichneten einige Länder, darunter auch die Bundesrepublik Deutschland, in den 1960ern sogar Arbeitskräftemangel, der durch das Werben von Gastarbeitern ausgeglichen wurde.

*Tabelle 2.1: Wachstumsraten in ausgewählten OECD-Ländern (reales Bruttoinlandsprodukt) – Jahresdurchschnittswerte*

| | 1960 – 69 | 1970 – 79 | 1980 – 89 | 1990 – 99 | 2000 – 08 |
|---|---|---|---|---|---|
| Australien | 5,53 | 3,09 | 3,38 | 3,34 | 3,13 |
| Dänemark | 5,23 | 2,47 | 1,90 | 2,40 | 1,52 |
| Deutschland* | 4,39 | 3,27 | 1,96 | 2,32 | 1,44 |
| Finnland | 4,54 | 4,13 | 3,51 | 1,57 | 3,07 |
| Frankreich | 5,71 | 4,15 | 2,32 | 1,86 | 1,92 |
| Großbritannien | 2,90 | 2,42 | 2,45 | 2,23 | 2,52 |
| Italien | 5,77 | 4,02 | 2,55 | 1,43 | 1,19 |
| Japan | 10,14 | 5,21 | 3,71 | 1,50 | 1,47 |
| Niederlande | 5,01 | 3,42 | 2,15 | 3,20 | 2,17 |
| Norwegen | 4,44 | 4,43 | 2,79 | 3,58 | 2,42 |
| Österreich | 4,45 | 4,18 | 1,93 | 2,58 | 2,25 |
| Portugal | 6,33 | 5,11 | 3,35 | 2,91 | 1,20 |
| Schweden | 4,45 | 2,45 | 2,27 | 1,69 | 2,64 |
| Schweiz | 4,58 | 1,48 | 2,30 | 1,10 | 2,04 |
| Spanien | 7,71 | 3,86 | 2,70 | 2,69 | 3,34 |
| USA | 4,69 | 2,42 | 3,06 | 3,13 | 2,34 |
| OECD | 5,23 | 3,77 | 2,99 | 2,51 | 2,36 |

* Bis 1990 Bundesrepublik Deutschland
Quelle: Ameco (2009)

*Tabelle 2.2: Arbeitslosenquoten in den OECD-Ländern – Jahresdurchschnittswerte*

| | 1960 – 69 | 1970 – 79 | 1980 – 89 | 1990 – 99 | 2000 – 08 |
|---|---|---|---|---|---|
| Australien | 1,74 | 3,85 | 7,62 | 8,81 | 5,52 |
| Dänemark | 1,11 | 3,19 | 6,67 | 6,93 | 4,46 |
| Deutschland* | 0,65 | 2,01 | 5,83 | 7,87 | 8,76 |
| Finnland | 2,20 | 3,78 | 4,79 | 11,87 | 8,36 |
| Frankreich | 1,72 | 3,76 | 8,50 | 10,51 | 8,74 |
| Großbritannien | 1,61 | 3,49 | 9,45 | 8,00 | 5,14 |
| Italien | 4,86 | 5,94 | 8,39 | 10,27 | 7,98 |
| Japan | 1,29 | 1,66 | 2,47 | 3,05 | 4,61 |
| Niederlande | 0,84 | 3,80 | 8,16 | 5,41 | 3,41 |
| Norwegen | – | 1,79 | 2,81 | 4,80 | 3,68 |

| | | | | | |
|---|---|---|---|---|---|
| Österreich | 2,13 | 1,43 | 2,70 | 3,87 | 4,31 |
| Portugal | 2,37 | 4,56 | 7,53 | 5,60 | 6,40 |
| Schweden | 1,70 | 2,05 | 2,59 | 7,21 | 6,00 |
| Schweiz | 0,01 | 0,19 | 0,55 | 2,88 | 3,36 |
| Spanien | 2,39 | 4,52 | 15,44 | 15,90 | 10,17 |
| USA | 4,78 | 6,21 | 7,27 | 5,71 | 5,13 |
| OECD | 2,17 | 3,41 | 6,37 | 7,87 | 7,88 |

* Bis 1990 Bundesrepublik Deutschland
Quelle: Ameco (2009)

Das Wirtschaftsmodell, das aus der Großen Depression der 1930er-Jahre hervorging und sich nach dem Zweiten Weltkrieg in der damaligen westlichen Welt durchsetzen konnte, zeichnete sich neben hohem Wachstum und geringer Arbeitslosigkeit durch eine, verglichen mit der jetzigen Situation, gerechte Einkommensverteilung aus. Sozialstaatliche Maßnahmen und Regulierung des Arbeitsmarkts garantierten einer überwiegenden Mehrheit der Bevölkerung ein hohes Maß an Sicherheit in der individuellen Lebensführung. Das Modell, von dem man in diesem Sinne als einem »goldenen kapitalistischen Zeitalter«[2] sprechen kann, geriet in den 1970er-Jahren jedoch in eine tiefe Krise, die dem neoliberalen Globalisierungsprojekt den Weg bereitete.

### 2.1.1 Das Ende von Bretton Woods und dessen Folgen

Nicht zuletzt wegen der großen Privilegien, die das System von Bretton Woods den USA eingeräumt hatte, brach es im Februar 1973, nach einer seit Ende der 1960er-Jahre andauernden Krise, zusammen. Die USA hatten insbesondere von ihrem Privileg Gebrauch gemacht, nicht selbst für die Stabilität ihrer Währung sorgen zu müssen, sondern diese Aufgabe, wie erwähnt, ausschließlich den anderen Ländern aufzubürden. Das führte dazu, dass es ab Ende der 1960er-Jahre aufgrund des sinkenden Vertrauens in den US-Dollar in den USA zu Kapitalabflüssen kam, die jedoch von der amerikanischen Zentralbank nicht bekämpft wurden. Auslöser für das sinkende Vertrauen und die hohen Kapitalabflüsse waren die expansive Geld- und Fiskalpolitik sowie die Überhitzung der US-Ökonomie in der zweiten Hälfte der 1960er als Resultat des Vietnamkrieges und der Armutsbekämpfung im Inneren. Verschärft wurde der Vertrauensverlust des Dollars durch die Ankündigung von US-Präsident Nixon im August 1971, Dollarguthaben der ausländischen Zentralbanken zukünftig nicht mehr in Gold umzutauschen. Offensichtlich hatte die damalige US-Regierung Bedenken, die Schwäche des US-Dollars könne zu massiven Goldabflüssen aus den USA führen. Dieser sogenannte Nixon-Schock brachte erstmals das System der festen Wechselkurse ins Wanken. Das *Smithsonian Agreement* vom Dezember 1971 versuchte noch, das System unter modifizierten Bedingungen zu retten. Weitere Kapitalabflüsse aus den USA provozierten jedoch teilweise eskalierende Devisenmarktinterventionen der Zentralbanken, um eine Abwertung des US-Dollars zu verhindern. Die Fed blieb währenddessen untätig. Insbesondere die Deutsche Bundesbank war zu teuren Interventionen gezwungen, da sich die D-Mark als zweite Anlagewährung nach dem US-Dollar zu etablieren begann. Die Bundesbank war dann auch eine der führenden Zentralbanken, die den weiteren Kauf von US-Dollar am 12. Februar 1973 verweigerte und dessen drastische Abwertung zuließ.

Die Instabilität der internationalen Kapitalströme, die in seiner Endphase das System von Bretton Woods bestimmten, ist vor dem Hintergrund einer schrittweisen Liberalisierung des internationalen Kapitalverkehrs zu sehen, die wiederum die Verteidigung des Systems deutlich erschwerte. Schließlich fanden feste Wechselkurse auch politisch und akademisch zunehmend weniger Unterstützung. Im akademischen Bereich setzte sich die naive Meinung durch, flexible Wechselkurse seien ein geeignetes Mittel, jedem Land selbst bei liberalisierten Waren- und Kapitalströmen eine autonome Wirtschaftspolitik zu ermöglichen.[3] Durch eine andere Wirtschaftspolitik insbesondere der USA und durch eine Reform – beispielsweise hätten unter Beibehaltung bestimmter Regulierungen des Kapitalverkehrs die US-amerikanischen Privilegien gekürzt werden können – wäre das System von Bretton Woods zu retten gewesen. Dazu fehlte jedoch der politische Wille, der Zusammenbruch des Systems wurde damals nur von wenigen bedauert.

Verkannt wurde zudem, dass der Übergang zu flexiblen Wechselkursen die Devisenmärkte, wie alle Vermögensmärkte, destabilisieren würde. Abbildung 2.1 zeigt, dass die Wechselkurse zwischen Yen, D-Mark und US-Dollar, abgesehen von der einmaligen Aufwertung der D-Mark im Jahre 1961, bis zum Ende von Bretton Woods stabil geblieben waren. Die dann folgende Schwächephase des US-Dollars halbierte bis Ende der 1970er-Jahre seinen Wert gegenüber der D-Mark. Bis 1985 folgte wieder eine Aufwertungsphase des US-Dollars um fast 100 Prozent, gefolgt von einer erneuten Halbierung des externen US-Dollarwertes gegenüber der D-Mark in den Jahren darauf. Auch der Euro brachte keine Stabilität. Nach seiner Einführung Anfang 1999 wertete er zunächst gegenüber dem US-Dollar um rund 20 Prozent ab, um danach ab 2003 um rund zwei Drittel in seinem Wert gegenüber dem US-Dollar zu steigen. Die Entwicklung des Yen-Dollar-Kurses zeigte ähnliche Kapriolen. Solche heftigen Wechselkursschwankungen haben das Weltwährungssystem in eine Schockmaschine verwandelt, in der sich die Wettbewerbspositionen der Länder schnell fundamental verändern sowie über sich verändernde Importpreise Wohlfahrts- und Preisniveauschocks ausgelöst werden können. Schnell stellte sich heraus, dass Wechselkursbewegungen etwa zwischen dem US-Dollar und der D-Mark bzw. dem Euro nicht durch Differenzen in den Inflationsraten, Zinssätzen, Wachstumsraten des realen BIPs, Produktivitätserhöhungen oder anderen Fundamentalfaktoren erklärbar sind. Ökonomen können schlicht und einfach keine seriöse Prognose für die Entwicklung der Wechselkurse zwischen den führenden Währungen der Welt abgeben.

*Abbildung 2.1: Nominelle Wechselkurse zwischen Yen, D-Mark bzw. Euro und US-Dollar; Anstieg bedeutet Abwertung des US-Dollars*

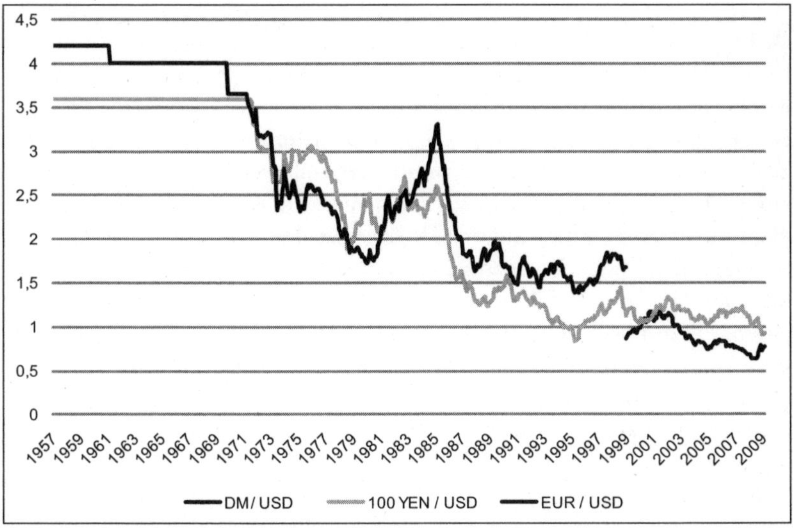


*Quelle: Federal Reserve Bank of St. Louis*

Zwischen den in den 1970er-Jahren führenden Währungen der Welt – dem dominierenden US-Dollar an der Spitze der Währungshierarchie, gefolgt von D-Mark und Yen mit deutlich geringerer internationaler Verbreitung und einigen weiteren Währungen wie Schweizer Franken und Pfund Sterling, – etablierten sich nach dem Zusammenbruch des Systems von Bretton Woods flexible Wechselkurse. Es wäre jedoch falsch, davon auszugehen, dass seit 1973 vollständig vom Markt bestimmte Wechselkurse zwischen allen Währungen der Welt gegolten hätten. Vielmehr entstand ein großer US-Dollar-Block, indem sich viele schwächere Währungen vor allem in Asien und Lateinamerika einseitig an den US-Dollar koppelten. In Europa entwickelte sich nach dem Zusammenbruch des Systems von Bretton Woods die sogenannte europäische Währungsschlange, da sich verschiedene Währungen um die D-Mark zu sammeln begonnen hatten und sich, teilweise wechselnd, an sie koppelten. Der Euro löste die D-Mark in dieser Rolle schließlich ab. Allerdings kommt dem US-Dollar- gegenüber dem Euro-Block eine wesentlich größere Bedeutung zu. Der Yen hingegen konnte keinen eigenen Währungsblock bilden. Und andere Reservewährungen sind einfach zu unbedeutend dafür.

Kommen wir zur genaueren Analyse der monetären Integration in Europa: Einige Währungen in Europa machten nach dem Zusammenbruch des Systems von Bretton Woods chaotische Währungsschwankungen durch, beispielsweise die italienische Lira und das Pfund Sterling. Diese Wechselkursturbulenzen schadeten der europäischen Integration und gestalteten weitere Integrationsschritte schwierig. Nicht zuletzt aus diesem Grunde riefen der damalige Bundeskanzler Helmut Schmidt und der französische Premierminister Giscard d'Estaing eine Initiative zur Stabilisierung der Wechselkurse in Europa ins Leben. Im Jahre 1979 ersetzte das Europäische Währungssystem (EWS) die informelle Währungsschlange und schuf zwischen Frankreich, der Bundesrepublik Deutschland, Italien und den Beneluxstaaten ein System fester Wechselkurse, die jedoch gegebenenfalls angepasst werden konnten – was auch während der Existenz des EWS öfter geschah. Als sich eine Reihe anderer Länder dem System anschloss, wuchs das EWS im Laufe der Zeit, auch koppelten sich Währungen wie etwa der österreichische Schilling an die D-Mark, ohne am EWS teilzunehmen.

Der entscheidende Unterschied zwischen dem System von Bretton Woods und dem EWS bestand darin, dass im EWS keine Leitwährung festgeschrieben wurde. Alle Währungen des Systems koppelten sich an die Europäische Währungseinheit, die eine Korbwährung mit allen Währungen des Systems darstellte und die als Wertstandard für die Wechselkursfixierung fungierte. Unabhängig von der Europäischen Währungseinheit stellte sich marktbezogen dennoch eine der Währungen des EWS als faktische Leitwährung heraus. Aufgrund der Wertschätzung der internationalen Anleger wurde diese Rolle sofort von der D-Mark übernommen, was der Deutschen Bundesbank das Privileg einräumte, weitgehend den Zinssatz innerhalb des EWS festzusetzen. Jedoch musste die Deutsche Bundesbank im Fall einer D-Mark-Schwäche selbst deren externen Wert verteidigen und konnte so auch deren Leitwährungsstellung im EWS einbüßen. Als dies beispielsweise 1981 während einer temporären Schwächephase geschah, reagierte die Deutsche Bundesbank mit deutlichen Zinserhöhungen, die die Leitstellung der D-Mark sichern konnten. In der Endphase des Systems von Bretton Woods verfolgten die USA keine vergleichbare Politik und zerrütteten damit das Festkurssystem. Erst Ende der 1970er-Jahre waren sie zu einer, dann allerdings radikalen, Hochzinspolitik gezwungen, um den Absturz des US-Dollars zu stoppen.

Ende der 1980er-Jahre und politisch beschleunigt durch die deutsche Wiedervereinigung – man wollte das wiedervereinigte Deutschland noch stärker in europäische Strukturen einbinden – begann eine neue Welle tieferer europäischer Integration. Im Jahre 1992 wurde der Maastricht-Vertrag offiziell unterzeichnet, der für das Jahr 1999 die Einführung der Europäischen Währungsunion (EWU) vorsah. Allerdings war die Erfüllung bestimmter Kriterien an den Beitritt zur Union geknüpft. Die wichtigsten waren: Die Inflationsrate und der langfristige Zins im Jahre 1997 mussten nahe am Durchschnitt der drei Länder mit der niedrigsten Inflationsrate liegen und das Budgetdefizit durfte 3 Prozent des BIPs nicht überschreiten.

Damals ging man davon aus, dass die Überleitung vom Europäischen Währungssystem hin zur Europäischen Währungsunion ohne Probleme vollzogen werden könnte. Jedoch erlebte das EWS in den Jahren 1992 und 1993 seine größten Turbulenzen. So verließ im September 1992 Großbritannien das EWS wieder, nachdem es dem Wechselkurssystem erst im Jahre 1990 beigetreten war. Im Jahre 1993 wurden die Bandbreiten um den institutionell fixierten Leitkurs im EWS von ± 2,5 Prozent auf ± 15 Prozent erhöht. Der Abwertungsdruck auf einige Währungen im EWS, etwa auf den französischen Franc, war so groß geworden, dass die Erhöhung der Bandbreiten unumgänglich erschien. Das Problem in dieser Phase bestand darin, dass die Deutsche Bundesbank zur Bekämpfung der moderaten inflationären Tendenzen, die mit dem kräftigen Wachstumsprozess in Westdeutschland nach der deutschen Einheit einhergingen, eine deutlich restriktive Geldpolitik mit hohen Zinssätzen durchsetzte. Faktisch alle anderen europäischen Länder befanden sich zur gleichen Zeit in einer konjunkturellen Krise und wollten ihre Zinsen senken. Dazu kam, dass die Deutsche Bundesbank die Zinssätze im Sommer 1993 nochmals weiter nach oben setzte, obwohl sich auch in Deutschland eine deutliche konjunkturelle Abschwächung bereits ankündigte. Für eine Reihe von Ländern im EWS wurde die ihnen von der Deutschen Bundesbank aufgezwungene Zinspolitik schlicht und einfach ökonomisch und politisch zu teuer. Zumindest vermuteten dies internationale Anleger und Spekulanten und bewirkten den Ausstieg einiger Länder aus dem EWS bzw. eine drastische Erhöhung der Bandbreiten.

Die Schwächung des Europäischen Währungssystems kam der Deutschen Bundesbank nicht ungelegen, konnten die deutschen Währungshüter doch der Idee der EWU (wie zuvor der Idee des EWS) letztlich wenig abgewinnen.[4] Am 1.1.1999 entstand die Europäische Währungsunion, die nun durch den Euro dem US-Dollar einen stärkeren Gegenspieler als die D-Mark gegenüberstellen konnte. Entgegen den ursprünglichen Erwartungen einer nur kleinen Währungsunion wurden Belgien, Deutschland, Spanien, Frankreich, Irland, Italien, Luxemburg, die Niederlande, Österreich, Portugal und Finnland Gründungsmitglieder der EWU. Einigen weiteren Ländern stand der Beitritt zur Union offen, wurde jedoch, etwa von Schweden und Dänemark, abgelehnt. Im Jahr 2001 stieß Griechenland zur EWU, Zypern und Malta traten 2008 und die Slowakei 2009 bei. Für eine Reihe europäischer Länder, die nicht dem Eurowährungsraum angehörten, wurde das sogenannte Europäische Währungssystem II (EWS II) geschaffen, das im Prinzip ganz nach den Regeln des ursprünglichen EWS funktionierte. Auch koppelten sich Währungen unabhängig vom EWS II an den Euro. Allerdings gibt es auch heute Währungen in der Europäischen Union, die weder der EWU noch dem EWS II angehören, wie beispielsweise das britische Pfund Sterling.

Warum ist es überraschend, dass so viele Länder der EWU beitraten und möglicherweise zukünftig noch beitreten werden? Das Überraschende besteht tatsächlich darin, dass die heutige Gruppe der EWU-Länder sehr heterogen ist und dass die Maastricht-Kriterien, die eben den Beitritt zur Wirtschaftsunion regeln sollten, faktisch allen Ländern den Beitritt bzw.

Anschluss an die EWU ermöglichten. Offensichtlich sind die Maastricht-Kriterien nicht in der Lage gewesen, eine tatsächliche Selektion der an der EWU teilnehmenden Länder zu gewährleisten. Die Folge ist, dass sich die Länder der EWU unter anderem durch äußerst unterschiedliche Produktivitätsniveaus, Sozial-, Steuer- und Finanzsysteme, fiskalische Traditionen und nicht zuletzt Lohnbildungsmechanismen auszeichnen. Dieser Integration, die aus der Einführung einer gemeinsamen Währung und Geldpolitik bestand, fehlten entsprechende Integrationsschritte in anderen Bereichen. Die Unterschiede haben innerhalb der EWU zu deutlichen regionalen Verwerfungen geführt.

### 2.1.2 Inflation und die konservative Revolution

Wenn wir uns den binnenwirtschaftlichen Problemen zuwenden, wird deutlich, dass nahezu alle entwickelten westlichen Länder ab Ende der 1960er-Jahre von inflationären Entwicklungen betroffen waren. Sie trugen neben dem Zusammenbruch des Systems von Bretton Woods entscheidend zum Niedergang des Wirtschaftsmodells der Nachkriegszeit bei (vgl. Abbildung 2.2). Auch in der Bundesrepublik Deutschland lag die Inflationsrate in den 1970er-Jahren im längerfristigen Vergleich hoch. Erst in den 1980ern gelang es in den OECD-Ländern, die Inflationen zurückzuführen.[5] Es ist bemerkenswert, dass sowohl die USA als auch Großbritannien für Industrieländer mit vergleichsweise starken inflationären Prozessen zu kämpfen hatten, die in beiden Ländern gegen Ende der 1970er-Jahre zu eskalieren begannen. Schließlich waren es diese beiden Länder, von denen die konservative Revolution ausgehen sollte.

*Abbildung 2.2: Preisniveauänderungsraten (Konsumentenpreisindex, Vergleich zum Vorjahr in Prozent)*

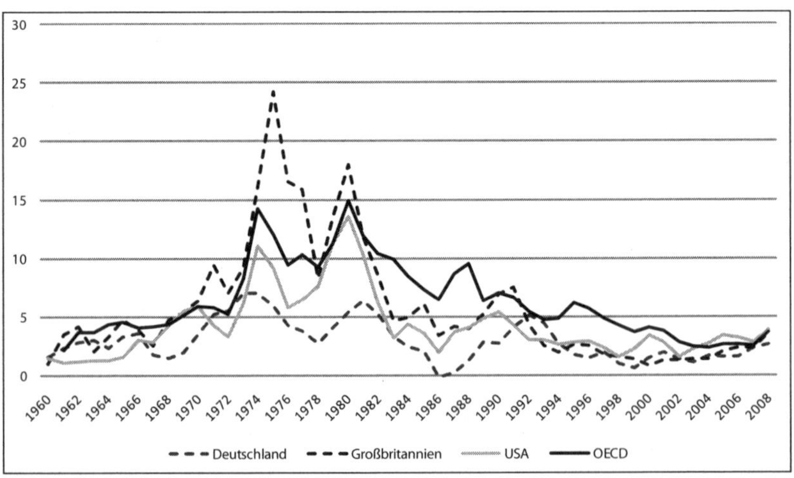


Quelle: Ameco (2009)

Ende der 1960er-Jahre sanken die Arbeitslosenquoten in nahezu allen westlichen Industrieländern auf historisch niedrige Niveaus. Die resultierende Arbeitskräfteknappheit ließ die Marktmacht der Arbeitnehmer erstarken, was zu steigenden Nominallöhnen führte. Das lag einerseits an steigenden Tariflöhnen, jedoch auch an übertariflichen Bezahlungen. Erhöhen sich die Lohnkosten in einer Wirtschaft, dann steigt das Kostenniveau und somit auch das Preisniveau (vgl. dazu Kapitel 2.4.2).

Das Problem ab Ende der 1960er lag jedoch tiefer als in einer Verknappung der Arbeitskräfte, die periodisch auftreten kann und nicht zwingend ein ökonomisches Regime untergräbt. Von Japan einmal abgesehen konnte in der gesamten westlichen Welt zu dieser Zeit das Erstarken einer Vielzahl von Reformbewegungen beobachtet werden, einige sozialdemokratischer Prägung, andere sozialistisch motiviert, in der Regel begleitet von einer aktiven linksorientierten Studentenbewegung. In der Bundesrepublik Deutschland war diese Entwicklung mit der großen Koalition zwischen CDU/CSU und SPD (1966-1969) und der sozialliberalen Koalition (1969-1982, bis 1974 unter Bundeskanzler Willy Brandt und dann unter Bundeskanzler Helmut Schmidt) verbunden. Diese Bewegungen traten für eine Stärkung demokratischer Rechte, verbesserte Chancengleichheit auch von Arbeitern, Veränderungen im Bildungswesen, eine gerechtere Einkommensverteilung, Emanzipation der Frauen und andere Themen ein, die mit der Idee einer liberaleren Gesellschaft verbunden waren. Die Reformbewegungen führten, quasi als Beiprodukt, zu einer aggressiveren Lohnpolitik. Um es unfreundlicher auszudrücken: Reformen des Gesellschaftsmodells wurden mit Lohnerhöhungen verwechselt.

In vielen Ländern kam es zu einer Radikalisierung der etablierten oder zur Gründung oppositioneller Gewerkschaften, die sogenannte wilde Streiks organisierten und radikale Lohnforderungen stellten. Deutschland ist hierfür ein maßgebliches Beispiel. Mitte der 1960er schwächte sich in Deutschland das reale Wachstum ab, um dann in einem starken Aufschwung Ende der 1960er erneut zu steigen. Die Gewerkschaften kooperierten in dieser Phase im Rahmen der »Konzertierten Aktion« mit Unternehmerverbänden und dem Staat und verfolgten eine makroökonomisch durchaus sinnvolle Lohnpolitik. Mit dem starken Aufschwung Ende der 1960er-Jahre sank die Arbeitslosenquote, während die Gewinne der Unternehmen explodierten. Das führte im »heißen Herbst« 1969 zu wilden Streiks mit dem Ziel einer Erhöhung der Löhne. Die Streiks waren erfolgreich, sodass die Führungen der offiziellen Gewerkschaften unter Druck gesetzt wurden. Sie versuchten in den folgenden Jahren, über höhere Lohnforderungen wilden Streiks vorzubeugen und das Heft des Handelns in der Gewerkschaftsbewegung wieder fest in die eigene Hand zu nehmen. Die Lohnentwicklung in Deutschland eskalierte, als die damalige ÖTV (Gewerkschaft Öffentliche Dienste, Transport und Verkehr) im Jahre 1974 die jährliche Lohnrunde einleitete, was ansonsten der IG Metall vorbehalten war, und im öffentlichen Dienst einen Lohnabschluss von über 12 Prozent durchsetzte. Die Tariflöhne in der

Industrie stiegen 1974 in etwa mit der gleichen Rate, was für die Bundesrepublik Deutschland sehr hoch war. Aus Inflationsängsten heraus reagierte die Deutsche Bundesbank auf die Lohnerhöhungen mit harter, restriktiver Geldpolitik. Daraufhin rutschte 1975 die Ökonomie in eine tiefe Rezession mit hohen Wachstums- und Beschäftigungsverlusten.[6] Die Inflationsentwicklung blieb in der Bundesrepublik Deutschland anschließend moderat, weil sich einerseits die Lohnerhöhungen ab 1975 deutlich reduzierten und andererseits eine starke D-Mark das Preisniveau stabilisierte.

Zwei Ölpreisschocks verschärften in den Jahren 1973 und 1979 die Situation in den westlichen Ländern. Der Erdölpreis stieg durch eine hohe Erdölnachfrage im Verlauf des weltweiten wirtschaftlichen Aufschwungs in der zweiten Hälfte der 1960er- und Anfang der 1970er-Jahre drastisch an. Auch hier ist die Schwäche des US-Dollars zu berücksichtigen: Erdöl wurde und wird wie alle wichtigen Rohstoffe in US-Dollar gezahlt. Der drastisch fallende externe Wert des US-Dollars in den 1970er-Jahren reduzierte die realen Einnahmen der Erdöl exportierenden Länder, denn Warenkäufe im Nicht-Dollar-Raum wurden durch den schwachen US-Dollar teurer. Politische Ereignisse im Einflussbereich der OPEC trieben zusätzlich den Erdölpreis in die Höhe.[7] In den 1980ern sank der Ölpreis wieder drastisch, um dann erst nach 2003 regelrecht zu explodieren und erneut zu kollabieren (vgl. Abbildung 2.3).

*Abbildung 2.3: Ölpreis in US-Dollar pro Barrel*

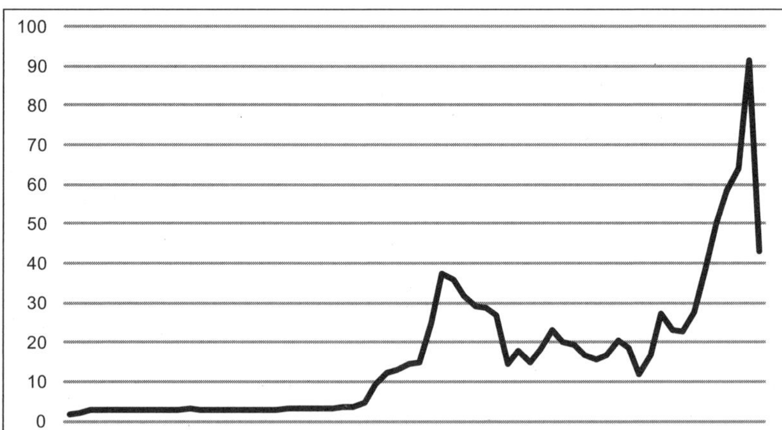


Quelle: inflationdata.com

Beide Ölpreisschocks führten in den Ländern, die einen höheren Ölpreis zu zahlen hatten, zu Preisniveauschüben und empfindlichen Lohneinbußen. Lohneinbußen hinzunehmen, passte nun in keiner Weise zu den Vorstellungen und Erwartungen der Reformbewegungen, die sich etabliert und ihre Forderungen durchgesetzt hatten. Insbesondere beim ersten Ölpreisschock 1973 war der Beschäftigungsstand noch hoch, sodass es einfach war, Lohnerhöhungen durchzusetzen, die die (realen) Lohneinbußen kompensieren sollten. In der Folge entstand eine Lohn-Preis-Spirale: Die höheren Löhne verschärften den Kostendruck der Unternehmen, die wiederum ihre Preise erhöhten.

Ganz ähnlich wirkte der Zusammenbruch des Systems von Bretton Woods. Nach der Freigabe der Wechselkurse war eine Reihe von Ländern durch Abwertungen betroffen. Abwertungen führen zu steigenden Importpreisen und wie Ölpreiserhöhungen zu einem Preisniveauschub und einer Reduzierung der Reallöhne. Besonders schwierig war die Lage für Länder, in denen sich die Effekte kumulierten, die also neben den Ölpreiserhöhungen auch von einer Lohn-Preis-Spirale und Abwertungen betroffen waren.

Großbritannien und die USA, die den Ausgangspunkt der konservativen Revolution bildeten, befanden sich in den 1970er-Jahren in einer wirtschaftlich äußerst labilen Lage. Beide Länder waren von Ölpreiserhöhungen, Abwertungen und inflationären Lohnerhöhungen betroffen. Dazu kam eine politische Destabilisierung. In Großbritannien gab es in der hier diskutierten Periode eine schnelle Abfolge von Regierungen – Labour unter Harold Wilson (1964-1969), die Konservativen unter Edward Heath (1970-1974), wieder Labour unter Harold Wilson (1974-1976) und dann unter Jim Callaghan (1976-1979). Im Jahre 1979 wurde schließlich Margaret Thatcher von den Konservativen gewählt, die bis 1990 im Amt blieb. Die Regierungen von Wilson bis Callaghan und auch die von Heath suchten die Kooperation mit den Gewerkschaften. Moderat sollte das Streikrecht reformiert werden, die Gewerkschaften ließen sich jedoch nur partiell auf eine Kooperation ein. In aller Regel waren die Lohnzuwächse deutlich zu hoch ausgefallen und führten zu einem anhaltenden Inflationsproblem (vgl. Abbildung 2.2).

Im Jahre 1976 wurde das Pfund Sterling von einer Währungskrise ergriffen, die aufgrund des Abwertungseffekts die Inflationsrate in Großbritannien weiter ansteigen ließ. Das Ausmaß der Inflation veranlasste den IWF, Großbritannien mit Stützungskrediten zu helfen, die allerdings mit Auflagen verbunden waren. Im Sommer 1976 trat Wilson zurück und Callaghan wurde Premierminister. Callaghan war von der Notwendigkeit der Rückführung der Inflation überzeugt. Nach gescheiterten Versuchen, die Gewerkschaften in ein makroökonomisches Stabilisierungskonzept einzubinden, legte sich Callaghan schließlich mit diesen an. Im »Winter der Unzufriedenheit« kam es von November 1978 bis März 1979 zu einer breiten Streikwelle, die das wirtschaftliche Leben in Großbritannien gänzlich ergriff und faktisch lahmlegte. Vor diesem Hintergrund ist es nicht verwunderlich, dass Margaret Thatcher, die als »eiserne Lady« in die Geschichte eingehen sollte, im Mai 1979 die Wahlen gewann. Unmittelbar nach ihrem Sieg begann Thatcher mit der Durchführung ihres konservativen Projektes und nahm einen bedingungslosen Kampf gegen die Inflation und die Gewerkschaften auf, bei dem hohe Wachstums- und Beschäftigungskosten in Kauf genommen wurden.

In den USA verliefen die Entwicklungen nicht weniger turbulent, drehten sich jedoch stärker um die internationale Rolle des US-Dollars. Der Republikaner Richard Nixon wurde im Jahre 1969 Präsident der USA, musste jedoch 1974 aufgrund der Watergate-Affäre zurücktreten.[8] Nixon gab sein Amt an seinen Parteifreund und Vizepräsident Gerald Ford ab. Im Jahre 1977 wurde der Demokrat Jimmy Carter zum Präsidenten gewählt. Während der 1970er befanden sich die USA in einer außen- und innenpolitischen Vertrauenskrise. Neben der Watergate-Affäre wurden die USA zudem vom Vietnamkrieg erschüttert, der durch die Einnahme Saigons durch nordvietnamesische Truppen endgültig verloren ging. Im Jahre 1979 büßten die USA durch die Islamische Revolution in Iran einen Verbündeten ein. Über Jahre hinweg hatten die USA Mohammed Reza Pahlavi, Schah des Iran, unterstützt, konnten jedoch die Machtübernahme durch Ayatollah Ruhollah Khomeini, einem erbitterten Gegner der USA, nicht verhindern. Besonderes demütigend war die Geiselnahme von rund 70 US-Amerikanern in der amerikanischen Botschaft in Teheran im November 1979, die 444 Tage andauerte. Im April 1980 wurde eine geheime Rettungsmission zur Befreiung der Geiseln durchgeführt, die jedoch scheiterte. Die dabei ums Leben gekommenen US-amerikanischen Soldaten wurden danach medienwirksam von Teheran in die USA überführt. Schließlich übernahm die kommunistische Demokratische Volkspartei Afghanistans im April 1978 die Macht in Afghanistan. Ein Jahr später folgte die militärische Invasion des Landes durch sowjetische Truppen.[9]

Außenpolitisch bot sich Jimmy Carter also wenig Gelegenheit, sich zu profilieren, die Weltmacht USA schien geschwächt. Zu allem Übel spitzte sich 1979 die Schwäche des US-Dollars erneut zu. Die starke Abwertung regte die Inflation an, während sich die US-amerikanischen Gewerkschaften nicht auf Lohnverluste und eine moderate Lohnentwicklung einließen. Besonders gravierend war für die USA, dass der US-Dollar als Weltreservewährung zunehmend infrage gestellt wurde. Die Erdöl exportierenden Staaten diskutierten offen, ob sie teilweise vom US-Dollar abrücken und sich in verschiedenen Währungen bezahlen lassen sollten. Carter musste reagieren. Im August 1979 wurde der amtierende Präsident der US-Notenbank Federal Reserve William Miller durch Paul Volker ersetzt, ein geldpolitischer Hardliner, der für eine bedingungslose Inflationsbekämpfung ohne Rücksicht auf realökonomische Effekte bekannt war (man nennt dies eine monetaristische Geldpolitik). Carter drängte in dieser Phase insbesondere die Bundesrepublik Deutschland und Japan im Rahmen der damaligen »Lokomotivendiskussion«, ihre Ökonomien stärker zu stimulieren, um so zur Stabilität des US-Dollars beizutragen und damit die USA zu entlasten. Japan richtete daraufhin seine Wirtschaftspolitik expansiver aus. In der Bundesrepublik Deutschland wurde zwar unter Helmut Schmidt die Fiskalpolitik moderat expansiver gestaltet, die unabhängige Deutsche Bundesbank verweigerte jedoch jegliche Kooperation mit der Fed. Kurz nach dem Amtsantritt Volkers kam es im Oktober 1979 zum sogenannten Hamburger Treffen, bei dem Volker erneut die Deutsche Bundesbank um einen expansiveren Kurs und Devisenmarktinterventionen zur Stärkung des Dollars bat, was die Deutsche Bundesbank brüsk ablehnte.[10] Einige Tage später legte die Fed den geldpolitischen Hebel um und begann mit einer radikalen Erhöhung der Zinsen. Diese äußerst restriktive Geldpolitik führte in den Jahren 1980/81 die USA in ihre bis dahin tiefste Wirtschaftskrise nach dem Zweiten Weltkrieg. Die gesamte westliche Welt war gezwungen, der Geldpolitik der USA zu folgen und wurde von dem Wachstumseinbruch in Mitleidenschaft gezogen. Lateinamerika, das in den 1970er-Jahren seine Kapitalverkehrskontrollen abgebaut und sich extern verschuldet hatte, rutschte wegen der steigenden Zinsen in eine Überschuldungskrise, die zu einem Jahrzehnt der Stagnation führte. Jimmy Carter hatte bei der Wahl in den USA Ende 1980 eine ebenso geringe Chance wie Callaghan in Großbritannien ein Jahr zuvor. Der Republikaner Ronald Reagan gewann die Wahl und trat Anfang 1981 sein Amt an, das er dann bis 1989 innehatte. Wie Margaret Thatcher nahm Reagan sofort den Kampf mit den Gewerkschaften auf und begann die konservative Revolution. Politisch kann von einer arabisch-europäischen Revolte gegenüber den USA gesprochen werden, die Ende der 1970er-Jahre die USA zu einer radikalen ökonomischen und politischen Reaktion drängte. Ein zentrales Anliegen von Reagan bestand deshalb auch darin, die militärisch und politisch führende Rolle der USA wiederherzustellen.

Die Entwicklungen in zwei Ländern sollen noch erwähnt werden: Auch Italien war in den 1970er-Jahren durch hohe makroökonomische Instabilitäten mit hoher Inflationsrate charakterisiert, die im Jahre 1976, wie in Großbritannien, in eine Währungskrise und letztlich zum Unterliegen der politischen Linken führte. In Frankreich gewann im Jahre 1981, eher überraschend, François Mitterrand die Präsidentschaftswahlen und bildete eine sozialistisch-kommunistische Koalition. Das Projekt scheiterte hier nicht an einer inflationären Entwicklung, sondern zuletzt an der Kapitalflucht und der Investitionsverweigerung des Privatsektors im Inland, die Frankreich nicht in den Griff bekam. Die grundsätzlich andere Politik der europäischen Nachbarn war eine weitere Ursache des Scheiterns. Im Jahre 1983 wurde das Projekt abgebrochen.

Kapitalistische Ökonomien sind immer Geldökonomien. Verliert das Geld aufgrund inflationärer Entwicklungen seine Funktionen, kann auch eine Geldwirtschaft längerfristig nicht funktionieren. Es lässt sich lange streiten, ob die Inflationsbekämpfung in der Bundesrepublik Deutschland, den USA, Großbritannien oder anderen Ländern zu massiv war oder nicht. Nicht bestreiten lässt sich, dass Zentralbanken früher oder später der Erosion des inländischen Geldsystems entgegentreten müssen, besonders wenn das Land in eine Währungskrise geraten ist. Die inflationäre Entwicklung der 1970er-Jahre zwang letztlich alle Zentralbanken der westlichen Welt zu einer restriktiven Geldpolitik, die wiederum zu Wachstumseinbrüchen und einem generellen Anstieg der Arbeitslosigkeit führte. Regierungen, die von Reformbewegungen ins Amt gewählt worden waren, standen wirtschaftspolitisch vor einem Scherbenhaufen, da sie keine Instrumente zur Verfügung hatten, die einen hohen Beschäftigungsstand hätten garantieren können. Zweifellos gab es in den 1970ern verschiedene Entwicklungsoptionen. Jedoch fehlte es den sozialdemokratisch und teilweise sozialistisch orientierten Regierungen und den sozialen Bewegungen der damaligen Zeit an klaren makroökonomischen Konzepten oder sie waren nicht in der Lage, diese umzusetzen. Notwendig wäre es zunächst gewesen, über eine Reduzierung der Lohnerhöhungen die teilweise eskalierenden inflationären Prozesse in den Griff zu bekommen. In nahezu allen Ländern wurde versucht, über Einkommenspolitik, also insbesondere die Kooperation zwischen Tarifpartnern, Regierungen und Zentralbank, inflationär wirkende Lohnentwicklungen zu verhindern. Die meisten Versuche scheiterten. Dass die sozialen Bewegungen, die Ende der 1960er-Jahre erstarkten, ihre Reformprogramme mit hohen Lohnforderungen verbanden oder gar verwechselten, scheint rückblickend ihr größter Fehler gewesen zu sein. Der Zusammenbruch des Systems von Bretton Woods verschärfte die damalige Situation, da internationale Kapitalströme die Entwicklung in verschiedenen Ländern, etwa den USA und Großbritannien, noch weiter anfachten.

Insgesamt können die Ereignisse ab Ende der 1960er so interpretiert werden, dass die damaligen Reformbewegungen unfähig waren, ein stabiles wirtschaftliches System auf nationaler und internationaler Ebene durchzusetzen. Das war nicht Ausdruck einer tiefen fundamentalen Krise des Kapitalismus: Das »goldene kapitalistische Zeitalter« zerbrach, weil die damaligen linken Bewegungen verschiedener Couleur nicht in der Lage waren, hergebrachte Institutionen so zu reformieren, dass sie mit wirtschaftlicher Stabilität vereinbar waren. Der Zusammenbruch des Systems von Bretton Woods hatte neoliberale Veränderungen bereits vorbereitet. Die eigentliche neoliberale Wende kam dann aber mit den Wahlsiegen von Margaret Thatcher und Ronald Reagan. Beide standen für eine Politik, die ganz auf wirtschaftliche Stabilität ausgerichtet war. Entscheidend für die Durchsetzung ihrer konservativen Programme war, dass sowohl Thatcher als auch Reagan auf akademisch ausgearbeitete Konzepte zurückgreifen konnten, die den konservativen Umschwung nicht nur herbeiführen, sondern auch dessen Umsetzung strukturieren halfen. Die Konservativen waren akademisch gut vorbereitet und von ihrem Ansatz überzeugt, da neoliberale Konzepte seit dem Zweiten Weltkrieg in konservativen Denkfabriken entwickelt worden waren. Nicht zuletzt spielten die bekannten Ökonomen der sogenannten neoklassischen Schule Friedrich von Hayek und Milton Friedman in diesem Zusammenhang eine wichtige Rolle. An Hochschulen und Forschungsinstituten konnte sich in den 1970er-Jahren im Bereich der Ökonomie neoklassisches Denken durchsetzten, waren doch die Wirtschaftsberater der Linken an der Inflation gescheitert.

Die Erkenntnis, dass das Modell der dem Zweiten Weltkrieg nachfolgenden Jahrzehnte an politischen und institutionellen Problemen zerbrochen ist, birgt gleichzeitig die Hoffnung, dass das System eines regulierten Kapitalismus gelingen kann, der sozialverträglicher, menschenfreundlicher und stabiler ist als das neoliberale Projekt. Wenn man die Veränderungen der Welt der zurückliegenden Jahrzehnte in Betracht zieht sowie die neue Herausforderung, einer sich anbahnenden ökologischen Katastrophe entgegentreten zu müssen, dann gilt es, vom Wirtschaftssystem der 1950er- und 1960er-Jahre zu lernen, allerdings ohne es kopieren zu wollen.

Bevor wir jedoch auf die einzelnen Elemente eingehen, aus denen ein neues Wirtschaftssystem aufgebaut sein könnte, soll die neoliberale Revolution näher diskutiert werden. Denn die neoliberale Agenda umfasste eine Reihe von Umstrukturierungen, die sowohl tiefe Eingriffe in den Finanzsektor, die Unternehmenskultur als auch die Privatisierung vormals öffentlicher Aufgabenbereiche beinhaltete. Die Deregulierung und Stärkung der Rolle inländischer Finanzmärkte ging mit Veränderungen der Logik des Managements von Unternehmen einher. Eine weitere Deregulierung der internationalen Finanzmärkte auch für Entwicklungsländer setzte ein und ein umfassendes Regime freien Handels wurde geschaffen. Neben der Deregulierung der Arbeitsmärkte, die auf die Schwächung der Gewerkschaften zielte, wurden zudem staatliche Betriebe privatisiert, einschließlich solcher, die öffentliche Dienstleistungen anboten. Schließlich setzte der Abbau von als schädlich erachteten Elementen des Wohlfahrtsstaates ein. Dieses Aktionsprogramm wurde nicht nur in den USA und Großbritannien mit großem Elan vorangetrieben, sondern auch in vielen anderen Ländern durchgesetzt und weitergeführt, die sozialdemokratische Regierungen hatten. Waren in den 1950er- und 1960er-Jahren auch konservative Regierungen sozialdemokratisch eingestellt, so wurde ab den 1980er-Jahren die Masse der sozialdemokratischen Regierungen neoliberal. Als Resultat der tiefen Veränderungen ab den 1970ern und verstärkt ab den 1980ern entwickelte sich ein spezifisches Globalisierungsprojekt, das auf weitgehend unregulierte Märkte setzte. Es ist hier nicht der Platz, auf alle Facetten dieses marktradikalen Modells einzugehen, jedoch sollen in den folgenden Abschnitten die wichtigsten Bereiche der neoliberalen Globalisierung angesprochen werden, wobei wir uns auf die Entwicklung in den Industrieländern konzentrieren wollen.

## 2.2 Entfesselung der Finanzmärkte

Ein zentrales Element des neoliberalen Globalisierungsprojektes bestand in der Deregulierung der Finanzmärkte auf nationaler und internationaler Ebene. Während die Finanzmärkte sich in den vergangenen Jahrzehnten am dynamischsten entwickelten, wurden sie gleichzeitig seit den 1980er-Jahren zu einem Ort beständiger Instabilität. Über viele Jahre hinweg wirkte sich diese Instabilität negativ auf die Entwicklungsländer aus, die von tiefen und kostspieligen Währungs- und Finanzkrisen betroffen waren. Mit der Aktien- und Immobilienblase in Japan in der zweiten Hälfte der 1980er und der darauf folgenden, bis heute andauernden Stagnation erreichte die Anfälligkeit der Finanzmärkte die entwickelten Industrienationen. Nach der Internetblase in den 1990er-Jahren, die vergleichsweise gut gemeistert werden konnte, sind mit der Subprime-Krise die finanziellen Zentren des Weltfinanzsystems in eine seit den 1930er-Jahren ungekannte systemische Krise geraten, die sich in einer tiefen realökonomischen Weltwirtschaftskrise entlud. Es ist eher ein Zufall, dass die systemische Finanzmarktkrise, die dem Ausbruch der Subprime-Krise im Jahre 2007 folgte, sich an einem vergleichsweise unbedeutenden Segment des Weltfinanzsystems entzündete, nämlich fragwürdig finanzierter, privater Immobilien in den USA. Die Probleme des Finanzsystems liegen tiefer als in der Immobilienfinanzierung. Die Entwicklungen der vergangenen Jahrzehnte hatten das System immer anfälliger für Störungen gemacht, sodass es nur eine Frage der Zeit war, wann ein Windhauch das gesamte Kartenhaus zum Einsturz bringen würde.

Diese destabilisierenden Entwicklungen des Finanzsystems lassen sich sicherlich teilweise durch die Lobbyarbeit jener Akteure erklären, die sich immer größere Spielräume erkämpfen konnten. Eine solche Entwicklung jedoch wäre nicht möglich gewesen, hätte nicht eine Mehrzahl der Ökonomen, Manager, Politiker, Journalisten und Regulierer an das neoliberale Versprechen geglaubt, dass entfesselte Finanzmärkte Effizienz und Wachstum weltweit fördern würden. Mit diesem Aspekt beschäftigen wir uns im ersten Unterpunkt dieses Abschnitts. Danach werden wir uns dem facettenreichen Prozess der Destabilisierung des finanzgetriebenen Kapitalismus zuwenden.

Die Veränderungen im Finanzsystem hatten tiefe Auswirkungen auch auf das Management von Unternehmen, die selbst nicht im Finanzsystem angesiedelt sind. Kurzfristige Profitinteressen, an die Maximierung der Aktienkurse geknüpft, wurden in vielen Unternehmen auf Kosten einer nachhaltigen Entwicklung privilegiert. Diesen Veränderungen wenden wir uns zu, bevor wir die Subprime-Krise im engeren Sinne analysieren.

### 2.2.1 Neoliberale Glaubenssätze

Hinter der konservativen Revolution steckten die handfesten Interessen nicht zuletzt der Finanzindustrie, die durch Lobbyismus die Entfesselung des ganzen Finanzsystems vorantrieb. Jedoch wurden die Veränderungen auch theoretisch abgesichert und untermauert, worauf hier näher eingegangen werden muss, da wirksame Reformalternativen ein theoretisches Verständnis der Finanzmärkte voraussetzen. Der keynesianische Kompromiss zwischen neoklassischem und keynesianischem Denken, der unter dem Einfluss des prägenden Ökonomen John Maynard Keynes und der ökonomischen und politischen Katastrophe der 1930er-Jahre entstanden war, wurde ab den 1970er-Jahren in der ökonomischen Debatte durch ein Erstarken des bereits erwähnten neoklassischen Denkens weitgehend ersetzt. Gesamtwirtschaftliches Denken der sogenannten Makroökonomie galt als antiquiert und mikroökonomisches Denken mit Blick auf den Einzelnen trat in den Vordergrund. Bei dieser Mikrofundierung wurde von der Analyse eines einzelnen Wirtschaftsobjektes auf die Makroökonomie, also die Gesamtwirtschaft, geschlossen. Ein einzelnes repräsentatives Unternehmen oder ein einzelner repräsentativer Haushalt wurden implizit mit dem Unternehmenssektor bzw. dem Haushaltssektor gleichgesetzt – es musste lediglich aufaddiert werden. Ein eigenes, davon unabhängiges makroökonomisches Modell schien vielen Wissenschaftlern nicht mehr notwendig. Die Mikrofundierung der Makroökonomie prägte auch die Analyse der Finanzmärkte: Wenn alle Mikroeinheiten als stabil erachtet werden, dann gilt dies auch für das gesamte Finanzsystem. Die Finanzmarktregulierung konzentrierte sich auf die Stabilität der Mikroeinheiten und blendete so makroökonomische Risiken aus.

In den 1980er-Jahren setzte sich in der volkswirtschaftlichen Debatte zunehmend der Denkansatz rationaler Erwartungen durch, der auf Robert Lucas, Thomas Sargent und andere zurückzuführen ist.[11] Rationale Erwartungen unterstellen, dass die Individuen in einer Volkswirtschaft, also alle Arbeitnehmer, Konsumenten, Unternehmer und Anleger, qualifizierte Vorhersagen über die zukünftige Entwicklung wichtiger wirtschaftlicher Größen wie Aktien- und Güterpreise, Zinsen, Inflation, Arbeitslosigkeit, Löhne oder Bruttoinlandsprodukt machen können und diese wiederum ihren wirtschaftlichen Handlungen wie Kauf-, Arbeits- oder Anlageentscheidungen zugrunde legen. Unter anderem muss dafür angenommen werden, dass die Individuen verstehen, nach welchen kausalen Mechanismen die Wirtschaft funktioniert. Wirtschaftssubjekte müssen also schlussfolgern können, wie die oben angeführten Variablen auf unerwartete Ereignisse reagieren, wie etwa auf einen Anstieg der Staatsausgaben, einen Krieg im Nahen Osten oder neue technologische Entwicklungen wie das Internet. Rationale Erwartungen implizieren nicht notwendigerweise hellseherische Fähigkeiten der Individuen, sie gehen allerdings davon aus, dass diese *im Durchschnitt* die Zukunft korrekt vorhersagen.

Dieser Ansatz weist gleich eine ganze Reihe von Problemen auf: Zuallererst sind sich nicht einmal Experten einig, wie genau die kausalen Zusammenhänge in der Wirtschaft funktionieren. Allein die öffentliche Debatte unter Volkswirten über die Tiefe der Rezession nach der Finanzkrise wie auch über die richtige Reaktion der Wirtschaftspolitik zeigt, welche Vielzahl von Interpretationen ein wirtschaftliches Ereignis zulässt. Wenn aber schon Fachleute die Kausalitäten und Größenordnungen nicht mit Genauigkeit abschätzen können, wie soll das dann für die breite Masse der Arbeitnehmer, Anleger und Kleinunternehmer funktionieren? Das zweite Problem ist, dass das Konzept der rationalen Erwartungen unterstellt, Individuen benötigten noch nicht einmal Zeit, um die grundlegenden Strukturen der Wirtschaft zu erkennen. Selbst Strukturveränderungen sind in diesem Modell sofort bekannt und werden unmittelbar von den Individuen in ihr Kalkül eingebaut. Drittens können solche *im Durchschnitt* korrekten Erwartungen streng genommen nur dann gebildet werden, wenn man davon ausgeht, dass alle künftigen möglichen Ereignisse, ihre Wahrscheinlichkeit und ihre Auswirkungen bekannt sind. Gerade das ist aber nicht der Fall. In der Realität gibt es immer wieder unerwartete Ereignisse, wie etwa die Terroranschläge vom 11. September 2001, deren Auftreten und deren wirtschaftliche Auswirkungen nicht vorab zu berechnen sind.

Im Bereich der Finanzmarktanalyse entspricht den rationalen Erwartungen die Annahme von effizienten Finanzmärkten. Eugene Fama, Volkswirt der traditionell wirtschaftsliberalen University of Chicago, argumentierte 1970, dass auf Vermögensmärkten rationale Wirtschaftssubjekte agieren und dass somit die Vermögenspreise immer alle verfügbaren Informationen reflektieren. Investoren sind rational, wenn sie den Wert von Vermögensobjekten auf Grundlage von Fundamentaldaten analysieren.[12] Ergeben sich neue Informationen über den künftigen Cashflow und damit den Wert des Objekts, so springt der Markt sofort auf einen neuen Preis, der den neuen Informationsstand repräsentiert. Die Logik hinter dieser Annahme ist denkbar einfach: Wenn ein einzelner Investor erfährt, dass etwa ein Unternehmen eine neue, vielversprechende Erfindung gemacht hat, dies aber noch nicht im Aktienkurs repräsentiert ist, so wird er so viele Aktien des Unternehmens kaufen, bis der Aktienkurs wieder dem fundamental richtigen Preis entspricht. Erfährt ein Anleger, dass ein Unternehmen in Schwierigkeiten geraten und dies noch nicht im Aktienkurs reflektiert ist, so wird er Aktien verkaufen, bis der Preis so weit gefallen ist, dass er die neuen Informationen wiedergibt. Da jeder rationale Anleger, der neue, relevante Informationen bekommt, sich derart verhält, reflektieren die Marktpreise nach der Vorstellung von Verfechtern der effizienten Fundamentaldaten immer alle bei irgendeinem Anleger verfügbaren Informationen.

Das Grundmodell wird nicht wesentlich modifiziert, falls einzelne Wirtschaftssubjekte nicht rational agieren sollten. Ihre Fehler gleichen sich aus, wenn irrationale Wirtschaftssubjekte nicht sogar aufgrund von Verlusten vom Markt verdrängt werden. Längere, über Wochen, Monate oder Jahre anhaltende Auf- und Abwärtsbewegungen in Märkten dürfte es in diesem Modell eigentlich nicht geben. Eine Rendite oberhalb der durchschnittlichen Marktrendite kann an solchen Märkten nur verdient werden, wenn ein Anleger bislang unbekannte Informationen über die fundamentale Entwicklung eines Unternehmens, einer Branche oder einer ganzen Volkswirtschaft hat. Weder bietet dieser Markt die Möglichkeit, mit anderen Spekulationen Geld zu verdienen, noch dürfte es in einem solchen Modell zu Preisblasen kommen.

Mit der Realität haben die Hypothesen der effizienten Finanzmärkte und der rationalen Erwartungen nichts zu tun. Es bedarf schon eines gewaltigen Maßes an Ignoranz, um vorauszusetzen, dass *alle* Wirtschaftssubjekte die grundlegenden Strukturen der Wirtschaft gleich einschätzen und aus historischen Daten die Zukunft so vorhersagen, dass es im Durchschnitt zu keiner systematischen Abweichung ihrer Vorhersagen von der Realität kommt. Ebenso irrsinnig ist die Annahme, Spekulationsblasen würden sich an den Finanzmärkten nicht entwickeln. Trotzdem haben viele Volkswirte lange vehement die These rationaler Erwartungen und effizienter Finanzmärkte vertreten – und eine ganze Reihe vertritt diese Ideen bis heute.

Das theoretische Fundament zur Kritik effizienter Kapitalmärkte und rationaler Erwartungen wurde schon von John Maynard Keynes geliefert. Für ihn war Unsicherheit eine entscheidende Kategorie zum Verständnis kapitalistischer Ökonomien. Bei Unsicherheit ist jede historische Entwicklung einmalig, sodass statistisch nicht von der Vergangenheit auf die Zukunft geschlossen werden kann. Es sind nicht alle zukünftigen Ereignisse bekannt und selbst bekannten Ereignissen kann nicht immer eine Wahrscheinlichkeit zugeordnet werden. Selbst wenn Investoren nach Fundamentalfaktoren suchen, können sie diese nicht finden. Oder die Erwartungen von Wirtschaftssubjekten unterscheiden sich, selbst wenn sie nach Fundamentalfaktoren suchen. Insbesondere die wichtigsten ökonomischen Entscheidungen wie die Investition in Produktionsanlagen oder der Kauf eines Hauses sind Einzelentscheidungen, die unter Unsicherheit getroffen werden müssen.[13] Nehmen wir die Bewertung des Aktienwertes eines Stahlkonzerns. Die zukünftigen Cashflows eines Stahlkonzerns über die nächsten 40 oder 50 Jahre sind schwer zu kalkulieren und es ist abwegig, dass alle Wirtschaftssubjekte, selbst wenn sie nach Fundamentalfaktoren suchen, die gleichen Einschätzungen machen würden. Wir wissen es einfach nicht – so charakterisierte Keynes (1937: S. 214) die Sachlage in vielen Entscheidungssituationen.

Folgt man der Keynes'schen Argumentation, dann sind Vermögensmärkte von Erwartungen getrieben und es ist nicht anzunehmen, dass diese Erwartungen stabil in Fundamentalfaktoren verankert wären. Erstens sind solche Fundamentalfaktoren, wie ausgeführt, sehr schwierig oder nicht zu erkennen und unterschiedliche Wirtschaftssubjekte schätzen diese unterschiedlich ein. Erwartungen beruhen somit auf einer sehr unsicheren Grundlage. Zudem hängen Erwartungen nicht nur von rein ökonomischen Faktoren ab, auch politische und institutionelle Aspekte spielen bei der Erwartungsbildung eine Rolle. Viele Marktteilnehmer bewegen sich außerdem innerhalb eines kurzfristigen Zeithorizonts, in dem sie sich um die Suche nach Fundamentalfaktoren überhaupt nicht bemühen, sondern mechanisch nach sogenannten Chart-Techniken agieren. Typischerweise bilden sich allgemeine Stimmungslagen heraus, die soziale Prozesse in der Gesellschaft widerspiegeln und stabil sein können, wie zum Beispiel optimistische oder pessimistische Phasen. Jedoch sind auch schnelle und weitreichende Änderungen der Stimmungslagen möglich. Vermögensmärkte sind durch sogenanntes Herdenverhalten charakterisiert – alle folgen einem Leitwolf und das ist in der Regel ein großer Fonds oder Investor. Dieses Verhalten führt zu kumulativen Prozessen und irrationalen Blasen, die nachfolgend teuer und katastrophal zerplatzen können. Prominente Ökonomen wie Keynes (1936), Fisher (1933), Kindleberger (1996), Minsky (1975) oder Stiglitz/Greenwald (2003) haben den hier beschriebenen Charakter von Vermögensmärkten klar herausgearbeitet.[14]

Ein weiterer Aspekt von Finanzmärkten ist wichtig, nämlich dass das Kreditvolumen in modernen Finanzsystemen potenziell unbegrenzt ausgedehnt werden kann. Denn Geld und Kredit können, wie es der österreichisch-amerikanische Ökonom Joseph Schumpeter (1926) ausdrückte, aus dem Nichts geschaffen werden und sind potenziell beliebig vermehrbar. Geschäftsbanken geben einen Kredit, indem sie dem Kreditnehmer auf seinem Konto eine Gutschrift buchen. Geben alle Banken im Gleichschritt mehr Kredite, dann verlängert sich die Bilanz des Bankensystems ohne dass bei einzelnen Banken Finanzierungsengpässe entstehen würden. Allerdings wird im Rahmen einer Kreditexpansion zusätzliches Zentralbankgeld benötigt, einerseits aufgrund von Barabhebungen der Kreditnehmer, andererseits aufgrund von Mindestreserveverpflichtungen der Banken. Das zusätzlich benötigte Zentralbankgeld können sich die Geschäftsbanken bei der Zentralbank besorgen, die deren Refinanzierung nicht direkt beschränken, sondern nur indirekt deren Verhalten über die Veränderung der Refinanzierungszinssätze beeinflussen kann.[15] Die Kreditexpansion des Finanzsystems und damit indirekt auch die Entwicklung der Zentralbankgeldmenge sind ebenso erwartungsabhängig wie die Preisentwicklung auf den Vermögensmärkten. Bei positiven Erwartungen steigt die Kreditexpansion an, bei negativen Erwartungen kommt es nicht nur zu höheren Zinssätzen für als risikoreich eingeschätzte Schuldner, es kommt typischerweise auch zur Krediteinschränkung.

Vermögensmarktinflation und Kreditexpansion verstärken sich gegenseitig. Das Kreditsystem bläht sich während einer Vermögensmarktinflation wie eine Ziehharmonika auf, wobei es zu einem doppelten Rückkopplungseffekt kommt: Einerseits steigt der Wert der Sicherheiten von Schuldnern an und damit die Kreditvergabebereitschaft der Kreditgeber, andererseits führt der positive Effekt einer Vermögensmarktinflation zu steigender Kreditnachfrage der Schuldner. Die Preiselastizität des Angebots von Vermögensobjekten ist kurzfristig sehr gering und auch längerfristig sehr träge. Aus diesem Grunde kann eine ungezügelte Kreditexpansion zu einem enormen Anstieg von Vermögenspreisen führen. Denn steigt die Nachfrage nach Aktien an, so werden nicht automatisch neue Aktien ausgegeben. Ein starker Anstieg der Immobilienpreise wird zwar die Baukonjunktur anregen, jedoch wird es Jahre dauern, bis das Angebot an Immobilien sich deutlich erhöht. Platzt eine Vermögensmarktblase, kommt es ebenfalls zu negativen Rückkopplungseffekten. Sinkende Vermögensmarktpreise verringern den Wert von Sicherheiten und gleichzeitig das Eigenkapital von Finanzinstitutionen. Beides reduziert das gesamtwirtschaftliche Kreditvolumen. Die potenziell unbegrenzten Möglichkeiten der Kreditexpansion in modernen Finanzsystemen, die damit möglichen exzessiven Blasen und die potenziell katastrophalen Wirkungen der zwingend folgenden Implosion machen eine strikte Regulierung der Institutionen, die Kredite vergeben, unumgänglich. Nicht zuletzt aus diesem Grunde wird das Geschäftsbankensystem durch Eigenkapitalvorschriften, Mindestreserven und weitere Vorschriften in seiner Kreditexpansion begrenzt. Entwickelt sich ein Finanzsystem, das unreguliert expandieren kann und Blasen finanziert, dann sind kumulative Prozesse auf Vermögensmärkten und zerstörerische Implosionen solcher Blasen vorprogrammiert.

Wieso interessiert uns diese Debatte aus dem akademischen Elfenbeinturm? Vor allem deshalb, weil in der Realität die Prinzipien der effizienten Finanzmärkte mit ihrem Überbau der rationalen Erwartungen über Jahrzehnte hin für viele Akteure auf diesen Märkten die Basis ihres Handelns wurden. So wurde zum Beispiel das »Value at Risk« (VaR) ein beliebtes Mittel, um das mit Aktienportfolios, Kreditportfolios etc. verbundene Risiko zu errechnen. VaR ist ein Risikomaß, das den möglichen Verlust eines Portfolios innerhalb eines bestimmten Zeitraumes mit einer bestimmten Wahrscheinlichkeit angibt. Dessen Berechnung beruht vollständig auf vergangenheitsbezogenen Daten. Methodisch auf der gleichen Ebene liegt das in der Finanzwelt allseits bekannte Black-Scholes-Modell, das zur Bewertung von Finanzoptionen herangezogen wird und bei dem die vergangenen Ausschläge des Marktes eine entscheidende Rolle spielen.[16] Das Risikomanagement im Finanzsystem machte ab den 1970er-Jahren zweifelsfrei große Fortschritte, jedoch wuchs damit auch das Vertrauen, dass mit diesen Fortschritten die Risiken im Finanzsystem verringert werden könnten. So entwickelten Finanzinstitutionen eigene Risikomodelle, um ihre Geschäftspolitik abschätzen zu können, die allesamt auf Daten der Vergangenheit beruhten. Durch die Anwendung von unternehmensspezifischen Risikomodellen werden die auf Vermögensmärkten sowieso existierenden kumulativen Prozesse noch verstärkt. Da solche Modelle auf vergangenen Daten basieren, werden die Risiken in Phasen einer positiven ökonomischen Entwicklung als sehr gering eingeschätzt, während bei negativen Entwicklungen die Risiken überzeichnet sind. Damit wirken die Risikomodelle prozyklisch, das heißt, sie verstärken Prozesse in die eine oder andere Richtung und haben dadurch potenziell krisenhafte Effekte, in Form des Aufbaus von Blasen etwa oder eben durch das übertriebene Platzen solcher Blasen.

Für das Versagen dieser Risikomodelle gibt es mehrere Gründe:

Viele Modelle unterstellen ungerechtfertigt eine normale, bzw. gemäßigte Risikoverteilung. Sie gehen beispielsweise von der Annahme aus, dass sich mit höchster Wahrscheinlichkeit ein bestimmter zukünftiger Aktienkurs ergibt und die Wahrscheinlichkeit, dass der tatsächliche Kurs dann höher oder niedriger ausfällt, gleichmäßig verteilt ist. Diese Annahme ist willkürlich und in der Realität nicht haltbar.

Bei Risikomodellen tritt immer eine Reihe von Extremereignissen mit sehr kleinen Wahrscheinlichkeiten auf. Diese Großrisiken verschwinden systematisch hinter der Logik der Wahrscheinlichkeitstheorie, obwohl offensichtlich immer wieder Ereignisse mit sehr geringen Wahrscheinlichkeiten eintreten. Man denke nur an Störfälle in Atomkraftanlagen.

Der wichtigste Punkt ist aber, dass sich in Krisensituationen die Parameter von Modellen schlagartig ändern. Vermögenspreise, die zuvor nicht korrelierten, bedingen sich plötzlich in der Krise, da ein Vermögensmarkt den andern ansteckt, Ausfallrisiken sich schlagartig und unerwartet ändern. Kurz: Unternehmensspezifische Risikomodelle eignen sich nicht für die Abschätzung systemischer, also grundsätzlicher Risiken.[17] Verstärkt wird dieser Effekt noch dadurch, dass die Finanzindustrie einfache Modelle mit klaren Ergebnissen bevorzugt, die das Handeln vereinfachen. Mathematisch komplexere Modelle produzieren oftmals unklare Aussagen. Es wäre möglich gewesen, Szenarienanalysen zu veranlassen, aus denen es jedoch ungleich komplizierter gewesen wäre, Handlungsanleitungen zu ziehen.

Auch die ab Anfang der 1990er-Jahre eingeführten Änderungen bei den Buchführungsvorschriften basierten auf der Annahme effizienter Märkte. Ausgehend von den USA wurden Regeln, die auf historischen Kosten basierten, durch eine Bewertung entsprechend der jeweiligen Marktwerte (Fair-Value-Accounting) ersetzt. Kauft beispielsweise ein Investmentfonds eine Aktie für einen bestimmten Preis, dann wird der Wert der Aktie in Büchern des Investmentfonds zunächst mit dem Kaufpreis gebucht. Steigt nun der Wert der Aktie an, dann wird in den Büchern der nun neue höhere Preis gebucht, was zu einem Gewinn beim Investmentfonds führt. Nach der traditionellen Buchführungsmethode wäre auch bei einer Erhöhung des Aktienkurses der Wert der Aktien in den Büchern unverändert geblieben. Nach der neue Buchführungsregel steigen dementsprechend in Phasen einer Vermögensmarktinflation das Vermögen in den Bilanzen der Unternehmen und die Gewinne stark an, ohne dass dies durch eine Verbesserung der Einnahmen und Ausgaben des Unternehmens gerechtfertigt wäre. Die Folge sind hohe Bonuszahlungen an das Management, hohe Dividendenausschüttungen und der Anreiz zu hoher Kreditaufnahme. In der dann eintretenden Entwertung dieser Vermögenswerte führt Fair-Value-Accounting zu einer ungebührlichen Reduzierung des Eigenkapitals bis hin zu Solvenz- und damit Existenzproblemen. Bei besonders hohen Gewinnausschüttungen im Zuge einer Vermögensmarktinflation besteht unter Umständen die Gefahr, dass Unternehmen ausbluten und somit für Krisenphasen durch eine nur noch geringe Eigenkapitaldecke schlecht gewappnet sind. Spiegeln Vermögenswerte also keine Fundamentalfaktoren wider, führt das Fair-Value-Accounting zu prozyklischen, sprich über die Maßen verstärkenden Entwicklungen und wird dadurch zu einem Schockverstärker für die gesamte Ökonomie.

In den vergangenen Jahrzehnten wurde das zentrale Problem nicht nur dadurch befeuert, dass die auf den Vermögensmärkten Handelnden immer risikofreudiger agierten und sich auf unternehmensspezifische Risikomodelle verließen, sondern auch dadurch, dass die Kontrollinstanzen des Finanzsystems wie Ratingagenturen und Bankenaufsicht von falschen Vorstellungen ausgingen. Sie legten ebenfalls die Annahme der Effizienz der Finanzmärkte zugrunde, und dass mithilfe immer komplexerer mathematischer Risikomodelle die systemischen Risiken des Finanzmarkts eingedämmt werden könnten. Die Entwicklung eines Systems von Schattenbanken – einem unregulierten Bankensystem, das jenseits der hiesigen Banken operierte und Finanzgeschäfte tätigte – wurde hingenommen, ging man doch von der grundsätzlichen Stabilität der Finanzmärkte aus. Im vorherrschenden Regulierungsverständnis der vergangenen Jahrzehnte (soweit man überhaupt von Regulierung sprechen kann) war der Glaube, dass einzelwirtschaftliche Modelle der Risikoberechnung systemische Risiken erfassen und verhindern könnten, der grundlegende Fehler. Die Annahme, dass man aus der Analyse mikroökonomischer Einheiten auf die Gesamtökonomie schließen könne, widerspricht den Grundkenntnissen ökonomischen Denkens. Einzelwirtschaftliche Risikomodelle sind schlicht und einfach nicht in der Lage, systemische Risiken zu erfassen.

Die Eigenkapitalvereinbarung des Basler Akkords aus dem Jahre 1988 (Basel I) zum Beispiel basiert nicht zuletzt aus diesem Grund auf dem sogenannten Standardansatz, der starre Prozentsätze der Eigenkapitalhaltung für bestimmte Risikoklassen, also beispielsweise Kredite an den Staat oder Unternehmen etc., vorsieht. Basel I war der erste international einheitliche Eigenkapitalgrundsatz, der Banken zur Eigenkapitalunterlegung von Krediten verpflichtete. Noch im Jahre 1993 schlug der Basler Ausschuss für Bankenaufsicht ein Regulierungskonzept vor, das diesem Standardansatz folgte und ihn weiter differenzieren wollte. Die Proteste der Bankenindustrie waren gewaltig und aufgrund der gigantischen Lobbyarbeit der Finanzindustrie empfahl der Ausschuss im Rahmen des *Amendment to the Basel Accord* im Jahre 1996 ein Modell, das zu einem beachtlichen Teil auf unternehmensspezifischen Risikomodellen der Banken beruhte, die diese selbst entwickeln und von den Aufsichtsbehörden absegnen lassen konnten, und das eine Eigenkapitalhaltung entsprechend dieser Risikomodelle vorsah. Die Vorschläge rund um Basel II folgten dann dieser Logik: Faktisch nutzen derzeit alle Großbanken eigene Risikomodelle, die dann entsprechend der Risikobewertung, beispielsweise eines Kredits an ein Unternehmen, zu einer Eigenkapitalhinterlegungspflicht führen. Als Alternative können Banken auch externe Ratings verwenden, was die Rolle der Ratingagenturen weiter aufgewertet hat. Benutzt eine Bank keines dieser beiden Verfahren, ist die Eigenkapitalhinterlegung bei der Kreditvergabe sehr hoch. Entscheidend ist hier, dass die Einführung der bankenspezifischen Risikomodelle bzw. externer Ratings zur Folge hatte, dass die gesetzlich vorgeschriebene Eigenkapitalhaltung im Bankensystem verglichen mit den davor geltenden Regeln deutlich abnahm. Dies zu erreichen, war eines der Ziele der Finanzindustrielobby gewesen. Zusätzlich nahm auch die darüber hinausgehende freiwillige Eigenkapitalhaltung ab, die als Puffer für Finanzmarktschocks zur Verfügung stehen sollte. Beispielsweise ging die Eigenkapitalhaltung bei der Deutschen Bank oder UBS von fast 10 Prozent ihrer Bilanzsumme Anfang der 1990er auf 2-3 Prozent in der jüngsten Vergangenheit zurück.[18] Blind vertraute man offensichtlich den eigenen Risikomodellen, die sehr niedrige Eigenkapitalquoten und gleichzeitig ungeahnte Höhen der Eigenkapitalrendite zu realisieren halfen.

Ohne einen Paradigmenwechsel im Verständnis und somit auch bei der Regulierung von Vermögensmärkten ist deshalb eine echte Neustrukturierung dieser Märkte und damit der gesamten Ökonomie überhaupt nicht denkbar.

### 2.2.2 Sollbruchstellen im Finanzkapitalismus

Die beschleunigte Entfesselung der Finanzmärkte ab den 1980er-Jahren hat zu einer Reihe von Entwicklungen geführt, die das Finanzsystem insgesamt anfälliger für Schwankungen gemacht und die systemischen Risiken erhöht haben. Die wichtigsten Tendenzen sollen hier benannt werden.

Auf nationaler und internationaler Ebene kam es erstens zur verstärkten Integration der verschiedenen Segmente des Finanzsystems. So waren beispielsweise in der Zeit nach dem Zweiten Weltkrieg in nahezu allen Ländern der Welt die Immobilienmärkte ein spezifisches Segment mit wenigen oder strikt regulierten Beziehungen zum Rest des Finanzsystems. Vor den 1980er-Jahren wurden Immobilienkredite in der Regel von Spezialinstituten vergeben, die nur geringer Konkurrenz unterlagen. Typischerweise waren Immobilienkredite quantitativ begrenzt und es gab Regeln für die Rückzahlungsperiode. Mit dem Beginn der Deregulierung der Finanzmärkte Anfang der 1980er-Jahre änderte sich diese Situation deutlich. Erstens drängten neue Kreditanbieter auf den Markt und erhöhten den Konkurrenzdruck. Finanzinstitutionen außerhalb des traditionellen Bankensystems konnten ihren Marktanteil gemessen als Anteil aller Kredite an private Haushalte beispielsweise in den USA, Kanada und Australien vom Ende der 1980er-Jahre bis 2005 verdoppeln. Länder mit Zinsbeschränkungen gaben ihre Zinskontrollen auf. Schließlich entwickelten sich in großem Umfang Sekundärmärkte für Immobilienkredite, die den Weiterverkauf dieser Kredite erlaubten. Das führte insbesondere zu der engeren Anbindung des Immobilienmarktes an den nationalen und selbst internationalen Finanzmarkt, denn Investoren rund um den Globus konnten auf solchen Sekundärmärkten Immobilienkredite kaufen. Deutschland, Frankreich und Italien bilden eine Ausnahme, denn in diesen Ländern waren die Veränderungen bei der Immobilienfinanzierung relativ gering.[19] Aber auch Aktien- und andere Vermögensmärkte verknüpften sich zunehmend weltweit. International agierende Anleger von Investmentbanken bis hin zu vermögenden Einzelpersonen halten nun internationale Portfolios. Der grenzüberschreitende Kapitalverkehr und die Kreditverflechtungen zwischen Ländern wuchsen gewaltig an.

Zweitens schossen sogenannte Verbriefungsaktivitäten im Laufe der Entfesslung der Finanzmärkte in die Höhe und ermöglichten eine Vielzahl von Finanzinnovationen – eben jene Produkte, die für die Krise mitverantwortlich waren. Die Verbriefung von Forderungen vereinfacht den Handel mit solchen Forderungstiteln und ist im Prinzip auch begrüßenswert. Dieses Vorgehen ist sehr alt, schon der Handelswechsel selbst ist ein Beispiel dafür. Gleichwohl hat die Verbriefungswelle der vergangenen Jahrzehnte eine Reihe negativer Entwicklungen mit sich gebracht. Das langfristige »Buy and Hold«-Geschäftsmodell des Bankensystems, bei dem die Kredite bei dem ursprünglichen Kreditgeber (dessen Originator) verblieben, ist einem sehr viel kurzfristiger ausgerichteten »Buy and Sell«-Geschäftsmodell gewichen, bei dem ausgegebene Kredite weiterverkauft werden können.

In vielen Ländern halten Banken nur noch einen kleinen Anteil der Kredite, die sie selbst vergeben haben. In der Konsequenz hat der letztendliche Halter eines Kredits keine eigene Kenntnis über die Qualität seines Anspruches, während die Originatoren der Kredite sich kaum um die Qualität der Schuldner kümmern. Besitzt man komplizierte, verbriefte Forderungen, kann man sich allenfalls auf Ratingagenturen verlassen, die unter Umständen jedoch ebenfalls wenige Informationen über die tatsächlichen Schuldner haben. Durch diese Informationsasymmetrien entsteht ein schwer zu lösendes Moral-Hazard-Problem – dies bezeichnet in der Fachdiskussion den Anreiz, sich auf exzessiv riskante Geschäfte, sogenannte moralische Wagnisse, einzulassen. Ein weiteres Problem der Verbriefung besteht darin, dass die Liquidität der Individuen steigt, denn selbst langfristige Kredite können – sieht man von Krisenphasen ab – auf den Märkten immer verkauft werden. Wenn zum Beispiel bei der Verbriefung von Kreditmarktschulden die Kreditfristen verschoben werden (Fristentransformation), indem eine langfristige Kreditvergabe einer Finanzinstitution durch eine kurzfristige Kreditaufnahme finanziert wird, was in großem Umfang geschehen ist, so steigt die individuelle Liquidität noch an. Die Verbriefungstendenzen der vergangenen Jahrzehnte haben somit dazu geführt, dass sich bei Finanzinstituten, Unternehmen oder vermögenden Haushalten eine gigantische Summe von Wertpapieren angehäuft hat, die jederzeit auf Sekundärmärkten verkauft werden kann und den Wirtschaftssubjekten so das Gefühl einer hohen Liquidität gibt. Es ist jedoch Vorsicht geboten: Aus gesamtwirtschaftlicher Perspektive erhöht sich die Liquidität durch Verbriefung nicht. Denn wenn alle Halter von Forderungstiteln ihre Papiere im selben Moment verkaufen wollten, würde deren Wert rasant sinken und die Verbriefung den Charakter eines Wertspeichers verlieren. Individuelle Liquidität durch verbriefte Forderungen erwiese sich als Illusion. Während der Subprime-Krise zeigte sich, dass die Zentralbanken Milliarden in die Märkte pumpen mussten, um die volkswirtschaftliche Liquidität aufrechtzuerhalten.

Durch die Verbriefung haben drittens die Ratingagenturen an Bedeutung gewonnen, da sich die Käufer von Papieren mangels direkter Information auf Spezialisten bei der Bewertung ihrer Papiere verlassen müssen.

Banken also, die keine eigenen Risikomodelle haben, verlassen sich auf die Bewertungen der Ratingagenturen, die die Qualität der Schuldner einschätzen. Die bereits erwähnten Basel-II-Vorschriften zur Eigenkapitalhinterlegung haben diese Machtposition noch einmal verstärkt, indem die Urteile der Ratingagenturen für Banken ohne interne Risikomodelle über die Höhe des zu haltenden Eigenkapitals entscheiden. Dadurch sind Ratingagenturen so mächtig geworden, dass sie über ihre Einschätzungen die Kreditmöglichkeit von Schuldnern und gleichzeitig die Portfoliohaltung von Anlegern weltweit beeinflussen. Diese Agenturen agieren faktisch in einem rechtsfreien Raum und werden durch keine staatlichen Instanzen überwacht. Da es weltweit nur eine geringe Anzahl wichtiger Ratingunternehmen gibt, bilden sie ein Oligopol, in dem sich die Unternehmen Standard & Poor's, Moody's und Fitch den Weltmarkt aufteilen. Zudem beraten diese Ratingagenturen in vielen Fällen genau die Unternehmen, deren Bonität und Kreditwürdigkeit oder deren Produkte sie einschätzen sollen.

Das traditionelle Geschäftsbankensystem hat viertens an Bedeutung verloren. Investmentbanken, Versicherungen und Fonds aller Art haben immer mehr Funktionen übernommen, die zuvor von traditionellen Banken ausgeübt worden waren.[20] Dies hatte unmittelbar zur Folge, dass immer größere Teile des Finanzmarktes von den vergleichsweise strikt regulierten Geschäftsbanken in weniger oder gar nicht regulierte Bereiche verlagert wurden. So entstand geradezu ein Wettrennen, Regulationen bei Maximierung von Profiten zu umgehen: Beispielsweise verlagerten Banken verbriefte Immobilienkredite an Zweckgesellschaften, die faktisch mit keinerlei Eigenkapital ausgestattet waren. Zweckgesellschaften sind juristische Personen, die von Banken oder anderen Finanzinstitutionen gegründet werden. Sie kaufen beispielsweise langfristige Forderungen von Banken ab und verpacken diese in spezifische kurzfristige Finanzprodukte, die sie dann weiterverkaufen, um sich selbst zu refinanzieren. Teilweise hafteten die Finanzinstitute für ihre Zweckgesellschaften, räumten ihnen Kredite ein, falls die beständige Refinanzierung bzw. das Verpacken von Krediten nicht gelingen sollte. Diese Konstruktion von Zweckgesellschaften ermöglichte es, Eigenkapitalregeln des Geschäftsbankensystems bewusst in großem Umfang zu umgehen. Ganz ähnlich funktionieren Offshore-Zentren, die aufgrund laxer Bankenregulierung, der Möglichkeit der Steuerhinterziehung und der Geldwäsche riesige Geldvermögen aus dem (stärker) regulierten Finanzsektor absaugen. Das sich so entwickelnde Schattenbankensystem mit seinem geringen Regulierungsniveau, geringer Transparenz und einer geringen Eigenkapitalhaltung gleicht einer Parallelwelt in der Finanzsphäre.

Durch eine Vielzahl von Faktoren sind also die grundlegenden, systemischen Risiken des Finanzsystems gestiegen.[21] Erstens sind Institutionen im Schattenbankensystem weniger reguliert und gleichzeitig stärker risikoorientiert. So gehen beispielsweise Hedgefonds, Investmentbanken und andere aggressive Investoren größere Risiken ein als traditionelle Banken. Das gilt auch für einen großen Teil der Kleinanleger, die an Bedeutung gewonnen haben und sich insbesondere am Spekulationsspiel beteiligen. Früher interessierte sich die überwiegende Masse der Bevölkerung nicht für Aktien- und Wechselkurse. Heute wird die Gesellschaft in nahezu jeder Nachrichtensendung, in speziellen Sendern und Zeitschriften und von einem Heer von Finanzberatern permanent von den jüngsten Kursentwicklungen in Kenntnis gesetzt. Auch im traditionellen Bankensystem stieg, zweitens, die Gefahr systemischer Risiken, denn die relativ gut regulierten Geschäftsbanken sind mit dem Schattenbankensystem eng verwoben. So mussten beispielsweise die Geschäftsbanken für ihre Zweckgesellschaften, die sie zur Umgehung von Eigenkapitalvorschriften gründeten, finanziell einstehen. Drittens wurden die Banken von einem Renditerausch getrieben. Symptomatisch ist die Aussage des langjährigen Vorsitzenden der Deutschen Bank, dass eine Eigenkapitalrendite von 25 Prozent die Norm sein müsse, denn eine solche Rendite erwarte der Markt. Tatsächlich waren die Renditeerwartungen im Schattenbankensystem teilweise noch höher. Insbesondere in Phasen niedriger Zinsen erhöhte sich zudem die Risikobereitschaft von Investoren, die durch riskante Anlagen ihren Cashflow zu stabilisieren suchten. Mit dem Entstehen des Schattenbankensystems und befeuert vom Renditerausch war die Eigenkapitalhaltung noch tiefer gesunken, als es die veränderte Bankenregulierung bereits zugelassen hatte. Viertens hat sich durch die Liberalisierung des internationalen Kapitalverkehrs und die Deregulierung der nationalen Finanzmärkte der Konkurrenzdruck im Finanzsystem drastisch erhöht. Oligopolistische Strukturen, die in vielen Ländern vor der Deregulierung die Finanzmärkte dominierten, sind eines der Mittel, eine destabilisierende Risikoneigung im Finanzsystem zu verhindern. Dieser für die Finanzmarktstabilität positive Effekt ging verloren. Stärkere Regulierung seitens der Finanzmarktaufsicht hätten dieser Entwicklung entgegenwirken können, jedoch hat sich die Regulierungsdichte nicht erhöht, sondern reduziert. Ein weiterer, fünfter Aspekt ist die zunehmende prozyklische Funktionsweise und Dynamik der Finanzmärkte als Folge der Regulierung von Banken über das Eigenkapitalsystem von Basel II, wonach die Eigenkapitalvorschriften flexibler an Investitionsrisiken ausgerichtet werden.

Schließlich lassen sich die nationalen Finanzsysteme nicht ohne die Entwicklungen im Weltwährungs- und Weltfinanzsystem begreifen. Die Entfesslung der internationalen Finanzmärkte hat zu einem gigantischen Anstieg der internationalen Kapitalströme geführt, der in den 1970er-Jahren begann und bis zum Ausbruch der Subprime-Krise im Jahre 2007 nichts an seiner Dynamik eingebüßt hat. Tabelle 2.3 zeigt, dass Devisenmarkttransaktionen, die auf internationale Kapitalströme zurückgehen, ein Vielfaches der Transaktionen ausmachen, die auf internationalem Handel basieren. Insbesondere die Terminmärkte zeigen bei den Devisenmärkten eine enorme Dynamik und spielen für die Wechselkursentwicklung eine zentrale Rolle.

*Tabelle 2.3: Tägliche Umsätze auf den Devisenmärkten, in Mrd. US-Dollar**

| | 1989 | 1992 | 1995 | 1998 | 2001 | 2004 | 2007 |
|---|---|---|---|---|---|---|---|
| (1) Transaktionen auf dem Kassamarkt | 317 | 394 | 494 | 568 | 387 | 631 | 1005 |
| (2) Devisentermingeschäfte (Outright Forwards) | 27 | 58 | 97 | 128 | 131 | 209 | 362 |
| (3) Devisen-Swapgeschäfte (Foreign Exchange Swaps) | 190 | 324 | 546 | 734 | 656 | 954 | 1714 |
| (4) Geschätzte nicht erfasste Geschäfte | 56 | 44 | 53 | 60 | 26 | 106 | 129 |
| (5) Summe von (1) bis (4) | 590 | 820 | 1190 | 1490 | 1200 | 1900 | 3210 |
| Tägliche Handelsumsätze | 17 | 21 | 28 | 31 | 35 | 50 | 74 |
| Umsätze (5) beim Wechselkurs im April 2007 | 650 | 840 | 1120 | 1590 | 1380 | 1880 | 3210 |

* Bereinigt um regionale Doppelzählungen bei grenzüberschreitenden Transaktionen

Quelle: Bank for International Settlements (2007), IMF (2009a)

Seit dem Zusammenbruch des Systems von Bretton Woods sind die Wechselkurse zwischen den zentralen Währungen der Welt der Logik von Vermögensmärkten unterworfen. Die Wechselkursentwicklung hängt von Kapitalströmen ab, die wiederum auf Erwartungen gestützt sind. Da Letztere keinen stabilen Anker haben, sind die flexiblen Wechselkurse heftigen Schwankungen unterworfen. Keiner der verschiedenen Fundamentalfaktoren könnte die teilweise extremen mittelfristigen Wechselkursschwankungen beispielsweise zwischen dem US-Dollar und dem Euro (und zuvor der D-Mark) erklären – analog zu den Schwankungen der Aktienmärkte. Das Weltwährungssystem ist zu einer Schockmaschine für die Weltwirtschaft geworden, die das Niveau der Unsicherheit drastisch erhöht, zu gigantischen Fehlallokationen führt und Preisniveauschocks erzeugt (vgl. insbesondere Kapitel 2.3).

Aber nicht nur die Kapitalströme zwischen den finanziellen Zentren der Welt haben ihren Anker verloren. Auch die Kapitalströme zwischen den entwickelten westlichen Industrieländern und dem Rest der Welt, den peripheren Ländern, sind durch große Instabilität gekennzeichnet. Typisch sind Phasen von hohen Kapitalzuflüssen in periphere Länder, wobei diese plötzlichen Kapitalabflüssen weichen. Man spricht in diesem Zusammenhang von Boom-Bust-Zyklen.[22] In Boom-Phasen fließt Kapital in periphere Länder, führt in diesen zu Leistungsbilanzdefiziten und dem Aufbau einer Auslandsverschuldung, die aufgrund der geringen Qualität ihrer Währungen nur in Auslandwährung erfolgen kann.[23] Aus verschiedensten internen und externen Gründen verwandeln sich die Kapitalzuflüsse dann plötzlich in

Kapitalabflüsse und erzeugen typischerweise simultane Währungs- und inländische Finanzmarktkrisen, die ihren Ursprung in dem Anstieg der realen Auslandsschulden aufgrund der Abwertung der inländischen Währung und einer inländischen Vermögensmarktdeflation haben.

Seit dem Zusammenbruch des Systems von Bretton Woods sind bisher drei große Boom-Bust-Zyklen entstanden. In den 1970er-Jahren entwickelte sich die erste Welle von Kapitalzuflüssen in Entwicklungs- und Schwellenländer, damals hauptsächlich nach Lateinamerika, denn die meisten asiatischen Länder hatten ihren Kapitalverkehr noch nicht liberalisiert, der damalige sowjetische Block war vom Weltmarkt sowieso isoliert und nach Afrika floss aufgrund der politischen und ökonomischen Situation sowieso kaum privates Kapital. Das Kapital begann angesichts der Hochzinspolitik in den USA ab Ende der 1970er-Jahre, die das Vertrauen in den US-Dollar nach dem Wahlsieg Ronald Reagans wiederherstellte, und aufgrund sinkender Exporterlöse und den damit zu erwartenden Zahlungsschwierigkeiten aus den lateinamerikanischen Ländern abzufließen. Mexiko wurde 1982 zahlungsunfähig, gefolgt von nahezu allen anderen lateinamerikanischen Ländern. Der deutsch-amerikanische Ökonom Rudiger Dornbusch (1990) sprach von einem »verlorenen Jahrzehnt« Lateinamerikas, das der Boom-Phase der 1970er-Jahre folgte. Anfang der 1990er-Jahre startete die zweite große Welle von Kapitalflüssen in Entwicklungs- und nun auch Transformationsländer, wobei zuvor vor allem die asiatischen und die Länder des ehemaligen Sowjetblocks ihre Kapitalverkehrskontrollen abgebaut hatten. Diese Boom-Phase wurde von der Mexikokrise 1994 unterbrochen, wich jedoch kurze Zeit später der Bust-Phase mit der Asienkrise 1997, der die Russlandkrise 1998 und die Krise in Argentinien und der Türkei im Jahre 2001 folgten – um nur die größten Krisen zu benennen. Eine dritte Boom-Phase begann nach 2003, kam jedoch mit der ausbrechenden Subprime-Krise im Jahre 2007 zu ihrem Ende. Die Bust-Phase hat seit 2007 bereits eine ganze Reihe von Ländern in Währungskrisen gestürzt (die baltischen Länder, die Ukraine, Ungarn, Pakistan). In der akuten Gefahr von Währungskrisen befinden sich nach 2007 unter anderem auch Länder wie die Türkei, Vietnam, Südafrika und Russland. Angesichts dieser Volatilität der internationalen Kapitalströme und den davon ausgehenden Schocks für Entwicklungs- und Schwellenländer wundert es nicht, dass Länder, die ihren Kapitalverkehr freigegeben haben, keineswegs eine bessere Wachstumsperformance aufweisen als Länder, die ihren internationalen Kapitalverkehr regulieren.[24]

### 2.2.3 Shareholder-Kapitalismus

Konnte man in den Jahrzehnten nach dem Zweiten Weltkrieg von einem Stakeholder-Kapitalismus sprechen, der in Unternehmen einen Kompromiss zwischen den verschiedenen Interessengruppen (Eigentümer, Manager, Arbeitnehmer vertreten durch Gewerkschaften, Gläubiger, Zulieferer,

Konsumenten, Gebietskörperschaft des Unternehmensstandortes) suchte, so hat sich heute der Shareholder-Value-Kapitalismus durchgesetzt.

Das gilt auch für Deutschland. In den vergangenen zehn Jahren vor der Finanzkrise wurde der Finanzplatz Deutschland systematisch ausgebaut. Eng gebunden an die entsprechenden Dynamiken innerhalb der EU wurde die Rolle der Kapital- und Finanzmärkte in Bereichen der Unternehmensfinanzierung und Vermögensverwaltung sowie der sozialen Absicherung gezielt gestärkt. In den 1990er-Jahren und danach wurde in Deutschland die »Entflechtung der Deutschland AG« diskutiert, die die Auflösung der für den »rheinischen Kapitalismus« typischen Kapitalverflechtungen zwischen Industrie und Banken vorsah. Ein wichtiges Schlagwort war der »Shareholder-Value«, mit dem die Konzentration von Unternehmen und Banken auf den Aktienwert gemeint war, was vielerlei Auswirkungen auf Geschäftsstrukturen und Markt- und Investitionsverhalten hatte. Der Shareholder-Value ist ein spezifisches Managementkonzept aus dem angelsächsischen Raum, das Alfred Rappaport in seinem Buch *Creating Shareholder-Value. The New Standard for Business Performance* (1986) prägte. Entstanden ist das Konzept aus dem Anreiz, den eigenen Betrieb durch Steigerung des Marktwerts vor einer feindlichen Übernahme während der ausgeprägten »Mergers & Acquisitions«-Phase der 1980er-Jahre in den USA zu schützen, während der es zu großen Firmenübernahmen und -zusammenschlüssen kam. Dabei handelt es sich um ein betriebswirtschaftliches Rahmenwerk, das im Ergebnis für eine überdurchschnittliche Kapitalrendite der Aktionäre sorgen soll. Das Management ist nur noch den Eigentümern verpflichtet, wobei, so die Idee, die Entwicklung des Aktienkurses des Unternehmens im Vergleich zur Kursentwicklung konkurrierender Unternehmen der Branche als Maßstab für den Erfolg des Managements gilt. Um eine optimale Anreizstruktur zu schaffen, wird das Management in der Regel zum Teil durch Aktienoptionen bezahlt. So soll gewährleistet werden, dass das Management ein Eigeninteresse an der Erhöhung des Aktienkurses hat. Der Shareholder-Value-Kapitalismus verschaffte dem Management zwar sehr hohe Einkommen, während es gleichzeitig jedoch unter dem ständigen Druck stand, den Wert des Unternehmens zu erhöhen. Institutionelle Anleger, die ebenfalls unter dem Druck hoher Renditen standen, beobachteten und sanktionierten Manager ebenso wie die wachsende Gruppe der Finanzmarktanalysten und Finanzjournalisten.[25]

Weit verbreitet war der Glaube an die Objektivität und Rationalität, mit der die Finanzmärkte und ihre Akteure möglichst realitätsgetreu die Unternehmen bewerten und den »fairen Wert« eines Unternehmens über die Marktmechanismen garantieren würden. Kritik an den Mechanismen der Finanzmärkte und ihrer inhärenten Tendenz zum »irrationalen Überschwang«[26] wurde als rückständig abgetan. In Deutschland hat vor allem der sogenannte Dritte Weg der rot-grünen Bundesregierung den Siegeszug der Finanzmärkte begünstigt und die Auflösung der Deutschland AG vorangetrieben. Heute sieht das Bild anders aus. Im Zuge der weltweiten Finanzmarktkrise – ausgehend vom Ursprungsland der Shareholder-Doktrin, den USA – werden wieder alternative Modelle der Unternehmensführung (Corporate Governance[27]) im Zuge einer neuen Rolle der Finanzmärkte für die Unternehmensfinanzierung auf der einen Seite und für gesamte Volkswirtschaften auf der anderen Seite diskutiert. Um eine solche Debatte zu führen, ist es notwendig, sich noch einmal der Veränderungen der vergangenen Jahre bewusst zu werden. Wie hat sich das Verhältnis von Industrie- und Finanzkapital speziell in Deutschland gewandelt? Wohin führen die aktuellen Entwicklungen, bzw. welches wäre der einzuschlagende Weg? Die Finanzmärkte und ihre Akteure funktionierten als Katalysator für die Veränderungen des deutschen Modells einer diversifizierten und langfristig auf Produktivitätszuwächse ausgerichteten Wirtschaft. Insofern ist in der Tiefe und dem Grad der Regulierung dieser Sphäre der Schlüssel für das künftige neue Wirtschaftsmodell zu suchen.

Betrachten wir die Situation in Deutschland etwas genauer. Im zurückliegenden Jahrzehnt hat im deutschen Banken- und Finanzwesen ein tief greifender Restrukturierungsprozess stattgefunden. Grund hierfür waren unter anderem Veränderungen des Marktumfeldes, die zentralen Triebkräfte waren das Investmentbanking und die Rentenreform. Die wichtigsten Akteure im Blickfeld sind die Geschäfts- und Investmentbanken, die Versicherungen sowie Investment- und Pensionsfonds. Die zentralen Veränderungen der vergangenen Jahre können dabei auf drei Trends zugespitzt werden:

1. Trend zur *Globalisierung*: In vielen Geschäftsbereichen hat sich das nationale Geschäft auf die internationale Ebene ausgedehnt. Ermöglicht und begünstigt wurde dies durch verschiedene Faktoren. Zunächst verdienen die sich laufend revolutionierenden Informations- und Kommunikationstechnologien Erwähnung, die erst die technologischen Voraussetzungen für die weltweite Vernetzung von Märkten, Finanzinstitutionen, produzierenden Unternehmen etc. geschaffen haben. In Europa ist überdies vor allem die Einführung der europäischen Gemeinschaftswährung zu nennen, die auf die Internationalisierung der Banken zumindest auf europäischer Ebene eine katalytische Wirkung hatte. Die Deregulierung der internationalen Kapitalströme hat die Entstehung von weltweit agierenden Finanzunternehmen ermöglicht und befördert. Dass Geschäftsfelder und deren Aktionsradius sich internationalisierten, ist auch auf die Globalisierung des industriellen Kapitals zurückzuführen, da hierdurch die Finanzierungsansprüche auf die globale Ebene transferiert wurden. Gerade große Unternehmen können sich auf den internationalen Finanzmärkten Kapital oftmals zu günstigeren Konditionen beschaffen.
2. Trend zur *Securitization* und zum *Investmentbanking*: Durch die zunehmende Substituierung der Finanzierung über Banken durch den Rückgriff auf Kapitalmärkte (national wie international) für Fremd- und auch Eigenmittel gewann das Investmentbanking an Bedeutung.

Investmentbanken sind weniger reguliert als traditionelle Banken, ihr Interesse richtet sich auf Fusionen und Übernahmen, die sie abwickeln. Sie entwickeln zudem laufend neue Finanzprodukte für Anleger, sind risikofreudiger und aufgrund ihrer Orientierung auf die Kapitalmärkte kurzfristiger und spekulativer ausgerichtet. Der Unterschied zu dem in Deutschland (sowie Kontinentaleuropa und Japan) ansässigen Hausbanksystem, das eine langfristige strategische Beziehung zu Unternehmen unterhielt, könnte nicht größer sein.

3. Trend zum *Trading*: Der Eigenhandel, damit ist der Handel im eigenen Auftrag der Banken gemeint, hat im Zusammenhang mit der Globalisierung des Aktionsradius und der Kundenstruktur an Bedeutung gewonnen. Starke Volumenzuwächse und vielfältige Finanzinnovationen vor allem im Bereich der Derivate sind Indikatoren für die Dynamik und den Wettbewerbsgrad im Handelsgeschäft.

Anders als die US-amerikanischen waren die deutschen Banken auf den Strukturwandel im Rahmen der Globalisierungs- und Deregulierungsdynamik ab den 1970er-Jahren zunächst relativ schlecht vorbereitet. Das hängt mit historisch bedingten Unterschieden im Bankensystem zusammen. Das deutsche System hat es den Banken immer schon erlaubt, gleichzeitig im Einlagen-, Kredit- und Wertpapiergeschäft tätig zu sein. Es war die Grundlage für die enge Verflechtung zwischen Banken und Industrie (Deutschland AG). Demgegenüber wurde in den Vereinigten Staaten wie auch in England aufgrund der großen Bankenkrise Anfang der 1930er-Jahre das Trennbankensystem eingeführt. Demnach durften Banken entweder im Einlagen- und Kreditgeschäft oder im Wertpapiergeschäft tätig sein (nach dem sogenannten Glass-Steagall-Act von 1933). In der Praxis war diese Trennung jedoch eher künstlich und wurde deshalb im Jahr 1999 auch formal aufgehoben. Das deutsche System der Industriebeteiligungen hatte unter anderem dazu geführt, dass Banken den Investmentbereich vergleichsweise gering ausgebaut hatten. Mit dem ehrgeizigen Ausbau dieses Geschäftsfeldes seit den 1990er-Jahren fand nun zum einen ein beachtlicher Aufholprozess in diesem Bereich statt, zum anderen hatte die Kapitalmarktorientierung weitreichende Konsequenzen für die Finanzierungsstruktur der deutschen Industrie. International hat sich im Bankenbereich die Kombination aus »Asset Management«, also die kurzfristig angelegte Haltung und beständige Neumischung von Aktien, Immobilien, Geldvermögenstiteln in verschiedenen Währungen und anderen Vermögenswerten, und Investmentbanking als eine Art Allfinanz durchgesetzt.

Besonders weitreichende Trends waren vor dem Hintergrund der aktuellen Erfahrungen die Tendenzen der Verbriefung und der Disintermediation. Letztere bezieht sich auf den rückläufigen Anteil der Banken bei der Einwerbung von Einlagen und anderen Arten von Geldvermögen, das dann als Bankkredite ausgeliehen werden kann, zugunsten der Bedeutungszunahme des Kapitalmarkts und der Eigenfinanzierung von Unternehmen.

Institutionelle Investoren (Investmentfonds, Pensionsfonds, Versicherungen) gewannen gegenüber den klassischen Banken ebenfalls an Bedeutung. Allerdings wurden viele Investmentfonds ihrerseits wieder von Banken kontrolliert. Den Bedeutungszuwachs institutioneller Investoren beförderten auch die sozialen und demografischen Veränderungen, vor allem mit Blick auf die Teilprivatisierung der Rentenversicherung.

Die zunehmende Privatisierung der Rente hatte trotz der nicht erreichten, aber erwarteten Volumina eine gewisse Katalysatorwirkung für die gesamte Finanzwirtschaft in Deutschland. Banken profitierten in erster Linie in ihrer Funktion als Fondsverwalter von einer aus Umlageverfahren und Kapitaldeckung kombinierten Altersvorsorge. Diese erweiterte aber auch den Aufgabenbereich der Investmentbanken, die immer mehr selbst zu institutionellen Investoren wurden. Die drei großen Gruppen von institutionellen Anlegern sind Kapitalanlagegesellschaften, etwa Investmentfonds und Hedgefonds, Pensionsfonds, die ihre Mittel aus den Beiträgen zur Alterssicherung von Arbeitnehmern beziehen, und Versicherungen. Profit zogen aus diesen Entwicklungen sowohl die Banken als auch der Versicherungssektor, genauso wie der Finanzplatz Deutschland, der dadurch dynamischer wurde.

Im Rahmen des Shareholder-Value wurde die Konzentration auf Kennziffern des Finanzmarktes in Form des Aktienkurses und kurzfristiger Renditen sowohl für Finanzinstitutionen als auch für produzierende Unternehmen auf dem Finanzplatz Deutschland immer wichtiger. Am alten Bauchladenprinzip deutscher Universalbanken war kritisiert worden, dass einzelne Geschäftsbereiche ihre Kapitalkosten nicht mehr decken mussten und somit quersubventioniert werden konnten. Daraufhin wurde eine Multispezialisierung von Banken in Gang gesetzt, bei der der Aktienwert von Unternehmen zur zentralen Größe heranwuchs und sich auf das gesamte Wirtschaftsmodell auswirkte.

Der Bedeutungszuwachs der Finanzmärkte und die Dynamiken innerhalb des Finanzwesens hatten strukturelle Auswirkungen auf den Unternehmenssektor, und das nicht nur in der Entflechtung der wechselseitigen Beteiligungen, sondern auch im Bereich der Unternehmensführung. Mit dem Rückzug der Banken aus ihrer traditionellen Rolle der reinen Hausbank und ihrer Hinwendung zum Investmentbanking nach internationalem Standard wandelte sich insofern auch das deutsche korporatistische Modell. Durch die Unternehmensfinanzierung und die Einflussnahme anderer institutioneller Anleger fand eine Annäherung an das angelsächsische Modell statt, in welchem der Finanzmarkt eine zentrale Funktion einnimmt. Seitdem Unternehmen sich konstant um ihre Bewertungen an der Börse sorgen müssen, hat bei den großen industriellen Aktiengesellschaften ein Umdenken in der strategischen Ausrichtung stattgefunden.

Zunehmender internationaler Wettbewerbsdruck, dem sich deutsche Unternehmen auf den Gütermärkten ausgesetzt sahen, die Veränderungen im deutschen Finanzsystem und die zunehmende Inanspruchnahme der internationalen Kapitalmärkte, die sich stärker an den Interessen der (internationalen) Investoren ausrichteten, setzten das deutsche System der Unternehmenskontrolle unter erheblichen Anpassungsdruck. Die Flagschiffe der Deutschland AG wie Mercedes (ehemals Daimler-Benz AG, von 1998-2007 DaimlerChrysler AG, ab 2007 Daimler AG), die Deutsche Bank oder die Allianz sahen sich bereits Ende der 1980er-Jahren in ein nationales Korsett gepresst, dem sie mit wechselndem Erfolg durch Internationalisierung zu entkommen versuchten. Die US-amerikanischen Unternehmen setzten in dieser Phase mit ihren deutlich höheren Renditen neue Maßstäbe für deutsche Unternehmen.[28] Je entschiedener die Bedeutung der Kapitalmärkte im Rahmen der Unternehmensfinanzierung und -kontrolle betont wurde, desto mehr wurden klassische Wettbewerbsvorteile der deutschen Industrie eingeschränkt. Die Möglichkeit einer langfristigen Unternehmensorientierung des Managements, basierend auf einer stabilen Unternehmenskontrolle, wurde zugunsten der kurzfristigeren Shareholder-Value-Prinzipien aufgegeben. Entgegen der effizienztheoretischen Behauptung, der Shareholder-Value erhöhe vor allem das unternehmerische Gewinnstreben mit positiven wohlfahrtstheoretischen und gesamtwirtschaftlichen Implikationen, offenbaren die Ergebnisse der vergangenen zehn Jahre ein grundlegendes Scheitern der einseitigen Konzentration auf Finanzmarktindikatoren.

Die weitreichenden negativen Folgen für Arbeitnehmer, die Einkommensverteilung und somit auch für den gesamtwirtschaftlichen Verbrauch werden heute sichtbar. Die Entwicklung von Shareholder-Value-Prinzipien veränderte drastisch die Arbeitsbedingungen hin zu mehr Flexibilisierung und Auslagerung von spezifischen Unternehmensfunktionen in andere, neue Unternehmen – von der Buchführung bis hin zu Putzdienstleistungen. Viele Unternehmen, die die traditionellen Funktionen innerhalb eines Unternehmens übernahmen, waren nur aufgrund schlechterer Bezahlung der Arbeitnehmer und prekärer Arbeitsbedingungen wettbewerbsfähig. Ein hochinteressantes Ergebnis der empirischen Corporate-Governance-Forschung ist der Nachweis, dass der Fokus auf Finanzkennziffern nach dem Shareholder-Value-Modell einen negativen Effekt auf die Innovationstätigkeit einer Ökonomie hat.[29] Das Shareholder-Value-Modell kann korrekt als ein Modell der »Profite ohne Investition« bezeichnet werden, da hier über kurzfristige Strategien, einschließlich Mergers & Acquisitions, versucht wird, Gewinne zu erzielen. So kann das Shareholder-Value-Modell zu geringen Investitionen und niedrigem Wachstum führen, wodurch es gleichzeitig beträchtliche systemische Risiken hinsichtlich der Finanzstruktur einer Volkswirtschaft mit sich bringt.[30]

Das finanzwirtschaftliche Kennziffernsystem war und ist nicht in der Lage, alle Dimensionen der unternehmerischen Wertschöpfung einzubeziehen und zu steuern. So führt dieser Fokus dazu, dass die für die Erhaltung der Wettbewerbsfähigkeit eines Unternehmens unerlässlichen Investitionen in Produktivkapital, auch wenn diese nicht unmittelbar die Rendite steigern wie zum Beispiel die Qualifizierung der Beschäftigten, dem kapitalmarktorientierten Rationalisierungskalkül geopfert werden. Ferner ist bis heute kein eindeutiger Nachweis einer signifikant positiven Korrelation aus Shareholder-Value-Orientierung und Wertsteigerung von Unternehmen erbracht worden. Die Realitätsmacht des Shareholder-Value speist sich in erster Linie aus einer »Propaganda für Beratungskonzepte und für eine einseitige Machtverschiebung in Großunternehmen«.[31] Shareholder-Value-Managementkonzepte stellen in der gesellschaftlichen Auseinandersetzung um die Gestaltung kapitalistischer Produktion und die Verteilung des gesellschaftlich erzeugten Reichtums dementsprechend einen zentralen diskursiven Bestandteil dar.

Das deutsche Modell der Corporate Governance stand bezüglich der neuen Rolle der Finanzmärkte unter erheblichem Anpassungsdruck, der bis in die Kernbereiche des Klassenkompromisses in Unternehmen reichte: Zum einen nahm die traditionell dominierende Rolle der Banken bei der Unternehmensfinanzierung und in den Aufsichtsräten ab, zum anderen wurde das System industrieller Beziehungen mit der betrieblichen Mitbestimmung immer vehementer als altmodisch und ineffizient zurückgewiesen. In gewisser Weise wurde das »rheinische« Kapitalismusmodell der Corporate Governance mehr und mehr von »atlantischen« Kapitalismuselementen durchdrungen und bewirkte die Hybridisierung des deutschen Wirtschaftsmodells. Eine zentrale Motivation für diesen Prozess entstand in den Unternehmen selbst, die sich zunehmend über den US-amerikanischen Kapitalmarkt finanzierten. Weiterer Druck kam von Seiten der Politik und insbesondere der EU: Durch ihren *Financial Services Action Plan* wurde die Anwendung der IAS (International Accounting Standards) direkt in allen Mitgliedsstaaten durchgesetzt. Bis 2005 mussten 7.000 börsennotierte europäische Unternehmen ihre Finanzberichterstattung auf IAS/IFRS (International Financial Reporting Standard) umstellen.[32] Diesem direkten Einwirken gegenüber entwickelte sich der Druck auf die Rolle der Mitbestimmung in den deutschen Unternehmensverfassungen eher indirekt durch den Wettbewerb zwischen nationalen Gesellschaftsrechtssystemen. Nach wie vor bildet die Mitbestimmung aber eine zentrale Säule des deutschen Corporate-Governance-Modells, da die Gewerkschaften ihre Interessen bislang entsprechend verteidigen konnten.[33]

Die schärfste Form der Veränderung vollzog sich im Bereich der Rechnungslegung. Hier kam es in der Tat zu genuinen Neuerungen, während in anderen Bereichen der Corporate Governance eher von einer Zunahme angelsächsischer Elemente zu sprechen ist. Im angelsächsischen »Outsider«-System zielt die Finanzberichterstattung darauf ab, Informationen für den Kapitalmarkt und für Investoren bereitzustellen. Im deutschen »Insider«-Modell hingegen berücksichtigte die Bilanzierung Gewinne und Verluste über längere Perioden hinweg. Nach dem Vorsichts- oder Niederstwertprinzip erfolgt die Bewertung von Kapitalbeteiligungen entsprechend den Anschaffungskosten oder für den Fall, dass dieser unterhalb der Anschaffungskosten liegt, nach dem Marktwert. Schulden hingegen werden mit dem höchst möglichen Wert angesetzt. Das Niederstwertprinzip schwemmt bei Unternehmen sogenannte stille Reserven bzw. nicht offen ausgewiesenes Eigenkapital an und wirkt dadurch stabilisierend auf die ökonomische Entwicklung, da Unternehmen in Krisenphasen ein relativ hohes Eigenkapitalpolster haben. Im angelsächsischen System wurde der wirtschaftliche Erfolg eines Unternehmens, seine gegenwärtige Situation, aber auch seine Zukunftsaussichten auf Basis des aktuellen Marktwerts (Fair-Value) dokumentiert. Auch in Deutschland sind international agierende Unternehmen zu dieser Buchführungsmethode übergegangen. Nun stehen auch kleinere Unternehmen unter Druck, die neue Buchführungsmethode zu übernehmen, wiewohl die Subprime-Krise diese Bestrebungen getrübt hat. Allerdings wurde die finanzmarktzentrierte Rechnungslegung und Bilanzierung bereits im Zuge der New-Economy-Krise infrage gestellt, deren Mängel die Subprime-Krise noch deutlicher hat hervortreten lassen.

Grundsätzlich ist der auf dem Shareholder-Value basierende Ansatz der Corporate Governance mit seiner finanzbilanziellen Priorisierung, der Anbindung von Managementvergütungen an den Aktienwert sowie der Bindung des Unternehmenserfolgs an die Entwicklung des kurzfristigen Börsenwertes zu hinterfragen. Wenn Vermögenspreise nicht den Fundamentalfaktoren folgen, dann werden Bilanzierungen, die an die kurzfristige Entwicklung der Vermögenspreise gekoppelt sind, zu fiktiven Größen, die in Phasen von Vermögensmarktinflationen hohe Gewinne vorgaukeln, zu obszön hohen Managementgehältern und Gewinnausschüttungen führen und bei Vermögensmarktdeflationen das schon zuvor reduzierte Eigenkapital von Unternehmen und Finanzinstitutionen zusätzlich zerstören. Unternehmensskandale wie zum Beispiel bei Enron, Worldcom, Parmalat oder Société Générale sind verstärkt Ausdruck einer unzureichenden Corporate Governance. Das Shareholder-Value-Prinzip konnte diese Exzesse offensichtlich nicht verhindern. Im Gegenteil, die Veränderungen im Finanzsystem, die sich mit dem Shareholder-Value-Prinzip verbinden, haben nicht nur zur Kurzfristigkeit bei der Strategie von Unternehmen, zum Abbau von Eigenkapitalpuffern und zur einseitigen Orientierung auf Profite im Zweifel ohne Investitionen in Produktivkapital geführt. Wir sehen in den Veränderungen auch den entscheidenden Faktor, der zu einem Anstieg der Profitquote in nahezu allen Ländern der Welt und zur zunehmenden Einkommensungleichheit während der vergangenen Jahrzehnte beigetragen hat (vgl. Kapitel 2.4.3).

### 2.2.4 Subprime-Krise als Folge unregulierter Finanzmärkte

Die Subprime-Krise, die 2007 in den USA ausbrach, sich dann in den nachfolgenden Jahren zu einer systemischen Finanzmarktkrise ausweitete und die mit der Wirtschaftskrise nach der Großen Depression der 1930er-Jahre vergleichbar ist, kann nur im Zusammenhang mit der vorangegangenen Deregulierung der Finanzmärkte verstanden werden.

Die Immobilienpreise in den USA waren von den 1940er-Jahren bis Mitte der 1990er-Jahre außerordentlich stabil.[34] Mit dem konjunkturellen Aufschwung in den USA, der 2003 an Fahrt gewann, begannen sie allerdings massiv zu steigen. In der Tat wurde der Aufschwung hauptsächlich von der entstehenden Immobilienblase getragen. Zum einen beflügelten steigende Hauspreise den Wohnungsbau, zum anderen stockten viele Amerikaner in Zeiten steigender Immobilienpreise ihre Hypotheken auf, um mit den daraus gewonnenen Mitteln anderen Konsum zu finanzieren (Mortgage Equity Withdrawal). Im Jahre 2006 erreichten die Immobilienpreise dann ihren Höhepunkt, um von dort an einzubrechen (vgl. Abbildung 2.4).

*Abbildung 2.4: Entwicklung der Immobilienpreise in den USA (Januar 2000 = 100)*

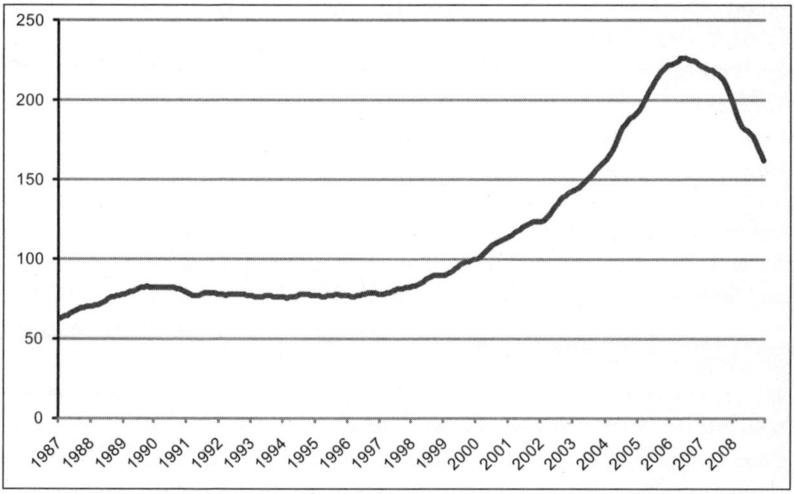


Daten bis April 2009
Quelle: S&P/Case-Shiller Home Price Indices (Composite-10 CSXR)

Der langen Phase stabiler Immobilienpreise vor dem aktuellen Boom ging eine Neuordnung des Immobilienmarktes nach der Krise der 1930er-Jahre im Rahmen von Präsident Roosevelts New Deal voraus.[35] Im Jahre 1938 wurde die staatliche Federal National Mortgage Association (Fannie Mae) gegründet, um den privaten Wohnungsbau zu fördern. Fannie Mae kaufte jenen Banken, die Immobilienkredite vergaben, diese ab und finanzierte sich, indem sie eigene, in aller Regel langfristige Wertpapiere herausgab. Diese Verbriefungsaktion war die amerikanische Variante, den Wohnungsbau zu unterstützen. Fannie Mae regulierte Quantität und Qualität der Immobilienkredite und trug damit zentral zur Stabilität des Immobilienmarktes bei. So konnten die Banken nur erstklassige Immobilienkredite (Prime-Kredite) an Fannie Mae weiterverkaufen, Immobilienkredite mit hohem Ausfallrisiko (Subprime-Kredite) spielten eine geringe Rolle. Ende der 1960er-Jahre wurde Fannie Mae privatisiert; 1970 wurde die Federal National Mortgage Corporation (Freddie Mac) gegründet, um eine Monopolstellung Fannie Maes zu verhindern. Beide Institutionen blieben jedoch strengen staatlichen Aufsichtsregeln unterstellt. Im Jahre 1970 wurden auch die ersten mit Hypotheken abgesicherten Wertpapiere, sogenannte Mortgage-Backed-Securities, ausgegeben. Dabei wird eine bestimmte Anzahl von Immobilienkrediten in ein Paket zusammengebunden, dessen Cashflow als Grundlage für die Mortgage-Backed-Securities diente. Mortgage-Backed-Securities sind eine Unterklasse der Asset-Backed-Securities, die durch verschiedenste Sicherheiten abgesichert sind. Diesen Wertpapieren haftet zunächst nichts Anrüchiges an, sie ähneln den in Deutschland lange bekannten Hypothekenpfandbriefen.

Die Situation änderte sich erst grundlegend nachdem 2001/2002 die Konjunktur einbrach. Im Jahre 2003 wurden noch 57,6 Prozent (52 Mrd. US-Dollar) der ausgegebenen Mortgage-Backed-Securities als Prime-Kredite gehandelt, 37,4 Prozent (34 Mrd. US-Dollar) waren Subprime-Kredite und 15,8 Prozent (14 Mrd. US-Dollar) lagen dazwischen und gehörten zu den sogenannte Alt-A-Krediten. Dagegen wurden im ersten Halbjahr des Jahres 2006 nur noch 26 Prozent (67,2 Mrd. US-Dollar) der Mortgage-Backed-Securities als Prime-Kredite ausgegeben, während 44 Prozent aller ausgegebenen Papiere (114,3 Mrd. US-Dollar) zu den Subprime-Krediten zählten. 30 Prozent (76,5 Mrd. US-Dollar) gehörten zu den Alt-A-Krediten.[36]

Die zentrale Innovation, die den massenhaften Verkauf von Subprime-Krediten und Alt-A-Krediten erlaubte, war das sogenannte Wasserfallprinzip. Asset-Backed-Securities und Collateralized-Debt-Obligationen wurden in verschiedene Tranchen unterteilt, typischerweise die Equity-Tranche, die Mezzanine-Tranche und die Senior-Tranche. Konnten Schuldner aus dem Paket ihren Schuldendienst nicht leisten, wurde zunächst ausschließlich die sogenannte Equity-Tranche (das *first loss piece*) betroffen, die den gesamten Ausfall tragen musste. Dann kam die Mezzanine-Tranche und erst nachdem die Equity- und die Mezzanine-Tranche durch Ausfälle vollständig ausgeschöpft waren, mussten die Käufer der Senior-Tranche Verluste hinnehmen. Senior-Tranchen schienen somit auch bei Subprime-Krediten sicher und bekamen von den Ratingagenturen die höchsten Bewertungen. Damit war es für institutionelle Anleger oder auch für deutsche Landesbanken attraktiv, Subprime-Kredite zu kaufen, nämlich in Form von Senior-Tranchen. Die Equity-Tranche wurde aufgrund ihrer hohen Verzinsung von Hedgefonds und anderen aggressiv spekulativ orientierten Investoren gekauft. Bei dem beschriebenen Verbriefungsprozess sind vor allem vier Punkte wichtig.

Erstens konnten Equity- und Mezzanine-Tranchen weitere Male verbrieft werden. Auf diesem Wege konnten weitere Teile von Subprime- und Alt-A-Krediten in Senior-Tranchen verwandelt werden. Subprime- und Alt-A-Kredite verwandelten sich somit schrittweise in Senior-Tranchen.

Zweitens konnten den Cashflows der Immobilienkredite Cashflows aller anderen Arten von Krediten (Kreditkartenkredite, Kredite an Entwicklungsländer, Ratenkredite für Autos etc.) beigemischt werden. Die mehrmalige Verpackung von Forderungstiteln und das Mischen verschiedener Forderungsarten hat bei der Entstehung der Subprime-Krise eine große Rolle gespielt, denn für Käufer mehrfach verpackter Papiere war nicht mehr ersichtlich, welche Qualität diese Papiere hatten.[37] Die Ratingagenturen, deren Aufgabe es war, die Qualität der Papiere zu bewerten, versagten. Zum einen vertrauten sie quantitativen Risikomodellen. Und zum anderen befanden sie sich in einem Interessenkonflikt, denn sie wurden von den Institutionen bezahlt, deren Papiere sie bewerten sollten. Das mehrmalige Verpacken und Mischen verschiedener Arten von Krediten erscheint unnötig und gefährlich. Institutionen, die ihre Portfolios diversifizieren wollen, könnten ebenso gut verschiedene verbriefte Forderungstitel kaufen, bei denen jeweils nur eine Art von Forderungen hinterlegt ist, beispielsweise Hypothekenkredite.[38]

Drittens konnte bei der Verbriefung eine Fristentransformation eingebaut werden. Langfristige Immobilienkredite wurden über Zweckgesellschaften mit kurzfristig laufenden Papieren finanziert. Dies erzwang zwar eine ständige Umschuldung, garantierte jedoch eine hohe Zinsmarge.

Viertens wurden die meisten der Geschäfte nicht auf organisierten Märkten abgewickelt, sondern waren sogenannte OTC-Geschäfte (Over-The-Counter-Geschäfte). Dies bedeutet, dass die verbrieften Forderungen nicht standardisiert waren, sondern es existierte eine Flut unterschiedlicher Arten, die spezifische Mischungen, Laufzeiten und andere Bedingungen hatten. Die Allgemeinheit hatte weder Informationen über das Volumen dieser Geschäfte noch über die Qualität der dort gehandelten Papiere. Dem allgemeinen Gerede von der Transparenz der Finanzmärkte wurde in der Realität nicht entsprochen.

Zudem spielte bei der Subprime-Krise das System der Schattenbanken eine wichtige Rolle, in dem Banken formell unabhängige Zweckgesellschaften gründeten, die ihnen die Immobilienkredite abkauften und sich über die Ausgabe in der Regel kurzfristiger Geldmarktpapiere (Commercial Papers) refinanzierten. Die Existenz der Zweckgesellschaften erlaubte eine deutliche Ausweitung der Kreditexpansion der Banken, denn durch den Verkauf von Krediten an Zweckgesellschaften mussten die Banken für diese Hypothekenkredite kein Eigenkapital vorweisen. Es grenzt an einen Skandal, dass diese offensichtliche Umgehung von Regeln der Bankenaufsicht über Jahre möglich war. Letztlich jedoch übernahmen die Banken in der Krise über verschiedene Mechanismen die Verantwortung für ihre Zweckgesellschaften. Erstens behielten sie einen kleinen Teil der Immobilienkredite in ihren Büchern, um das Vertrauen in die Qualität der Forderungen zu stärken. Zweitens gaben sie ihren Zweckgesellschaften Kreditgarantien.[39] Schließlich sprangen sie aus Reputationsgründen für ihre Zweckgesellschaften ein, selbst wenn dies juristisch nicht notwendig gewesen wäre. Als Folge der Kreditexpansion über Zweckgesellschaften war ein Anstieg der Risiken bei den Banken zu verzeichnen, die in ihren Büchern Equity-Tranchen und

Zahlungsversprechen im Fall von Problemen im Schattenbankensystem aufgehäuft hatten.[40] Die Qualität der Immobilienkredite sank im Verlauf der Immobilienblase in den USA zunehmend. Das lag insbesondere an der zunehmenden Konkurrenz bei der Immobilienfinanzierung, was sich in der Gründung einer Vielzahl von Hypothekenfinanzierern manifestierte, die nicht unter die normale Bankenregulierung fielen. Die Investmentbanken der Wall Street sicherten gleichzeitig die Refinanzierung dieser Gesellschaften über das Platzieren von Mortgage-Backed-Securities und Collateralized-Debt-Obligationen ab. Quantitative Risikomodelle und Fair-Value-Accounting stimulierten die prozyklische Kreditexpansion. Eine wichtige Rolle dürfte auch der bei Vermögensblasen vorherrschende Glaube gespielt haben, die Immobilienpreise würden noch lange oder gar immer ansteigen.[41]

Die Subprime-Krise brach im Sommer 2007 offen aus – etwa ein Jahr nachdem die Immobilienpreise zu steigen aufgehört hatten. Ausgelöst wurde das Ende der Immobilienblase entweder durch steigende Zinssätze in den USA oder durch Erwartungsänderungen bezüglich der zukünftigen Immobilienpreisentwicklung. Vielleicht haben aber auch beiden Faktoren zusammengewirkt. Zum offenen Ausbruch der Krise kam es, als die Ratingagenturen den Wert der Mortgage-Backed-Securities herabstuften – zur Überraschung vieler Marktteilnehmer. Der unmittelbare Effekt der Herabstufung war, dass es den Zweckgesellschaften somit vollständig unmöglich wurde, sich zu refinanzieren. Institutionelle Anleger und aggressive Investoren wie Hedgefonds stellten den Kauf von Mortgage-Backed-Securities und Verbriefungen mit Beimischungen von Immobilienkrediten ein, ebenso wie den Kauf ungesicherter kurzfristiger Schuldverschreibungen der Zweckgesellschaften. Die erste brutale Rückwirkung war, dass die Banken ihre Zweckgesellschaften faktisch übernehmen mussten und das wiederum die Banken in Liquiditäts- und teilweise Solvenzprobleme stürzte. An dieser Stelle rächte sich, dass die Zweckgesellschaften faktisch ohne Eigenkapital arbeiteten und eine teilweise extreme Fristentransformation betrieben. Beides zusammen führte bei den Finanzinstituten, die Zweckgesellschaften gegründet hatten, zu einer schlagartigen und sehr hohen Belastung.

Da keine Transparenz darüber herrschte, welche Bank für welche Zweckgesellschaften einzutreten und welche Bank welche risikobehafteten Wertpapiere in ihren Bilanzen hatte, brach der Geldmarkt zwischen den Banken zusammen. Zentralbanken waren weltweit gezwungen, die Liquidität des Finanzsystems durch massive Hilfen zu garantieren. Im weiteren Verlauf der Krise konnte der Geldmarkt nicht wieder befriedigend regeneriert werden – zu groß war das Misstrauen zwischen den Banken. Aber auch zwischen Investmentbanken und andern Institutionen im Schattenbankensystem brach das Vertrauen zusammen, denn aufgrund der massenhaften OTC-Geschäfte war es unmöglich zu wissen, welche Institution welche faulen Papiere hielt.

Die Krise entwickelte sich dann entlang bekannter Muster, geradezu wie im Lehrbuch. Die direkten Abschreibungen aus Immobilienkrediten in den USA wurden vom IWF auf zwischen 500 und 600 Mrd. US-Dollar geschätzt.[42] Das ist eine hohe Summe, jedoch nicht hoch genug, um eine Weltwirtschaftskrise zu erklären. Entscheidend sind die negativen Rückkopplungsmechanismen der Subprime-Krise. Finanzinstitute waren durch die Stützung ihrer Zweckgesellschaften von einem Mangel an Eigenkapital betroffen. Geschäftsbanken konnten beispielsweise aufgrund der zu geringen Eigenkapitalquote die gesetzlich vorgeschriebene Eigenkapitalhaltung nicht mehr erfüllen und mussten ihre Kreditvergabe einschränken. Jetzt wirkte es sich verheerend aus, dass das Bankensystem die Zweckgesellschaften zur Umgehung von Eigenkapitalvorschriften benutzt hatte. Immobilienpreise fielen, Mortgage-Backed-Securities, Collateralized-Debt-Obligationen und andere verbriefte Papiere mussten kräftige Abschläge hinnehmen und auch die Aktienkurse begannen aufgrund der sich veränderten Erwartungen zu sinken. Die fallenden Vermögenspreise reduzierten zunächst das Vermögen der Finanzinstitutionen, deren Eigenkapital und deren Kreditvergabemöglichkeit dadurch ebenfalls abnahmen. Einige Hedgefonds brachen zusammen und belasteten so das Finanzsystem zusätzlich. Finanzinstitute, die in Liquiditätsnöten waren, mussten sich über Notverkäufe liquide Mittel besorgen und drückten die Vermögenspreise weiter. Private Schuldner und überschuldete Unternehmen waren zu ähnlichen Aktionen gezwungen. Was sich ergab, war eine sich entwickelnde Vermögensmarktdeflation, die starke endogene Verstärkungsmechanismen in sich trug (vgl. den klassischen Artikel von Irving Fisher 1933).

Diese Prozesse fanden vor dem Hintergrund äußerst ungünstiger institutioneller Bedingungen statt, die sich bereits vorher entwickelt hatten und die nun die systemische Krise verschärften: Das Finanzsystem hatte seine Eigenkapitalquoten und insbesondere die gesetzlich nicht gebundenen Eigenkapitalpuffer sträflich weit reduziert. Kleine Schocks konnten somit schon große Wirkungen erzeugen. Fair-Value-Accounting zerstörte zudem durch den teilweise irrationalen Fall der Vermögenspreise das Eigenkapital von Finanzinstituten, das davor nicht zuletzt durch großzügige Ausschüttungen reduziert worden war. Quantitative Risikomodelle, die die Welt zuvor zu positiv bewertet hatten, schätzten Ausfallquoten von Krediten etc. nun als sehr negativ ein. Schließlich fehlte dem Markt aufgrund des Schattenbankensystems jegliche Transparenz, sodass das Vertrauen in andere Marktteilnehmer leicht aufgekündigt wurde.

Es war nur eine Frage der Zeit, bis die Vermögensmarktdeflation zu massiven Solvenzproblemen führen würde. Ein Jahr nach dem Ausbruch der Krise war es so weit: Eine größere Anzahl von Finanzinstitutionen geriet in ernste Solvenzprobleme, die nur noch durch massive staatliche Garantien bis hin zur Verstaatlichung einzelner Institute eingedämmt werden konnten. Selbstverständlich gerieten auch Rückversicherer in massive Schwierigkeiten und konnten nur mit Staatshilfe überleben. In diesem Zusammenhang spielt der Markt für Credit-Default-Swaps eine wichtige Rolle. Es handelt sich dabei um Versicherungen, bei denen der Käufer von Credit-Default-Swaps (der Risikokäufer) bei einem Kreditausfall einspringt und dafür vom Emittenten (dem Risikoverkäufer) eine Prämie erhält. Das Problem der Credit-Default-Swaps besteht darin, dass jeder diese Papiere kaufen kann und zwar ohne eigenen Kapitaleinsatz. Dies kann zu hochgradig spekulativem Verhalten anregen und es besteht letztlich keinerlei Garantie, dass bei einem Kreditausfall der Risikokäufer auch tatsächlich einspringen kann.

Das Bankensystem schränkte seine Kreditexpansion aufgrund des geringen vorhandenen Eigenkapitals und schlechter Zukunftserwartungen ein. Es kam zu verschärfter Kreditrationierung, die einen der Gründe für das Überspringen der Finanzkrise auf die Realwirtschaft darstellt. Aber auch weitere Faktoren führten im Jahre 2008 in die Rezession. So reduzierten beispielsweise die negativen Vermögenseffekte direkt die Konsumnachfrage und die Möglichkeiten der Kreditaufnahme von Unternehmen und Haushalten. Die sich entwickelnde realökonomische Krise, die Arbeitslosigkeit und Probleme im Unternehmenssektor mit sich brachte, sorgte zusammengenommen mit den sich allgemein etablierenden pessimistischen Zukunftsaussichten für eine weitere Verstärkung der Krise in der Realökonomie.

## 2.3 Globales Renditerennen – globale Ungleichgewichte

Die Deregulierung der Finanzmärkte seit 1970 hat sich, wie bereits kurz erwähnt, nicht auf die inländische Dimension des Finanzsystems beschränkt. Vielmehr wurden seit den späten 1960er-Jahren auch die internationalen Kapitalströme zunehmend liberalisiert. Aus einem System fester Wechselkurse und relativ stark regulierter internationaler Kapitalflüsse unmittelbar nach dem Zweiten Weltkrieg wurde so ein System flexibler Wechselkurse und, bis auf Ausnahmen in Entwicklungs- und einigen Schwellenländern, zunehmend auch ein System ungebändigter Kapitalströme.

Während allerdings das System flexibler Wechselkurse zwischen den zentralen Währungen praktisch zeitgleich mit dem Ende des Bretton-Woods-Systems entstand, war der Übergang zu freien Kapitalströmen ein gradueller. Zunächst kam es zu einer Phase der Deregulierung internationaler Kapitalströme in den Jahren vor dem Zusammenbruch des Bretton-Woods-Systems. In seinem Jahresgutachten 1971 diskutiert der deutsche Sachverständigenrat noch die Frage, ob angesichts der Probleme des Festkurssystems die Deregulierung der internationalen Kapitalströme zurückgedreht werden solle. Nach dem Zusammenbruch des Systems von Bretton Woods änderte sich an der Regulierung internationaler Kapitalströme bis in die 1980er-Jahre hinein in der Summe weltweit jedoch wenig, wie der entsprechende Index der beiden Ökonomen Menzie D. Chinn und Hiro Ito zeigt.[43] Eine zweite Deregulierungswelle begann sich erst nach Beginn der 1990er-Jahre zu entwickeln. In diesem Jahrzehnt schnitten nicht nur die Industrieländer, sondern auch Schwellen- und Entwicklungsländer ihre Beschränkungen für den internationalen Kapitalverkehr rapide zurück.

Theoretisch hatten dabei die Verfechter flexibler Wechselkurse und freier Kapitalströme wie etwa der Sachverständigenrat in seinem Jahresgutachten 1971 vorhergesagt, dass in der von ihnen propagierten Welt zum einen das einzelne Land mehr wirtschaftspolitische Autonomie haben würde, zum anderen kein Land mehr große Handelsbilanzdefizite einfahren könnte. Zudem herrschte die Hoffnung, dass die freien Kapitalströme unterentwickelten Ländern helfen könnten, schneller mehr Investitionen zu tätigen und sich damit besser zu entwickeln.

Tatsächlich passierte das Gegenteil: Die Wechselkurse begannen zum Teil erratisch und heftig zu schwanken (vgl. Abbildung 2.1). Es kam vor, dass der Wert etwa des US-Dollars in D-Mark oder Euro sich zunächst fast verdoppelte, um wenige Quartale später wieder um die Hälfte einzubrechen. Statt eine Stabilisierungsfunktion für den Welthandel zu haben, wurde der Wechselkurs zur Schockmaschine für die Weltwirtschaft. Länder, deren Industrie in einem Moment noch hoch wettbewerbsfähig waren und deren Exporte boomten, sahen sich oftmals wenig später mit großen Problemen im Außenhandel konfrontiert, weil eine kräftige Abwertung der Handelspartner deren Produkte massiv verbilligt hatte. Länder, deren Währungen abgewertet hatten, sahen sich dagegen oft mit einem heftigen Inflationsschub konfrontiert. In vielen Fällen, besonders in kleineren Ländern, sah sich die nationale Wirtschaftspolitik plötzlich gezwungen, sich an den Launen der Devisenmärkte statt an den Bedürfnissen der eigenen Wirtschaft auszurichten. Nehmen wir aus der gigantischen Anzahl solcher Fälle die Schwäche des Euros kurz nach seiner Einführung im Jahre 1999, die teilweise durch die steigenden Zinssätze in den USA bedingt war, teilweise durch ein geringes Vertrauen in die neu eingeführte Währung. Die Europäische Zentralbank (EZB) ging damals aufgrund der Euroschwäche von deutlicher Inflationsgefahr aus: »Der Eurowechselkurs, der seit Ende 1998 kontinuierlich zurückgegangen war, stand immer weniger im Einklang mit den soliden Fundamentaldaten des Eurowährungsgebietes. Diese Entwicklung barg das Risiko erheblicher Verzerrungen mit negativen Folgen für die Weltwirtschaft und die Preisstabilität im Euroraum.«[44] Die EZB erhöhte daraufhin den Zinssatz, was das sowieso verhaltene Wachstum im Euroraum bremste. Die Wechselkursentwicklung des Euros, die nach Aussage der EZB nicht durch Fundamentaldaten erklärbar war, hatte somit negative Wachstums- und Beschäftigungseffekte hervorgebracht.[45]

Auch die zweite Vorhersage, nämlich dass Handels- bzw. Leistungsbilanzungleichgewichte verhindert werden könnten, traf nicht ein. Stattdessen stiegen die globalen Ungleichgewichte durch den Übergang zu flexiblen Wechselkursen und freieren Kapitalströmen. Die Abbildung 2.5 zeigt die Entwicklung der Leistungsbilanzsalden der USA, Deutschlands und Japans in Prozent am BIP ab den 1960er-Jahren. Aus der Abbildung geht hervor, dass die Unterschiede der Leistungsbilanzen bis in die 1970er relativ gering waren und dann ab den 1980ern in ungekannte Höhen schossen. Eine erste Welle von Leistungsbilanzdefiziten gab es in den USA in den 1980er-Jahren.

Von einem Absturz des externen Wertes des US-Dollars begleitet, führten die USA dieses Defizit dann Anfang der 1990er-Jahre auf null zurück. Eine deutlich stärkere Welle von Bilanzdefiziten in den USA baute sich in den 1990er-Jahren auf und bildete sich nach 2006 zurück. Japan realisierte ab den 1980er-Jahren bis 2008 anhaltend hohe Leistungsbilanzüberschüsse. Der Überschuss Deutschlands war ab den 1950er-Jahren, verglichen mit heute, meist moderat. Erst in den 1980er-Jahren zogen die Werte stark an. Nach der deutschen Wiedervereinigung fielen die Bilanzen über circa zehn Jahre negativ aus, danach stiegen die deutschen Leistungsbilanzüberschüsse auf extrem hohe Werte.

*Abbildung 2.5: Leistungsbilanzsalden der USA, Japans und Deutschlands in Prozent am BIP*

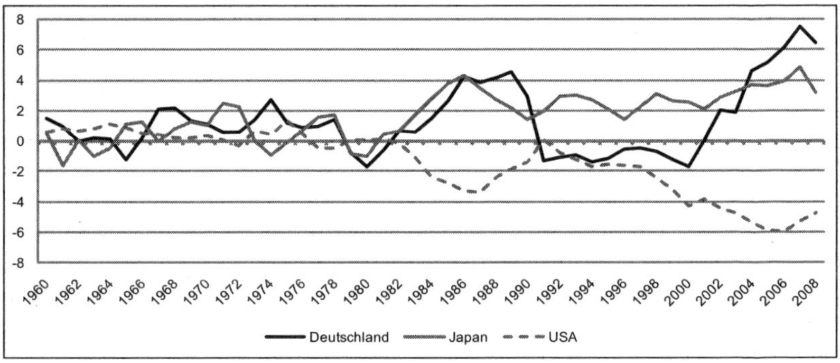


Quelle: IMF (2009a)

Die Abbildung 2.6 zeigt die Länder mit den größten Leistungsbilanzungleichgewichten während der vergangenen Jahre einschließlich der Europäischen Währungsunion. Ins Auge springt das gigantische Leistungsbilanzdefizit der USA. Das Defizit Großbritanniens oder der Eurozone erscheinen dagegen relativ klein. Nach 2000 bauten insbesondere Deutschland und China große Leistungsbilanzüberschüsse auf. Russland und Saudi-Arabien konnten als rohstoffreiche Länder ebenfalls hohe Überschüsse erzielen.

Unmittelbar vor der aktuellen Finanz- und Wirtschaftskrise erreichten die Ungleichgewichte ihren Höhepunkt. Das Leistungsbilanzdefizit der USA betrug laut IWF-Daten fast 6 Prozent des BIPs im Jahr 2006, Spaniens Defizit belief sich im Jahr 2008 sogar fast auf 10 Prozent des BIPs und einige kleine osteuropäische Staaten wie Lettland sanken sogar auf ein Defizit von bis zu 23 Prozent. Spiegelbildlich haben einige Länder enorm große Überschüsse eingefahren. Unter den großen Volkswirtschaften fallen für 2007 insbesondere Deutschland mit einem Leistungsbilanzüberschuss von 7,6 Prozent des BIPs, Japan mit einem Überschuss von 4,8 Prozent und China mit einem Überschuss von 11,3 Prozent der Wirtschaftsleistung auf.[46]

Auch das Versprechen an die Schwellen- und Entwicklungsländer, mit deregulierten Kapitalströmen ließe sich eine schnellere wirtschaftliche Ent-

*Abbildung 2.6: Länder mit den größten Leistungsbilanzungleichgewichten in Mrd. US-Dollar in den Jahren 2000, 2004 und 2008*

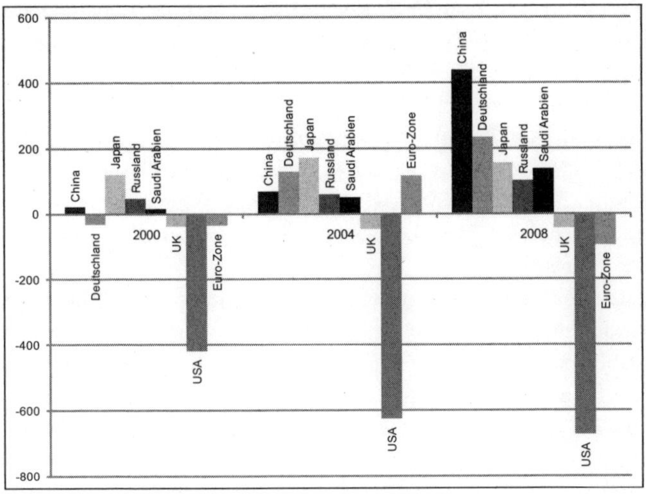


Quelle: World Economic Outlook Database (2009a)

wicklung erzielen, bewahrheitete sich nicht. Nicht nur, dass die ärmeren Länder in den Jahrzehnten nach dem Ende des Bretton-Woods-Systems einer Vielzahl von dramatischen Währungs-, Finanz- und Schuldenkrisen unterworfen waren. Wie aktuelle Forschungen zeigen, etwa des Wirtschaftsnobelpreisträgers Joseph Stiglitz[47], entwickelten sich jene Länder, die ihren Kapitalverkehr liberalisiert hatten, mitnichten besser oder schneller als jene Länder, die zurückhaltender vorgingen. Tatsächlich ist China das Land, das in den vergangenen Jahren die größten Entwicklungsfortschritte gemacht hat, obwohl es seinen Kapitalverkehr bis zuletzt nur graduell und extrem vorsichtig öffnete.

Nun korrigieren sich in der Krise die Außenhandelsungleichgewichte mit brutaler Geschwindigkeit. Beispielsweise wurden die baltischen Länder rapide von Kapitalzuflüssen abgeschnitten. Als Folge sanken die Leistungsbilanzdefizite von teilweise mehr als 20 Prozent vor der Subprime-Krise auf Werte um null. Erkauft wird diese Korrektur folglich durch einen Rückgang der Wirtschaftsleistung im zweistelligen Prozentbereich und eine Verdreifachung der Arbeitslosigkeit. Was wir hier sehen, ist ein klassischer Boom-Bust-Zyklus, der nach der Deregulierung der Kapitalströme seit den 1970er-Jahren in viel zu vielen Ländern zu beobachten war.

Um die Verbindung zwischen der Krise und der Korrektur der Leistungsbilanzdefizite zu verstehen, muss man einige Zusammenhänge der Zahlungsbilanz erklären: Ein Außendefizit bedeutet, dass die Haushalte, Unternehmen oder die Regierung des betroffenen Landes mehr Güter und Dienstleistungen verbrauchen, als sie selber herstellen. Das geht nur, wenn sie diese aus dem Rest der Welt importieren. Um dafür zu bezahlen, müssen sie entweder Grund und Boden, Aktien oder Unternehmen verkaufen oder sich im Ausland verschulden. Da in den meisten Ländern der Bestand an Grund und Boden und Aktien begrenzt ist, der an Ausländer veräußert werden könnte, oder Ausländer diese Vermögenswerte nicht kaufen wollen, bedeutet ein Leistungsbilanzdefizit für die meisten Länder vor allem ein Anstieg der Auslandsverschuldung.

Die großen Defizite der vergangenen Jahre haben die Schulden in einigen der betroffenen Länder in Schwindel erregende Höhen getrieben. Da Investoren in Zeiten der Krise riskante Anlagen scheuen, wird Ländern mit Defiziten plötzlich im Ausland kein Kredit mehr bewilligt und sie stürzen in eine tiefe Krise.

Den Ländern wird nun zum Verhängnis, dass die Fehlbeträge in der Leistungsbilanz jenseits jeder Nachhaltigkeit lagen: Bei einem angenommenen Nominalwachstum von 6 Prozent pro Jahr (3 Prozent reales Wirtschaftswachstum und 3 Prozent Inflation) hätte sich die US-Auslandsverschuldung bei einem Leistungsbilanzdefizit von jährlich 6 Prozent erst bei 100 Prozent des BIPs stabilisiert, für Spanien hätte die Quote sogar mehr als 150 Prozent erreicht. Für die Osteuropäer sah es zum Teil noch gravierender aus. Selbst wenn Lettlands Wirtschaft in Zukunft um nominal 8 Prozent pro Jahr gewachsen wäre, wäre die Auslandsverschuldung auf fast 300 Prozent des BIPs gestiegen.

Tatsächlich ist die Korrektur der Leistungsbilanzungleichgewichte, wie sie jetzt in der Krise stattfindet, einer der Gründe, warum die deutsche Wirtschaft besonders hart von den Auswirkungen der Finanzkrise getroffen worden ist. Mit dem dramatischen Einbruch der auf Krediten basierenden Nachfrage in den Defizitländern Osteuropas, aber auch Spaniens und der USA, fallen die Importe und somit die Fehlbeträge dieser Länder im Außenhandel. In der Frühjahrsprognose 2009 hat der Internationale Währungsfonds so für die USA einen Rückgang des Leistungsbilanzdefizits von 6,0 Prozent des BIPs im Vorkrisenjahr 2006 auf nur noch 2,8 Prozent im Jahr 2009 prognostiziert. Ähnlich sieht die Entwicklung für Mittel- und Osteuropa aus. Für diese Region sieht der IWF einen Rückgang der Leistungsbilanzdefizite von durchschnittlich 7,7 Prozent im Jahr 2007 auf 3,5 Prozent in 2010 voraus. Spaniens Defizit dürfte von 10,1 Prozent in 2007 bis zum Jahr 2010 auf weniger als 5 Prozent fallen. Spiegelbildlich fallen die Exporte Deutschlands in diese Länder und damit der Außenhandelsüberschuss. Im Jahre 2009 schrumpften die deutschen Ausfuhren im Vorjahresvergleich um mehr als 20 Prozent. Dieser Rückgang entsprach einem negativen Wachstumseffekt des Außenhandels von mehr als 5 Prozentpunkten, was wiederum den Großteil des Wirtschaftseinbruchs Deutschlands für 2009 erklärt.

## 2.3.1 Internationale Kapitalströme: Quelle der Instabilität

Grund für die enormen Schwankungen an den Devisenmärkten, aber auch für die massiven globalen Ungleichgewichte der vergangenen Jahre, ist der Mechanismus, mit dem Wechselkurse und Kapitalströme auf den Märkten bestimmt werden. In alten volkswirtschaftlichen Lehrbüchern[48] wird gern beschrieben, wie der flexible Wechselkurs angeblich Ungleichgewichte im internationalen Handel korrigiert: Importiert ein Land mehr Güter und Dienstleistungen als es an den Rest der Welt verkauft (was bedeutet, dass es ein Defizit in der Handelsbilanz aufweist), so entsteht auf den Devisenmärkten ein höheres Angebot der heimischen Währung, da die Importeure ihr nationales Geld in ausländische Währung tauschen möchten, während die Exporteure nur eine kleinere Summe an ausländischen Devisen erwirtschaften. Als Resultat verliert die heimische Währung an Wert, wertet also ab. Im Verhältnis zu ausländischen Gütern werden die heimischen Produkte damit billiger, was zumindest ein Teil der Käufer dazu bewegt, vielleicht doch das billigere heimische Produkt statt des teureren Imports zu kaufen. Im Ausland werden die Exporte attraktiver. Die Importe fallen, die Exporte steigen und das Defizit wird ausgeglichen. Spiegelbildlich, so die Annahme, funktioniert dieser Mechanismus in einem Land mit einem Überschuss in der Handelsbilanz.

Tatsächlich trifft diese Beschreibung auf die Realität der Devisenmärkte bei einigermaßen freien Kapitalflüssen nicht zu: Die globalen Kapitalströme sind heute um ein Vielfaches bedeutender als die Handelsströme und lassen dadurch den Einfluss von normalen Export- und Importunternehmen praktisch verschwinden.

Stattdessen funktionieren Devisenmärkte wie Vermögensmärkte, die grundsätzlich von Erwartungen bestimmt werden. Der deutsche Anleger beispielsweise, der heute eine US-Staatsanleihe kauft, tut dies nicht unbedingt wegen des Zinsunterschieds zwischen den beiden Ländern (der in den vergangenen Jahren meist eher gering war), sondern vor allem, weil er hofft, dass der US-Dollar in der Zukunft an Wert gewinnt. Er kauft also US-Dollar, wenn er glaubt, dass dieser in der Zukunft an Wert zulegen, und verkauft US-Dollar, wenn er befürchtet, dass dessen Kurs sinken wird. Der Preis von Währungen in einem System flexibler Wechselkurse ist somit ebenso instabil wie der Preis von Aktien oder Immobilien in unregulierten Aktien- oder Immobilienmärkten.

Bei unregulierten internationalen Kapitalmärkten hängt der Wechselkurs einer Währung vom inländischen Zinssatz, dem ausländischen Zinssatz und dem erwarteten Wechselkurs ab. Steigen bei ansonsten unveränderten Bedingungen die Zinssätze in den USA, dann führt dies zu einer Abwertung des Euros, denn Kapital wird aufgrund der höheren Zinssätze in die USA fließen und die Nachfrage nach US-Dollar steigern. Erhöhen sich die Zinssätze in der EWU, dann wertet der Euro auf, da Kapital im Euroraum angelegt wird. Soweit macht die Wechselkursbestimmung keine besonderen Schwierigkeiten. Sobald es aber um die Bestimmung des erwarteten Wechselkurses geht, wird es komplizierter. Wenn sich die Erwartungen über den zukünftigen Wechselkurs ändern, beeinflusst dies sofort den aktuellen Wechselkurs, entsprechend der Logik aller Vermögensmärkte. Auch auf dem Aktienmarkt oder dem Goldmarkt steigen oder sinken die Preise sofort, wenn dies alle Marktteilnehmer erwarten.

Das Problem dieser Dynamik ist vergleichbar mit dem bei Aktien- oder Immobilienpreisen, nur wird sie hier noch verschärft. Auch bei Aktienkursen hängt der heutige Kurs davon ab, welchen der Anleger in der Zukunft erwartet. Ein Anleger wird etwa für eine Telekom-Aktie mit einem aktuellen Kurs von 50 Euro heute weit mehr bezahlen, wenn er davon ausgeht, die Aktie im nächsten Jahr für 100 Euro weiterverkaufen zu können, als wenn er erwartet, dass das Papier in einem Jahr nur noch 10 Euro Wert sein wird. Während es bei Aktien schon schwierig genug ist, plausible Aussagen über künftige Umsätze, Gewinne und Dividenden zu treffen, und damit zumindest einen relativ angemessenen Aktienkurs zu ermitteln, ist dies für die Wechselkursentwicklung noch schwieriger. Denn das erfordert eine Gesamteinschätzung der ökonomischen und politischen Lage eines Landes.

Der erwartete Wechselkurs und damit indirekt auch der aktuelle Wechselkurs spiegeln bei rationalen Erwartungen ökonomische Fundamentalfaktoren wider. Das wohl berühmteste neoklassische Modell der Wechselkurserklärung ist die Kaufkraftparitätentheorie (KKP-Theorie), die besagt, dass langfristig ein Warenkorb bestimmter Güter in allen Ländern gleich teuer sein sollte. Ansonsten würde das Land mit dem niedrigeren Preisniveau Exportüberschüsse einfahren, was wiederum die Nachfrage nach der Landeswährung erhöhen und zu einer Aufwertung führen würde, wodurch sich die Preise erneut angleichen würden. Dieser Theorie nach bewegen sich die Wechselkurse wie relative Inflationsraten. Steigen die Preise für Güter und Dienstleistungen in Europa plötzlich und unerwartet um 5 Prozent an, während sie in den USA unverändert bleiben, so würde der Euro sofort um 5 Prozent gegenüber dem Dollar abgewertet. Dummerweise jedoch ist die KKP-Theorie nicht annähernd in der Lage, den Wechselkurs zwischen dem US-Dollar und dem Euro (davor der D-Mark) zu erklären. Die mittelfristigen Wechselkursschwankungen zwischen diesen Währungen liegen im zweistelligen Prozentbereich, während die Inflationsratendifferenzen zwischen den Währungsräumen nur wenige Prozentpunkte betragen.[49]

Unter allen einwirkenden Faktoren können weder die Entwicklungen der Leistungsbilanzsalden, unterschiedliche Produktivitätsentwicklungen, unterschiedliche Wachstumsraten des BIPs, noch unterschiedliche Fiskalpolitiken der Länder die Wechselkursentwicklungen ausreichend erklären. Dornbusch und Frankel (1988: S. 67) haben dies schon früh auf den Punkt gebracht, als sie bei ökonometrischen Tests der Wechselkursentwicklung feststellten, dass die größte »Erklärungskraft« beim Fehlerterm liegt. Die neoklassische Theorie muss, indem ihr Ansatz zur Wechselkursbestimmung versagt, ihre tiefste Niederlage einstecken. Plausibler erscheint der keynesianische Ansatz der Wechselkursbestimmung. John Maynard Keynes betonte, dass die Erwartungsbildung ein sozialer Prozess ist, der mit der historischen Situation, den spezifischen Institutionen und dem jeweiligen Land in Zusammenhang steht. Selbst wenn Wirtschaftssubjekte nach Fundamentalfaktoren suchen, wird es ihnen nicht möglich sein, deren zukünftige Entwicklung zu erkennen. Das erste Problem besteht darin, dass nicht einmal Einigkeit darüber herrscht, welche die entscheidenden Fundamentaldaten sind. Einmal suchen Wirtschaftssubjekte nach zukünftigen Preisniveauänderungen, was aufgrund empirischer Entwicklungen allerdings nicht sehr ratsam ist, ein anderes Mal vergleichen sie das Wachstum oder die Produktivitätsentwicklung verschiedener Länder. Keiner dieser Faktoren allein noch deren Kombination kann die Wechselkursentwicklung zwischen den führenden Währungen der Welt erklären. Entscheidend ist, dass Faktoren bei der Erwartungsbildung von Wechselkursen eine Rolle spielen, die über die Entwicklung der ökonomischen Sphäre im engeren Sinne weit hinausgehen. Denn gerade bei Wechselkursentwicklungen sind politische, soziale und selbst militärische Faktoren relevant. Letztlich müssten Wirtschaftssubjekte, um Fundamentalfaktoren für die Wechselkursbestimmung zu ermitteln, umfassende Länderstudien durchführen, um langfristige Erwartungen bilden zu können – eine Herkulesaufgabe in Anbetracht der Tatsache, dass in diesem Punkt selbst Experten nur selten übereinstimmen. In einem modelltheoretischen Sinn sind die Wechselkurserwartungen der Wirtschaftssubjekte als exogen anzusehen. Innerhalb des keynesianischen Ansatzes ist es somit wenig verwunderlich, dass sich Wechselkurserwartungen und damit auch die Wechselkurse schnell und drastisch ändern können.

Bisher wurde davon ausgegangen, dass Wirtschaftssubjekte langfristig wirkende Faktoren für die Bestimmung des Wechselkurses suchen. Der Handel auf Devisenmärkten ist jedoch auch, wie auf allen Vermögensmärkten, durch kurzfristige Erwartungen geprägt, die von den langfristig zu erwartenden Entwicklungen entkoppelt sein und zu spekulativen Übertreibungen führen können. Spekulanten können beispielsweise aus dem Euro aussteigen und US-Dollar kaufen, wenn sie davon ausgehen, dass der Wert des US-Dollars mittelfristig noch ansteigt, obwohl sie gleichzeitig glauben, dass der US-Dollar langfristig massiv abwerten muss. In diesem Fall ist es rational, kurzfristig zur Erzielung von Spekulationsgewinnen US-Dollar zu kaufen, obwohl langfristig von einer Abwertung ausgegangen wird. Wie bei allen Vermögensmarktblasen kommt es auch dann zu einer Ansammlung von Faktoren, die sich gegenseitig positiv verstärken können: Ein kurzfristig steigender US-Dollar-Kurs lässt weitere Aufwertung erwarten und kann weitere Kapitalströme in die USA auslösen, die eine weitere Aufwertung des US-Dollars nach sich ziehen. Dieser Herdentrieb unter den Investoren kann eine Spekulation vorantreiben, bis ein nicht vorhersehbarer Zufall die Wechselkursblase zum Platzen bringt und möglicherweise eine Spekulation in die entgegengesetzte Richtung auslöst.

Empirische Untersuchungen zeigen, dass professionelle Devisenhändler keine langfristigen Erwartungen bilden, sondern im Rahmen eines äußerst kurzfristigen Zeithorizonts handeln. Sie versuchen in Sekundenschnelle abzuschätzen, wie andere Marktteilnehmer auf neue Informationen reagieren werden und führen dementsprechend Käufe oder Verkäufe durch. Kommt es zu Entwicklungen des Wechselkurses in eine Richtung, dann werden sogenannte Trend-Following-Systeme angestoßen: Auf Basis von Hochfrequenzdaten (beispielsweise Zehn-Sekunden-Kurse) werden durch Computerhandelssysteme Kaufsignale ausgelöst, die einen Wechselkurs weiter in eine Richtung vorantreiben. Langsamer wirkende technische Modelle ziehen weitere Käufe nach sich, die die Wechselkursrichtung erneut verstärken. In diesen Modellen wird mittels Chart-Diagrammen vergangener Wechselkurstrends versucht, wiederkehrende Formationen und Umkehrpunkte zu erkennen.[50] Die Wirtschaftstheorie betrachtet technische Analyseverfahren gewöhnlich mit Skepsis. Jedoch sollte bedacht werden, dass in einem Umfeld hoher Unsicherheit solche Verfahren zumindest eine gewisse Sicherheit vortäuschen können. Technische Analyseverfahren wirken sich dann mit Sicherheit auf die Wechselkurse aus, wenn Wirtschaftssubjekte ihre Handlungen nach ihnen ausrichten. Devisenhändler können in der Spätphase einer Spekulationswelle auch beginnen, gegen den Trend zu spekulieren. So realisieren professionelle Devisenhändler systematisch Spekulationsgewinne, was eigentlich der Theorie rationaler Erwartungen und effizienter Finanzmärkte nicht entspricht.[51]

Zusammenfassend lässt sich sagen, dass Systeme mit flexiblen Wechselkursen den gleichen Dynamiken und Schwankungen unterworfen sind wie Vermögensmärkte. Sie bilden ein toxisches Gemisch, zum einen da langfristige Erwartungen kaum gebildet werden können und zum anderen da viele Akteure auf dem Devisenmarkt ihr Handeln nicht an langfristigen Erwartungen ausrichten, sondern mit kurzfristigen Spekulationen, computerbasierten Handelssystemen oder mystischen technischen Analyseverfahren operieren. Das System der flexiblen Wechselkurse ist ein von instabilen internationalen Kapitalströmen dominiertes Chaossystem, das nicht geeignet ist, vernünftige Rahmenbedingungen für den internationalen Handel und die Weltwirtschaft zu schaffen.

Diese Art der Wechselkursbestimmung verwandelt die internationale Kreditvergabe in eine Lotterie, wenn nicht sogar in ein russisches Roulette. Sind die ökonomischen Aussichten in einem Land positiv, dann wird das betreffende Land zum Zielort internationaler Kapitalanleger und dessen Währung wertet auf. Wenn die Investoren erwarten, dass eine Währung weiter aufwertet, so sind sie gern bereit, in dem betroffenen Land weiter anzulegen oder an die Bürger und Unternehmer des Landes Kredite zu vergeben, weil ja deren Umsätze, Gewinne oder Grundeigentum plötzlich um Vieles wertvoller erscheinen. Ein Land kann in einer solchen Situation problemlos für lange Zeit über die eigenen Verhältnisse leben und trotzdem üppige Kredite vom Rest der Welt einstreichen. Eine solche Situation allerdings verringert die Chancen des Landes, sich längerfristig positiv zu entwickeln. Die durch Kapitalzuflüsse ausgelöste Aufwertung zerstört die Wettbewerbsfähigkeit der heimischen Industrie. Sie wird so zum einen von den Exportmärkten verdrängt, während heimische Konsumenten gleichzeitig vermehrt Importe kaufen, anstatt teurerer Produkte aus der heimischen Produktion. In der Konsequenz steigen die Importe während der Export abnimmt.

Dieses Szenario entspricht der Situation in den USA zu Anfang des Jahrzehnts: Während des starken Dollarkurses gaben die amerikanischen Bürger, Unternehmen und die Regierung in der Summe deutlich mehr Geld aus als sie verdienten. Trotzdem legten internationale Investoren mit Freude ihr Geld in den USA an und ermöglichten so ein enormes Leistungsbilanzdefizit.[52] Der durch die Kapitalzuflüsse teuer gehaltene US-Dollar führte gleichzeitig dazu, dass die US-Industrie auf den Weltmärkten an Boden verlor. Ähnliches gilt für Island und einige mittel- und osteuropäische Länder. Aufgrund dessen, dass stabile oder gar steigende Wechselkurse erwartet wurden, wurde diesen Ländern vor der Subprime-Krise praktisch unbegrenzt Kredit von internationalen Anlegern bewilligt. Der Bausektor und der inländische Konsum boomten, während die Außenbilanz immer tiefer in die roten Zahlen rutschte und der Kreditbedarf weiter stieg, den das Ausland entsprechend bediente.

Gefährlich ist an diesem Prozess, dass er sich sehr schnell in sein Gegenteil verkehren kann. Kommt es zur Ernüchterung der Investoren, wenn sie eine Abwertung erwarten, folgt der Kursabsturz, weil sich im Bestreben, ihre Vermögen zu sichern, alle bemühen, ihre Geldwerte in andere stabilere Währungen zu tauschen. Nun sind die Sicherheiten in dem betroffenen Land weniger werthaltig und die Kreditwürdigkeit des Landes sinkt. In der Folge müssen Unternehmen Investitionspläne zurückschneiden, Bürger ihren Konsum reduzieren, das Land rutscht in die Krise. Weil Devisenmärkte und internationale Kapitalströme von Erwartungen getrieben sind, kann es durchaus geschehen, dass Länder ohne fundamentale Schwierigkeiten in einen solchen Strudel geraten. Während der Asienkrise 1997/98 etwa wurden auch Länder von dem Stimmungsumschwung unter Anlegern erfasst, die wie Südkorea eigentlich auf robuste Fundamentaldaten verweisen konnten.

Dieser Prozess kann für ein Land wie die USA, das nahezu vollständig in eigener Währung verschuldet ist, noch relativ glimpflich ablaufen. Für Schwellen- und Entwicklungsländer besteht allerdings die Gefahr, dass sie allein durch die Launen der Devisenmärkte in eine tiefe Krise mit zahlreichen Insolvenzen unter Banken und Unternehmen rutschen. Unternehmen und Haushalte, aber auch die Regierung in vielen Schwellen- und Entwicklungsländern können sich kaum oder nur zu sehr hohen Kosten in inländischer Währung verschulden. Stattdessen müssen sie Kredite in Euro oder Dollar aufnehmen. Ihre Einnahmen, also die Umsätze der Firmen oder die Löhne der Angestellten, werden dagegen in nationaler Währung berechnet. Wertet nun die nationale Währung ab, kann es schnell passieren, dass die

Schuldenlast erdrückend anwächst und die Insolvenz notwendig wird. Dieser Prozess wird auch als Zwillingskrise bezeichnet, in dem die Abwertung das inländische Finanzsystem zerrüttet, das Vertrauen in die Ökonomie weiter schwächt und Kapitalflucht zu weiterer Abwertung führt.

Wie weitverbreitet dieses Problem ist, zeigt Tabelle 2.4: Über 90 Prozent der grenzüberschreitenden Kreditvergabe finden in US-Dollar, Euro, Pfund Sterling, Yen und Schweizer Franken statt. Dieser Umstand erklärt sich daraus, dass Gläubiger bei internationalen Kreditverhältnissen offensichtlich nur in diese Währungen ausreichend Vertrauen setzen. So wird ein Gläubiger insbesondere nicht bereit sein, Entwicklungsländern ausländische Kredite in ihren inländischen Währungen zu gewähren. Selbst ökonomisch relativ entwickelte Länder wie Argentinien oder Malaysia können sich nur sehr begrenzt im Ausland in inländischer Währung verschulden. Der US-amerikanische Wirtschaftshistoriker Barry Eichengreen und der frühere venezolanische Minister und heutige Harvard-Professor Ricardo Hausmann[53] sprechen in diesem Zusammenhang von einer Erbsünde der Währungen, die bei internationalen Kreditverhältnissen nicht verwendet werden. Bestehen bleibt das Privileg der führenden Währungen der Welt, sich von dieser Erbsünde befreit zu haben und sich in eigener Währung im Ausland verschulden zu können. Das Paradebeispiel sind die USA, die als größtes Nettoschuldnerland der Welt ihre gesamte Auslandsschuld in US-Dollar aufnehmen konnten.

Diese Mechanismen erklären auch die drei Boom- und Bust-Phasen internationaler Kapitalströme zwischen Industrieländern und den Schwellen- und Entwicklungsländern, die unsere Weltwirtschaft seit dem Zusammenbruch des Bretton-Woods-Systems erlebte. In den 1970er-Jahren entwickelte sich die erste Welle von Kapitalzuflüssen in periphere Länder – damals hauptsächlich nach Lateinamerika. Die Stimmung drehte sich ab Ende der 1980er-Jahre, als nach dem Wahlsieg Ronald Reagans und der folgenden Hochzinspolitik das Vertrauen in den US-Dollar wieder zunahm und gleichzeitig aufgrund sinkender Exporterlöse die Angst vor Zahlungsschwierigkeiten der lateinamerikanischen Länder wuchs. Mexiko wurde 1982 zahlungsunfähig, gefolgt von nahezu allen anderen lateinamerikanischen Ländern. Rüdiger Dornbusch[54] sprach, wie schon erwähnt, von einem verlorenen Jahrzehnt Lateinamerikas, das der Boom-Phase der 1970er folgte.

Anfang der 1990er-Jahre gab es die zweite große Welle von Kapitalflüssen in Entwicklungs- und nun auch Transformationsländer, wobei zuvor vor allem die asiatischen Länder und die des ehemaligen Sowjetblocks ihre Kapitalverkehrskontrollen abgebaut hatten. Diese Boom-Phase wurde von der Mexikokrise 1994 nur kurz unterbrochen, wich jedoch kurze Zeit später erneut einer Bust-Phase mit der Asienkrise 1997, der die Russlandkrise 1998 und die Krise in Argentinien und der Türkei im Jahre 2001 folgten – um nur die größten Krisen zu benennen.

Eine dritte Boom-Phase startete nach 2003, kam jedoch im Verlaufe der ausbrechenden Subprime-Krise im Jahre 2007 zu ihrem Ende. Die Bust-

*Tabelle 2.4: Währungsstruktur grenzüberschreitender Forderungen und Verbindlichkeiten; Stand September 2008, in Mrd. US-Dollar*

| | Gesamtsumme in Mrd. US-Dollar | US-Dollar | Euro | Yen | Pfund Sterling | Schweizer Franken | Andere Währungen | Nicht aufteilbare Kredite |
|---|---|---|---|---|---|---|---|---|
| | | In Prozent des Gesamtbestandes | | | | | | |
| Grenzüberschreitende Forderungen von Banken | 33.334,9 | 38,2 | 38,5 | 4,0 | 6,4 | 1,6 | 5,9 | 5,4 |
| Grenzüberschreitende Verbindlichkeiten von Banken | 30.969,20 | 41,8 | 33,5 | 3,7 | 7,8 | 1,6 | 6,6 | 5,0 |
| Internationale Wertpapiere mit mittlerer und langer Laufzeit* | 22.749,40 | 35,2 | 46,9 | 2,7 | 8,0 | 1,4 | 4,0 | – |
| Internationale Wertpapiere mit kurzfristiger Laufzeit** | 1.291,40 | 32,3 | 46,0 | 3,7 | 10,7 | 2,2 | 5,2 | – |

* International Bonds and Notes

** International Money Market Instruments

Quelle: Bank für Internationalen Zahlungsausgleich, Quarterly Review, März 2009, Basel

Phase ab 2007 hat schon eine ganze Reihe von Ländern in Währungskrisen gestürzt (die baltischen Länder, die Ukraine, Ungarn, Pakistan). In der akuten Gefahr von Währungskrisen befinden sich nach 2007 untere anderem auch Länder wie die Türkei, Vietnam, Südafrika oder Russland. Die Krise in diesen Ländern schlägt auf die Krise in den Industrieländern zurück, sodass dadurch die Gefahr einer weltwirtschaftlichen Abwärtsspirale gegeben ist.

### 2.3.2 Globale Ungleichgewichte und die aktuelle Krise

Doch nicht nur Entwicklungsländer und ihre Finanzsysteme sind von den Kapriolen der internationalen Kapitalströme und den Unzulänglichkeiten des aktuellen Systems flexibler Wechselkurse und ungebändigter Kapitalflüsse betroffen. Auch die Subprime-Krise muss im Zusammenhang mit den deregulierten internationalen Kapitalmärkten und den daraus entstandenen globalen Ungleichgewichten gesehen werden. Zwar haben die internationalen Kapitalströme nicht direkt die Immobilienpreisblase in den USA verursacht, zur leichtsinnigen Kreditvergabe an fragwürdige Schuldner geführt oder die Krise ausgelöst, wie es bei zahlreichen Krisen in Schwellen- und Entwicklungsländern in früheren Jahrzehnten der Fall war. Jedoch hat das Leistungsbilanzdefizit der USA, das dort ja ein riesiges Nachfrageloch aufgerissen hat, die binnenwirtschaftliche Kreditexpansion angetrieben.

Zudem deutet vieles darauf hin, dass andere Elemente der neoliberalen Reformagenda zum Entstehen der Finanzkrise in den USA beigetragen haben. Zwei Aspekte scheinen dabei von besonderer Bedeutung zu sein: Zum einen hat sich die Einkommensverteilung innerhalb der industrialisierten Länder in den vergangenen Jahren deutlich verschoben, wobei die Einkommen der untersten Einkommensgruppen oft stagnierten oder gar fielen, während jene des obersten Zehntels der Einkommensempfänger kräftig zugelegt haben (vgl. Kapitel 2.4.2). Zum anderen haben einige Staaten wie Deutschland, China, Japan und die Erdöl exportierenden Länder enorme Leistungsbilanzüberschüsse angehäuft, während etwa die USA, Großbritannien oder Spanien ähnlich große Defizite einfuhren. Die Verbindung zwischen dem Leistungsbilanzdefizit der USA und der ungleicher gewordenen Einkommensverteilung einerseits und der übertriebenen und fehlgeleiteten Kreditexpansion in den USA andererseits, ist in der Interaktion der einzelnen Politikfelder innerhalb Amerikas zu suchen.

Das Nachfragewachstum eines einzelnen Landes entsteht aus Konsum, Unternehmensinvestitionen, Exporten oder Staatsausgaben. Ein allein investitionsgetriebenes Wachstum kann auf Dauer nicht nachhaltig sein, da Investitionen ja zur Produktion von Gütern und Dienstleistungen führen, für die es einen Endabnehmer außerhalb des Unternehmenssektors geben muss. Investitionen können deshalb als Anschub für einen Wachstumsprozess wirken, mittel- und langfristig müssen sich aber auch die anderen Nachfragekomponenten entwickeln. Ebenso ist ein allein auf eine permanente Ausweitung der Staatsnachfrage aufbauendes Wachstum problematisch, weil auf Dauer eine Finanzierung über Defizite zur Überschuldung des Staates führt und potenziell weitere negative Umverteilungseffekte mit sich bringt. Alternativ würde die Steuerlast immer weiter steigen, was ab einem gewissen Punkt ineffiziente Entwicklungen wie zunehmende Schwarzarbeit auslösen kann. Wenn es eine Wachstumsstrategie braucht, die nicht auf Exporten aufgebaut ist, was in den USA aufgrund der hohen Kapitalzuflüsse der Fall war, bleibt nur der Weg, den Privatkonsum auszuweiten. Das Wachstum des Privatkonsums kann dabei durch zwei Faktoren finanziert werden: entweder durch steigende Einkommen oder durch eine steigende Verschuldung. Auf Dauer ist nur das auf steigenden Einkommen gestützte Konsumwachstum nachhaltig, weil sich ansonsten private Haushalte permanent höher verschulden. Allerdings sind steigende Einkommen für ein nachhaltiges Konsumwachstum allein nicht ausreichend. Um Stabilität ohne wachsende Verschuldung zu gewährleisten, müssen die Einkommen bei dem Teil der Bevölkerung steigen, der diese in höheren Konsum umsetzen kann.

Betrachtet man die Situation in den USA, so war ein langfristig stabiles

Nachfragewachstum in den vergangenen Jahren gleich aus zwei Gründen schwer zu erreichen: Die hohen Leistungsbilanzdefizite brachten zum einen außenwirtschaftlich eine geringe Nachfrage mit sich, zum anderen war die Einkommensentwicklung innerhalb der USA durch wachsende ungleiche Verteilung gekennzeichnet. Die real verfügbaren Einkommen stiegen gerade bei jener Einkommensschicht nur gering an, die einen Großteil ihres Lohns ausgibt, also eine hohe marginale Konsumquote erreicht.

Diese Ausgangslage hat einerseits die USA insgesamt als auch die Notenbank Fed im Besonderen vor ein Dilemma gestellt. Für die USA als Ganzes bedeutete die latente Schwäche des Nachfragewachstums, dass das Land entweder eine steigende Arbeitslosigkeit in Kauf nehmen würde oder versuchen müsste, mit expansiver Geld- oder Fiskalpolitik die ausländische und inländische Nachfrageschwäche auszugleichen. Die Notenbank der USA sah sich zudem mit einem zweiten Problem konfrontiert: Die zunehmend ungleiche Einkommensverteilung, die der Markt hervorgebracht hatte, wurde noch durch die drastischen Steuersenkungen, die Präsident Georg W. Bush nach seiner Wahl im Jahre 2000 erlassen hatte, verstärkt. Nach Berechnungen von Shapiro und Friedman[55] blieb jenen 20 Prozent der Bevölkerung mit den niedrigsten Einkommen nach Abzug der Steuer nur ein Zuwachs von 0,4 Prozent, während die Einkommen von Steuerzahlern mit einem jährlichen Einkommen oberhalb von 1. Mio. US-Dollar um 6,4 Prozentpunkte zulegen konnten. Gerade die obersten Einkommensschichten aber haben tendenziell eine hohe Sparquote. Wachsen die Einkommen in dieser Schicht, schlägt sich das also nur gering in zusätzlichem Konsum nieder. Sowohl die marktbestimmte Einkommensverteilung als auch die Finanzpolitik haben also dazu beigetragen, dass der inländische Konsum durch Erhöhung der Einkommen kaum gesteigert werden konnte.

Die Fed hat gemäß ihrer Statuten die Aufgabe, neben Preisstabilität vor allem für einen möglichst hohen Beschäftigungsstand und moderate langfristige Zinsen zu sorgen.[56] Und in ihrer faktischen Politik folgt sie diesen Zielvorstellungen auch. Da aber gleichzeitig sowohl das außenwirtschaftliche Umfeld als auch die innere Einkommensentwicklung ein langsames Nachfragewachstum – und damit eine tendenziell wachsende Unterbeschäftigung – hervorriefen, blieb ihr wenig anderes übrig, als die Zinsen sehr lange sehr niedrig zu halten. Dass die Fed unter ihrem Vorsitzenden Alan Greenspan auch den Subprime- und Verbriefungsboom akzeptierte, kann mit dieser Logik erklärt werden. Da ohne diesen Boom die Unterbeschäftigung gestiegen wäre und mittelfristig sinkende Löhne und deflationäre Tendenzen ausgelöst hätte, duldete die Fed bereitwillig das Entstehen einer Immobilienpreisblase sowie die kräftige Kreditexpansion.[57]

Im Zuge der Krise wurde ein Großteil der Schuld der US-Notenbank zugeschrieben, sei es, weil sie die Zinsen vermeintlich zu niedrig gehalten hatte oder weil sie bei den regulatorischen Versäumnissen des Subprime-Booms nicht eingeschritten war. Doch ist diese Kritik zu kurz gegriffen. Natürlich ist Greenspan vorzuwerfen, dass er ideologisch die Steuerpolitik

Bushs und die damit wachsende Einkommensungleichheit in den USA unterstützt hat und dass er sich aus ideologischen Gründen einer besseren Regulierung der Finanzmärkte widersetzte. Die Ursachen der Krise sind jedoch in weiteren Faktoren zu finden, als allein in der mangelhaften Regulierung der US-Finanzmärkte. Mitschuld trägt das gigantische Leistungsbilanzdefizit der USA sowie die allgemeine Politik der Arbeitsmarktregulierung und Steuersenkung, die auch in diesem Land die Einkommensverteilung verschoben hat.[58]

Es wäre ebenso verkürzt, die Schuld für die globalen Ungleichgewichte und damit einen Teil der Gründe für die Subprime-Krise in Chinas Finanzpolitik zu suchen. Die chinesische Notenbank hat zwar in den vergangenen Jahren mit massiven Devisenmarktinterventionen ihre Währung gegenüber dem US-Dollar billig gehalten und damit ihren Export gefördert und so zu den enormen globalen Ungleichgewichten beigetragen. Ein Teil der anderen Entwicklungsländer, besonders in Asien, ist ebenfalls der Strategie Chinas gefolgt. Um die chinesische Politik zu verstehen, ist es jedoch wichtig, sich zu vergegenwärtigen, dass in anderen Ländern Entwicklungsstrategien, die auf eine breite Liberalisierung der Finanzmärkte und flexible Wechselkurse bauten, oft gescheitert sind. Zudem musste die chinesische Regierung während der Asienkrise 1997/98 mit ansehen, wie andere Länder der Region mit teilweise nur geringen Leistungsbilanzdefiziten von den globalen Finanzmärkten in die Krise gerissen wurden. Die logische Konsequenz aus dieser Erfahrung war, sich so weit wie möglich vor den Ausschlägen der globalen Kapitalströme abzuschirmen. Indem China Leistungsbilanzüberschüsse anhäufte, vermied das Land, sich im Ausland verschulden zu müssen und konnte sich so von den Kapriolen der Devisenhändler und internationalen Investoren unabhängig machen. Für diese Strategie war es gleichzeitig notwendig, die Landeswährung Renminbi so billig zu halten, dass die Exporte die Importe überstiegen. Chinas Exportüberschuss kann somit als Notwehr gegen ein für Entwicklungsländer disfunktionales globales Währungssystem interpretiert werden. Ein anderes, stabileres Weltfinanzsystem hätte diese Strategie überflüssig gemacht.[59]

### 2.3.3 Regionale Ungleichgewichte und Spannungen in der Eurozone

China war nicht das einzige Land, das in den vergangenen Jahrzehnten versuchte, sich dagegen zu wehren, dass der eigene Handel und die eigene Wirtschaftsentwicklung von erratischen Devisenmärkten und deren Launen abhing. Europas Wirtschaftspolitiker waren schon nach dem Zusammenbruch des Bretton-Woods-Systems nicht bereit, extreme Auf- und Abwertungen zwischen den eigenen Währungen den Launen des Marktes folgend hinzunehmen. Von 1973 an versuchten deshalb sechs europäische Länder (Deutschland, Frankreich, Niederlande, Belgien, Luxemburg und Dänemark), zunächst im Rahmen der sogenannten Währungsschlange mit der D-Mark als Ankerwährung, die Wechselkurse ihrer Währungen in engeren Bandbreiten zu halten. Als Reaktion auf den Ölpreisschock verfolgten die Länder jedoch sehr unterschiedliche wirtschaftspolitische Strategien, sodass dieser Mechanismus nicht besonders stabil werden konnte und es trotz anders lautender ursprünglicher Bekundungen zu heftigen Auf- und Abwertungen eines Teils der beteiligten Währungen kam. Weil die erratischen Wechselkursausschläge Europas eng verflochtene Volkswirtschaften besonders trafen und infolge des Zusammenbruchs des Bretton-Woods-Systems der innereuropäische Handel zunächst stagnierte, versuchten die Regierenden, neue Instrumente zur Wechselkursstabilisierung zu etablieren. Wie beschrieben, führten die Europäer deshalb zunächst das Europäische Währungssystem ein und gingen später sogar soweit, ihre nationalen Währungen durch den Euro zu ersetzen.

Im Zuge der Finanzkrise hat sich diese Entscheidung für die Teilnehmerstaaten bereits als Vorteil erwiesen: Während Nicht-Euro-Länder mit hohen Leistungsbilanzdefiziten wie beispielsweise Island in der Finanzkrise unter massiven Abwertungsdruck gerieten und zum Teil dramatische Einbrüche in ihrer Wirtschaftsleistung und infolge gar den Staatsbankrott erleben mussten, sind selbst Länder mit enormen Problemen am eigenen Immobilienmarkt und im eigenen Bankensystem wie Irland vergleichsweise glimpflich davongekommen.

Allerdings ist der Wegfall des Wechselkursrisikos innerhalb der europäischen Währungsunion damit erkauft worden, dass sich im Handel zwischen den einzelnen Teilnehmerstaaten enorme Überschüsse und Defizite aufgebaut haben. Tatsächlich finden die globalen Ungleichgewichte ihre Entsprechung in den Außenhandelsungleichgewichten innerhalb der Eurozone vor der Krise, mit Rekordüberschüssen in Deutschland und den Niederlanden und Rekorddefiziten in Spanien, Griechenland und Portugal. Ähnlich den globalen Ungleichgewichten sind auch Überschüsse und Defizite vor allem in den Jahren unmittelbar vor der Krise entstanden. Auch diese Ungleichgewichte können zum Teil mit den Übertreibungen an den Immobilienmärkten in Ländern wie Spanien oder Irland erklärt werden. Anders als die globalen Ungleichgewichte haben die Defizite innerhalb der Währungsunion allerdings weniger mit den Launen der globalen Finanzmärkte als vielmehr mit Problemen in der Wirtschaftspolitik innerhalb der EU zu tun. Sicherlich ist die Europäische Währungsunion in erster Linie ein politisches Projekt, doch sie lässt sich auch als Reaktion auf die Probleme des globalen Währungssystems mit seinen erratischen Schwankungen der Wechselkurse begreifen.

Hinter den Fehlbeträgen und Überschüssen der Länder verbirgt sich eine stark divergierende Entwicklung der Nachfragetrends innerhalb Europas: Während in Ländern wie Irland oder Spanien in den vergangenen Jahren die Nachfrage vor allem durch den inländischen Konsum und einen Bauboom getrieben wurde, basierte das Wirtschaftswachstum Deutschlands fast ausschließlich auf kräftigen Exportzuwächsen und Unternehmensinvestitionen im Exportsektor. Diese unterschiedlichen Ausrichtungen implizieren

*Tabelle 2.5: Entwicklung der nominellen Lohnstückkosten in ausgewählten EWU-Ländern ab dem Beginn der EWU (Index 2000=100)*

| Länder | 1999 | 2000 | 2001 | 2002 | 2003 | 2004 | 2005 | 2006 | 2007 | 2008 | (1999-2008) |
|---|---|---|---|---|---|---|---|---|---|---|---|
| Alle EWU-Länder | 98.8 | 100.0 | 102.4 | 105.0 | 107.3 | 108.3 | 109.7 | 110.9 | 112.8 | 116.5 | 17.7 |
| Belgien | 99.7 | 100.0 | 104.3 | 106.5 | 107.3 | 106.9 | 108.5 | 110.3 | 113.4 | 117.7 | 17.9 |
| Deutschland | 99.3 | 100.0 | 100.9 | 101.8 | 102.8 | 102.6 | 101.8 | 100.6 | 101.0 | 103.1 | 3.8 |
| Irland | 96.7 | 100.0 | 104.6 | 105.1 | 108.4 | 112.5 | 117.7 | 121.5 | 125.9 | 134.7 | 38.0 |
| Griechenland | 98.8 | 100.0 | 99.7 | 109.8 | 110.4 | 113.1 | 116.4 | 114.8 | 122.0 | 128.9 | 30.2 |
| Spanien | 97.2 | 100.0 | 103.2 | 106.2 | 109.3 | 112.0 | 115.6 | 119.4 | 122.8 | 127.0 | 29.8 |
| Frankreich | 98.9 | 100.0 | 102.3 | 105.3 | 107.1 | 108.3 | 110.2 | 112.4 | 114.7 | 117.7 | 18.9 |
| Italien | 99.5 | 100.0 | 103.1 | 106.8 | 111.5 | 113.8 | 116.9 | 119.4 | 121.3 | 126.4 | 26.8 |
| Luxemburg | 97.5 | 100.0 | 106.5 | 108.9 | 110.4 | 112.0 | 113.6 | 114.0 | 118.0 | 126.6 | 29.1 |
| Niederlande | 97.1 | 100.0 | 105.0 | 110.1 | 113.1 | 113.3 | 112.9 | 113.9 | 116.3 | 120.3 | 23.1 |
| Österreich | 100.1 | 100.0 | 101.4 | 101.6 | 103.0 | 102.4 | 103.2 | 104.3 | 105.1 | 108.3 | 8.1 |
| Portugal | 95.7 | 100.0 | 103.8 | 107.3 | 111.3 | 112.4 | 116.2 | 117.7 | 119.2 | 123.5 | 27.8 |
| Finnland | 99.1 | 100.0 | 103.4 | 104.7 | 105.8 | 106.1 | 108.6 | 108.4 | 109.9 | 116.7 | 17.6 |

Quelle: Ameco (2009)

wiederum unterschiedliche Lohnentwicklungen und Lohnstückkosten, wobei die Divergenz der Löhne noch einmal durch deutliche Unterschiede in der Produktivitätsentwicklung verstärkt wurde.

Tabelle 2.5 illustriert diese Entwicklung: Die Lohnstückkosten stiegen während des gesamten Zeitraumes in Deutschland nur minimal. Es kam sogar zu fallenden Lohnstückkosten in den Jahren 2004 bis 2006. In Italien und Spanien hingegen erhöhten sich die Kosten rapide, während Frankreich bei diesem Indikator leicht über dem Durchschnitt der EWU lag. Insgesamt sind die Unterschiede bei der Entwicklung der Lohnstückkosten gewaltig. In Spanien und Italien stiegen sie während des Bestehens der EWU um über 20 Prozent, in Frankreich um gut 15 Prozent im Vergleich zu Deutschland. Zu den Ländern mit überproportional starkem Anstieg der Lohnstückkosten gehören beispielsweise auch Portugal und Griechenland, während Österreich und Finnland zur Gruppe der Länder mit nur geringen Erhöhungen zählen.[60]

Steigen die Löhne in einem Land stärker als im Rest der Währungsunion, bedeutet das zweierlei: Zum einen verliert ein Land Wettbewerbsfähigkeit, zum anderen aber steigt die inländische Inflationsrate, weil die Produktionskosten für nicht handelbare Güter und Dienstleistungen zulegen und die Produzenten diese höheren Kosten an die Verbraucher weitergeben. Der einheitliche Nominalzins, den die Europäische Zentralbank für den gesamten Währungsraum festlegt, bedeutet in einem Land mit einer höheren nationalen Inflationsrate einen niedrigeren Realzins. Niedrigere Realzinsen machen tendenziell Investitionen attraktiver. Da dieser Effekt im außenwirtschaftlich orientierten Sektor der Volkswirtschaft durch den Verlust der preislichen Wettbewerbsfähigkeit kompensiert wird, wirkt der niedrigere Realzins vor allem stimulierend auf den Immobilienmarkt und den Bausektor. Dabei sind zwei Effekte von Bedeutung: Durch die niedrigeren realen Hypothekenzinsen steigt die Nachfrage nach Immobilien, zugleich steigt mit höheren Löhnen die (gemessene) Kreditwürdigkeit der potenziellen Hauskäufer und die Banken sind eher bereit, Hypotheken zu vergeben. Die Hauspreise steigen und die Baubranche wird angekurbelt. Der so angeschobene Immobilienboom wird noch einmal verstärkt, wenn die Preissteigerungen den Hypothekenzins übersteigen. In diesem Moment erhöht sich die Attraktivität des Immobiliengeschäfts derart, dass auch Käufer mit spekulativen Motiven in den Markt eintreten. Während eines solchen Booms zieht zudem der Konsum stärker als im Rest der Eurozone an, zum einen, weil die verfügbaren Einkommen durch die starken Lohnzuwächse kräftig zulegen, zum anderen, weil sich die Immobilieneigentümer durch die steigenden Immobilienpreise reicher fühlen.

Diese unterschiedlichen Nachfragetrends verursachen die oben beschriebenen Außenhandelsdefizite und -unterschiede innerhalb der Währungsunion. Diese Defizite werden durch das Bankensystem der Währungsunion finanziert. Weil die Unternehmen und Haushalte in den Defizitländern bereit sind, höhere Zinsen auf ihre Kredite zu zahlen und zudem, um ihren Konsum aufrechtzuerhalten, immer neue Kredite brauchen, werden Kreditmittel aus den Überschussländern wie Deutschland über das europäische Bankensystem in die Defizitländer verlagert. Ähnlich wie auf dem globalen Finanzmarkt wird dabei wenig auf makroökonomische Verschuldungstrends der Defizitländer geachtet. Stattdessen wird zunächst auf deren Kreditwürdigkeit vertraut. Da während eines Immobilienbooms der Wert der Sicherheiten dieser Länder steigt, sind die Banken im Rest der Währungsunion auch bereit, diesen Boom lange mitzufinanzieren, auch wenn die sich verschuldenden Länder weit über ihre Verhältnisse leben.

Ein wie oben beschriebener Immobilienboom kommt freilich an sein Ende, wenn entweder die Kreditvergabe stockt, durch Bauaktivität das Angebot an Immobilien so stark gestiegen ist, dass es ein Überangebot gibt, oder das Einkommenswachstum zum Erliegen kommt. Wenn das Land so sehr an Wettbewerbsfähigkeit verloren hat, dass die Probleme des Exportsektors die Volkswirtschaft in eine Rezession drücken, endet zwingend das überdurchschnittliche Einkommenswachstum. In den vergangenen Jahren konnte man in der Eurozone beobachten, dass in Volkswirtschaften mit einem relativ geringen Offenheitsgrad dieser Zinskanal auf den Immobilienmärkten schneller und zunächst kräftiger greift, als dass der Verlust der Wettbewerbsfähigkeit durch geringere Exportanteile das Wirtschaftswachstum bremsen würde.

Letztendlich folgt allerdings auf einen solchen Boom eine lange Phase der schmerzhaften Korrektur. Der Bausektor eines betroffenen Landes muss auf ein normales Maß zurückschrumpfen, wobei Arbeitskräfte entlassen werden. Ebenso ist das Land gezwungen, die verlorene Wettbewerbsfähigkeit durch eine längere Periode von Lohnabschlüssen unterhalb des Durchschnitts der Eurozone zurückzugewinnen. In dieser Zeit verkehrt sich der oben beschriebene Mechanismus: Die nationale Inflationsrate liegt nun unterhalb der europäischen, der nationale Realzins ist damit höher als im Rest der Währungsunion. Diese Faktoren bewirken den verstärkten Absturz des Immobilienmarkts und gleichzeitig bedeutet das langsamere Lohnwachstum stagnierende, oder sogar fallende, verfügbare Realeinkommen, was den Konsum verringert.

Faktisch gibt Deutschland den Lohnstandard für die EWU vor. Es ist nicht nur die größte Volkswirtschaft innerhalb der Eurozone, sondern auch das Land mit der niedrigsten Erhöhung der Lohnstückkosten, was primär auf die niedrigen Geldlohnerhöhungen in Deutschland zurückzuführen ist. Seit dem Beginn der EWU stagnierten die Lohnstückkosten in Deutschland. Eine Reihe von EWU-Ländern verzeichnete hingegen zwischen 1999 und 2008 Lohnstückkostenerhöhungen von 20 Prozent oder mehr. Entwickeln sich die Löhne in Deutschland entsprechend der vergangenen Trends weiter, heißt dies, dass die Länder mit hohen Lohnstückkostenerhöhungen deutliche Lohnsenkungen in Kauf nehmen müssen, um ihre Wettbewerbsfähigkeit wiederzuerlangen. Denn deutlich höhere Produktivitätsentwicklungen in Ländern mit einer überdurchschnittlichen Lohn- und Preisniveauentwicklung oder demgegenüber stark ansteigende Lohnstückkosten in Deutschland sind nicht zu erwarten. Es ist fraglich, ob eine nominelle Lohnsenkung in den Teilen der EWU möglich ist, die ihre Wettbewerbsfähigkeit eingebüßt haben, denn normalerweise stemmen sich Arbeitnehmer und Gewerkschaften gegen Lohnsenkungen mit gutem Grund. Lohnsenkungen in einzelnen Regionen einer Währungsunion ziehen einen Preisverfall solcher Güter nach sich, die vornehmlich regional und national gehandelt werden. Sie betreffen also einen Teil der Dienstleistungen, des Handwerks und der anderen lokalen Produktionen. Für Länder wie Spanien, Griechenland, Portugal oder Italien besteht somit ein dramatisches Dilemma: Sie haben die Wahl zwischen Stagnation aufgrund einer ungenügenden Wettbewerbsfähigkeit innerhalb der EWU oder deflationären Lohnsenkungen, welche die reale Schuldenlast eines Teils der Unternehmen und der Bevölkerung erhöhen würden.

Sicherlich sind die Lohnerhöhungen in den südlichen Mitgliedsländern der EWU teilweise deutlich zu hoch ausgefallen. Es wäre jedoch verfehlt, diesen Ländern die aktuellen und, wenn kein grundlegender Wandel der Politik eintritt, in der Zukunft wohl noch zunehmenden Zerwürfnisse innerhalb der EWU anzulasten. Deutschland hatte etwa, an einer makroökonomisch und für die EWU vernünftigen Lohnentwicklung gemessen, zu niedrige Lohn- und Preisniveauerhöhungen, die dann einerseits zu überdurchschnittlich hohen Realzinsen in Deutschland geführt haben, andererseits aber zu stark ansteigenden deutschen Leistungsbilanzüberschüssen gegenüber fast allen anderen Ländern der EWU. Die deutsche Lohnentwicklung erweist sich als zumindest ebenso problematisch für die Kohärenz der EWU wie die Spaniens, Portugals oder anderer Länder, die deutlich überdurchschnittliche Lohnstückkostenerhöhungen verzeichnen mussten. Die zu niedrigen Erhöhungen, die Deutschland teilweise an den Rand einer Deflation gebracht haben, sind einerseits der merkantilistischen Tradition geschuldet, die für eine exportorientierte Entwicklung mit hohen Leistungsbilanzüberschüssen steht und von allen relevanten deutschen Interessengruppen einschließlich Teilen der Gewerkschaften vertreten wurde. Andererseits hat die hohe Arbeitslosigkeit in Deutschland und die Erosion der Arbeitsmarktinstitutionen zu den geringen Lohnerhöhungen beigetragen (vgl. Kapitel 2.4). Ob strategisch initiiert oder nicht, faktisch hat Deutschland ein Lohndumping innerhalb der EWU betrieben und damit Arbeitslosigkeit über Exporterfolge exportiert. Das gilt, obwohl sich diese Entwicklung für Deutschland, aufgrund der geringen Binnennachfrage, die entsprechend des Lohndumpings nur ungenügend anwuchs, in Bezug auf Wachstum und Beschäftigung nicht ausgezahlt hat.

Bei einer regional nicht gleichgerichteten konjunkturellen und auch längerfristigen Entwicklung in der EWU sind der Europäischen Zentralbank die Hände gebunden. Da sie den Zins so festlegen muss, dass für den Durchschnitt der Eurozone die Zielinflation erreicht wird, ist dieser Zins immer für einige Länder zu niedrig und für andere zu hoch. In den Zeiten vor der

Währungsunion hätten die nationalen Notenbanken einen Boom viel früher durch Zinserhöhungen bremsen können. Zudem wäre es nach einem solchen Boom-Zyklus einfacher und schneller möglich gewesen, die verlorene Wettbewerbsfähigkeit über eine Abwertung wiederzuerlangen, was nun innerhalb der Währungsunion per Definition nicht mehr möglich ist.

Das ist umso tragischer, da neuere Forschungen darauf hindeuten, dass Stagnationsphasen auch den langfristigen Wachstumstrend negativ beeinflussen, da ökonomische Entwicklungen pfadabhängig sind.[61] Dabei gibt es mehrere Argumentationslinien, über die man eine solche Wirkung herleiten kann: Dem typischen Prinzip Unlearning by not doing entspricht das Beispiel von Menschen, die durch längere Arbeitslosigkeit nicht nur spezifische Fertigkeiten für ihre Qualifikation, sondern zum Teil auch grundlegende Fähigkeiten verlieren, die im Erwerbsleben notwendig sind, wie etwa Pünktlichkeit und Zuverlässigkeit. Gerade in längeren Stagnationsphasen kann so aus konjunktureller Arbeitslosigkeit schnell eine Gruppe von Arbeitslosen entstehen, die große Teile ihrer Arbeitsfähigkeit eingebüßt hat und in anhaltend prekäre Arbeitsverhältnisse gestoßen wird.

Im Kontext der neuen Wachstumstheorie argumentieren zudem Aghion und Howitt (2006), dass übermäßige Konjunkturschwankungen Unternehmen bei der Forschungs- und Entwicklungstätigkeit negativ beeinflussen. Dem dort vorgestellten Modell zufolge sind innerhalb einer schlechten Finanzmarktsituation Unternehmen im Abschwung nicht in der Lage, ihre Forschungs- und Entwicklungsausgaben über Kredite zu finanzieren und müssen diese deshalb zurückfahren. Forschungs- und Entwicklungsaktivitäten aber sind für den technischen Fortschritt und mithin für die mittelfristige Entwicklung von Produktivität und Wohlstand zentrale Faktoren. In einem anderen Beitrag zeigen Aghion und Marinescu (2006), dass dieser Effekt statistisch signifikant ist und sich ökonometrisch nachweisen lässt.

Freilich könnten andere Institutionen die Aufgabe der Geldpolitik übernehmen, um regional unterschiedliche Entwicklungen abzudämpfen. Eine stärkere Zentralisierung der Finanzpolitik in Europa könnte helfen, regionale Konjunkturzyklen auszugleichen. Auch koordinierte Lohnabschlüsse innerhalb Europas könnten unterschiedliche Entwicklungen und den Aufbau regionaler Probleme zumindest mildern und verkürzen und so den späteren Korrekturbedarf begrenzen. Im Folgenden, wenn die durch die Krise bedingten notwendigen Politikreformen diskutiert werden, soll auf dieses Argument noch einmal im Detail eingegangen werden. Solange aber die Institutionen der europäischen Währungsunion nicht grundlegend angepasst werden, besteht weiterhin die Gefahr, dass sich neue Ungleichgewichte aufbauen und krisenhaft wieder korrigiert werden – mit dramatischen Folgen sowohl für die deutsche Wirtschaft als auch für die anderen Volkswirtschaften des Euroraums. Ohne weitere Reformen wäre somit der Versuch der Europäer, sich mithilfe ihrer Währungsunion der Irrationalität der globalen Devisenmärkte zu entziehen, nur zum Preis neuer Probleme erkauft worden.

## 2.4 Arbeit im Sog der Märkte

Parallel zur Deregulierung der Finanzmärkte wurde mit der neoliberalen Revolution nach den 1970er-Jahren auch eine Deregulierung der Arbeitsmärkte vorangetrieben. Damit bewegte sich das ökonomische System immer weiter weg von einem Modell des guten Kapitalismus. Das neoklassische Modell, das sich in seiner makroökonomischen Variante Ende des 19. Jahrhunderts entwickelte, sah zu hohe Löhne und zu starre Arbeitsmarktregulierungen schon immer als die zentrale Ursache für Arbeitslosigkeit an. Nach dem Zweiten Weltkrieg wurde ein spezifischer Typus keynesianischen Denkens populär, der einerseits an dem Zusammenhang zwischen Löhnen und Beschäftigung festhielt, jedoch zusätzlich Störungen der Wirtschaft auf ungenügende Güternachfrage zurückführte, die mit Geld- und vor allem Fiskalpolitik zu bekämpfen sei. Diese sogenannte Neoklassische Synthese wurde von Joan Robinson (1974), einer Schülerin von Keynes, weniger freundlich als »Bastardkeynesianismus« bezeichnet.

In den 1970er-Jahren geriet dieses Modell in eine tiefe Krise. Eine zentrale Schwierigkeit der Neoklassischen Synthese lag in ihrem Unvermögen, das Problem der Inflation theoretisch richtig zu erfassen. Steigende Inflationsraten, so die Auffassung, müssten zu steigender Beschäftigung führen. Dies aber war nun in den 1970er-Jahren gerade nicht der Fall, als die Inflationsrate und die Arbeitslosenrate gleichzeitig nach oben gingen (vgl. Kapitel 2.1). Das wiederum läutete die Phase des Monetarismus ein, dessen populärster Vertreter, Milton Friedman, schon immer ein Erzfeind der Neoklassischen Synthese gewesen war. Seit dem Ende der 1960er-Jahre hatte er an wirtschaftspolitischem Einfluss gewonnen. Friedmans Ansichten stützten sich auf das unverfälschte neoklassische Modell, demnach die Geldpolitik in der Pflicht stand, das Preisniveau stabil zu halten, während es Aufgabe des Arbeitsmarktes sei, ein hohes Beschäftigungsniveau zu garantieren. Störungen auf dem Arbeitsmarkt in Form eines Lohnbildungsmechanismus, der von Gewerkschaften und Arbeitgeberverbänden dominiert wird und nicht vom Spiel des freien Marktes, bis hin zu den regionalen und beruflichen Unausgeglichenheiten von Arbeitsangebot und Arbeitsnachfrage wurden zur Ursache einer »natürlichen« Arbeitslosenquote erklärt. Die Deregulierungen des Arbeitsmarktes ist nach diesem wirtschaftspolitischen Ansatz das wirkungsvollste Mittel zur Bekämpfung von Arbeitslosigkeit. Geld- und Fiskalpolitik seien dazu ungeeignet, da sie nur eine kurzfristige und zudem schwer abschätzbare Wirkung erzielen könnten. Vielmehr solle vermieden werden, dass die Geld- und Fiskalpolitik die als stabil erachteten Marktmechanismen stören würden. Öffentliche Haushalte sollten sich immer um ein ausgeglichenes Budget bemühen, während die Geldmenge von der Zentralbank mit einer konstanten Rate zu erhöhen sei.[62]

Der akademische Triumph Friedmans war im Vergleich zu seinem politischen Einfluss von kurzer Dauer, denn eine radikalere Variante neoklassischen Denkens begann sich in den 1970er-Jahren zu entwickeln und dominierte die akademische Debatte in den 1980er-Jahren in den USA und anderen westlichen Ländern. Robert Lucas, ein Schüler Friedmans, ebenfalls von der Universität Chicago und uns schon aus der Debatte über die Finanzmärkte bekannt (vgl. 2.2.1), wurde einer der wichtigsten Mitbegründer der neuklassischen Schule. Intellektueller Ansatzpunkt der neuklassischen Schule ist unter anderem das neoklassische Arbeitsmarktmodell, das von zentraler Bedeutung für die Entstehung von Wirtschaftsleistung und Beschäftigung sowie die Begründung von Arbeitslosigkeit ist. Nach diesem Ansatz bietet jeder Haushalt gerade so viele Arbeitsstunden an, dass der Nutzen des zusätzlichen Einkommens das Arbeitsleid aus den zusätzlichen Arbeitsstunden aufwiegt. Unternehmen fragen Arbeit nach, solange die physische Arbeitsleistung, die der Arbeiter erbringt, dem realen Warenkorb entspricht, den er als Lohn erhält. Bei flexiblen Löhnen pendelt sich das Lohnniveau so ein, dass das Volumen der angebotenen Arbeitskraft gerade dem entspricht, was von den Unternehmen nachgefragt wird. Arbeitslosigkeit ist in diesem Modell immer freiwillig.

Von Übel sind in diesem neoliberalen Ansatz Gewerkschaften, Mindestlöhne oder ein ausufernder Sozialstaat, da diese Faktoren ein Absinken der Löhne verhindern, bzw. die Haushalte dazu bewegen können, lieber Sozialleistungen zu beziehen als Arbeit anzubieten. Es ist somit nicht verwunderlich, dass in neoliberalem Denken die Flexibilisierung des Arbeitsmarktes zur zentralen Strategie geworden ist, um die Arbeitslosigkeit zu bekämpfen. Betrachtet man die Geld- und Fiskalpolitik ist die Neuklassik noch radikaler als der Friedman'sche Monetarismus. Der Geld- und Fiskalpolitik wird keinerlei positives Steuerungspotenzial zugestanden und sie ist aus diesem Grunde auch nicht für antizyklische Politik einzusetzen.

Der Deregulierung der Finanzmärkte entspricht somit die Deregulierung der Arbeitsmärkte vollkommen. Die Deregulierung beider Bereiche führt aus neoliberaler Sicht zur Vitalisierung der wirtschaftlichen Entwicklung und zu positiven Beschäftigungseffekten, während allein die Deregulierung jedes Marktes für sich bereits positive Effekte bringt. Es wundert somit nicht, dass die Masse der Ökonomen und ökonomischen Berater in den 1970er- und 1980er-Jahren eine neoliberale Revolution zur Lösung der ökonomischen Probleme befürworteten. Analytisch steht die neoklassische Sichtweise der Wirtschaft einschließlich ihrer neuklassischen Ausprägung in klarem Kontrast zur keynesianischen. Auch die Neoklassische Synthese hat nur noch bedingt etwas mit dem keynesianischen Paradigma gemein, denn John Maynard Keynes hat in seinem Hauptwerk *Allgemeine Theorie der Beschäftigung, des Zinses und des Geldes* aus dem Jahre 1936, das unter dem Eindruck der Weltwirtschaftskrise der 1930er-Jahre geschrieben wurde, den Arbeitsmarkt gänzlich anderes interpretiert, als es das neoklassische Modell vorsieht. Kernpunkt der keynesianischen Argumentation ist die aggregierte Nachfrage auf den Gütermärkten, die das gesamtwirtschaftliche Produktionsvolumen, die gesamtwirtschaftliche Beschäftigung und die Arbeitslosigkeit bestimmt. Aus keynesianischer Sicht stehen die Arbeitsmärkte in der Hierarchie der

Märkte an unterster Stelle und werden von Vermögensmärkten und Gütermärkten dominiert. Auf den Vermögensmärkten wird insbesondere durch das Zinsniveau die Investitionsnachfrage bestimmt, wobei jedoch auch die Konsumnachfrage von Vermögensmarktentwicklungen, wie der Verfügbarkeit und dem Preis von Krediten, und der Entwicklung der Vermögenspreise abhängt. Wenn nicht alle Kapazitäten ausgelastet sind und es zu Arbeitslosigkeit kommt, wie es in vielen historischen Situationen der Fall war, bestimmt die Investitions- und Konsumnachfrage zusammen mit der Nachfrage des Staates und des Auslandes das Produktionsvolumen und somit die Beschäftigung.[63] Nur in äußerst seltenen Fällen bestimmt die physische Verfügbarkeit von Produktionsmitteln das Volumen von Produktion, Beschäftigung und Einkommen. In aller Regel ist eine kapitalistische Ökonomie durch eine monetäre makroökonomische Budgetrestriktion gekennzeichnet.

Verdeutlicht werden kann dieser Gedanke durch die Kreislaufformel des Kapitals, die neben Karl Marx (1867) auch John Maynard Keynes ins Feld führte, der ansonsten nicht mit Marx übereinstimmte:[64] Geld wird für Produktionsmittel und Arbeitskräfte vorgeschossen, um Waren zu produzieren, die dann verkauft werden. Der durch den Verkauf erzielte Geldrückfluss muss höher sein als der Geldvorschuss, denn die gesamte Aktion macht nur Sinn, wenn sich das vorgeschossene Geld vermehrt. Üblicherweise ist der beschriebene Kreislauf des Kapitals in Kreditverhältnisse eingebettet, denn der Unternehmer, der in Produktionsmittel und Arbeitskräfte investiert, wird zur Erhöhung der Verwertung seines eigenen Kapitals neben eigenem geliehenes Geld vorschießen, das er nach erfolgter Produktion mit Zinsen zurückzahlen muss. Produktionsvolumen und Wertschöpfung hängen von den Geldvorschüssen in Produktionsmittel und Arbeitskräfte ab, welche die monetäre Budgetrestriktion der Ökonomie bilden. Ist das Volumen des Geldvorschusses hoch, dann sind Produktion und Beschäftigung hoch. Ist der Geldvorschuss gering, dann ist das Produktionsvolumen gering und Arbeitslosigkeit baut sich auf.

Bei doppeltem Geldvorschuss können verschiedene Komplikationen auftreten. Unternehmen können aufgrund ungünstiger Erwartungen ihren Geldvorschuss und ihre Kreditnachfrage reduzieren. John Meynard Keynes (1936) sprach von *animal spirits* der Unternehmen, Joseph Schumpeter (1926) von »entrepreneurship«, womit ausgedrückt werden sollte, dass die Investitionsentscheidung von Unternehmen nicht strikt ökonomisch erklärt werden kann, sondern dass sie von vielfältigen Erwartungen für die Zukunft abhängt. Selbstverständlich spielt bei Geldvorschüssen seitens der Unternehmer die erwartete Nachfrage für das produzierte Produkt eine Rolle. Die kann jedoch nicht mit Sicherheit prognostiziert werden, sodass das allgemeine Investitionsklima ebenfalls maßgeblich ist.

Das zweite Problem ist, dass positive Erwartungen der Unternehmen nicht notwendig zu Geldvorschüssen führen, zum Beispiel wenn Unternehmen keine finanziellen Mittel erlangen können. Somit sind auch die Verfügbarkeit von Krediten sowie die Finanzierungskosten am Wachstumsprozess beteiligt. Das führt zu den Gläubigern von Unternehmen bzw. den Käufern von neu emittierten Aktien. Gläubiger und Aktienkäufer können aufgrund hoher Unsicherheiten die Bereitstellung von finanziellen Mitteln verweigern oder auch den Preis der Refinanzierung sehr hoch ansetzten. Es war nicht zuletzt Joseph Stiglitz, der das Argument der asymmetrischen Informationen einführte, also das ungenügende Wissen des Gläubigers über die Lage und Motive des Schuldners, um Kreditrationierung zu begründen.[65] Wenn das Finanzsystem gestört ist und nicht ausreichend Mittel für Unternehmen liefert, dann werden Wachstum und Beschäftigung gering sein. Typischerweise ist gerade dann die Kreditrationierung hoch, wenn Unternehmen aufgrund schlechter Erwartungen sowieso keine Kredite für Investitionszwecke nachfragen. Zu erwarten sind also Wellen hoher und niedriger Geldvorschüsse. Empirisch zeigt sich dies an dem beständigen Auf und Ab der Investitionstätigkeit und des Wachstums, die seit dem Entstehen des Kapitalismus die ökonomische Dynamik prägen.

Schließlich kann die Zentralbank über restriktive Geldpolitik den volkswirtschaftlichen Geldvorschuss reduzieren und die makroökonomische monetäre Budgetrestriktion erhärten. In vielen Fällen ist es die Zentralbank, die zur Inflationsbekämpfung die Zinssätze erhöht und damit die Investitionstätigkeit reduziert.

In aller Regel ist es also einer der oben aufgeführten Faktoren, der die Produktion und Einkommensschöpfung begrenzt – und nicht die physische Verfügbarkeit von Arbeitskräften und Produktionsmitteln. Betrachtet man die Wirtschaftsgeschichte der vergangenen 40 Jahre, so lässt sich Auf- und Abschwung des Wirtschaftswachstums, der Investitionstätigkeit, der Beschäftigung und der Arbeitslosigkeit mit diesem Analyseansatz weit besser erklären als mit der neoklassischen These von Arbeitsmarktrigiditäten. Insbesondere zumal sich die Arbeitsmarktinstitutionen über die Jahrzehnte nur sehr langsam verändert haben, die Reaktionen auf dem Arbeitsmarkt jedoch oftmals plötzlich auftraten und selten die von der neoklassischen Theorie erwartete Richtung aufwiesen.

Die Nachfrage nach Arbeit hängt also im Wesentlichen vom Produktionsvolumen ab, wobei die Produktivitätsentwicklung als zusätzliche Variable beachtet werden muss. In kapitalistischen Ökonomien erhöht sich die Produktivität entlang eines relativ stabilen Pfades und reflektiert mittelfristig technologische und organisatorische Verbesserungen. Offensichtlich ist es die Jagd nach Extraprofiten, die in Marktwirtschaften permanent Innovationen aller Art vorantreibt, wobei Unternehmen, die in diesem Prozess nicht mithalten können, vom Untergang bedroht sind. Viele Ökonomen haben diese Kraft kapitalistischer Ökonomien betont, darunter Karl Marx und Joseph Schumpeter ebenso wie John Maynard Keynes.

Die Beschäftigung steigt dann, wenn das Produktionsvolumen stärker wächst als die Produktivitätsentwicklung. Wenn das volkswirtschaftliche Produktionsvolumen beispielsweise um 5 Prozent und die Produktivität um 2 Prozent anzieht, dann erhöht sich die Beschäftigung um 3 Prozent. Es kommt zu Schwierigkeiten, wenn die Erhöhung des Produktionsvolumens langfristig hinter der Erhöhung der Produktivität zurückbleibt.

### 2.4.1 Erosion der Arbeitsmarktinstitutionen

Die steigenden Arbeitslosenzahlen in den meisten OECD-Ländern ab den 1970er-Jahren waren ein wichtiger Grund, warum sich die neoliberale Analyse durchsetzen konnte (vgl. Kapitel 2.1). Aus keynesianischer Sicht hätte dieser Anstieg leicht mit der Beobachtung begründet werden können, dass offensichtlich der Geldvorschuss in Produktionsprozesse und die Wachstumsraten des Produktionsvolumens ab den 1970er-Jahren langfristig zu gering waren, um alle Arbeitskräfte beschäftigen zu können, und sich deshalb ein Pool ungenutzter Arbeitskräfte aufbaute. Genau diese Gefahr eines langfristigen Überschusses an Arbeitskräften war schon von John Maynard Keynes in einem Beitrag von 1930 über die »Ökonomischen Möglichkeiten unserer Urenkel« angesprochen worden. Keynes hatte damals befürchtet, dass die Zunahme des technischen Fortschritts so anhaltend sein würde, dass die Wachstumsrate des Produktionsvolumens realistischerweise den technischen Fortschritt nicht würde kompensieren können und es daher zum langfristigen Aufbau von Arbeitslosigkeit kommen müsse.[66] In der öffentlichen Debatte wurden diese Argumente allerdings von der neoliberalen Lesart verdrängt, möglicherweise auch, weil spätestens nach der Aussage des US-Präsidenten Richard Nixon »We are all Keynesians now« im Zweifel die Neoklassische Synthese und ein ganze Reihe von Politikmaßnahmen mit dem Keynesianismus identifiziert wurden, die wenig mit der Keynes'schen Analyse zu tun hatten.

Politisch fand der entscheidende Bruch in der Arbeitsmarktpolitik, wie auch auf den Finanzmärkten, nach den Wahlsiegen von Margaret Thatcher und Ronald Reagan statt, die auch in diesem Bereich radikale Veränderungen einführten. In den 1980ern wurde in beiden Ländern eine explizite Politik gegen die Gewerkschaften und für den Abbau von Arbeitsmarktregulierungen durchgesetzt.

Symptomatisch ist der Arbeitskampf der Fluglotsen in den USA kurz nach dem Beginn der Präsidentschaft von Ronald Reagan. Die Fluglotsengewerkschaft (PATCO) trat im August 1981 in einen Streik für bessere Arbeitsbedingungen und höhere Löhne. Nach einem Ultimatum verloren alle streikenden Fluglotsen ihren Arbeitsplatz, Gewerkschaftsführer landeten im Gefängnis und die Gewerkschaft wurde aufgelöst. Auseinandersetzungen in anderen Branchen mit ähnlichem Ausgang charakterisierten die 1980er-Jahre in den USA. In Großbritannien war es der Bergarbeiterstreik 1984/85, der ein Jahr lang dauerte und ähnlich große Bedeutung erlangte. Auch hier verloren die Bergarbeiter den Streik und machten den Weg frei für Reformen der Gewerkschaftsgesetze. Die Pflichtmitgliedschaft in Gewerkschaften (*Closed Shop*) und die Übernahme von Streikposten von betriebsfremden Gewerkschaftsmitgliedern (*Flying Pickets*) wurden verboten.

Die meisten westlichen Länder folgten dem politischen Kurs der USA und Großbritanniens zeitverzögert, selbst wenn es sich um sozialdemokratische Regierungen handelte. Letztlich waren es nur wenige skandinavische Länder, die hofften, die Probleme auf dem Arbeitsmarkt, die sich in den 1970er-Jahren aufgebaut hatten, anders als durch Deregulierung zu lösen.

Zweifellos waren auch die neoklassischen Kampagnen für die Flexibilisierung der Arbeitsmärkte von entscheidender Bedeutung, denn neoklassische Ökonomen wurden nicht müde, die segensreichen Wirkungen der Flexibilisierung anzupreisen. Auch konservative politische Interessen halfen bei der Durchsetzung dieser Entwicklung, denen die Macht der Gewerkschaften und der Schutz der Arbeitnehmer schon immer ein Ärgernis gewesen war. Die Machtverhältnisse in den Unternehmen sollten wieder so geordnet werden, dass Arbeitnehmer die Entscheidungen der Unternehmensführungen passiv zu akzeptieren hätten.

Die wirtschaftliche Entwicklung erhöhte den Druck auf die Arbeitnehmer und schwächte die Gewerkschaften zunehmend. Zunächst stiegen die Arbeitslosenzahlen in den meisten OECD-Staaten weiter an. Deutschland liefert hier ein besonders anschauliches Beispiel, denn die Arbeitslosenquote kletterte von unter 1 Prozent in den 1960ern über rund 2 Prozent in den 1970ern, fast 6 Prozent in den 1980ern, über 6 Prozent in den 1990ern auf fast 9 Prozent zwischen 2000 und 2008 (vgl. Kapitel 2.1). Zu beachten ist, dass der Anteil der Beschäftigten, die temporär durch Arbeitslosigkeit betroffen waren, höher ist, als es die Arbeitslosenquote zum Ausdruck bringt. Weitere Probleme auf den Arbeitsmärkten kamen hinzu; das Globalisierungsmodell, wie es sich durch die konservative Revolution ergab, war ein Modell, das permanente ökonomische Schocks produzierte. Wechselkursverschiebungen veränderten über Nacht die Konkurrenzfähigkeit ganzer Volkswirtschaften. Auch drängten neue und relevante Länder in die internationale Arbeitsteilung und suchten sich ihren Platz. Dabei ist nicht nur an China zu denken, sondern beispielsweise auch an die Länder des ehemaligen sowjetischen Blocks und Länder wie Indien und Vietnam. Ganze Branchen wurden in einer großen Anzahl von Ländern durch schockartige Entwicklungen ohne eigenes Verschulden ihrer Konkurrenzfähigkeit entzogen. Nicht zuletzt haben die Umstrukturierungen im Unternehmenssektor durch Firmenübernahmen und -zusammenschlüsse und Verlagerungen der Wertschöpfungsketten von multinationalen Unternehmen rund um den Globus an Bedeutung gewonnen. Daraus entstand in den betroffenen Branchen Druck auf die Arbeitnehmer, durch Lohnverzicht und Flexibilisierung ein oftmals aussichtloses Überleben der Unternehmen zu ermöglichen. Die reale oder oftmals nur angedrohte Verlagerung von Produktionsstätten bewirkte das Übrige, um die Arbeitnehmer zu schwächen und zu Zugeständnissen zu zwingen. Insbesondere industrielle Produktionen mit traditionell hohem gewerkschaftlichem Organisationsgrad wurden ins Ausland verlagert, während Bereiche mit traditionell geringem Organisationsgrad, wie etwa Dienstleistungen, an Bedeutung gewannen.

Verschärft wurde der Prozess der Arbeitsmarktderegulierung in vielen Ländern durch den Abbau sozialer Sicherungssysteme. Hohe Arbeitslosenquoten, die Schaffung von Beschäftigungsverhältnissen ohne Beitragspflicht zu den Sozialsystemen und demografische Entwicklungen in den meisten Ländern setzten sie zunehmend unter Druck.

Es wundert somit nicht, dass Alan Blinder und Janet Yellen[67] in den USA von traumatisierten Arbeitnehmern sprechen, die ihre Arbeitsplätze laufend in Gefahr sehen und ihre eigene Lebenslage als instabil einschätzen. Auch in Deutschland und anderen Ländern kann sicherlich von einer Traumatisierung der Arbeitnehmer gesprochen werden, ausgelöst nicht nur durch die theoretische Annahme, man könne die Arbeitslosigkeit durch die Flexibilisierung der Arbeitsmärkte bekämpfen, sondern auch durch den Druck des Marktes, der Gewerkschaften und Arbeitnehmer schwächte.

Zu der Entwicklung ab den 1970er-Jahren gehört auch, dass in vielen Ländern die Tarifverhandlungen von zentraler auf Unternehmensebene verlagert wurden. Wir werden später sehen, dass dieser Trend auch in Deutschland auszumachen ist. Allerdings gibt es auch Ausnahmen, die dem allgemeinen Trend widersprechen. Beispielsweise kam es in Spanien und Portugal zur Verlagerung der Tarifverhandlungen von Unternehmen auf die Industrieebene.[68] Zu beachten ist, dass diese Verlagerung nicht automatisch eine stärkere Koordination der Lohnbildung oder die Einbeziehung makroökonomischer Notwendigkeiten in die Lohnbildung umfasst. Lohnentwicklungen in einzelnen Industrien können auch ausschließlich die spezifischen Bedingungen der jeweiligen Industrie reflektieren und zu einer makroökonomisch schädlichen Lohnentwicklung führen (vgl. unten).

Die Gewerkschaften erlitten in einer Reihe von Ländern einen Imageverlust, da sie nicht als Teil des neuen neoliberalen Gesellschafts- und Ökonomiemodells, sondern als Dinosaurier einer vergangenen Zeit begriffen wurden. Auch schadet es dem Ruf der Organisationen, wenn sie wiederholt Niederlagen hinnehmen müssen, wie es in einer Reihe von Ländern der Fall war. Schließlich war es für Gewerkschaften und auch Arbeitgeberorganisationen schwierig, die stärker wachsenden Sektoren der Wirtschaft, wie die Dienstleistungsbereiche, zu organisieren. Die beschriebenen Entwicklungen spiegeln sich in den fallenden Mitgliederzahlen der Gewerkschaften wider, insbesondere in den USA, Großbritannien, Japan, Frankreich, den Niederlanden und auch in Deutschland (vgl. Tabelle 2.6). Jedoch ist dies keineswegs eine zwingende Tendenz. Eine Reihe von Ländern, beispielsweise Belgien, Finnland, Dänemark oder Schweden, weist einen stabilen oder steigenden Organisationsgrad auf.

Für die zunehmende Schwächung auch der Arbeitgeberverbände in vielen Ländern bietet Deutschland ein deutliches Beispiel (vgl. Kapitel 2.4.3). In den meisten Industrieländern entstand ein wachsender Sektor prekärer Arbeitsverhältnisse, der etwa durch zeitlich befristete Arbeitsverträge, Leiharbeit, Teilzeitarbeit, geringen Kündigungsschutz oder Arbeit ohne Sozialversicherungsbeiträge gekennzeichnet ist. Obwohl auch in oberen

*Tabelle 2.6: Entwicklung des Organisationsgrades der Gewerkschaften (in Gewerkschaften Organisierte in Prozent aller Arbeitnehmer)*

| | Österreich | Belgien | Kanada | Dänemark | Finnland | Frankreich | Deutschland | Griechenland | Irland | Italien |
|---|---|---|---|---|---|---|---|---|---|---|
| 1960 | | 41.5 | 29.2 | 56.9 | 31.9 | 19.6 | 34.7 | | | 24.7 |
| 1965 | | 39.9 | 26.7 | 58.2 | 38.3 | 19.5 | 32.9 | | 53.6 | 25.5 |
| 1970 | 62.8 | 42.1 | 31.0 | 60.3 | 51.3 | 21.7 | 32.0 | | 59.1 | 37.0 |
| 1975 | 59.0 | 51.9 | 34.3 | 68.9 | 65.3 | 22.2 | 34.6 | | 61.5 | 48.0 |
| 1980 | 56.7 | 54.1 | 34.0 | 78.5 | 69.4 | 18.3 | 34.9 | 39.0 | 63.5 | 49.6 |
| 1985 | 51.6 | 52.4 | 33.1 | 78.2 | 69.1 | 13.6 | 34.7 | 37.5 | 60.2 | 42.5 |
| 1990 | 46.9 | 53.9 | 32.9 | 75.3 | 72.5 | 10.3 | 31.2 | 37.5 | 56.7 | 38.8 |
| 1995 | 41.1 | 55.7 | 32.2 | 77.0 | 80.4 | 9.1 | 29.2 | 33.6 | 45.1 | 38.1 |
| 2000 | 36.5 | 49.3 | 30.4 | 74.2 | 75.0 | 8.3 | 24.6 | 27.0 | 39.3 | 34.7 |
| 2005 | 33.0 | 52.9 | 29.9 | 71.7 | 72.4 | 8.0 | 21.6 | 23.0 | 34.2 | 33.8 |
| 2007 | | 52.9 | 29.4 | 69.1 | 70.3 | 7.8 | 19.9 | | 31.7 | 33.3 |
| | **Japan** | **Luxemburg** | **Niederlande** | **Norwegen** | **Portugal** | **Spanien** | **Schweden** | **Schweiz** | **UK** | **USA** |
| 1960 | 32.3 | | 41.7 | 60.0 | | | | | 40.4 | 30.9 |
| 1965 | 35.3 | | 40.1 | 59.0 | | | 66.3 | | 40.3 | 28.2 |
| 1970 | 35.1 | 46.8 | 38.9 | 56.8 | | | 67.7 | | 44.8 | 27.4 |
| 1975 | 34.5 | 45.7 | 37.8 | 53.8 | | | 74.5 | | 48.3 | 21.6 |
| 1980 | 31.1 | 50.8 | 34.8 | 58.3 | 53.0 | | 78.0 | 27.7 | 50.7 | 22.3 |
| 1985 | 28.8 | 50.5 | 28.0 | 57.5 | 38.8 | 10.2 | 81.3 | 24.9 | 46.2 | 17.4 |
| 1990 | 25.4 | 47.0 | 24.3 | 58.5 | 27.5 | 12.5 | 80.0 | 22.7 | 39.3 | 15.5 |
| 1995 | 24.0 | 43.4 | 25.7 | 57.3 | 23.1 | 16.3 | 83.1 | 22.9 | 32.7 | 14.3 |
| 2000 | 21.5 | 43.1 | 22.6 | 54.4 | 19.6 | 16.7 | 79.1 | 20.8 | 29.6 | 12.8 |
| 2005 | 18.8 | 41.8 | 21.0 | 54.9 | | 15.0 | 76.5 | 19.4 | 28.8 | 12.0 |
| 2007 | 18.3 | | 19.8 | 53.7 | | | 70.8 | | 28.0 | 11.6 |

Quelle: OECD (2009a)

Lohnsegmenten, etwa im Hochschul- und Forschungsbereich, ungesicherte Arbeitsverhältnisse zugenommen haben, sind die prekären Arbeitsverhältnisse im Niedriglohnsektor konzentriert. Wenn man die in vielen Ländern im Vergleich zu den 1950er- und 1960er-Jahren gestiegene Arbeitslosigkeit hinzuzieht, so hat sich die Unsicherheit der Lebensverhältnisse für einen beachtlichen Teil der Bevölkerung deutlich erhöht.

### 2.4.2 Zunehmende Ungleichheit

Ein Charakteristikum des neoliberalen Globalisierungsmodells der vergangenen Jahrzehnte ist die Veränderung der Einkommensverteilung. Von einem guten Kapitalismus lässt sich angesichts der immer ungleicheren Verteilung von Einkommen und damit auch Lebenschancen selbst durch eine ideologisch gefärbte Brille nicht mehr reden. Die verschiedenen Dimensionen der Veränderung sollen folgend dargestellt und begründet werden.

**Fallende Lohnquote**

Tabelle 2.7 zeigt die (um Veränderungen des Anteils der abhängig Beschäftigten an allen Beschäftigten) bereinigte Lohnquote, also den Anteil der Löhne am Gesamteinkommen. In nahezu allen Ländern ist die Lohnquote von ihren Höchstständen in den 1970ern in den folgenden Jahrzehnten deutlich gesunken.[69] In Deutschland lag die Lohnquote im Jahre 1975 bei 64 Prozent und sank auf rund 55 Prozent im Jahre 2008.

Es ist davon auszugehen, dass die Veränderung der funktionalen Einkommensverteilung der vergangenen Jahrzehnte vor allem durch den Machtzuwachs des Finanzsektors erklärt werden kann, der einen höheren Profitaufschlag durchsetzen konnte. Hierbei muss die Zinsrate als Mindestprofitrate angesehen werden, denn kein Unternehmen würde längerfristig eine Profitrate akzeptieren, die unter der Zinsrate liegt.[70] Aber mit hohen (realen) Zinssätzen lässt sich die fallende Lohnquote nicht primär erklären, da das Zinsniveau keinen entsprechenden Anstieg aufweist. Der Mechanismus ist ein anderer: Institutionelle Investoren wie Investmentbanken, Pensionsfonds, Hedgefonds oder Private-Equity-Fonds haben den Druck auf die Unternehmen zur Erwirtschaftung höherer Renditen verstärkt. Der Anteil der Finanzinstitutionen, die hohe Risikobereitschaft zeigen, hat ebenfalls zugenommen und den Verwertungsanspruch in der Finanzindustrie und der gesamten Ökonomie erhöht. Ein Symbol für Veränderungen im Finanzsystem ist der Siegeszug des Shareholder-Value-Prinzips, das, wie bereits ausgeführt, die Unternehmensführungen vollständig der kurzfristigen Renditeerwirtschaftung unterwirft. Die Konzentration auf die kurzfristige Aktienkursentwicklung seitens des Managements und der gleichzeitige permanente Druck auf Unternehmen seitens institutioneller Anleger, Banken und anderer Finanzmarktakteure hat entsprechend die Profitrate deutlich anzuheben vermocht.

Ebenfalls fällt der Grad der Monopolisierung auf den Gütermärkten ins Gewicht, denn in oligopolistischen und monopolistischen Märkten kann eine

*Tabelle 2.7: Bereinigte Lohnquoten in den OECD-Ländern*

| | 1960 | 1965 | 1970 | 1975 | 1980 | 1985 | 1990 | 1995 | 2000 | 2005 | 2008 |
|---|---|---|---|---|---|---|---|---|---|---|---|
| Belgien | 56.35 | 56.11 | 55.86 | 64.48 | 66.72 | 63.76 | 61.29 | 62.46 | 61.17 | 59.94 | 60.98 |
| Dänemark | 56.60 | 59.31 | 60.20 | 62.86 | 62.31 | 58.16 | 59.30 | 56.51 | 56.39 | 56.88 | 59.80 |
| Deutschland | 58.77 | 60.08 | 61.09 | 64.08 | 63.67 | 60.66 | 58.77 | 59.96 | 59.35 | 56.80 | 55.30 |
| Irland | 68.68 | 67.75 | 68.12 | 71.22 | 70.89 | 63.58 | 60.18 | 56.68 | 49.10 | 48.98 | 53.58 |
| Griechenland | 86.41 | 71.50 | 65.17 | 58.60 | 60.72 | 65.49 | 62.81 | 55.97 | 54.52 | 53.75 | 54.21 |
| Spanien | 61.69 | 64.41 | 64.15 | 66.93 | 66.76 | 60.78 | 60.70 | 60.15 | 58.84 | 55.50 | 55.09 |
| Frankreich | 62.65 | 63.59 | 62.79 | 66.02 | 66.34 | 63.75 | 59.14 | 58.05 | 57.10 | 57.14 | 56.74 |
| Italien | 66.82 | 67.16 | 65.20 | 69.71 | 66.36 | 64.40 | 61.66 | 56.52 | 53.30 | 54.10 | 54.55 |
| Niederlande | 57.62 | 62.52 | 65.23 | 69.35 | 68.08 | 62.22 | 61.72 | 60.74 | 58.85 | 57.58 | 57.47 |
| Österreich | 70.09 | 70.01 | 66.46 | 71.91 | 70.10 | 66.44 | 64.71 | 62.45 | 59.82 | 57.34 | 56.61 |
| Portugal | 62.80 | 61.07 | 64.81 | 84.74 | 70.50 | 64.47 | 60.44 | 61.11 | 62.74 | 62.43 | 61.53 |
| Finnland | 68.38 | 70.54 | 63.88 | 69.21 | 63.52 | 63.80 | 63.17 | 57.39 | 53.77 | 55.63 | 55.66 |
| Schweden | 63.31 | 64.36 | 64.39 | 64.27 | 67.11 | 60.81 | 61.72 | 56.21 | 58.92 | 58.13 | 57.55 |
| UK | 64.62 | 65.27 | 65.66 | 71.60 | 66.12 | 63.03 | 65.47 | 62.17 | 62.47 | 62.68 | 61.77 |
| Norwegen | 58.39 | 58.72 | 58.34 | 61.07 | 55.20 | 51.49 | 54.08 | 51.46 | 46.60 | 44.91 | 45.18 |
| USA | 65.22 | 62.83 | 65.88 | 63.91 | 65.21 | 63.36 | 63.28 | 62.31 | 63.97 | 61.37 | 60.91 |
| Japan | 73.16 | 70.35 | 64.97 | 76.41 | 73.39 | 68.22 | 64.58 | 66.04 | 64.13 | 59.96 | 59.84 |
| Kanada | 63.85 | 62.21 | 61.87 | 61.46 | 59.98 | 58.92 | 60.25 | 58.09 | 56.52 | 55.92 | 57.06 |

Quelle: Ameco (2009)

höhere Profitrate erzielt werden als in Märkten mit vielen Anbietern.[71] So ist die Bedeutung der multinationalen Unternehmen während der vergangenen Jahrzehnte zweifellos gestiegen, wobei allerdings durch die Globalisierung der Konkurrenzdruck auf den Gütermärkten erhöht und dieser Prozess gebremst wurde. Gleichwohl kann die Macht von Großunternehmen den Profitaufschlag erhöhen. Uns ist keine empirische Untersuchung bekannt, welche die Auswirkungen der einzelnen Faktoren untersucht hätte, die zur Erhöhung des Profitaufschlags geführt haben. Es bleibt jedoch zu vermuten, dass den Veränderungen im Finanzsektor hier die entscheidende Rolle zukommt.

Piero Sraffa (1960) vermerkte, dass die funktionale Verteilung durch die Vorgabe des Profitaufschlages oder durch die Vorgabe der Reallöhne erklärt werden kann. Die klassischen Ökonomen wie Adam Smith, David Ricardo und auch Karl Marx gingen davon aus, dass die Reallöhne auf dem Arbeitsmarkt gebildet werden bzw. sich durch die Reproduktionskosten der Arbeitskräfte ergeben und sich bei gegebenen Reallöhnen die Profitrate und die Profitquote als Resultat errechnen lassen. Die keynesianische Auffassung scheint uns hier jedoch schlüssiger, der zufolge in einer geschlossenen Ökonomie mittelfristig der Profitaufschlag durch die oben dargestellten Faktoren bestimmt wird und sich die Lohnquote sowie die Reallöhne dann als Resultat ergeben.[72]

### Die Rolle der Löhne

Wird die Einkommensverteilung durch eine Profitrate erklärt, die durch Vermögensmärkte und oligopolistische bzw. monopolistische Strukturen auf Gütermärkten bestimmt ist und die zu einer spezifischen Lohnquote und einem spezifischen Reallohnniveau führt, dann können Änderungen der Nominallöhne keine Verteilungsänderungen nach sich ziehen. Zumindest unter der Annahme einer geschlossenen Ökonomie kommt Löhnen die Funktion zu, das Preisniveau zu bestimmen. John Maynard Keynes entwickelte diesen Ansatz in seinem Buch *Vom Gelde,* das 1930 publiziert wurde und ebenso wichtig für den Keynesianismus ist wie die *Allgemeine Theorie,* die nichts über inflationäre und deflationäre Prozesse aussagt.

Die Entwicklung des Preisniveaus ist in erster Linie über die Produktionskosten bestimmt. In einer geschlossenen Ökonomie stellen die Lohnstückkosten die wichtigste Kostenkomponente dar. Steigen diese, erhöht sich das Preisniveau, wenn sie hingegen fallen, entstehen deflationäre Entwicklungen. In die Lohnstückkosten gehen zwei Faktoren ein, zum einen die Geldlöhne, die bei einem Anstieg auch die Lohnstückkosten erhöhen, zweitens die Arbeitsproduktivität, die bei einem Anstieg die Lohnstückkosten senkt. Empirisch ist der Zusammenhang zwischen Lohnstückkosten und Preisniveauentwicklung erstaunlich eng und stabil. Die Abbildung 2.7 zeigt dies exemplarisch für Deutschland und Japan. Deutschland ist nach 1995 durch sehr niedrige Erhöhungen der Lohnstückkosten und des Preisniveaus gekennzeichnet. Die Entwicklung in Japan zeigt auch, dass fallende Lohnstückkosten mit deflationären Entwicklungen verbunden sind.

*Abbildung 2.7: Lohnstückkosten und Inflationsrate in Deutschland und Japan Prozentuale Veränderung zum Vorjahr, als Inflationsrate wurde der BIP-Deflator genommen*

*a) Deutschland*

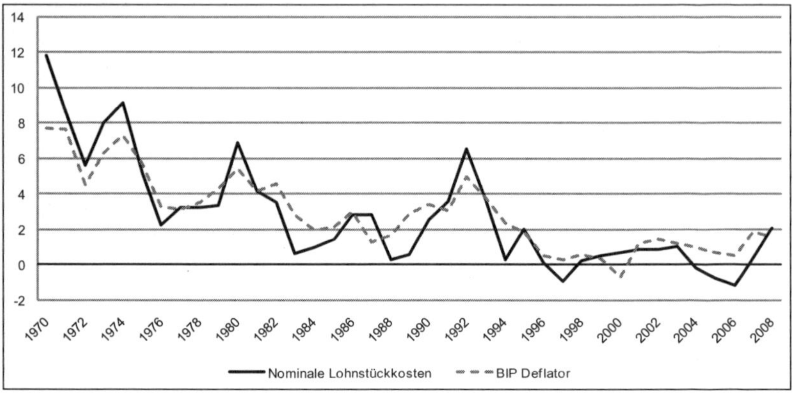


*b) Japan*

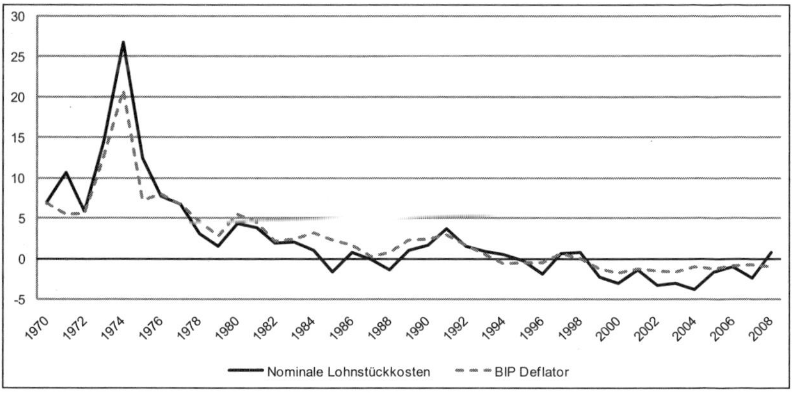


Quelle: Ameco (2009)

Doch empirisch zeigt sich, dass neben den Lohnstückkosten auch andere Faktoren das Preisniveau bestimmen. Zum Beispiel steigt das Preisniveau bei erhöhten Rohstoffpreisen oder einem Anstieg der Mehrwertsteuer. Schließlich gehen auch Ungleichgewichte zwischen Angebot und Nachfrage auf den Gütermärkten in die Preisniveaubestimmung ein und führen zu einer Nachfrageinflation bzw. -deflation.

Gemeinsam ist den Kostenkomponenten bei der Preisniveaubestimmung, dass sie durch einen direkten Preis-Preis-Effekt wirken. Sind beispielsweise alle Unternehmen einer Branche von höheren Ölpreisen oder steigenden Lohnkosten betroffen, so wird es ihnen zumindest in einer geschlossenen Ökonomie leicht gelingen, die erhöhten Kosten auf die Preise zu überwälzen, also die Preise entsprechend der Kosten zu erhöhen. Das könnte auch dann gelingen, wenn vorab die Kapazitäten nicht voll ausgelastet waren. Dieser Sachverhalt erscheint uns wichtig, da oftmals argumentiert wird, dass ein Lohnniveau, das schneller steigt als die Produktivität und die Zielinflation, zu erhöhter Güternachfrage führt, die dann bis zur Auslastung der volkswirtschaftlichen Kapazitäten eine steigende Produktion und Beschäftigung nach sich zieht. An einen solchen Effekt glauben wir nicht, da wir, eine geschlossene Ökonomie unterstellt, von steigenden Ölpreisen oder steigenden Lohnkosten auch bei unausgelasteten Kapazitäten einen Preisniveauschub erwarten. Der Grund dafür ist, dass bei steigenden Nominallöhnen die Kosten aller Unternehmen anziehen, diese mithin alle den Druck zur Preiserhöhung spüren und damit der Konkurrenzprozess die Erhöhung der Preise bei Kostenerhöhungen nicht verhindert. Gleichzeitig sind die nominellen Einkommen gestiegen, sodass die Preise ohne eine Reduzierung der realen Nachfrage erhöht werden können. Das Ergebnis ist mitnichten mehr Wachstum und Beschäftigung, weil die Notenbank auf einen solchen inflationären Schub reagieren muss.

Lohnerhöhungen, die die Inflationsrate über das von der Zentralbank angestrebte Ziel treiben, werden durch restriktive Geldpolitik mit dem Ergebnis steigender Arbeitslosigkeit bekämpft. Der Konflikt zwischen niedriger Arbeitslosigkeit, die zu steigenden Geldlöhnen und einer Inflationsrate führt, die über der von der Zentralbank angestrebten liegt, kann als eine von vielen Ursachen von Arbeitslosigkeit angesehen werden.[73] Typisch für inflationäre Prozesse, beispielsweise am Ende eines konjunkturellen Aufschwungs, ist die Kombination einer Nachfrageinflation aufgrund ausgelasteter Kapazitäten und hoher Güternachfrage sowie einer Lohninflation, die auf die Nachfrageinflation reagiert und durch sinkende Arbeitslosenzahlen verstärkt wird. In diesem Fall wird die Zentralbank der Überhitzung der Ökonomie durch Zinserhöhungen entgegentreten. Je länger die Geldlöhne bei zunehmender Arbeitslosigkeit nicht inflationär zu steigen beginnen, desto günstiger ist dies für die Beschäftigung, da dann der Konflikt zwischen hoher Beschäftigung und niedriger Inflationsrate entschärft wird.

Der Preis-Preis-Effekt gilt auch im Falle von Lohnkostensenkungen. Denn sinken die Lohnkosten, wird die Konkurrenz auf den Gütermärkten die Preise ebenfalls sinken lassen. Die Kombination einer Nachfrage- und Kostendeflation hat in den 1930er-Jahren zu einer Katastrophe geführt, da der Deflationsprozess die Güternachfrage weiter reduzierte, die realen Schulden explodieren und das Finanzsystem zusammenbrechen ließ.[74] Die beschriebenen Effekte in einer geschlossenen Volkswirtschaft modifizieren sich bei der Berücksichtigung offener Volkswirtschaften. Zunächst wird der Wechselkurs selbst zu einem zusätzlichen Bestimmungsfaktor für das Preisniveau. Eine Abwertung der Währung erzeugt über steigende Importpreise einen Kosten- und Preisniveauschub, der leicht in eine Abwertungs-Lohn-Preis-Spirale münden kann. Hyperinflationen werden geradezu immer durch Abwertungen der Währung vorangetrieben. Aufwertungen können

Deflationen auslösen. So hatte der Internationale Währungsfonds im Jahre 2003 Befürchtungen, dass eine Aufwertung des Euros angesichts der sehr niedrigen deutschen Lohnerhöhungen Deutschland wie Japan in eine Deflation stoßen könnte.[75] Kräftige Aufwertungen können zudem über Nacht die Profitabilität von inländischen Produzenten international gehandelter Güter zerstören, denn Löhne werden bei kräftigen Aufwertungen nicht schnell genug fallen können (und sollten dies aufgrund deflationärer Gefahren auch nicht), um die Aufwertung zu kompensieren. Abwertungen, die nicht zu inländischen Lohnerhöhungen führen, stärken dagegen die Profitabilität von Produzenten international gehandelter Güter.

Wir haben ausgeführt, dass in einer geschlossenen Ökonomie durch Lohnänderungen keine Einkommensumverteilungen möglich sind. Bei festen Wechselkursen oder innerhalb einer Währungsunion, die definitionsgemäß durch absolut unveränderliche Wechselkurse zwischen den Regionen definiert ist, können Lohnänderungen jedoch Umverteilungseffekte erzeugen. Nehmen wir den Fall der Währungsunion. Steigen die Löhne in einer Region weniger stark an als im Rest der Währungsunion, dann steigen die Kosten in den Unternehmen dieser Region vergleichsweise langsamer. Da das Preisniveau zumindest für international handelbare Güter nicht nur von den Kosten der Unternehmen einer Region, sondern auch von den Produktionskosten im Ausland bzw. den anderen Regionen einer Währungsunion beeinflusst wird, steigt die Profitabilität all jener Unternehmen, die in dieser Region international handelbare Güter herstellen. Deutschland passt in der EWU hier gut ins Bild. Die unterdurchschnittlichen Lohnerhöhungen in Deutschland innerhalb der EWU haben die Profitabilität des Exportsektors in die Höhe schießen lassen, was einer der Faktoren sein dürfte, warum die Lohnquote in Deutschland nach 1999 so stark absank. Stärkere Lohnerhöhungen in Deutschland würden somit den Profitaufschlag im Exportsektor reduzieren und zu Umverteilungseffekten zum Vorteil der Arbeitnehmer führen. Die Weltmarktanteile würden fallen, was angesichts der großen Ungleichgewichte in der EWU als positiv zu bewerten wäre. Gekoppelt müsste eine solche Entwicklung an eine stärkere Binnendynamik in Deutschland sein, was durch die Veränderung der Lohnquote gefördert würde. Lohnquoten können innerhalb einer Währungsunion durch starke Lohnerhöhungen reduziert werden. In der EWU passen beispielsweise Griechenland, Portugal und Italien ins Bild, die seit dem Beginn der Währungsunion relativ stabile Lohnquoten aufweisen konnten. Der Preis dieser Entwicklung war jedoch eine geringe Dynamik der inländischen Industrie.[76]

### Zunehmende Lohnspreizung

Viele Länder setzten auf einen Niedriglohnsektor zur Bekämpfung der Arbeitslosigkeit bzw. ließen die Entwicklung eines solchen Sektors passiv zu. Tabelle 2.8 zeigt, dass sich bei den (Brutto-)Löhnen die Unterschiede zwischen den einzelnen Dezilen[77] in den meisten OECD-Ländern so änderten, dass die Ungleichheit in der Lohnstruktur deutlich zugenommen hat.

*Abbildung 2.8: Änderung der Lohnstruktur zwischen dem Durchschnitt der Jahre 1995-2000 und 2001-2007; Relation zwischen dem neunten und ersten Dezentil (oben), und fünften und ersten Dezentil (unten)*

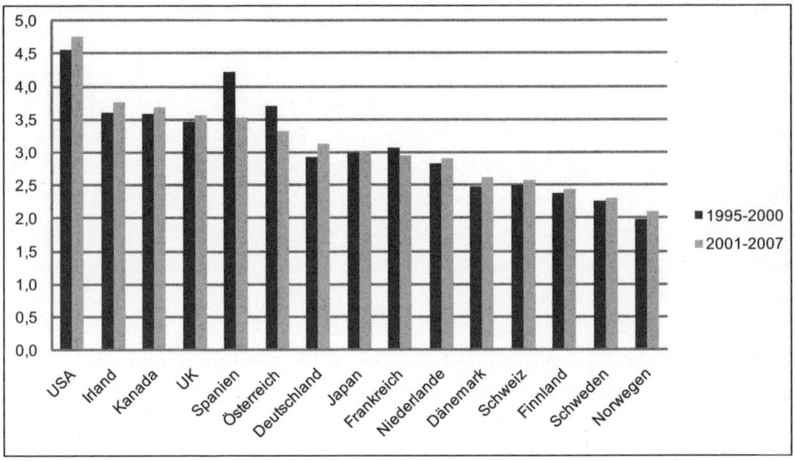


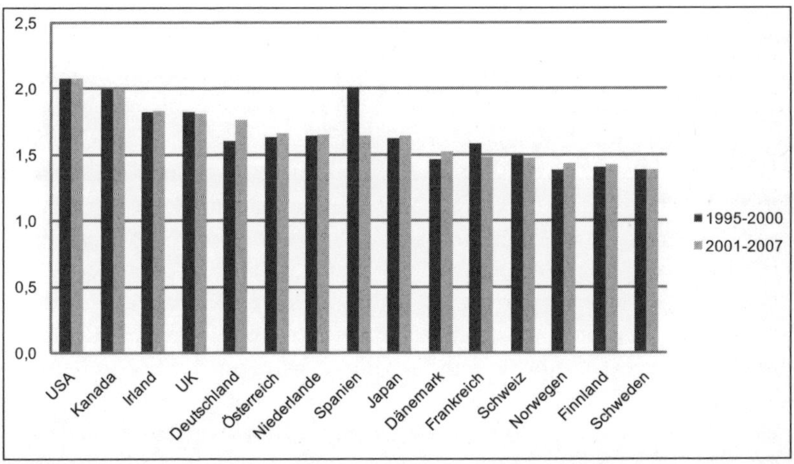


Quelle: ILO (2008)

Bei einem Vergleich der Entwicklung ergeben sich drei Szenarien: Im Falle eines »kollabierenden Bodens« brechen die unteren Löhne weg, und es bildet sich ein anschwellender Niedriglohnsektor. Aufgrund der Aushöhlung des Flächentarifvertrages und der Abwesenheit eines gesetzlichen Mindestlohnes ist Deutschland ein Paradebeispiel für diesen Fall. Im Falle einer »abhebenden Decke« eskalieren die Löhne der Gutverdiener. Großbritannien und die USA passen ab den 1990er-Jahren in dieses Szenario. Dabei muss jedoch betont werden, dass in diesen beiden Ländern die Niedriglohnsektoren in den 1980er-Jahren stark gewachsen sind und diese Entwicklung in den 1990er-Jahren zumindest partiell durch eine Politik der Erhöhung staatlicher Mindestlöhne bekämpft wurde. Schließlich gibt es den Fall der sogenannten Polarisierung, der eine starke Spreizung der Löhne nach unten und oben zum Ausdruck bringt. Australien ist hier ein Beispiel.[78]

**Veränderungen der personellen Einkommensverteilung**

Die Verteilung der funktionalen Einkommen wie auch die innerhalb der Lohnabhängigen schlagen sich in der marktbestimmten personellen Einkommensverteilung nieder. Allerdings greift der Staat deutlich in die personelle Einkommensverteilung ein, durch die sozialen Sicherungssysteme, durch das Steuer- und Abgabensystem und über seine Ausgaben. Die Tabelle 2.8 gibt den sogenannten Gini-Koeffizienten für verfügbares Haushaltseinkommen in den OECD-Länder wider.[79] Je höher der Koeffizient, desto stärker ist die Ungleichheit.

*Tabelle 2.8: Entwicklung des Gini-Koeffizienten in ausgewählten OECD-Ländern; Verfügbares Haushalteseinkommen**

| | 1975 | 1985 | 1990 | 1995 | 2000 | 2005 |
|---|---|---|---|---|---|---|
| Österreich | | 0.236 | | 0.238 | 0.252 | 0.265 |
| Belgien | | 0.274 | | 0.287 | 0.289 | 0.271 |
| Kanada | 0.295 | 0.287 | | 0.283 | 0.301 | 0.317 |
| Dänemark | | 0.221 | | 0.215 | 0.226 | 0.232 |
| Finnland | 0.235 | 0.207 | | 0.228 | 0.261 | 0.269 |
| Frankreich | | 0.300 | 0.290 | 0.270 | 0.270 | 0.270 |
| Deutschland | | 0.257 | 0.258 | 0.272 | 0.270 | 0.298 |
| Griechenland | 0.413 | 0.336 | | 0.336 | 0.345 | 0.321 |
| Irland | | 0.331 | | 0.324 | 0.304 | 0.328 |
| Italien | | 0.309 | 0.297 | 0.348 | 0.343 | 0.352 |
| Japan | | 0.304 | | 0.323 | 0.337 | 0.321 |
| Niederlande | 0.251 | 0.259 | 0.278 | 0.282 | 0.278 | 0.271 |
| Norwegen | | 0.234 | | 0.256 | 0.261 | 0.276 |
| Portugal | 0.354 | 0.329 | 0.329 | 0.359 | 0.385 | 0.385 |
| Spanien | | 0.371 | 0.337 | 0.343 | 0.342 | 0.319 |
| Schweden | 0.212 | 0.198 | 0.209 | 0.211 | 0.243 | 0.234 |
| UK | 0.282 | 0.325 | 0.373 | 0.354 | 0.370 | 0.335 |
| USA | 0.316 | 0.338 | 0.349 | 0.361 | 0.357 | 0.381 |

* Unterschiedliche Haushaltsgrößen wurden angepasst.
Quelle: OECD (2009c)

Im Jahr 2005 weisen bei diesem Verteilungsindikator Dänemark, Schweden und Spanien, Österreich, Finnland, Belgien, die Niederlande, Frankreich und Norwegen eine vergleichsweise ausgewogene Einkommensverteilung auf. Länder wie die USA, Kanada, Großbritannien, Portugal, Spanien, Italien und Irland sind durch eine relativ starke Ungleichverteilung gekennzeichnet. Deutschland liegt in der Mitte, nahe dem OECD-Durchschnitt (vgl. Kapitel 2.4.3). In den meisten Ländern kam es über die Jahrzehnte zu einer ungleicheren Verteilung, jedoch gibt es Ausnahmen wie Belgien, Frankreich, Griechenland, Irland oder Spanien. Die drei letztgenannten Länder waren in der Vergangenheit allerdings bereits durch bestehende extrem hohe Ungleichgewichte bei der personellen Einkommensverteilung charakterisiert. Wichtig ist zu vermerken, dass gerade die Länder, welche die egalitärste Verteilung der Haushaltseinkommen haben, ökonomisch keineswegs schlecht gefahren sind und ganz im Gegenteil vergleichsweise hohe Wachstumsraten und geringe Arbeitslosenzahlen aufweisen. Eine Politik der zunehmenden Einkommensungleichheit kann somit nicht mit der Chance auf mehr Wachstum und Beschäftigung begründet werden.[80]

### 2.4.3 Der Fall Deutschland

Deutschland galt nach dem Zweiten Weltkrieg als Paradebeispiel eines korporatistischen Modells mit einem stabilen Klassenkompromiss. Elemente des Systems waren ein ausgebauter Sozialstaat, eine hohe Koordination des Lohnbildungsmechanismus mit einer makroökonomisch weitgehend funktionalen Lohnentwicklung sowie Elemente einer Wirtschaftsdemokratie in Form von Betriebsräten und Entsendung von Arbeitnehmervertretern in Aufsichtsräte und in ausgewählten Industrien sogar in den Vorstand. Das deutsche Modell war zudem durch eine vergleichsweise geringe Lohnspreizung und eine hohe Arbeitsplatzsicherheit gekennzeichnet. Es erfreute sich überdies einer breiten gesellschaftlichen Zustimmung. Auch konservative Ökonomen standen hinter dem Modell. Alfred Müller-Armack (1974) prägte den Begriff »Soziale Marktwirtschaft« kurz nach dem Zweiten Weltkrieg. Im politischen Bereich stand insbesondere Ludwig Erhard für die »Soziale Marktwirtschaft«, der von 1963 bis 1966 Bundeskanzler der liberal-konservativen Koalition und davor langjähriger Wirtschaftsminister (1949-1963) war.

Das Rückgrat des deutschen korporatistischen Modells waren starke Gewerkschaften und starke Arbeitgeberverbände sowie Tarifverhandlungen auf Industrieebene. Deutschland war, von großen Ausnahmen abgesehen, durch Einheitsgewerkschaften gekennzeichnet. Das bedeutet, dass eine Gewerkschaft alle Arbeitnehmer in einem Unternehmen vertritt. In vielen Ländern gibt es starke Berufsgewerkschaften, beispielsweise in Großbritannien, oder politische Richtungsgewerkschaften, typisch sind hier Frankreich oder Italien. Die Logik der Tarifverhandlungen in Deutschland war so, dass, von einer Ausnahme Anfang der 1970er-Jahre abgesehen, die IG Metall als stärkste deutsche Gewerkschaft und zuständig für alle Arbeitnehmer in Metallunternehmen mit Gesamtmetall, dem zuständigen und ebenfalls starken Arbeitgeberverband, verhandelte. In aller Regel begann die Tarifrunde in Baden-Württemberg, einem Schwerpunkt der Metallindustrie in Deutschland. Das Ergebnis der Tarifverhandlung hatte Signalwirkung für die gesamte Metallindustrie in Deutschland und wurde faktisch unbesehen in den anderen Tarifbezirken übernommen. Zudem – und das ist der entscheidende Punkt – wurde das Ergebnis der Metallindustrie allenfalls marginal modifiziert auch von allen anderen Industrien einschließlich des öffentlichen Sektors übernommen. Auch Industrien mit einem geringen Organisationsgrad bei Gewerkschaften und Arbeitgebern, beispielsweise im Bereich der Gaststätten- oder Friseurbetriebe, und Klein- und Mittelunternehmen orientierten sich an den Tarifabschlüssen in der Metallindustrie. Deutschland hatte somit ein weitgehend koordiniertes Lohnbildungssystem, das auf starken Gewerkschaften und starken Arbeitgeberverbänden basierte.[81]

Unterstützt wurde die einheitliche Lohnentwicklung in Deutschland noch dadurch, dass bei Übereinstimmung zwischen Gewerkschaft und Arbeitgeberverband der Staat Tarifvereinbarungen als allgemeinverbindlich erklären lassen konnte. Dann galt die Lohnvereinbarung auch für Unternehmen, die nicht dem Arbeitgeberverband angehörten. Um einen Tarifvertrag auf Bundes- bzw. Landesebene als allgemeinverbindlich erklären zu lassen, muss der Tarifvertrag dabei für mindestens 50 Prozent der Arbeitnehmer gelten und es müssen die Tarifausschüsse auf Bundes- bzw. Landesebene zustimmen. In diesen Ausschüssen sitzen nicht Branchenvertreter des jeweiligen Tarifvertrages, sondern Repräsentanten der Spitzenverbände. Gesetzliche Mindestlöhne gab es nicht. Diese waren, wie auch in einigen skandinavischen Staaten, aufgrund des spezifischen Lohnbildungsmechanismus auch nicht nötig, denn die Tarifparteien verhinderten ein Auseinanderdriften der Lohnstruktur.

Nominale Lohnerhöhungen in der Bundesrepublik Deutschland gehörten während der Jahrzehnte nach dem Zweiten Weltkrieg zu den niedrigsten der westlichen Welt. Die Lohnerhöhungen orientierten sich – abgesehen von der Periode Ende der 1960er-/Anfang der 1970er-Jahre – an der gesamtökonomischen Produktivitätsentwicklung zuzüglich eines geringen Inflationsaufschlages, den man heute als Zielinflationsrate der Zentralbank bezeichnet. Damals formulierten Zentralbanken noch kein explizites Inflationsziel.

Diese gemäßigte Lohnentwicklung bescherte Deutschland eine im internationalen Vergleich äußerst niedrige Inflationsrate (vgl. Kapitel 2.1). Verschiedene Faktoren spielen nun bei der Erklärung der Lohnentwicklung eine Rolle. Zunächst existierte, wie ausgeführt, ein Modell, das ein kooperatives Zusammenspiel zwischen den Tarifparteien bei der Lohnentwicklung begünstigte und makroökonomische Erwägungen berücksichtigte. Zweitens waren Exportüberschüsse und eine generelle Exportorientierung ein wichtiges Element des deutschen »Wirtschaftswunders« und auch der späteren Entwicklung. Gewerkschaften ebenso wie Arbeitgeberverbände achteten bei der Lohnentwicklung auf die Wettbewerbsfähigkeit deutscher Produkte. Die Metallindustrie, welche die Lohnführerschaft innehatte, war und ist exportorientiert, was bei der Lohnentwicklung eine Rolle spielte. Schließlich machte die Deutsche Bundesbank immer auch klar, dass sie bei einer inflationären Entwicklung nicht zögern würde, eine Stabilisierungskrise einzuleiten, um über einen Anstieg der Arbeitslosigkeit die Lohnerhöhungen zu reduzieren. Das deutsche korporatistische Modell stand somit unter der beständigen »Überwachung« der Deutschen Bundesbank als einem unabhängigen »Spieler«. In anderen Ländern wie Österreich oder Skandinavien war die Zentralbank einer der Teilnehmer des korporatistischen Modells. Auch diese Variante garantierte vergleichsweise niedrige Inflationsraten.[82]

Ab den 1970er-Jahren bekam das deutsche Modell Kratzer, blieb jedoch im Vergleich zu Großbritannien und den USA in seinen Grundfesten bis zur deutschen Wiedervereinigung Anfang der 1990er-Jahre bestehen. Zwar war Deutschland ab den 1970ern von niedrigeren Wachstumsraten und steigender Arbeitslosigkeit betroffen, jedoch gelang es bis zur Wiedervereinigung unter Einbeziehung des Staates ökonomische Schocks sozial abzusichern. Das gängigste Instrument der sozialen Absicherung war die Reduzierung des Arbeitsangebots durch Frühverrentung, wobei diese ohne massive Einkommensverluste der Betroffenen durchgeführt wurde und damit von den Gewerkschaften akzeptiert werden konnte.[83]

Helmut Kohl wurde im Jahre 1982 Bundeskanzler einer Koalition zwischen CDU/CSU und FDP. Die FDP hatte die sozialliberale Koalition mit Bundeskanzler Helmut Schmidt verlassen und koalierte nun mit der CDU/CSU. Helmut Kohl blieb dann Bundeskanzler mit einer konservativliberalen Koalition bis 1998, gefolgt von einer sozialdemokratisch-grünen Koalition unter Gerhard Schröder von 1998 bis 2005. Danach folgte die große Koalition mit CDU/CSU und SPD unter Bundeskanzlerin Angela Merkel. Helmut Kohl war somit der Kanzler der Deutschen Einheit, die durch den Beitritt des Gebietes der DDR im Jahre 1990 nach dem Fall der Mauer im Jahr zuvor vollzogen wurde.

Die Deutsche Einheit war ein ökonomischer und politischer Schock, der das Modell der Bundesrepublik Deutschland grundlegend veränderte. Es wurde zwar nach dem Fall der Mauer versucht, die westdeutschen Institutionen auf die neuen Bundesländer zu übertragen, jedoch scheiterte dies in vielen Bereichen. Gehofft wurde, dass sich das Wirtschaftswunder der 1950er-Jahre in den neuen Bundesländern wiederholen würde. Berühmt sind Helmut Kohls Worte aus einer Fernsehansprache vom 1. Juli 1990: »Durch eine gemeinsame Anstrengung wird es uns gelingen, Mecklenburg-Vorpommern und Sachsen-Anhalt, Brandenburg, Sachsen und Thüringen schon bald wieder in *blühende Landschaften* zu verwandeln, in denen es sich zu leben und zu arbeiten lohnt.«[84] Die neuen Bundesländer erholten sich vom tiefen ökonomischen Zusammenbruch Anfang der 1990er-Jahre nur zögerlich, die Arbeitslosigkeit blieb in ihnen anhaltend hoch und bis heute kann nicht von einer befriedigenden industriellen Dynamik gesprochen werden. Es gelang ebenfalls nicht, ein funktionierendes Tarifverhandlungssystem in den neuen Bundesländern aufzubauen. Der Organisationsgrad der Gewerkschaften blieb gering, während gleichzeitig der Versuch scheiterte, funktionierende Arbeitgeberverbände ins Leben zu rufen.

Massive Veränderungen der Arbeitsmarktgesetzgebung fanden nicht unter Helmut Kohl statt, sondern erst während der Regierungszeit unter

Gerhard Schröder. Besonders sind die 2003 begründete Kommission »Moderne Dienstleistungen am Arbeitsmarkt« (kurz »Hartz-Kommission« genannt) unter dem Vorsitz des Vorstandsmitgliedes der Volkswagen AG Peter Hartz und die sogenannte Agenda 2010 zu erwähnen, die eine Reform des Sozialsystems und des Arbeitsmarktes in Deutschland zum Ziel hatten. Deren Ergebnisse wurden zwischen 2003 und 2005 von der sozialdemokratisch-grünen Koalition umgesetzt. Kernpunkte der Reformen waren die Verschärfung der Bedingungen zum Erhalt von Arbeitslosengeld, verschärfter Zwang zur Annahme unattraktiver Arbeitsplätze, die Absenkung der Dauer der Zahlung des Arbeitslosengeldes von ehemals bis zu 32 Monaten auf bis zu 12 Monate sowie die Absenkung der Zahlungen nach Auslaufen des Arbeitslosengeldes auf eine Basisunterstützung. Letztere wurde mit der Sozialhilfe verschmolzen und wird nur bezahlt, wenn der Arbeitslose nicht vermögend ist und keinen Unterhalt aus einer andern Quelle (etwa vom Ehepartner) erhalten kann. Auch die später folgende große Koalition setzte bei den Arbeitsmarktreformen die Strategie der Schröder-Regierung fort. Im Jahre 2006 wurde unter Führung des sozialdemokratischen Arbeitsministers gegen den Widerstand der Gewerkschaften beschlossen, das Rentenalter in Deutschland schrittweise von 65 auf 67 Jahre zu erhöhen. Gleichzeitig wurden Möglichkeiten der Frühverrentung drastisch beschränkt. All diese Reformen gegen den Widerstand der Gewerkschaften zeigen deren Schwäche und auch die offenen Konflikte zwischen ihnen und der SPD. Die Hartz-Reformen, die Agenda 2010 und die weiteren Arbeitsmarktreformen basieren dabei auf dem neoklassischen Theoriegebäude, das sich von der Deregulierung des Arbeitsmarktes Beschäftigungseffekte verspricht.[85]

Die neoliberalen Reformen zusammen mit dem ökonomischen Schock der Deutschen Wiedervereinigung führten ab Mitte der 1990er zu massiven Veränderungen in Deutschland und zerstörten in weiten Teilen das korporatistische Modell. Deutschland war bei den Veränderungen im Vergleich zu den USA oder Großbritannien zeitlich spät, jedoch sind das Ausmaß und die Geschwindigkeit der Entwicklungen hierzulande mit den konservativen Revolutionen in den USA und Großbritannien in den 1980er-Jahren durchaus zu vergleichen. Ein Kernpunkt der Veränderungen besteht darin, dass der zuvor kohärente deutsche Lohnbildungsmechanismus zerbrochen ist.

Es haben sich zwei große Sektoren herausgebildet:

Im ersten Sektor, der im Wesentlichen die Metall- und Chemieindustrie und den öffentlichen Bereich umfasst, funktioniert das korporatistische Modell noch, wurde jedoch stark durchlöchert. Das bedeutet, dass den Unternehmen ein größerer Spielraum bei der Lohnfindung in Form von Öffnungsklauseln und Sonderregelungen zugebilligt wurde. In der chemischen Industrie und der Metallindustrie in Westdeutschland – hier liegen Zahlen vor – stiegen die Abweichungen vom Flächentarif bei der Arbeitszeitregelung und bei den Entgelten nach 2003 stark an[86]. Zudem wurden beispielsweise beim Arbeitgeberverband Gesamtmetall ab 2005 Verbände von Betrieben ohne Tarifbindung (sogenannte OT-Verbände) gegründet, da die Erosion des Verbandes ansonsten noch stärker gewesen wäre. Dazu kam, dass sich nach 2000 Berufsgewerkschaften (insbesondere die Gewerkschaft Deutscher Lokomotivführer, die Pilotenvereinigung Cockpit und der Marburger Bund im Krankenhausbereich) profilieren und überdurchschnittlich hohe Tarifabschlüsse durchsetzen konnten. Gleichzeitig wurden im Niedriglohnsegment die quantitativ unbedeutenden Gewerkschaften des Christlichen Gewerkschaftsbundes und Scheingewerkschaften relevanter, die bereit waren, sehr niedrige Tarifabschlüsse zu akzeptierten und damit die DGB-Gewerkschaften unter Zugzwang setzten. Auch im öffentlichen Sektor setzte eine stärkere Differenzierung bei der Lohnentwicklung zwischen verschiedenen Bundesländern und verschiedenen staatlichen Ebenen ein.

Im zweiten Sektor funktioniert der hergebrachte Lohnbildungsmechanismus nicht mehr. Insbesondere der zuvor existierende Übertragungsmechanismus bei der Lohnentwicklung von der Metallindustrie auf alle anderen Industrien brach zusammen. Tarifabschlüsse in Branchen und Regionen mit schwachen Gewerkschaften und Arbeitgeberverbänden begannen sich im Vergleich zu den durchschnittlichen Abschlüssen drastisch nach unten zu bewegen. Dazu kam, dass es in Deutschland keine gesetzlichen Mindestlöhne gibt, die dieser Entwicklung etwas entgegensetzen konnten. Die Lohnentwicklung im zweiten Sektor koppelte sich zunehmend von der Lohnentwicklung im ersten Sektor ab.

Ab den 1990ern kam es in Deutschland zur Erosion der Mitgliederzahlen bei den Gewerkschaften und den Arbeitgeberverbänden. Im Jahre 1950 waren 35,4 Prozent der aktiv Beschäftigten in Gewerkschaften organisiert. Die Entwicklung während der folgenden Jahrzehnte mit 33,8 Prozent 1960, 31,1 Prozent 1970, 32,9 Prozent 1980 und 29,3 Prozent 1990 war noch relativ stabil. In den 1990er-Jahren kam dann jedoch der Einbruch der Mitgliederzahlen. Im Jahr 2002 waren nur noch 23,8 Prozent der Arbeitnehmer in Westdeutschland in Gewerkschaften organisiert. In Gesamtdeutschland reduzierte sich die Anzahl der beschäftigen Gewerkschaftsmitglieder an allen abhängig Beschäftigten von 31,3 Prozent im Jahr 1992 auf 19,7 Prozent im Jahr 2003. Der Schrumpfungsprozess bei den Arbeitgeberverbänden war noch dramatischer. Im Jahr 1985 waren bei Gesamtmetall, dem Paradebeispiel deutscher Arbeitgeberverbände, 54,6 Prozent aller Unternehmen in der Branche und 73,8 Prozent aller Beschäftigten organisiert. Im Jahr 2003 lagen die Zahlen bei 22,5 Prozent der Unternehmen bzw. 55,1 Prozent der Beschäftigten. In Westdeutschland waren von Gesamtmetall zu diesem Zeitpunkt nur noch 22,5 Prozent der Unternehmen (58,5 Prozent der Beschäftigten) und in Ostdeutschland gerade mal 7,6 Prozent der Unternehmen (21,5 Prozent der Beschäftigten) in der Branche organisiert.[87]

Als Folge dieser Entwicklung nahm der Anteil der Arbeitnehmer, die durch kollektive Tarifverträge abgedeckt sind, drastisch ab. Wurden 1998 noch 76 Prozent der Arbeitnehmer in Westdeutschland durch Tarifverträge abgedeckt, so sank dieser Anteil auf 63 Prozent im Jahr 2007. In Ostdeutschland sank der Prozentsatz im gleichen Zeitraum von 63 auf 54 Prozent.[88]

Dies bedeutet, dass rund 40 Prozent der Arbeitnehmer in Deutschland nicht durch Tarifverträge abgesichert sind. Da es gleichzeitig keinen allgemeinen gesetzlichen Mindestlohn gibt, begannen ab Mitte der 1990er-Jahre in dem tariflich nicht abgedeckten Bereich die Löhne zu sinken. Gleichzeitig mussten Gewerkschaften in Industrien mit geringem Organisationsgrad hinnehmen, dass die in diesen Industrien abgeschlossenen Tarifverträge sich von der allgemeinen Lohnentwicklung abkoppelten. So existierten beispielsweise 2008 Tarifabschlüsse von 4,50 Euro im Fleischerhandwerk in Sachsen, von 4,15 Euro im Bewachungsgewerbe in Thüringen, von 2,75 Euro im Erwerbsgartenbau in Sachsen oder von 2,75 Euro im Friseurhandwerk in Brandenburg.[89]

Zur Aushöhlung einer einheitlichen Lohnentwicklung hat in Deutschland auch beigetragen, dass von der Möglichkeit der Allgemeinverbindlichkeitserklärung von Tarifverträgen immer weniger Gebrauch gemacht wurde. Gab es 1991 noch 408 allgemeinverbindliche Tarifverträge (5,4 Prozent aller Tarifverträge), so ist diese Zahl kontinuierlich auf 233 allgemeinverbindliche Tarifverträge (1,5 Prozent aller Tarifverträge) gefallen.[90]

Das Resultat dieser Entwicklungen war eine beispiellose Veränderung der Lohnstruktur in Deutschland sowohl bezüglich des Ausmaßes als auch der Geschwindigkeit. Tabelle 2.9 verdeutlicht, dass das erste Quartil der Beschäftigten zwischen 1995 und 2006 nominale Lohnsenkungen hinnehmen musste, was während dieses Zeitraums zu einem Abrutschen der Reallöhne um 13,7 Prozent führte. Auch das zweite Quartil musste während der angegebenen Zeitspanne Reallohnverluste von 3,2 Prozent hinnehmen, während die beiden restlichen Quartile moderate Erhöhungen der Reallöhne realisieren konnten. Die Reallohnentwicklung insgesamt stagnierte zwischen 1995 und 2006. Tabelle 2.10 verdeutlicht, dass der Anteil des Niedriglohnsektors, also der Arbeitnehmer mit einem Lohn von weniger als zwei Drittel des Medians aller Löhne, in Deutschland geradezu explodierte. Von 15 Prozent im Jahr 1995 stieg er auf 22,2 Prozent im Jahr 2006. Auch die Gruppe mit hohen Löhnen nahm deutlich zu, sodass von einer Erosion der Gruppe der Mittelverdiener gesprochen werden kann.

Die Zunahme der Lohnspreizung hat die Tendenz zur Auslagerung von Produktionen an externe Zulieferer und Dienstleistungsunternehmen verstärkt. Üblicherweise wird Outsourcing dadurch erklärt, dass ein Zulieferer nicht nur einen Abnehmer beliefert und durch höhere Volumina kostengünstiger produziert (sogenannte Skalenerträge). In Deutschland dürfte jedoch die Veränderung der Lohnstruktur die entscheidende Rolle gespielt haben. Tätigkeiten in Bereichen mit hohem gewerkschaftlichen Organisationsgrad und vergleichsweise hohen Löhnen wurden in Bereiche verlagert, die durch niedrige Löhne und prekäre Arbeitsverhältnisse gekennzeichnet sind. Auch der öffentliche Sektor nutzt diese Politik zur Reduzierung seiner Ausgaben, etwa indem Reinigungsdienstleistungen für öffentliche Gebäude von externen Unternehmen eingekauft werden, um nicht die höheren Löhne des öffentlichen Dienstes bezahlen zu müssen.

*Tabelle 2.9: Nominale und reale Stundenlöhne 1995-2006*

| **Nominale und reale Stundenlöhne 1995-2006** | | | | | | | |
|---|---|---|---|---|---|---|---|
| | **Durchschnittlicher Stundenlohn in Euro (nominal)** | | | **Durchschnittlicher Stundenlohn in Prozent (nominal)** | | **Reallöhne in Euro (in Preisen von 1995)** | |
| | 1995 | 2000 | 2006 | 1995 -2000 | 2000 -2006 | Reallohn 2006 | Veränderung 1995-2006 in Prozent |
| 1. Quartil | 6,84 | 7,23 | 6,88 | 5,8 | -4,8 | 5,90 | -13,7 |
| 2. Quartil | 10,39 | 11,15 | 11,73 | 7,3 | 5,2 | 10,06 | -3,2 |
| 3. Quartil | 13,11 | 14,49 | 16,02 | 10,5 | 10,6 | 13,74 | 4,8 |
| 4. Quartil | 21,20 | 22,79 | 25,58 | 7,5 | 12,3 | 21,94 | 3,5 |
| Gesamt | 12,88 | 13,91 | 15,05 | 8,0 | +8,2 | 12,90 | 0,2 |

Quelle: Bosch/Kalina/Weinkopf (2008), S. 425

*Tabelle 2.10: Anteile der niedrigen, mittleren und hohen Stundenlöhne in Prozent 1995-2006**

| **Stundenlohn** | **1995** | **2000** | **2006** |
|---|---|---|---|
| Niedrig (weniger als 2/3 des Medians) | 15,0 | 17,5 | 22,2 |
| Mittel (2/3 bis 4/3 des Medians) | 63,2 | 59,0 | 51,6 |
| Hoch (mehr als 4/3 des Medians) | 21,8 | 23,6 | 26,3 |

* Alle abhängig Beschäftigten, getrennte Medianberechnung für Ost und West-Deutschland

Quelle: Bosch/Kalina/Weinkopf (2008), S. 425

Die höchste Wahrscheinlichkeit, in einem Niedriglohnsegment mit prekären Arbeitsbedingungen zu arbeiten, ergibt sich, wenn die folgenden Faktoren zusammentreffen: Beschäftigung in den neuen Bundesländern, im Dienstleistungssektor und in einem Klein- oder Mittelunternehmen.[91] Es verwundert somit nicht, dass die höchsten Armutsquoten in den neuen Bundesländern zu finden sind. Wird Armut als ein Haushaltseinkommen von weniger als 60 Prozent des mittleren Einkommens in Deutschland definiert, dann sind in Mecklenburg-Vorpommern 24,3 Prozent der Bevölkerung arm und in Sachsen-Anhalt 21,5 Prozent. Im Bundesdurchschnitt leben 14,3 Prozent der Menschen unter der Armutsschwelle, im Westen 12,9 Prozent, im Osten 19,5 Prozent.[92]

Die Tabelle 2.11 gibt die Entwicklung der Einkommensverteilung in Deutschland an. Das Markteinkommen, also Einkünfte aus nichtselbstständiger und selbstständiger Erwerbsarbeit, Vermögenseinkünfte aus Kapital- und Immobilienvermögen, private Transfers und Renten sowie Mietwert selbst genutzten Wohneigentums, können dabei als Indikator für die funktionale Einkommensverteilung stehen. Das Nettoeinkommen, also das

Markteinkommen plus Renten aus der gesetzlichen Rentenversicherung, Pensionen, staatliche Transfers und abzüglich der Einkommenssteuerzahlungen und Pflichtbeiträge zur Sozialversicherung, kann als Indikator für das Haushaltseinkommen nach staatlicher Umverteilung gelten. Die Tabelle verdeutlicht, dass der Gini-Koeffizient beim Markteinkommen zwischen 1991 und 2005 in Deutschland stark gestiegen und die Einkommensverteilung deutlich ungleicher geworden ist. Größer ist sie in den neuen Bundesländern und zeigt hier auch einen stärkern Anstieg.

*Tabelle 2.11: Einkommensverteilung in Deutschland**

| Gini-Koeffizient | | | | | | |
|---|---|---|---|---|---|---|
| | Markteinkommen | | | Nettoeinkommen | | |
| Jahr | Früheres Bundesgebiet | Neue Bundesländer | Deutschland | Früheres Bundesgebiet | Neue Bundesländer | Deutschland |
| 1991 | 0,408 | 0,372 | 0,412 | 0,257 | 0,203 | 0,257 |
| 1993 | 0,422 | 0,429 | 0,430 | 0,270 | 0,217 | 0,267 |
| 1996 | 0,444 | 0,462 | 0,451 | 0,271 | 0,221 | 0,265 |
| 1999 | 0,441 | 0,483 | 0,453 | 0,270 | 0,213 | 0,264 |
| 2002 | 0,468 | 0,520 | 0,480 | 0,297 | 0,242 | 0,292 |
| 2005 | 0,492 | 0,539 | 0,504 | 0,322 | 0,257 | 0,316 |

* Auf Basis des SOEP (Sozio-oekonomisches Panal)
Quelle: Sachverständigenrat (2007), S. 458

Der Gini-Koeffizient beim Nettoeinkommen liegt deutlich unter dem Wert beim Markteinkommen. Der Staat verringert somit über Steuern und Transfers die Einkommensungleichheit des Markteinkommens. Allerdings hat sich auch beim Nettoeinkommen zwischen 1991 und 2005 ein deutlicher Anstieg der Ungleichheit ergeben. Bei diesem Indikator ist der Anstieg im früheren Bundesgebiet stärker als in den neuen Bundesländern. Staatliche Politik hat somit keineswegs ab den 1990er-Jahren eine Zunahme der Einkommensungleichheit verhindert.

Oftmals wird eine Politik der Flexibilisierung der Arbeitsmärkte mit dem Ziel der Erhöhung der internationalen Wettbewerbsfähigkeit begründet. In Deutschland zählt dieses Argument jedoch nicht. Gerade in den exportstarken Industrien konnte sich der nach dem Zweiten Weltkrieg etablierte Lohnbildungsmechanismus in modifizierter Form erhalten, während insbesondere im Bereich der nicht international gehandelten Güter und Dienstleistungen die Löhne einbrachen. Die Automobilindustrie und der Maschinenbau etwa zahlen in Deutschland immer noch im internationalen Vergleich überdurchschnittliche Löhne, während es sich etwa in dem Reinigungs- und Wachgewerbe, bei den Friseuren oder in der Gastronomie oft um sehr niedrige Löhne handelt.

Ökonomisch erfolgreich waren die Arbeitsmarktreformen in Deutschland nicht, denn ab Mitte der 1990er-Jahre bis 2005 hatte Deutschland mit äußerst niedrigen Wachstumsraten zu kämpfen und lag bei diesem Indikator im europäischen und internationalen Vergleich ganz hinten (vgl. Kapitel 2.1). Zwar verbesserte sich die Situation in den Jahren 2006 und 2007 etwas, jedoch liegt das vor allem daran, dass die eskalierenden deutschen Exportüberschüsse letztlich doch Wirkung zeigten und die Wachstumsraten moderat erhöhten. Dafür wurde Deutschland vom Einbruch der Exporte im Jahre 2009 besonders hart getroffen. Das Hauptproblem in Deutschland war eine zu geringe Güternachfrage, insbesondere Konsumnachfrage, und nicht eine Verkrustung der Arbeitsmärkte. Die geringe Konsumnachfrage hatte wiederum ihren Grund in einer schnellen und drastischen Veränderung der Einkommensverteilung, der hohen Unsicherheit aufgrund der Veränderungen auf dem Arbeitsmarkt, aber auch in der Sozialgesetzgebung und in den im europäischen Vergleich hohen realen Zinssätzen, die sich aus der niedrigen Inflationsrate in Deutschland ergaben.[93]

## Anmerkungen

1 In den 1990er-Jahren versuchte der IWF, in seinen Statuten das Recht auf Kapitalverkehrsregulierungen durch das Ziel unregulierter internationaler Kapitalströme zu ersetzen. Der Ausbruch der Asienkrise im Jahre 1997 hat dieses Vorhaben jedoch vereitelt.

2 Vgl. Marglin/Schor (1992).

3 Vgl. dazu die einflussreichen Beiträge von Friedman (1953) und Johnson (1972).

4 Vgl. Herr/Hübner (2005).

5 Die Inflationsrate aller OECD-Länder liegt in den 1990er-Jahren relativ hoch. Dies hat damit zu tun, dass neue Länder in die OECD aufgenommen wurden, die eine relativ hohe Inflationsrate aufwiesen.

6 Vgl. Scharpf (1987).

7 Die OPEC (Organization of Petroleum Exporting Countries) wurde im Jahre 1960 gegründet und umfasst die meisten arabischen sowie einige afrikanische und lateinamerikanische Staaten. Sie förderte in den 1970er-Jahren etwas mehr als 50 Prozent der Erdölmenge, wobei der Anteil auf gegenwärtig rund 40 Prozent sank. Als Reaktion auf den arabisch-israelischen Jom-Kippur-Krieg im Jahre 1973 stieg der Ölpreis drastisch an. Im Jahre 1979 war die Islamische Revolution im Iran der Auslöser für den zweiten Erdölschock.

8 Die Affäre kam ins Rollen, als im Jahre 1972 ein Einbruch in das Hauptquartier der Demokratischen Partei scheiterte, der von hochrangigen Mitarbeitern Nixons in Auftrag gegeben worden war. Danach wurde deutlich, dass Nixon in einer Reihe von Punkten seine Macht als Präsident massiv missbraucht hatte und zudem die Ermittlungen zu behindern versuchte.

9 Danach unterstützen die USA unter anderem die Taliban in Afghanis-

tan, da diese zusammen mit anderen Gruppen gegen die sowjetischen Besatzer kämpften und zudem anti-iranisch orientiert waren.

10 Emminger berichtet so über das Treffen: »Das Ergebnis der ganzen Unterhaltung war: Wir wiesen jegliche Festlegung hinsichtlich der künftigen Dollar-Intervention zurück. Wir hatten eindeutig klar gemacht, dass eine Wiedererstarkung des Dollars ausschließlich von entsprechenden amerikanischen Anstrengungen abhänge. Dieses Ergebnis wurde von der amerikanischen Seite eindeutig als Scheitern ihrer Bemühungen um stärkere deutsche Mitwirkung angesehen.« (Emminger 1986: S. 396).

11 Vgl. Lucas (1981), Sargent (1979), Sargent/Wallace (1976).

12 In diesem Falle gilt: Der gegenwärtige Wert eines Vermögensobjektes wird durch Abdiskontierung der zukünftigen Geldflüsse des Objektes errechnet, wobei bei dem Zinssatz, der zur Abdiskontierung benutzt wird, das spezifische Risiko des Objektes berücksichtigt wird. Beispielsweise wird der Wert einer Stahlfabrik bzw. der Aktie einer Stahlfabrik so berechnet, dass zunächst für die Lebensdauer der Stahlfabrik die zukünftig zu erwartenden Geldflüsse aus der Stahlfabrik, sagen wir für die nächsten 20 Jahre, geschätzt werden. Dann wird der heutige Wert dieser zukünftigen Geldflüsse mithilfe eines Zinssatzes (dem langfristigen Zinssatz für Staatspapiere plus dem Risikoaufschlag von x Prozent) errechnet.

13 Vgl. Shackle (1958).

14 Auch der gesamte Bereich der »Behavioral Finance« kommt zum gleichen Ergebnis (vgl. als Überblick Shleifer 2000). Behavioral Finance untersucht Konstellationen, in denen Menschen im Widerspruch zu den rationalen Modellannahme des Homo oeconomicus, also des rationalen Nutzenmaximierers, agieren.

15 Die Annahme, dass die Zentralbank die Zentralbankgeldmenge exogen setzt – ein Hubschrauber das Zentralbankgeld abwirft (vgl. Friedman 1969) – und dann ein (stabiler) Geldschöpfungsmultiplikator zu einem gewissen Aggregat von M2 oder M3 führt, ist nicht korrekt.

16 Vgl. Black/Scholes (1973).

17 Sehr deutlich ist hier Hellwig (2008: S. 52): »However, after years of thinking about the problem, I have come to accept the assessment, that, given the complexity and the fluidity of the network of interbank relations, there is no way in which the quantitative risk model of an individual bank could satisfactorily take account of the institution's exposure to systemic risk. This being said, I wonder why the quantitative risk model of an individual bank should be accepted as the sole basis for determining the amount of equity capital that the bank must have to meet regulatory requirements.«

18 Vgl. Hellwig (2008: S. 31).

19 Vgl. Cardarelli/Igan/Rebucci (2008).

20 Anfang 2007 betrug das Vermögen des gesamten US-amerikanischen

Bankensystems 10 Billionen US-Dollar. Das Vermögen der fünf größten Investmentbanken betrug alleine 4 Billionen US-Dollar. Finanzmarktprodukte verschiedener Art addierten sich auf 2,2 Billionen US-Dollar (vgl. Krugman 2009: S. 161).

21 Vgl. Rajan (2005).

22 Vgl. Williamson (2005).

23 Ausländische Direktinvestitionen und grenzüberschreitende Portfolioinvestitionen in Aktien erzeugen zwar keine grenzüberschreitende Verschuldung, jedoch spielen grenzüberschreitende Bankkredite und Portfolioinvestitionen in verzinsliche Wertpapiere eine ausreichende Rolle, um eine hohe Auslandsverschuldung aufzubauen. Zudem ist zu beachten, dass die Bruttoauslandsschuld sehr viel höher sein kann als die Nettoauslandsschuld. Wichtig bei Veränderungen von Wechselkursen ist die Bruttoauslandsschuld, da Inländer, die ihr Vermögen im Ausland halten, inländischen Schuldnern in fremder Währung in Krisenphasen nicht beispringen.

24 Vgl. Rodrik (1998); Stiglitz (2004).

25 Das Management griff gelegentlich zu Mitteln, die nicht vorgesehen waren. So wurden insbesondere in den USA zur Kurspflege große Mengen eigener Aktien zurückgekauft. Auch illegale Manipulationen bei der Buchführung waren keine Ausnahme. Für den letzteren Fall steht Enron in den Jahren 2001-2003, eines der damals größten Unternehmen in den USA (vgl. Stiglitz 2003: S. 241ff), als Beispiel.

26 Vgl. Shiller (2008a).

27 »Corporate Governance« umschreibt als Begriff das gesamte System der Leitung und Kontrolle eines Unternehmens in Gestalt eines rechtlichen und faktischen Ordnungsrahmens für die Beziehungen zwischen verschiedenen Unternehmensbeteiligten. Unter betriebswirtschaftlichen Gesichtspunkten geht es um die optimale Unternehmensleitung und -kontrolle.

28 Vgl. Streeck (2009: S. 79ff).

29 Vgl. dazu und auch zu den folgenden Ausführungen Lazonick (2008).

30 Vgl. Hein (2009: S. 51ff).

31 Vgl. Schmidt/Maßmann (1999: S. 24).

32 Vgl. Lütz/Eberle (2008).

33 Vgl. Evans/Habbard (2008: S. 66ff).

34 Vgl. Shiller (2008).

35 Vgl. Dodd (2007).

36 Vgl. Dodd (2007).

37 Bei diesen komplexeren Papieren spricht man von Collateralized-Debt-Obligationen. Diese sind nicht durch Hypotheken oder andere Sicherheiten direkt gesichert.

38 Vgl. Hellwig (2008).

39 Die deutsche Industriekreditbank und die Sächsische Landesbank gaben beispielsweise Kreditversprechen an ihre »Töchter« im Schattenbanken-

system von mehr als dem Vierfachen ihres Eigenkapitals (vgl. Hellwig 2008: S. 50).

40 Vgl. Rajan (2005).

41 Vgl. Shiller (2008).

42 Vgl. IWF (2008). Die »Savings & Loan«-Krise in den USA in den 1980er-Jahren, die ebenfalls eine Immobilienkrise war, hatte eine ähnliche Dimension (vgl. Hellwig 2008: S. 3ff) Jedoch wurden damals negative Rückkopplungen eingedämmt.

43 Vgl. Chinn/Ito (2005).

44 EZB (2004: S. 102).

45 Vgl. Heine/Herr (2008: S. 183ff).

46 Vgl. IMF (2009b).

47 Vgl. Stiglitz (2004).

48 Vgl. auch Friedman (1953); Johnson (1972).

49 Paul Krugman und Maurice Obstfeld (2006: S. 488) verdeutlichen dies: »Kurz gesagt, schneiden sämtliche Versionen der KKP-Theorie schlecht ab, wenn es um die Erklärung empirischer Tatsachen geht. Insbesondere lassen Veränderungen des nationalen Preisniveaus oftmals nur relativ wenige Rückschlüsse auf Wechselkursbewegungen zu.«

50 Vgl. Murphy (2006).

51 Vgl. Schulmeister (2007).

52 Es soll nicht verschwiegen werden, dass einige Jahre später, als der Dollar gegen Mitte des Jahrzehnts abwertete, vor allem Devisenmarktinterventionen ausländischer Zentralbanken das Leistungsbilanzdefizit finanzierten, während sich Privatanleger zunehmend zurückhielten.

53 Vgl. Eichengreen/Hausmann (2005).

54 Vgl. Dornbusch (1990).

55 Vgl. Shapiro/Friedman (2004).

56 In Sektion 2A des *Federal Reserve Act* heißt es: »The Board of Governors of the Federal Reserve System and the Federal Open Market Committee shall maintain long run growth of the monetary and credit aggregates commensurate with the economy's long run potential to increase production, so as to promote effectively the goals of maximum employment, stable prices, and moderate long-term interest rates.«

57 Die hier beschriebene Logik findet sich ebenfalls (wenn auch stark verkürzt) in den Empfehlungen der UN-Kommission zur globalen Finanzmarktreform – siehe UN (2009) und auch Stiglitz (2006).

58 Für eine gute Beschreibung der politischen Mechanismen hinter den Deregulierungen und Steuersenkungen der vergangenen Jahrzehnte siehe Krugman (2007).

59 Zu China vgl. Herr (2008a), (2008b) und (2009).

60 Für einen Vergleich mit den USA siehe Dullien/Fritsche (2007a).

61 Man spricht in diesem Zusammenhang von Hysterese-Effekten (vgl. Blinder 2006).

62 Vgl. Friedman (1968).

63 Zur Darstellung der verschiedenen ökonomischen Paradigmen vgl. beispielsweise Heine/Herr (2003).

64 »The distinction between a co-operative economy and an entrepreneur economy bears some relation to a pregnant observation made by Karl Marx ...«. It is »the attitude of *business* ... parting with money for commodity (or efforts) in order to obtain more money« (Keynes 1933: S. 81).

65 Vgl. Stiglitz/Greenwald (2003).

66 »We are being afflicted with a new disease of which some readers may not yet have heard the name, but of which they will hear a great deal in the years to come – namely, *technological unemployment*. This means unemployment due to our discovery of means of economising the use of labour outrunning the pace at which we can find new uses of labour.« (Keynes 1930a: S. 3).

67 Vgl. Blinder/Yellen (2001: S. 35ff.).

68 Vgl. ILO (2008).

69 Vgl. auch European Commission (2007).

70 Keynes argumentiert, dass die Liquiditätsprämie als nichtpekuniäre Verwertungsrate den Zinssatz bestimmt und letztere die Profitrate. In moderneren Auffassungen mit einer endogenen Bestimmung der Geldmenge hängen alle kurzfristigen Zinssätze vom Refinanzierungszinssatz der Zentralbank ab. Allerdings kann die Zentralbank nicht unmittelbar den langfristigen Zinssatz bestimmen. Die Differenz zwischen kurzfristigem und langfristigem Zinssatz kann über die Liquiditätsprämie erklärt werden. Keynes neigte auch der klassischen Auffassung zu, dass Wertschöpfung nur durch Arbeit möglich ist und durch die Existenz des Zinssatzes ein Teil der Wertschöpfung an Kapitaleigentümer fließt (vgl. Keynes 1936: Kapitel 17 und 18).

71 Vgl. zu diesem Argument insbesondere Kalecky (1969); für eine Neuformulierung vgl. Hein (2008).

72 Eine kurze formale Herleitung kann die Argumentation verdeutlichen. Dass Einkommen (Y) entspricht der Lohnsumme (W) und der Profitsumme (Q): $Y = W + Q$. Da die Profitsumme der Profitrate (q) multipliziert mit dem Wert des Kapitalstocks (K = physischer Kapitalstock, P = Preisniveau) entspricht ($Q = q \times P \times K$), folgt $W/Y = 1 - (q \times P \times K/Y)$. Der Kapitalkoeffizient (k) ist durch $k = P \times K/Y$ definiert. Es folgt die Lohnquote, die sich durch $W/Y = 1 - q \times k$ ergibt. Die Profitrate ist vorgegeben und k drückt eine spezifische Technik aus. Da $Y = Yr \times P$ (mit Yr als realem Einkommen) ist, gilt auch $(W/N)/(Yr \times P/N) = 1 - q \times k$. Mit N als eingesetzte Arbeitsstunden definiert sich der nominelle Stundenlohn durch $w = W/N$ und die Produktivität durch $\pi = (Yr/N)$. Daraus folgt die Bestimmung des Reallohnes: $w/P = \pi\ (1 - q \times k)$. Letztlich kann das Niveau der Reallöhne nur durch die Erhöhung der Produktivität erhöht werden.

73 Dieser Konflikt zwischen hoher Beschäftigung und Preisniveaustabilität steckt hinter der Logik der sogenannten NAIRU (Non-accelerating-infla-

tion-rate of unemployment). Die NAIRU sollte nicht mit der »natürlichen Arbeitslosenrate« verwechselt werden, die sich aus Imperfektionen der neoklassischen Realsphäre ergibt (vgl. Friedman 1968). Auch wäre es verfehlt, die NAIRU als wichtigste oder gar alleinige Ursache für Arbeitslosigkeit anzusehen.

74 Vgl. die instruktive Analyse von Fisher (1933).

75 Vgl. IWF (2003), zu Abwertungen und Inflation vgl. Robinson (1938) und Fischer/Sahay/Végh (2002).

76 Spanien passt nicht ins Bild, hier könnte die fallende Lohquote durch eine anhaltende Nachfrageinflation nach 1999 erklärt werden, die durch niedrige Realzinssätze angetrieben wurde und im Jahre 2008 allerdings zu ihrem Ende kam.

77 Dezile teilen ein der Größe nach geordnetes Datenbündel in zehn gleich große Teile. Das 1. Dezil gibt an, welcher Wert die unteren 10 Prozent von den oberen 90 Prozent der Datenwerte trennt, das 2. Dezil, welcher Wert die unteren 20 Prozent von den oberen 80 Prozent der Werte trennt usw. Theoretisch lassen sich beliebige Unterteilungen festlegen. Man spricht beispielsweise von Quintilen bei einer Unterteilung in fünf gleich große Teile oder von Quartilen bei einer Unterteilung in vier gleich große Teile.

78 Vgl. ILO (2008: S. 23ff).

79 Der Gini-Koeffizient ist eine dimensionslose Zahl, die die Abweichung von der Situation einer vollständigen Gleichverteilung ausdrückt. Bei einer vollständigen Gleichverteilung hätte der Gini-Koeffizient den Wert null.

80 Vgl. zu diesem Aspekt Stiglitz (1996).

81 Vgl. Soskice (1990).

82 Vgl. Scharpf (1987).

83 Vgl. Streeck (2009: S. 65f.).

84 Bundesregierung (1990: S. 741f.).

85 Vgl. Streeck (2009: S. 56ff.); Herr (2004).

86 Vgl. Haipeter (2009).

87 Vgl. zu den Zahlen Steeck (2009: S. 46f.).

88 Vgl. Bispinck/Schulten (2009); Bosch/Kalina (2008).

89 Vgl. WSI-Tarifarchiv (2009).

90 Vgl. Bispinck/Schulten (2009).

91 Vgl. Bosch/Kalina/Weinkopf (2008).

92 Vgl. Paritätische Forschungsstelle (2009).

93 Vgl. Hein/Truger (2007).

# 3. Der Weg aus der Krise – Operation am offenen Herz

Gegenwärtig besteht die größte Herausforderung für die Wirtschaftspolitik in der Krise darin, die Abwärtsspirale bei den Stimmungsindikatoren und in der Realwirtschaft zu durchbrechen, während sie gleichzeitig das Finanzsystem stabilisieren muss. Beide Ansätze müssen parallel verfolgt werden, da Realwirtschaft und Finanzsystem eng verknüpft sind. Nur einseitig das Wirtschaftswachstum mit expansiver Geld- oder Finanzpolitik anzukurbeln erscheint wenig Erfolg versprechend und sollte daher durch zusätzliche Ansätze zur Stabilisierung des Finanzsektors, aber auch durch lohnpolitische Maßnahmen ergänzt werden.

Zum Erscheinungszeitpunkt des Buches im Herbst 2009 zeichnet sich eine Konjunkturstabilisierung und neues Wachstum in Deutschland ab. Höchst umstritten ist allerdings, wie nachhaltig diese Stabilisierung ist. Tatsächlich deutet vieles darauf hin, dass Rückschläge drohen und damit das aktuelle Krisenmanagement noch nicht vorüber ist. Um auf mögliche neue Herausforderungen gefasst zu sein, ist es wichtig, die Logik der kurzfristigen Krisenbekämpfung zu verstehen. Denn erst im Zusammenspiel der drei genannten wirtschaftspolitischen Komponenten ergeben sich die Bedingungen, eine lange Stagnation oder gar einen kumulativen Abschwung zu verhindern.

## 3.1 Die Doppelstrategie: Banken retten und Konjunktur stabilisieren

Ein erheblicher Teil der wichtigen Banken in den großen Industrieländern hat derzeit immer noch umfangreiche Bestände von Wertpapieren in den Bilanzen, deren Wert sich weder genau feststellen lässt, weil es keinen Markt für diese Papiere gibt, noch durch Preise vergleichbarer Anlagen geschätzt werden könnte.[1] Weil zudem das Eigenkapital vieler Banken aufgrund der gefallenen Vermögenspreise stark unter Druck geraten ist, ließ sich sich auch nach Monaten der staatlichen Krisenbekämpfung lange nicht mit Sicherheit sagen, ob die einzelne Bank noch solvent war oder nicht. Denn ist der künftige Abschreibungsbedarf auf diese Papiere höher als das bilanzielle Eigenkapital, so ist die Bank de facto insolvent, auch wenn sie zurzeit noch ausreichend Mittel aufweisen und damit weiter operieren kann. Mit der Erholung der Kurse für Aktien und andere Anlageformen seit dem Tiefpunkt im Frühjahr 2009 hat sich die Situation der Banken etwas entspannt, Rückschläge bei den Kursen oder neue Kreditausfälle wegen neuer Unternehmenspleiten können aber immer noch zu neuen Solvenzproblemen bei den Banken führen.

Um das Risiko einer Insolvenz zu verringern, versuchen Banken ihre Eigenkapitalquote zu erhöhen. Da es in der aktuellen Lage aber schwierig ist, Kapital mit der Ausgabe neuer, eigener Aktien aufzustocken, entscheiden sich viele Finanzinstitute dafür, ihre Quote durch eine Bilanzverkürzung zu verbessern, das sogenannte Deleveraging.[2]

Dieses Deleveraging bedeutet jedoch nichts anderes, als die Kredite an die Realwirtschaft zurückzufahren. Eine reduzierte Kreditvergabe an Unternehmen und Privathaushalte führt aber wiederum zu einem Rückgang der Investitionsausgaben, in Anlagen und Wohnbauten etwa, und der Konsumnachfrage. Das aber ist genau der Mechanismus, der in Deutschland in den vergangenen Monaten unter dem Stichwort »Kreditklemme« diskutiert wurde. In einer solchen Situation kann eine expansive Geld- oder Fiskalpolitik zwar den Abschwung dämpfen, sie wird jedoch kaum eine nachhaltige Trendwende herbeiführen.

Grundsätzlich helfen Zinssenkungen – wie jene der europäischen Zentralbank seit Ende 2008 – in der aktuellen Situation den Banken, ihr Eigenkapital wieder aufzupolstern. Da Banken tendenziell auf der Aktivseite Kredite und Wertpapiere stehen haben, die zumindest teilweise mit einem festen Zinssatz versehen sind, sich aber auf der Passivseite der Bilanz zu einem größeren Teil mit kurzfristiger Mittelaufnahme refinanzieren, erhöht ein sinkender Zentralbanksatz (der auch fallende Refinanzierungskosten bedeutet) tendenziell die Profite der Bank.[3] Diese Profite können dann benutzt werden, um das Eigenkapital aufzubessern. Niedrige Zinssätze führen zudem zu Entlastungen beim Unternehmens- und Haushaltssektor, reduzieren die Wahrscheinlichkeit des Zusammenbruchs von Schuldnern und entlasten auch darüber das Finanzsystem.

Allerdings ist das ein langwieriger Prozess. Gerade in der gegenwärtigen Situation, in der ein rapider Verfall der Vermögenswerte enorme Löcher in die Bankbilanzen gerissen hat und das Risiko eines weiteren Abschreibungsbedarfs besteht, reichen diese Zinssenkungen bei Weitem nicht aus. Die prekäre Lage der Banken lässt zweifeln, ob die traditionellen Übertragungskanäle der Geldpolitik derzeit funktionieren. Einer der wichtigsten geldpolitischen Mechanismen ist fraglos der Kreditkanal. Fallende Zinssätze führen zu einer stärkeren Kreditnachfrage, weil sich für die Unternehmen – unter der Annahme sonst unveränderter Rahmenbedingungen – bei niedrigeren Zinsen mehr kreditfinanzierte Projekte lohnen. In einer normalen wirtschaftlichen Situation steigt folglich bei niedrigeren Refinanzierungskosten der Banken die Kreditvergabe und in derem Zuge wiederum die Investitionsnachfrage. Dieser Mechanismus dürfte gegenwärtig aber aus zwei Gründen nur äußerst beschränkt funktionieren. Zum einem dürften aufgrund der starken Abwärtsdynamik in der Realwirtschaft inzwischen die Absatz- und Renditeerwartungen der Unternehmen so weit gefallen sein, dass sie selbst bei sehr niedrigen Zinsen ihre Kreditnachfrage für Investitionen kaum ausweiten, die sogenannte Investitionsfalle[4]. Zum anderen dürften die niedrigen Zinsen die Banken angesichts ihrer schwierigen Bilanzlage kaum zu einer Wende bei ihrer Deleveraging-Strategie bringen.

Prinzipiell kann eine kreditfinanzierte, expansive Fiskalpolitik einen Teil oder selbst den gesamten Nachfrageeinbruch des Privatsektors ausgleichen. Dabei wird üblicherweise angenommen, dass die Erhöhung der staatlichen Ausgaben Multiplikatoreffekte in der Privatwirtschaft nach sich zieht. Zum einen entstehen im Privatsektor durch die höhere Staatsnachfrage Einkommen, die teilweise wieder in Konsumnachfrage umgesetzt werden. Und zum anderen führen die höhere Nachfrage und die dadurch gestiegenen Renditeerwartungen der Privatunternehmen zu neuen, oftmals kreditfinanzierten Erweiterungs- und Ersatzinvestitionen der Betriebe. Während der Multiplikator auf den Privatkonsum wohl auch in der Krise funktionieren sollte, ist nicht ganz klar, ob der Multiplikatoreffekt der Konsumnachfrage auf die privaten Investitionen überspringt: Solange die Banken ihre Bilanzen reparieren wollen, dürfte es selbst für Unternehmen mit Staatsaufträgen tendenziell schwieriger werden, Kredite zu erhalten. Damit aber würde der positive Effekt einer expansiven Fiskalpolitik deutlich geringer ausfallen, als dies üblicherweise im Abschwung der Fall ist.

Ein Ausweg aus der Krise erfordert darum zwingend, nicht nur das Konjunkturproblem anzugehen, sondern auch den Finanzsektor so weit zu stabilisieren, dass der Deleveraging-Effekt sich zumindest nicht mehr negativ auf den nichtfinanzwirtschaftlichen Privatsektor auswirkt.[5] Gleichzeitig hatte der konjunkturelle Abschwung zum Jahresbeginn 2009 ein Tempo und eine Eigendynamik entwickelt, sodass auch eine Sanierung der Bankbilanzen alleine keinen schnellen Aufschwung gebracht hätte. Diese Abwärtsspirale scheint nun gebrochen. Allerdings droht nach wie vor die Gefahr, dass selbst ursprünglich noch gesunde Banken in die Insolvenz geraten könnten. Die deutlich zweistelligen Rückgänge bei Auftragseingängen und Produktion im verarbeitenden Gewerbe – das für die Ausrüstungs- und Anlageninvestitionen besonders wichtig ist – in allen industrialisierten Ländern sowie den wichtigsten Schwellenländern dürften in den kommenden Monaten zu einem starken Anstieg von Unternehmensinsolvenzen führen. Fallende Immobilienpreise und zunehmende Arbeitslosigkeit lassen zudem weitere

Zahlungsausfälle bei Konsumenten- und Hypothekenkrediten wahrscheinlich werden. Damit aber dürfte die Zahl der Not leidenden Kredite in den Bankbilanzen weiter zunehmen. Ohne die konjunkturpolitische Stabilisierung in den wichtigsten Industrieländern wäre dieses Problem noch einmal viel größer ausgefallen und hätte zu weit mehr Schwierigkeiten im Bankensektor geführt. Je länger sich nämlich eine Konjunkturkrise hinzieht, desto größer dürfte der neue Abschreibebedarf der Banken werden.

Eine Lösung der Probleme im Finanzsektor führt noch zu keiner Konjunkturwende. Die aus dem Produktions- und Auftragseinbruch folgenden Überkapazitäten bedeuten, dass die Kreditnachfrage der Firmen für Erweiterungs- oder Ersatzinvestitionen schwach bleibt. Selbst wenn die Banken wieder mehr Kredite vergeben wollten, dürften sie in der Krise Probleme haben, potenzielle Schuldner mit ausreichend Sicherheiten zu finden. Bestenfalls handelte es sich dabei um Unternehmen, die mit ihren Umsätzen die Produktionskosten nicht mehr decken können und deshalb in ihrer Not auf Kredite zur Überbrückung der Cashflow-Probleme zurückgreifen (distress borrowing). Eine Ausweitung der Kredite auf solche Schuldner würde wiederum ein steigendes Ausfallrisiko bedeuten und damit neue Löcher in die Bankbilanzen reißen, nicht aber notwendigerweise die gesamtwirtschaftliche Investitionsnachfrage ausweiten und so den konjunkturellen Abwärtstrend umkehren.[6] Solange die Abwärtsdynamik bei der Konjunktur nicht gebrochen ist, ist eine Sanierung der Bankbilanzen alleine deshalb zum Scheitern verurteilt.

Eine sinnvolle Doppelstrategie der Konjunktur- und Finanzsektorstabilisierung würde deshalb auf der Konjunkturseite vor allem einen expansiven fiskalpolitischen Impuls setzen, auf der Seite des Finanzsektors einen Ansatz erfordern, der die Banken schnell von dem Zwang des Deleveraging befreit. Niedrige Zinsen und – wenn nötig – darüber hinausgehende Maßnahmen wie der direkte Ankauf von Wertpapieren mit längerer Laufzeit (das sogenannte Quantitative Easing) sollten zudem den Finanzsektor von Refinanzierungskosten entlasten und die für den Staat entstehenden Kosten einer expansiven Fiskalpolitik begrenzen.

## 3.2 Eine Bad Bank – aber richtig

Die Erfahrung Japans der 1990er-Jahre nach dem Platzen der Aktienblase (1990) und der Immobilienblase (1991) zeigt, dass insbesondere ein zögerliches Angehen der Probleme im Bankensektor zu einer Verlängerung der Krise und zu einem Kostenanstieg der Bankensanierung führt.[7] Auch aus der »Savings and Loan«-Krise in den USA der 1980er- und 1990er-Jahre wird allgemein die Lehre gezogen, dass Bankenkrisen umso teurer werden, je länger sie anhalten.[8] Deshalb ist derzeit vor allem eine schnelle Reaktion gefordert. Da ein Problem der aktuellen Krise die Unsicherheit über weitere Risiken in den Bankbilanzen ist, muss eine Lösung gefunden werden, die

Bankbilanzen von schwer zu bewertenden Risiken zu säubern. Dabei geht es vor allem um jene Derivate und strukturierten Finanzprodukte, für die weder ein Marktpreis vorhanden noch eine Bewertung über einen Vergleich mit anderen, ähnlichen Wertpapieren möglich ist. Gleichzeitig muss das Eigenkapital auf einen Wert erhöht werden, der ein weiteres Zurückfahren der Kreditvergabe aus Sicht der Banken überflüssig macht.

Für dieses Doppelproblem enthalten die Erfahrungen der skandinavischen Länder mit ihren Bankenkrisen der 1990er-Jahre wertvolle Lektionen. In diesen Krisen übernahmen die Regierungen Norwegens, Finnlands und Schwedens zeitweise große Teile des Bankensektors. Interessant bei diesen Lösungen (und vor allem bei dem in Norwegen und Schweden gewählten Ansatz) ist, dass der Staat zumindest ab jenem Zeitpunkt, als klar war, dass es sich um ein systemisches Problem handelte, durch seine Maßnahmen und die begleitende Gesetzgebung dafür sorgte, dass in erster Linie die privaten Aktionäre die Kosten der Bankenrestrukturierung schultern mussten und die fiskalischen Kosten am Ende deutlich geringer waren als ursprünglich veranschlagt.[9] In Norwegen und Schweden zwang dabei der Staat – nach entsprechenden Gesetzesänderungen – die Banken gegen ihren Willen, faule Kredite abzuschreiben, was das bilanzielle Eigenkapital nahezu vernichtete. In einem weiteren Schritt bot die Regierung den Banken Mittel zur Rekapitalisierung an, wodurch die Institute weitgehend in Staatseigentum landeten. Nach einer Erholung des Finanzsektors verkauften die skandinavischen Regierungen dann große Teile der verstaatlichten Banken wieder.[10]

Eine sogenannte Bad Bank bzw. eine Gesellschaft zum Management und zur Abwicklung fauler Kredite wurde dabei zwar nicht in allen Ländern gegründet, zumindest jedoch in Schweden und Finnland. Norwegen dagegen schuf keine Bad Bank, sondern löste die Probleme fauler Kredite innerhalb der bestehenden Bankstrukturen.

Doch auch wenn Norwegen die Bankenkrise ohne Bad Bank bewältigt hat, würde sich für die aktuelle europäische Problematik eine solche Institution besonders anbieten: Anders als im Fall fauler Kredite in Norwegen sind die derzeit in den Bankbilanzen vorhandenen Kredite wesentlich schwieriger zu bewerten. Ohne ein Ausgliedern dieser Risiken bestünde die Gefahr, dass die Unsicherheit über die Solvenz großer Teile des Bankensektors fortbesteht. Zum anderen würde eine Ausgliederung dieser Problemanlagen in eine Bad Bank – falls politisch gewünscht – eine schnelle Reprivatisierung zumindest von Teilen des Bankensystems erlauben. Da die Bank nach Beseitigung der nichtbewertbaren Vermögenstitel wieder einfacher zu bewerten ist, dürfte es auch leichter fallen, private Investoren für Aktienpakete oder ganze Institute zu finden.

Eine an den skandinavischen Erfahrungen angelehnte Lösung für die gegenwärtigen Probleme im deutschen und europäischen Bankensektor insgesamt würde damit wie folgt aussehen: Zunächst zwingen die Regierungen über eine Gesetzesänderung die Banken, ihre nicht zu bewertenden Aktiva weitgehend abzuschreiben. Dabei sollten die Papiere auf einen Wert abgeschrieben werden, der den zu erwartenden Mittelrückflüssen unter eher pessimistischen Annahmen über die Entwicklung der Rahmenbedingungen entspricht. Dadurch wird das Eigenkapital in den Bilanzen der Banken erneut deutlich in Mitleidenschaft gezogen und für einige Institute möglicherweise ganz aufgezehrt. In einem zweiten Schritt setzen die Regierungen den Banken eine kurze Frist (von einigen Wochen vielleicht), um ihr Eigenkapital am privaten Kapitalmarkt auf eine Quote aufzustocken, die deutlich über den bisherigen Mindestanforderungen liegt. Gelingt dies nicht, schießen die Regierungen selber entsprechendes Kapital ein, was wiederum dazu führt, dass einige Institute völlig und andere zum beträchtlichen Teil verstaatlicht werden. In einem dritten Schritt werden die nicht bewertbaren Vermögenstitel zumindest in den gänzlich verstaatlichten Banken zum Restbuchwert (also jenem Wert nach der Abschreibung) auf eine Bad Bank übertragen. Sie befindet sich im Staatseigentum und ist in den folgenden Jahren mit der Verwertung dieser Papiere betraut. Die staatliche Bad Bank überweist folglich den Restbuchwert der Problempapiere an die ebenfalls staatliche Geschäftsbank, im Gegenzug bekommt die Bad Bank die Problempapiere. Ab diesem Punkt kann langsam an die Reprivatisierung der Anteile in Staatseigentum gedacht werden – allerdings sollte dieser Prozess nur in einem günstigen Marktumfeld umgesetzt werden, um die Verluste für die öffentlichen Haushalte zu minimieren. Die Bad Bank dagegen wird nun über die kommenden Jahre die Problempapiere verwerten. Papiere, für die sich bei der Wirtschaftserholung ein neuer Markt entwickelt, können verkauft werden, andere Papiere werden von der Bad Bank bis zum Ende der Laufzeit gehalten.

Dieses dreistufige Modell hatte eine ganze Reihe von Vorteilen gegenüber anderen Strategien, mit den aktuellen Schwierigkeiten des Finanzsektors umzugehen. Zum Ersten handelt es sich um einen systemischen Ansatz, mit dem prinzipiell das Problem der unzureichenden Eigenkapitalausstattung schnell und voll in den Griff zu bekommen wäre. Zum Zweiten wird sichergestellt, dass nicht einige der Banken zu sogenannten Zombie-Banken werden, wie es während der »Savings and Loan«-Krise in den USA der Fall war. Diese Banken waren eigentlich de facto insolvent, engagierten sich allerdings in besonders riskanten Aktivitäten, weil diese zumindest die minimale Chance enthielten, sich aus der Insolvenz zu retten (sogenanntes *gambling for resurrection*).[11] Zum Dritten stellt sich im Unterschied zu anderen Vorschlägen, den Banken ihre Problempapiere abzunehmen, nicht die Frage nach deren richtiger Bewertung: Da die Papiere nur von gänzlich verstaatlichten Instituten in die gänzlich staatliche Bad Bank umgebucht werden, hat die Bewertung der Papiere keinerlei Folgen für die Lastenverteilung zwischen Aktionären und Staat. Zu guter Letzt würde bei diesem Ansatz – anders als bei staatlichen Rekapitalisierungen ohne vorherige Bilanzkorrektur wie etwa im Falle der Hypo Real Estate – ein Großteil der Kosten der Bankensanierung auf die Altaktionäre abgewälzt.

## 3.3 Stabile Löhne als Rettungsanker

Nach dem Ausbruch der Subprime-Krise sind selbst hartgesottene Neoklassiker Keynesianer geworden – in dem Sinne, dass eine keynesianische Konstellation diagnostiziert wurde, die durch staatliche Nachfrageprogramme und Hilfen für das Finanzsystem bekämpft werden soll. Wir stimmen dieser Politikvision zu, wenngleich bei der konkreten Ausgestaltung große Unterschiede auftreten können. Vergessen wird bei den neuen Keynesianern oftmals ein wichtiges Element der Stabilisierung von Ökonomien, die sich in einer tiefen Depression wie derzeit befinden: die Verteidigung des nominellen Lohnankers (vgl. Kapitel 2.4.2).

Die realökonomischen Effekte der Subprime-Krise schlagen sich, wie oben ausgeführt, in einem weltweiten Nachfragemangel nieder. Dadurch schrumpfen nicht nur die Produktion und das Beschäftigungsvolumen, sondern auch die Preise kommen unter Druck. Die Inflationsraten sanken in den entwickelten Industrieländern in den Jahren 2008/2009 aus diesem Grund auf sehr niedrige Niveaus. Diese Entwicklung signalisiert zunächst den normalen Verlauf eines konjunkturellen Abschwungs, der durch ein Überschussangebot auf den Gütermärkten und Preissenkungen zur Stimulierung der Nachfrage gekennzeichnet ist. Im historischen Vergleich ist dieser Prozess nach dem Ausbruch der Subprime-Krise aber in sehr scharfer Form verlaufen. Zwar führt eine Nachfrageschwäche mit sinkender Produktion und sinkenden Preisen zwingend zu Verlusten im Unternehmenssektor. Keynes (1930a) hat die beschriebene Konstellation korrekt als Gewinndeflation beschrieben, die, wie ebenfalls schon ausgeführt, im Jahre 2009 eine neue Welle von Insolvenzen im Unternehmenssektor angestoßen hat.

Für die ökonomische Entwicklung höchst gefährlich wird ein Abschwungsprozess jedoch, wenn die Nachfrageschwäche zu einer Kostendeflation führt. Ihre Hauptursache finden Kostendeflationen in fallenden Lohnstückkosten, die sich aus der Entwicklung der Nominallöhne und der Produktivität ergeben. Erhöhen sich die Löhne im Vergleich zur Produktivität im geringeren Umfang oder sinken gar, dann treten Lohndeflationen auf. Dass sie kein Gespenst der 1930er-Jahre sind, zeigt die Entwicklung in Japan ab Mitte der 1990er-Jahre, also nach dem Platzen der damaligen Aktien- und Immobilienblase. Zwar konnte Japan durch Fiskalpolitik und Unterstützung des Finanzsystems den Schrumpfungsprozess der Ökonomie stoppen, jedoch keinen neuen Aufschwung erzeugen und rutschte so in eine Stagnationsphase. Mitte der 1990er-Jahre begann dann der nominelle Lohnanker in Japan zu reißen. Die nominellen Löhne begannen zu sinken und Japan rutschte in einen Deflationsprozess, der die ökonomische Erholung immer schwieriger machte. Reallöhne, übrigens, können während dieser Phase entsprechend der Produktivitätserhöhung ansteigen, da jede Runde der Lohnsenkung das Preisniveau nach unten drückt. In den 1930er-Jahren nahm der Deflationsprozess einen kumulativen Charakter an, da das Niveau der Nominallöhne in vielen Ländern der Welt im zweistelligen Bereich sank. Auch in Deutschland wurden Lohnsenkungen damals zu dem entscheidenden Faktor, der die Deflation mit all ihren negativen Effekten auf die Güternachfrage und die reale Schuldenlast vorantrieb. Diese Entwicklung blieb Japan nicht zuletzt aufgrund expansiver Fiskal- und Geldpolitik (bisher) erspart. Aber bis heute hat Japan seine Stagnation nicht überwinden können.

Das zögerliche Handeln von Regierung und Zentralbank in Japan sowohl bei der Fiskal- als auch der Geldpolitik haben sicherlich dazu beigetragen, dass das Land in eine Stagnation mit milder anhaltender Deflation geraten ist. Jedoch sollte bei dem Argument nicht unterschlagen werden, dass Japan diese Entwicklung im Rahmen einer insgesamt gesunden und expandierenden Weltwirtschaft erlebte und steigende Exporte realisieren konnte. Gegenwärtig ist jedoch nicht auszuschließen, sondern eher wahrscheinlich, dass die konjunkturelle Erholung in den USA, Europa und andern Industrieländern nur schleppend in Gang kommt und sich während des nächsten Jahrzehnts eine eher verhaltene ökonomische Entwicklung ergibt. Bei einem solchen Szenario dürften die Arbeitsmärkte in Deutschland und den anderen Ländern massiv unter Druck geraten. Die mikroökonomische Rationalität, die für Unternehmen in einer Krisenlage Lohnsenkungen als Ausweg sieht, kann eine enorme Kraft entwickeln – ganz abgesehen von falschen Theorien, die sich von Lohnsenkungen einen unmittelbaren Anstieg der Arbeitsnachfrage erhoffen. Aber wenn die Löhne in allen Unternehmen fallen, dann profitiert davon kein Unternehmen. Im Gegenteil, die Ökonomie versinkt in Deflation.

Sinkende Nominallöhne können zwar die preisliche Wettbewerbsfähigkeit von Regionen in einem Währungsraum erhöhen, einmal unterstellt in anderen Regionen bleiben die Löhne unverändert. Aber für die Europäische Währungsunion wäre es sicherlich keine ratsame Option, wenn Deutschland über eine aggressive Strategie der Lohnsenkung seine Exporte innerhalb der EWU erhöhen wollte.[12] Und selbst wenn eine solche Lohndumping-Strategie erfolgreich wäre, hätte sie aufgrund der deflationären Entwicklungen im Inland einen für die Gesamtökonomie negativen Effekt. Schon einmal nach der Gründung der EWU war Deutschland in einer Konstellation zu niedriger Lohnerhöhungen, die zwar die Exporte schnell ansteigen ließ, jedoch keine inländische Wachstumsdynamik insgesamt erzeugen konnte. In einzelnen Jahren stand Deutschland sogar am Rande einer deflationären Entwicklung.

Für Deutschland, aber auch andere Länder, sehen wir in den kommenden Jahren die Gefahr einer deflationären Entwicklung.[13] Die Dramatik der aktuellen ökonomischen Situation besteht darin, dass nicht allein die Finanzsysteme seit den 1980er-Jahren weltweit dereguliert wurden, sondern eben auch die Arbeitsmärkte. Damit wurden die beiden wichtigsten Stabilitätssäulen der Ökonomie ausgehöhlt. Wir halten es damit für unumgänglich, geld- und fiskalpolitische Ansätze gegen die Folgen der Subprime-Krise sofort durch lohnpolitische Maßnahmen zu ergänzen. Erst das Zusammenspiel dieser drei wirtschaftspolitischen Komponenten bietet, wie gesagt, optimale Bedingungen, eine lange Stagnation oder gar einen kumulativen Abschwung zu verhindern.

Auf den Arbeitsmärkten sind Politiken notwendig, die ein Reißen des Lohnankers bei der zu erwartenden Erhöhung der Arbeitslosigkeit verhindern. In Deutschland ist schon aus diesem Grunde die Einführung eines gesetzlichen allgemeinen Mindestlohns von enormer makroökonomischer Bedeutung. Es sind alle Politiken möglichst schnell umzusetzen, die eine Stärkung des Lohnankers bewirken (vgl. Kapitel 4.4).

## 3.4 Die deutsche Wirtschaftspolitik in der Krise bisher

Vergleicht man unsere Ratschläge mit der Politik der deutschen Regierung nach dem Ausbruch der Krise, so ergibt sich eine durchwachsene Bilanz. Zwar hat die Bundesregierung mit ihrem Konjunkturpaket recht lange gezögert und Finanzminister Peer Steinbrück hat noch bis in den Herbst 2008 hinein echte Konjunkturpakete trotz entsprechender Forderungen der europäischen Partner abgelehnt. Die dann im Januar unter dem Titel »Konjunkturpaket II« schnell verabschiedeten Maßnahmen gingen allerdings in die richtige Richtung. Wie sich in den Konjunkturdaten bis in den Sommer hinein zeigt, hat etwa die im Volksmund als »Abwrackprämie« bezeichnete Subvention für Neuwagen Auftragseingänge und Produktion in der volkswirtschaftlich wichtigen Autobranche stabilisiert. Steuersenkungen und Einmalzahlung beim Kindergeld dürften dazu beigetragen haben, dass sich das Konsumklima im Sommer sogar verbessert hat und die Einzelhandelsumsätze relativ stabil blieben. Natürlich hätte einiges besser laufen können: Insbesondere die Ausgaben für öffentliche Baumaßnahmen sind aufgrund langwieriger Planungsprozesse und Unsicherheiten über die genauen Verwendungsvorschriften nur zögerlich in Gang gekommen. Auch hätte die Bundesregierung durchaus ein größeres Konjunkturpaket wie etwa vom Internationalen Währungsfonds (IWF) oder der OECD gefordert mit mehr kurzfristig wirksamen Maßnahmen umsetzen können. Insgesamt waren die Konjunkturpakete I und II der Bundesregierung vom Umfang her aber durchaus relevant und haben sicher dazu beigetragen, im Sommer 2009 eine Konjunkturstabilisierung herbeizuführen.

Höchst erfreulich ist auch, dass die deutsche Regierung bislang anders als die Vorgängerregierung in der Krise nach 2000 darauf verzichtet hat, mit ihrer Politik Lohnzurückhaltung oder gar Lohnsenkungen zu fördern und damit den Lohnanker aktiv zu beschädigen. Während in der langen Stagnationsphase ab Mitte 2001 die rot-grüne Bundesregierung wiederholt versucht hatte, Lohnnebenkosten zu senken, indem Kosten auf die Arbeitnehmer – etwa in Form der Praxisgebühr – abgewälzt wurden, was dann zu Reallohneinbußen führte, und zudem mit den Hartz-Reformen am Arbeitsmarkt Abwärtsdruck auf die Löhne provoziert hatte, verfolgt die große Koalition bislang keine vergleichbaren Ansätze. Tatsächlich hat die große Koalition sogar eine Reihe von Maßnahmen verabschiedet, die gerade darauf abzielten, einen Abwärtsdruck auf die Löhne zunächst abzufedern. So hat etwa die Verlängerung des Kurzarbeitergeldes dazu geführt, dass die Arbeitslosigkeit in der ersten Jahreshälfte 2009 nur sehr langsam gestiegen ist. Ein rapides Emporschnellen der Arbeitslosenzahlen hätte sicher zu wachsender Verunsicherung der Arbeitnehmer geführt und damit den Boden für Lohnkürzungen bereitet.

Wesentlich schlechter fällt die Bilanz bei der Bankensanierung aus. Zwar hat die Bundesregierung ein Bad-Bank-Gesetz verabschiedet. Allerdings ist es so gestaltet, dass es die Probleme im Bankensektor kaum angeht. Die deutsche Lösung sieht vor, dass Banken auf freiwilliger Basis ihre »toxischen« Wertpapiere in eine Zweckgesellschaft, quasi einer der Bank zugeordneten Bad Bank, auslagern können. Diese Zweckgesellschaft gibt im Gegenzug der Bank eine Anleihe in Höhe von 90 Prozent des Buchwertes der Papiere. Die Anleihe selbst wird vom staatlichen Soffin (Sonderfonds Finanzmarktstabilisierung) garantiert, sodass auf diesem Weg die Banken also ihre riskanten Papiere gegen risikofreie Anleihen tauschen.

Ohne einen weiteren finanziellen Ausgleich hätte dieses Modell zwangsläufig dazu geführt, dass der Staat quasi die Verluste der Banken übernimmt. Dann nämlich, wenn der Wert tatsächlich langfristig unterhalb der 90 Prozent des Nennwertes bleibt, zu dem das Papier übertragen wurde. Deshalb hat die Bundesregierung eine weitere Regelung eingeführt, die solche künftigen Verluste ebenfalls wieder an die Banken abwälzt: Durch ein Gutachterverfahren wird berechnet, welche wahrscheinlichen Verluste noch auf die ausgelagerten toxischen Wertpapiere zukommen. Diese Verluste muss die Bank über die kommenden 20 Jahre tilgen. Falls sich am Ende herausstellt, dass die Wertpapiere doch noch weniger wert sind, als zunächst angenommen, greift die sogenannte Nachhaftung: Dann müssen die Altaktionäre die zusätzlichen Verluste noch ausgleichen. Unabhängig davon muss die betroffene Bank zudem eine Garantiegebühr zahlen, die sich nach dem Risiko der Papiere richtet.

Das Problem an dieser Lösung ist, dass die Verluste aus den Schrottpapieren und die Risiken nicht wirklich aus der Bankbilanz verschwinden, sondern lediglich zeitlich gestreckt werden. Sobald eine Bank Gewinne macht, muss sie daraus zunächst die Verluste ihrer Wertpapiere gegenüber der Zweckgesellschaft tilgen. Damit ist den Banken, die an diesem Modell teilnehmen, praktisch der Weg versperrt, ihr Eigenkapital zu erhöhen: Aus einbehaltenen Gewinnen gelingt dies kaum, weil ja für die kommenden 20 Jahre zunächst die Abschreibungsverluste auf toxische Wertpapiere getilgt werden müssen. Und frisches Kapital von Privatanlegern werden Institute, die ihre Papiere in diese Bad Bank ausgelagert haben, auch nur schwer bekommen. Zwar gibt es die Möglichkeit, Neuaktionäre von der Nachhaftung auszunehmen, nach dem Gesetzeswortlaut allerdings müssten diese Neuaktionäre zumindest die über 20 Jahre gestreckten Abschreibungen noch mittragen.

Aus diesem Dilemma der Banken droht dabei ein volkswirtschaftliches Problem zu werden. Da die Institute derzeit über eine Bilanzverkürzung versuchen, ihre Eigenkapitalquote zu erhöhen, bleibt ihnen ohne eine wirkliche Alternative nur noch die Möglichkeit, ihre Kreditvergabe zurückzufahren. Die Bad-Bank-Lösung der Bundesregierung mag so zwar dazu geführt haben, dass sich die direkten Verluste des Staates aus der Übernahme fauler Wertpapiere in Grenzen halten. Dafür konnten aber die eigentlichen Probleme des Bankensektors nicht gelöst werden und die Gefahr einer anhaltenden Kreditklemme und einer langen wirtschaftlichen Stagnationsphase ist sogar deutlich gewachsen. Eine radikale Lösung mit Zwangskapitalisierung und Verstaatlichung einiger Institute wie oben vorgeschlagen hätte dagegen das Eigenkapitalproblem schnell und abschließend gelöst.

## Anmerkungen

1 Ende 2008 hatte die Deutsche Bank rund 89 Mrd. Euro von nicht bewertbaren Papieren in ihrer Bilanz, ihr Kernkapital betrug aber nur 31,1 Mrd. Euro (vgl. Schieritz/Storn 2009).

2 Siehe für eine Beschreibung dieses Prozesses Leijonhufvud (2009).

3 Siehe u.a. Flannery/James (1983) oder Madura/Schnusenberg (2000).

4 Für eine Beschreibung vgl. Keynes (1936); Felderer/Homburg (1994, S. 144ff).

5 Das Deleveraging bei Ausleihungen an den Finanzsektor muss nicht unbedingt die oben beschriebenen negativen Konsequenzen für die Realwirtschaft haben, solange die Nettoausleihungen an den Rest der Wirtschaft unbeeinträchtigt bleiben.

6 Keynes (1936: S. 158) macht ein ähnliches Argument mit den Worten: »For whilst a weakening of credit is sufficient to bring about a collapse, its strengthening, though a necessary condition of recovery, is not a sufficient condition.«

7 Für eine detaillierte Beschreibung, wie das zögerliche Verhalten der Regierung zu einem Anhalten der Krise führte, siehe Heine/Herr/Kaiser (2006) oder Hoshi/Kashyap (2008).

8 Siehe FDIC (1997: S. 59).

9 Laut Sandal (2004: S. 104) betrugen die fiskalischen *Netto*kosten der schwedischen Bankenkrise (ohne Diskontierung) lediglich 0,2 Prozent des BIPs. Für Norwegen findet der Autor sogar einen kleinen Nettoertrag für die öffentliche Hand.

10 Für einen Vergleich der Ansätze siehe Sandal (2004).

11 Für eine gute Darstellung der Problematik siehe Mishkin (2007: S. 292ff).

12 Bei Ländern mit eigenen Währungen kann von Veränderungen der Lohnkosten nicht unmittelbar auf Änderungen der preislichen Wettbewerbsfähigkeit geschlossen werden, da in diesem Fall der Wechselkurs ins Spiel kommt, der ebenfalls variieren kann.

13 Für Details siehe die Ausführungen in Herr (2008a).

# 4. Nach der Krise – was sich ändern müsste

Jenseits der kurzfristigen Frage, wie sich die Wirtschaft aktuell stabilisieren lässt, muss im Zentrum der gegenwärtigen politischen Bemühungen ein Wirtschaftsmodell stehen, das mittel- und langfristig einen nachhaltigen Wachstumspfad ermöglicht. Die Ursachen der ungleichgewichtigen Wirtschaftsentwicklung in den vergangenen Jahrzehnten sind vielfältig. Hervorgerufen durch die Deregulierung der Finanzmärkte konnte es in vielen Ländern zu einem enormen Anstieg der Nettoverschuldung von Unternehmen und Haushalten kommen. Aber auch die freien internationalen Kapitalströme mit ihren flexiblen Wechselkursen haben ein Anwachsen der internationalen Verschuldung möglich gemacht. Zudem haben Arbeitsmarktreformen und finanzpolitische Entscheidungen zu einer Verschärfung sozialer Ungleichheit innerhalb einzelner Volkswirtschaften, aber auch von Nachfrageungleichgewichten zwischen verschiedenen Ländern geführt. Ein hohes Niveau systemspezifischer Unsicherheit – also Unsicherheiten, die die Märkte selbst schaffen – hat nicht nur die Vermögens-, sondern ebenso die Güter- und Arbeitsmärkte durchdrungen. Das Ergebnis war eine Zunahme des Bevölkerungsanteils, der in prekären Lebensverhältnissen lebt und in der Regel bedingt durch niedrige Einkommen nur in beschränktem Maße an der Gesellschaft teilhaben kann. Dieses Modell musste scheitern, und mit der aktuellen Krise ist es gescheitert.

Diese vielfältigen Ursachen sind kaum mit Einzelmaßnahmen wie etwa einer etwas besseren Regulierung der Finanzmärkte in den Griff zu bekommen. Ein stabileres Wachstumsmodell macht stattdessen das Umdenken in einer ganzen Reihe von Politikfeldern erforderlich. Die Neuregulierung der Finanzmärkte ist dabei sicher eine notwendige Bedingung, nicht jedoch hinreichend. Natürlich muss versucht werden, das Finanzsystem so zu regulieren, dass es künftig wieder seiner zentralen Aufgabe nachkommt, also Finanzmittel für Investitionen in produktives Realkapital zur Verfügung zu stellen, ohne Spekulationsblasen anzuheizen. Es muss jedoch auch an anderen Stellschrauben gedreht werden, um zu gewährleisten, dass sich für die mit neuen Investitionen produzierten Güter und Dienstleistungen am Ende auch Abnehmer finden, die sich ohne Gefahr der Überschuldung diese Waren leisten können.

## 4.1 Grundzüge eines neuen Wirtschaftsmodells

Ein nachhaltiges Wirtschaftsmodell sollte so gestaltet sein, dass der angestrebte Wachstumsprozess weder durch Vermögensmarktinflationen und nachfolgende -deflationen oder sogenannte Boom-Bust-Zyklen gefährdet ist, noch in der Überschuldung einzelner Sektoren oder gar ganzer Volkswirtschaften mündet und so unausweichlich in die nächste Krise führt. Gleichzeitig sollte ein solches Modell Innovation und damit technologischen Fortschritt fördern, was mittel- und langfristig die Arbeitsproduktivität erhöht und damit die Möglichkeit eines wachsenden Wohlstands für alle bietet. Unserer Ansicht nach ist es entscheidend, dass alle Bevölkerungsgruppen am gesellschaftlichen Fortschritt teilhaben. Ob wachsender Wohlstand dann höheren Konsum oder mehr Freizeit bedeutet, ist eine Frage, die sich eine Gesellschaft ab einem gewissen Entwicklungsstand und Niveau des Lebensstandards selbst stellen muss.[1]

Die grundsätzlichen Überlegungen zur Gestaltung eines neuen Wirtschaftsmodells lassen sich dabei in den folgenden sechs Punkten skizzieren.

**Fokus Nachfrage**

Das gesellschaftliche Produktionsvolumen wird letztlich durch die gesellschaftliche Nachfrage bestimmt. Welche Produkte hergestellt werden und wie viel Arbeit zur Produktion des gesellschaftlichen Outputs notwendig ist, hängt dabei entscheidend vom technischen Fortschritt ab. Steigen gesellschaftliche Nachfrage und Produktionsvolumen langsamer als die Produktivität, dann sinkt der Arbeitseinsatz. Bei unveränderter Arbeitszeit und Erwerbsbeteiligung nimmt in einem solchen Fall die Arbeitslosigkeit zu. Für eine dauerhafte Entwicklung muss das Nachfragevolumen in stabilen und ausreichenden Raten wachsen. Das setzt eine gewisse Proportion der verschiedenen Nachfragekomponenten voraus. Es macht beispielsweise keinen Sinn, durch hohe Investitionen volkswirtschaftliche Kapazitäten permanent aufzubauen, wenn der Konsum sowie die anderen Nachfragekomponenten zu schwach sind, um die aufgebauten Kapazitäten längerfristig auszulasten. Wichtig ist in diesem Zusammenhang eine gleichmäßige Ausdehnung der Nachfrage und der Einkommen der Haushalte, der Unternehmen und des Staates – im Kontext einer global verknüpften Volkswirtschaft auch der einzelnen Länder. Eine gleichmäßige Ausdehnung von Einkommen und Nachfrage in den einzelnen Sektoren verhindert das Entstehen großer Defizite, die zur Überschuldung führen können.

Denn wie in der Analyse der Krisenursachen beschrieben, kann in einem neuen Wirtschaftsmodell das Nachfragewachstum nicht dauerhaft dadurch erzeugt werden, dass ein einzelner Sektor der Volkswirtschaft übermäßig Schulden aufbaut, während andere Sektoren Überschüsse anhäufen. Gleiches gilt auch im globalen Zusammenhang für einzelne Volkswirtschaften. Eine solche Situation muss unweigerlich in die Schuldenkrise einzelner Sektoren oder Länder führen, da diese bei wachsender Schuldenlast ab einem gewissen Punkt nicht mehr in der Lage sind, den Schuldendienst zu leisten. Um solche Überschuldungen zu verhindern, ist es wichtig, die Überschüsse bzw. Fehlbeträge zu begrenzen. Auch innerhalb der Sektoren ist die Überschuldung einzelner Einheiten zu verhindern. Denn es ist beispielsweise trotz einer Gläubigerstellung des Sektors der privaten Haushalte für die Stabilität der Ökonomie schädlich, wenn sich ein Teil der privaten Haushalte extrem verschuldet. Es ist nicht notwendig, dass die Finanzierungsbilanzen der einzelnen Wirtschaftssubjekte, Sektoren und Volkswirtschaften tatsächlich ausgeglichen sind. Das wäre in der Tat höchst schädlich. Allerdings sollten sich die Salden in einem Rahmen bewegen, der eine Überschuldung der Sektoren bzw. von Einheiten innerhalb der Sektoren vermeidet.[2] Auch macht es einen großen Unterschied, um welchen Sektor es sich dabei handelt. Der Unternehmenssektor kann sich beispielsweise weitaus stärker verschulden als der der privaten Haushalte, da Letzterer keine marktmäßige Produktion und Wertschöpfung durchführen kann.

Um ein ausreichendes Nachfragewachstum der Privathaushalte zu erlauben, muss in erster Linie sichergestellt werden, dass die Lohnsumme – zumindest über den Konjunkturzyklus hinweg – möglichst mit der gleichen Rate wie das Bruttoinlandsprodukt zulegt. Zwar fließen auch Gewinneinkommen letzten Endes dem Haushaltssektor zu. Für die meisten Haushalte stellen jedoch die Lohneinkommen den entscheidenden Teil ihrer Einkommen und damit ihrer Konsummöglichkeiten dar. Zudem hat die Erfahrung gezeigt, dass die Konsumquote aus Gewinneinkommen wesentlich geringer ist als jene aus Lohneinkommen. Ein Anstieg der Gewinne und damit der Einkommen von Haushalten mit hoher Sparquote ohne entsprechenden Anstieg der Masseneinkommen reicht deshalb nicht als Nachfragetreiber aus. In einem solchen Szenario könnten die auf Lohneinkommen angewiesenen Haushalte nur mit steigender Verschuldung ihren Konsum ausreichend erhöhen.

Ein gleichmäßiges und ausreichendes Nachfragewachstum ohne gefährliche Verschuldungstendenzen erfordert eine Reihe von Rahmensetzungen und Eingriffen in den Wirtschaftsprozess seitens des Staates. Zuallererst müssen dabei die institutionellen Rahmenbedingungen so abgesteckt werden, dass sich eine relative Einkommensgleichheit ergibt und die starken Umverteilungen zum Nachteil der unteren Einkommensschichten, die in der Vergangenheit stattgefunden haben, zurückgedreht werden.

**Ein Finanzsystem für ökonomische Prosperität und Innovation**

Finanzsysteme stellen das Gehirn des ökonomischen Systems dar. Sie sind für eine dynamische Entwicklung von zentraler Bedeutung, können jedoch die Ökonomie auch ins Verderben treiben. Tatsächlich übernimmt ein gut funktionierendes Finanzsystem in einer modernen Volkswirtschaft mindestens vier Aufgaben, die für einen nachhaltigen Wachstumsprozess unabdingbar sind.[3] Erstens ermöglicht es durch frisch geschöpfte Kredite Unternehmen und insbesondere innovativen Unternehmern Investitionen sowie die Durchführung von Produktionsprozessen. Zweitens hilft es durch die bessere Verteilung des Risikos insgesamt, dass mehr unternehmerische Risiken eingegangen werden können, was tendenziell zu einem höheren Innovationsgrad und höherem Wirtschaftswachstum führt. Drittens sollte ein ordentlich funktionierendes Finanzsystem Kredite an jene Sektoren und Unternehmen verteilen, die damit am ehesten nachhaltiges Wachstum erzeugen. Und viertens hilft es, von einer Vielzahl von Sparern kleinere Summen einzusammeln und diese für größere Investitionsprojekte zur Verfügung zu stellen.

Die erste dieser Funktionen des Finanzsystems wurde von Schumpeter (1951) beschrieben. Danach kann das Kreditsystem ohne vorangegangene Ersparnis Einzelner Geld und Kredit gewissermaßen aus dem Nichts (ex nihilo) erschaffen. Diese Mittel können dann Unternehmern zur Verfügung gestellt werden, die mit der so gewonnenen Kaufkraft Materialien oder Maschinen zum Start der Produktion erwerben. Der Kreislauf schließt sich, wenn die Investition des einzelnen Unternehmens den Kapitalstock und damit das Produktionspotenzial der Volkswirtschaft erhöht und damit quasi im Nachhinein die Finanzierung der Investition sicherstellt. Da dieser Prozess oftmals mit Innovationen einhergeht, unterstützt das Finanzsystem die Produktivitätsentwicklung einer Volkswirtschaft an einem zentralen Punkt. In einer Geldwirtschaft mit funktionierendem Finanzsystem ist es so und im Unterschied zu einer Naturaltauschwirtschaft nicht notwendig, dass vor Investitionen Ersparnisse gebildet werden. Investitionen schaffen vielmehr durch die angeregte Einkommensbildung eben jene Ersparnisse, die saldenmechanisch immer den Investitionen gegenüberstehen müssen.[4]

Die zweite zentrale Aufgabe des Finanzsystems für wirtschaftliche Innovation und Entwicklung ist die Umverteilung von Risiken. Auch wenn diese Funktion nach der Subprime-Krise in Verruf geraten ist, weil in den Jahren zuvor mittels Verbriefungen die Risiken über das ganze System verteilt worden waren und die Ungewissheit dieser Verteilung heute zur Vertrauenskrise des Bankensystems beiträgt: Die Umverteilung von Risiken zwischen verschiedenen ökonomischen Einheiten bleibt eine wichtige und zentrale Funktion des Finanzsystems. Investitionen in einzelne Projekte, etwa die Entwicklung eines Arzneimittels oder der Bau einer Autofabrik, tragen oftmals ein enormes Risiko des Totalausfalls. Einzelne Individuen wären deshalb kaum oder nur unter gewaltigen Renditeversprechungen bereit, dieses Risiko alleine zu tragen. Dadurch, dass es aber über das Finanzsystem auf viele Anleger verteilt werden kann und zudem der Einzelne nicht gezwungen ist, sein gesamtes Vermögen für ein Projekt aufzubringen, nimmt die gesamtwirtschaftliche Bereitschaft zu, überhaupt in solche Projekte zu investieren. Und da diese Zunahme letztlich dazu führt, dass mehr neue Technologien ausprobiert werden, trägt dieser Mechanismus des Finanzsystems nicht nur zur Erhöhung des Kapitalstocks, sondern auch zum technologischen Fortschritt bei.

Wichtig bleibt hier allerdings, dass sich die Anleger über die zugrunde liegenden Risiken ihrer Investitionen bewusst sind. Auch darf die Mathematik der Risikodiversifizierung nicht darüber hinwegtäuschen, dass bestimmte Risiken nicht durch Neumischung der Anlageportfolios zum Verschwinden gebracht werden können. Ein Portfolio aus einer Reihe von Investitionsprojekten in verschiedene, neue Technologien hat bessere Chancen, dauerhaft eine stabilere Rendite abzuwerfen, als eine einzelne Investition in eine bestimmte Technologie. Ein Portfolio aus Anlagen eines Sektors ist dagegen weiter anfällig für das Sektorrisiko und für gesamtwirtschaftliche Risiken. Wie bei den hypothekengedeckten Immobilienpapieren in der Finanzkrise im US-Immobiliensektor lässt sich allein durch das Mischen von Hypothekenpapieren aus verschiedenen US-Regionen ein solches Risiko nicht beseitigen, auch wenn ein entsprechendes Portfolio immerhin weniger anfällig wäre für einen Verfall der Hauspreise in nur einem US-Bundesstaat. Banken haben immer die Funktion der Finanzierung von Investitionen und neuen Technologien übernommen. So waren die Bankensysteme in Deutschland (und Kontinentaleuropa) oder Japan während der Phase der Wirtschaftswunderjahre durch ihre enge Verflechtung mit den Unternehmen die Finanziers von Investitionen und Innovationen. Nichts spricht natürlich dagegen, dass auch Investmentfonds (Venture-Capital) in neue und risikoreiche Unternehmungen investieren. Jedoch waren die Fonds, die sich auf diesem Feld entwickelt haben, in der Vergangenheit sehr kurzfristig orientiert, was der Idee von Technologieentwicklung widerspricht. Oder sie haben Unternehmen oftmals »ausgeraubt«, indem sie deren Eigenkapital in Fremdkapital umwandelten und so in ihre Taschen steckten.

Die Kreditvergabe der Banken ist ein wichtiger Teil der Liquiditäts- und Risikotransformation des Finanzsystems. Indem das Bankensystem kurzfristige Einlagen vom Publikum einsammelt, gleichzeitig aber langfristige Kredite an investierende Unternehmer vergibt, wird das unternehmerische Risiko von der Vermögensentscheidung der Haushalte getrennt. Der einzelne Haushalt kann sein Vermögen in liquiden Anlagen halten und das Unternehmen zugleich langfristige Investitionen tätigen. Zwar erhalten die Haushalte auf ihre Anlagen niedrigere Renditen, dafür wird ihnen aber das Risiko abgenommen. Nur dadurch, dass die Banken gleichzeitig die Fristen- und Risikotransformation vornehmen, stehen diese Finanzierungsmittel trotzdem für langfristige Investitionen zur Verfügung, obwohl der einzelne Haushalt nicht auf die Liquidität und Sicherheit seiner Anlage verzichten muss. Auch Aktienmärkte können diese Funktion übernehmen, denn ein

Aktionär kauft in der Form einer Aktie eine langfristige Anlage, die er auf dem Sekundärmarkt jederzeit veräußern kann. Allerdings spielen Aktienmärkte bei der Bereitstellung von Kapital für den Unternehmenssektor eine quantitativ unbedeutende Rolle. Tobin (1998) spricht bei diesen Mechanismen von »Monetization of Capital«. Eine Gesellschaft, in der der Finanzsektor mehr Liquiditäts- und Risikotransformation betreibt, wird deshalb insgesamt einen höheren Kapitalstock, damit höhere Arbeitsproduktivität und so auch höheren materiellen Wohlstand erleben, als eine Gesellschaft ohne einen solchen Finanzsektor.

Die dritte Aufgabe des Finanzsektors ist es, Kapital und Kredit für jene Sektoren und Unternehmen bereitzustellen, die die vielversprechendsten Investitionsprojekte aufweisen. Das Finanzsystem kann über Skaleneffekte bei der Informationsbeschaffung tendenziell besser als Einzelanleger beurteilen, welche Projekte Erfolg versprechend sind. Somit kann es dazu beitragen, dass knappe Finanzierungsressourcen in jene Teile der Wirtschaft fließen, die damit die besten Renditen erwirtschaften. Dabei muss und sollte das Finanzsystem nicht versuchen, zu Kosten hoher Risiken möglichst hohe Renditen zu erreichen, sondern auf relativ hohe, dafür aber nachhaltige Renditen zielen. In einem gut regulierten System sollten Banken und andere Finanzinstitutionen ein Interesse an langfristigen und nicht auf Spekulation basierten Renditen haben. Der Allokationsmechanismus der Aufteilung finanzieller Mittel auf die effizientesten Verwendungen kann bei niedrigen allgemeinen Renditen ablaufen. Keynes (1936) hatte die Vision, dass der Zinsfluss auf nahe null sinken könnte und Technologierenten innovativer Unternehmen zur einzig relevanten Quelle hoher Renditen werden sollten.

Die vierte wichtige Funktion eines Finanzsystems besteht darin, Vermögen von Kleinanlegern einzusammeln und so wesentlich größere Investitionen zu ermöglichen. Denn Investitionen von mehreren Hundert Millionen Euro oder gar mehreren Milliarden Euro wären von einzelnen Anlegern kaum zu leisten. Ohne ein Finanzsystem, das eine Vielzahl von Anlegern zur Finanzierung solcher Projekte zusammenbringt, würden diese im Zweifel dann gar nicht erst umgesetzt.[5]

Vor diesem Hintergrund kann es nicht darum gehen, eine Wirtschaftsordnung anzustreben, die ohne oder mit nur einem minimalistischen Finanzsystem oder gar ohne die Verschuldung einzelner Sektoren auskäme. Mit dieser Erkenntnis geht zudem die Schlussfolgerung einher, dass die Bruttoschuldenquote, die als Verhältnis der Finanzverbindlichkeiten und des Bruttoinlandsprodukts einer Volkswirtschaft gemessen wird, über die Zeit durchaus steigen kann und sollte.[6] Die Literatur der Finanzsystementwicklung stellt einen Zusammenhang her zwischen der sogenannten Finanzsystemtiefe und dem Wirtschaftswachstum.[7] Die Tiefe des Finanzsystems wird dabei als das Verhältnis eines breiten Geldmengenaggregats (etwa M2) zum Bruttoinlandsprodukt gemessen. Da in den meisten Ländern nur ein geringer Teil von M2 durch Staatsanleihen im Zentralbankportfolio gedeckt ist, bedeutet damit eine höhere Finanzsystemtiefe einen höheren Grad der Bruttoverschuldung des Unternehmens- und Haushaltssektors. Die empirischen Studien zeigen einen klar positiven Zusammenhang zwischen Finanzsystemtiefe, also der Bruttoschuldenquote einer Volkswirtschaft, und Wirtschaftswachstum in den folgenden Jahren. Gleichzeitig hat sich über die Jahrzehnte seit dem Zweiten Weltkrieg ein klarer Aufwärtstrend der Finanzsystemtiefe in allen wachsenden Volkswirtschaften ergeben. Es ist durchaus plausibel, dass sich niedrigere Transaktionskosten für Kredite und Anlagen, etwa durch die IT-Technologie oder Effizienzsteigerungen im Finanzsystem, in einer steigenden Kreditsumme und einer ebenfalls steigenden Kreditquote niederschlagen. Solange diese Kreditsumme dazu genutzt wird, eine höhere Investitionsquote und am Ende einen höheren Kapitalstock in der Volkswirtschaft herbeizuführen, ist daran nichts auszusetzen.

Das Problem ist, dass in den vergangenen Jahrzehnten ein Finanzsystem entstanden ist, das die oben genannten Funktionen gar nicht oder nur in einer Form übernommen hat, die zur Instabilität führte. Die Deregulierungswelle seit den 1970er-Jahren ist von einer langen Reihe von Finanzkrisen begleitet, die ihre schlimmsten Ausprägungen lange Zeit in den Ländern der Peripherie hatten. Erst mit der Krise in Japan Anfang der 1990er und mit der Subprime-Krise im Jahr 2007 sind sie auch in den Zentren des Weltfinanzsystems angekommen. Zwei grundlegende Dimensionen sehen wir bei der notwendigen Regulierung und Reform des Finanzsystems.

Die erste Dimension ist die Schaffung neuer Rahmenbedingungen für die Finanzsysteme. Es kann nicht sein, dass ein Schattenbankensystem entstehen konnte, das durch Ausnutzen von Regulierungslücken und der Verlagerung von Aktivitäten in weniger regulierte Staaten (der sogenannten Regulierungsarbitrage) Transaktionen vom regulierten Finanzsystem systematisch abzog. Es kann ebenfalls nicht sein, das Finanzinstitutionen ihre Eigenkapitalquoten immer weiter reduzieren konnten und kaum noch Eigenkapitalpuffer für Krisenfälle hatten. Auch agierten Finanzinstitutionen nicht nur mit immer größeren Verschuldungsquoten (mit immer größeren Hebeln), sie agierten auch immer risikoreicher, kurzfristiger und spekulativer, wobei gleichzeitig die Renditeansprüche auf irrationale Höhen stiegen. Dazu kam, dass die Regelwerke der Finanzmarktaufsicht im Rahmen von Basel II oder Reformen bei Buchführungsvorschriften (Fair-Value-Accounting) diesen Entwicklungen nicht nur nicht entschieden entgegentraten, sondern sie noch verschlimmerten. Die Spielregeln im Finanzmarkt sind somit neu zu schreiben, um das Finanzsystem insgesamt wieder operationsfähig für seine wichtigen Funktionen in der Ökonomie zu machen.

Die zweite Dimension besteht in der Schaffung prozesspolitischer Instrumente zur makroökonomischen Steuerung im Allgemeinen und des Finanzsystems im Besonderen. Gerade von den Finanzmärkten gehen – auch bei bester Regulierung – regelmäßig Übertreibungen aus, die ohne Eingriffe des Staates das Potenzial haben, den Rest der Wirtschaft zu destabilisieren. Der weltweite Hypothekenboom vor dem Ausbruch der Subprime-Krise ist ein Beispiel für diesen Prozess. Während in den USA dabei ganz klar schwere Regulierungsversäumnisse eine entscheidende Rolle gespielt haben, ist etwa die Lage in Spanien weniger klar. Die spanische Notenbank hat über die Regulierung von Zweckgesellschaften der Banken die schlimmsten Exzesse im Finanzsektor verhindert. Angesichts der Tatsache, dass Spanien in Europa im Mittelpunkt des Immobilienbooms stand, ist das Bankensystem dort bislang erstaunlich stabil geblieben und leidet nur unter den eher normalen Problemen einer Vermögensmarktdeflation. Trotzdem hat der Immobilien- und Hypothekenboom in Spanien zu enormen makroökonomischen Ungleichgewichten wie einem massiv überdimensionierten Bausektor und einer rapide gestiegenen Auslandsverschuldung geführt, welche die Realökonomie in eine tiefe Krise stürzten. Auch Japan rutschte in der zweiten Hälfte der 1980er-Jahre in eine gigantische Vermögensmarktdeflation, die sich auf Basis eines insgesamt sehr traditionellen Finanzsystems entwickelte. Aus diesem Grund ist es nicht nur notwendig, dass Finanzsystem zu regulieren. Die Politik muss zudem in die Lage versetzt werden, über eine makroökonomische Steuerung in den Wirtschaftsprozess einzugreifen.

Der Zentralbank kommt bei der Prozesspolitik im Finanzsystem eine Schlüsselstellung zu. Sobald sich Fehlentwicklungen wie etwa eine Immobilienblase erkennen lassen, muss es ihr möglich sein, mit administrativen Instrumenten dem entgegenzuwirken. Wie die jüngste Krise gezeigt hat, reichen hier die bisherigen Politikinstrumente wie etwa der Leitzins nicht aus. Ein weiteres Problem stellt der internationale Kapitalverkehr dar, der von den einzelnen Zentralbanken schwerlich über die Zinspolitik gesteuert werden, der aber zu riesigen Leistungsbilanzungleichgewichten und destabilisierenden Wechselkursturbulenzen führen kann. Auch hier benötigen die Zentralbanken zusätzliche Instrumente in Form eines Eingriffs in den internationalen Kapitalverkehr. Insgesamt erscheinen uns die Entwicklungen der vergangenen Jahrzehnte verfehlt, da sie die Zentralbanken auf das Mittel der Zinssatzpolitik reduziert haben. Zentralbanken brauchen wieder Instrumente, um inländische Vermögensmarktblasen und instabile Kapitalströme aktiv zu bekämpfen. Sie sollten wieder zum normalen Instrumentenkasten gehören. Und auch die Fiskalpolitik sollte stärker eingesetzt werden, um bestimmte makroökonomische Fehlentwicklungen zu korrigieren. So kann die Steuerpolitik Übertreibungen auf Immobilien- und Aktienmärkten durch die Absteuerung von Spekulationsgewinnen bekämpfen.

#### Gerechtere Einkommensverteilung

In den vergangenen Jahrzehnten ist es bei den Einkommen zu einer deutlicheren Ungleichheit in der Verteilung gekommen. Sie bringt die soziale und politische Kohärenz der Gesellschaft in Gefahr. Abgesehen davon wirkt eine zu unausgewogene Einkommensverteilung makroökonomisch destabilisierend, da die Haushalte über Kredite ihren Konsum hochhalten wie beispielsweise in den USA. Sie wirkt zudem makroökonomisch restriktiv, da aufgrund der hohen Einkommensunterschiede die Konsumnachfrage und damit die Wirtschaft stagnieren, wie es etwa in Deutschland gegenwärtig der Fall ist. Ein neues Wirtschaftsmodell muss die negativen Veränderungen bei der Einkommensverteilung beseitigen und allen Bevölkerungsgruppen eine angemessene Teilhabe an der gesellschaftlichen Reichtumsproduktion gewähren.

Die Einkommensverteilung hat drei Komponenten: die funktionale Verteilung in Löhne und Profite, die Verteilung innerhalb der funktionalen Einkommensgrößen und die staatliche Umverteilungspolitik. Eine Absenkung der Lohnquote ist oftmals das Resultat eines höheren Profitaufschlags. Letzterer konnte nach unserer Diagnose insbesondere durch die zunehmende Macht des Finanzsektors und dessen Risiko- und Renditehungers in den vergangenen Jahren durchgesetzt werden. Der Shareholder-Value-Ansatz sowie die zunehmende Rolle der institutionellen Anleger haben die Unternehmen zu höheren Profitaufschlägen getrieben. Entsprechend sind die Institutionalisierungsprozesse und Spielregeln im Finanzsektor so zu ändern, dass der Profitaufschlag wieder sinkt.

Dabei hängt der Profitaufschlag auch vom Monopolisierungsgrad und den Machtstrukturen auf den Gütermärkten ab. Das Wettbewerbsrecht hat die Aufgabe, die Monopolisierung einzelner Märkte zu verhindern. Denn wachsende Marktmacht geht regelmäßig einher mit zunehmenden Monopol- oder Oligopolgewinnen, die wiederum gesamtwirtschaftlich zu einer stärkeren Verteilungsungleichheit und damit zu Problemen des gleichmäßigen Nachfragewachstums führen. Die Rahmenbedingungen für ein ausgeglichenes Einkommens- und Nachfragewachstum zu schaffen ist dabei durchaus in der Tradition der deutschen Ordnungspolitik seit dem Ende des Zweiten Weltkriegs verortet. Tatsächlich wird sie derzeit von Autoren beiderseits des politischen Spektrums für sich reklamiert, etwa vom Präsidenten des Münchener Ifo-Instituts Hans-Werner Sinn (2009) wie auch dem Mitglied des Sachverständigenrates Peter Bofinger (2009a).

Nun sind die vergangenen Jahrzehnte durch eine deutliche Spreizung der Löhne gekennzeichnet. Diese ungerechtfertigten Einkommensungleichheiten innerhalb der Lohnabhängigen müssen durch Reformen auf dem Arbeitsmarkt künftig wieder abgebaut werden. Die Tarifverhandlungssysteme müssen gestärkt und diese Stärkung muss von anderen Arbeitsmarktinstitutionen unterstützt werden. Dazu zählen ebenso Mindestlöhne wie die Absicherung im Falle von Arbeitslosigkeit. Nur sie kann eine gesamtwirtschaftlich destabilisierende Schwäche der Arbeitnehmer bei hoher Erwerbslosigkeit verhindern.

Zwar ist eine relativ gleiche Verteilung der am Markt erzielten Einkommen (der Primäreinkommen) die Basis für eine Begrenzung zu großer Unterschiede bei den Einkommen, jedoch ist es unrealistisch zu erwarten, dass – auch mit Staatseingriffen – am Ende am Markt eine Einkommensverteilung erreicht wird, die politisch akzeptabel ist. Benachteiligte aufgrund von Geschlecht, Kindererziehung, Behinderungen, Alter, Rasse etc. können aus dem Markt herausfallen und kein oder nur ein ungenügendes Einkommen erzielen. Auch wird das Primäreinkommen unter Umständen eine zu große Ungleichheit aufweisen. Schließlich basieren bei Weitem nicht alle Einkommen auf eigener Leistung, beispielsweise bei hohen Erbschaften, die ein dem Kapitalismus an sich fremdes Element sind.[8] Das Steuerrecht und die Sozialsysteme müssen dafür eingesetzt werden, um die Einkommensverteilung für eine Gesellschaft akzeptabel zu gestalten. So sollte das Steuerrecht eine deutliche Umverteilungskomponente beinhalten, die umso wichtiger ist, je deutlicher das Marktergebnis alleine zu einer wachsenden Ungleichheit führt. Wichtig ist vor diesem Hintergrund nicht nur ein deutlich progressives Steuersystem, entscheidend sind vor allem auch Regeln, die dafür sorgen, dass Einkünfte aus Kapital ebenfalls angemessen besteuert werden. Steuerhinterziehung ist beispielsweise durch Austrocknung von Offshore-Zentren und anderen Maßnahmen entgegenzutreten. Bei den staatlichen Ausgaben können durch die Bereitstellung öffentlicher Güter, etwa bei Bildung, Krankenversorgung oder im Nahverkehr, Einkommensungleichgewichte abgebaut werden. Dies gilt ebenso für staatliche Transferzahlungen und Sozialversicherungssysteme, die an sich schon starke Umverteilungskomponenten beinhalten können.

**Seriöse Finanzierung der öffentlichen Haushalte**

Wir haben zuvor bereits ausgeführt, dass ökonomische Sektoren nicht laufend steigende Verschuldungsquoten aufweisen sollten. Dies gilt auch für die öffentlichen Haushalte. Denn ein sehr hoher öffentlicher Schuldenbestand, gemessen in Prozent am Bruttoinlandsprodukt, hat eine Reihe negativer Effekte. Erstens kann die hohe Staatsschuld zu negativen Umverteilungseffekten führen, wenn etwa die staatlichen Zinseinkommen den oberen Einkommensschichten zufließen und die Steuern von den mittleren oder unteren Einkommensbeziehern bezahlt werden. Zweitens kann eine Phase hoher Zinsen bei einer hohen Staatsverschuldung das Budgetdefizit derart eskalieren lassen, dass die öffentlichen Haushalte Schwierigkeiten bei der Refinanzierung bekommen. Drittens können auch öffentliche Haushalte in eine Überschuldungsposition geraten und vom Kreditmarkt abgeschnitten werden. Dieser Fall ist typisch bei der Verschuldung in Fremdwährung und trat in den vergangenen Jahrzehnten Hunderte Male bei Währungskrisen in weniger entwickelten Ländern auf. Aber auch bei Verschuldung in eigener Währung kann dieser Fall eintreten. So ist nicht auszuschließen, dass nach der Subprime-Krise einzelne Regierungen innerhalb der EWU von Eurokrediten abgeschnitten sind. Eine sehr hohe Staatschuld grenzt schließlich den gestalterischen Spielraum von Regierungen ein. Daraus können sich dann wiederum legitime Forderungen nach einer Währungsreform oder nach anderen Wegen der Beseitigung der Staatsschuld ergeben, die politisch sehr umstritten und destabilisierend sein können.

Wir plädieren hier nicht für die Festschreibung einer bestimmten Schuldenquote von öffentlichen Haushalten und schon gar nicht für eine Festschreibung einer Quote für die Neuverschuldung. Im Zweifel sind solche Quoten kurzfristig nicht einzuhalten und können überdies in einer aktuellen wirtschaftlichen Konstellation schädlich sein, beispielsweise wenn die konjunkturell notwendige Fiskalpolitik durch irgendwelche Verschuldungsregeln behindert wird. Unser Argument ist, dass staatliche Ausgaben mittelfristig ordentlich über Steuern und Abgaben finanziert werden sollten und nicht durch die Erhöhung der öffentlichen Verschuldungsquoten.

Hilfreich ist hier die Unterscheidung zwischen einem öffentlichen Kapitalbudget und einem öffentlichen laufenden Budget, die schon Keynes betont hat. Das laufende Budget erfasst die staatlichen Konsumausgaben und sollte mittelfristig ausgeglichen sein. Im Kapitalbudget werden die öffentlichen Investitionen verbucht, die auch längerfristig kreditfinanziert sein können. Zur Stabilisierung der gesamtwirtschaftlichen Nachfrage sollte zunächst das Kapitalbudget eingesetzt werden, indem öffentliche Investitionen entsprechend der konjunkturellen Entwicklung vorgezogen oder auf später verlagert werden. Bei tiefen Krisen sind auch hohe Defizite im laufenden Budget hinzunehmen, um die automatischen Stabilisatoren, die sich aus konjunkturbedingten Veränderungen der Steuereinnahmen und Staatsausgaben ergeben, wirken zu lassen.

### Ebenen der Regulierung

Das Grundproblem des Globalisierungsmodells der vergangenen Jahrzehnte besteht in der Asymmetrie zwischen der ökonomischen Globalisierung und den weitgehend noch nationalen Regulierungen. Die bisherigen Strukturen der Regulierung und Steuerung der Weltwirtschaft sind zu schwach oder nicht ausgebaut, obwohl ökonomische Prozesse längst eine globale Dimension angenommen haben. Dies gilt dabei nicht nur für die Ökonomie im engeren Sinne, sondern auch für viele andere Bereiche wie beispielsweise ökologische Probleme. Der Mangel globaler Steuerung zeigt sich auch daran, dass die Produktion internationaler öffentlicher Güter wie die Koordination weltweiter Wirtschaftspolitiken, die Bereitstellung eines stabilen internationalen Reservemediums etc. nicht (ausreichend) produziert wird.[9] Nicht alles muss und kann auf supranationaler Ebene reguliert und gesteuert werden. Vieles kann auf nationaler Ebene belassen werden. Es ist jeweils zu entscheiden, welche Maßnahmen auf welcher politischen Ebene reguliert werden müssen. Zusammengefasst geht es dabei darum, den wirtschaftspolitischen Institutionen neue oder in den vergangenen Jahrzehnten verlorene makroökonomische Steuerungsmechanismen an die Hand zu geben, um solche Marktentwicklungen besser kontrollieren und korrigieren zu können, die die Stabilität der nationalen und globalen Wirtschaft gefährden.

Einen Teil der notwendigen Veränderungen kann dabei – selbst für stark ökonomisch mit den Nachbarn integrierte Länder wie Deutschland – auf nationaler Ebene angestoßen werden. Wichtige Reformen müssen aber zumindest auf europäischer Ebene umgesetzt werden, um ihren Erfolg zu garantieren. Wieder andere Maßnahmen – wie etwa die Regulierung der globalen

Ungleichgewichte – erfordern entsprechend globale Ansätze. Wir gehen davon aus, dass trotz vieler Handlungsmöglichkeiten im nationalen Rahmen und der Wünschbarkeit globaler Maßnahmen für Deutschland die EU in vielen Bereichen die wichtigste, aber auch eine wünschenswerte Ebene zur Regulierung und Institutionenbildung darstellt. Dies gilt für eine EU-weite Finanzmarktaufsicht über die notwendige Anpassung der Steuersysteme bis hin zu einem integrierten Lohnbildungsmechanismus. Entscheidend für eine langfristige stabile ökonomische Entwicklung Deutschlands ist die schnelle Integration auf europäischer Ebene in Richtung der Bildung eines echten europäischen Staates.

Aufgrund der gegenwärtigen politischen Situation und der unterschiedlichen Entwicklungsstände innerhalb der EU sehen wir derzeit keine Chance, zügig mit allen EU-Staaten eine solch tiefe Integration zu verwirklichen. Aus diesem Grunde plädieren wir für ein Europa der verschiedenen Geschwindigkeiten. Insbesondere die EWU bedarf einer schnellen Integration, da mit dem Euro schon ein großer Schritt in Richtung europäischer Staatlichkeit getan wurde und die Integration auf dem Gebiet des Geldes und der Geldpolitik in anderen Bereichen ein gefährliches institutionelles Vakuum geschaffen hat, das die EWU und EU destabilisieren kann.

**Märkte als Teil von Freiheit**

Um Missverständnisse zu vermeiden: Unsere Vorschläge stellen keinen Freibrief für Regulierungen und Staatseingriffe jeder Art dar. Nicht jeder Eingriff seitens des Staates ist in der Lage oder gut geeignet, zum stabilen gesamtwirtschaftlichen Wachstum, zur gleichmäßigen Entwicklung von Einkommen und Nachfrage beizutragen. Eine Reihe von Eingriffen ist sogar mit Sicherheit mittel- und langfristig schädlich. In vielen Fällen ist die Liberalisierung von Märkten für Produkte und Dienstleistungen Triebfeder von Innovationen, die Produktivität und Lebensstandard erhöhen. Der enorme Innovationsschub, den die Telekommunikation in den vergangenen Jahrzehnten durchgemacht hat, wäre in einem stärker regulierten Markt mit höheren Eintrittsbarrieren im Zweifel so nicht möglich gewesen.

Deshalb müssen die Kosten der Staatseingriffe immer mit ihrem Nutzen abgewogen werden. Es muss vor allem sichergestellt sein, dass marktwirtschaftliche Elemente nicht außer Kraft gesetzt werden, die garantieren, dass sich solche Produkt- und Prozessinnovationen durchsetzen, die eine höhere Produktivität oder einfach nur einen höheren Lebensstandard bringen. Wie Joseph Schumpeter (1926) oder auch Karl Marx (1867) beschrieben haben, ist die Konkurrenz zwischen Unternehmen und die Möglichkeit der Erzielung überdurchschnittlicher Renditen durch Innovationsprozesse eine Triebfeder der Entwicklung der Produktivkräfte der Ökonomie. Die Möglichkeit, sich als Unternehmen am Markt durchzusetzen, ebenso wie am Markt zu scheitern, ist dabei ein zentrales Element der volkswirtschaftlichen Dynamik. Dieser Mechanismus ist es, der dafür gesorgt hat, dass die Marktwirtschaft den Versuchen zentraler planwirtschaftlicher Steuerung überlegen ist.

Zudem ist die Möglichkeit, in einzelnen Märkten unternehmerisch tätig zu werden, für die einzelnen und potenziellen Kleinunternehmer als emanzipatorische Errungenschaft zu sehen. Aus der Glücksforschung ist bekannt, dass Selbstständige in der Regel aufgrund ihres stärker selbst bestimmten Arbeitsalltags eine tendenziell höhere Lebenszufriedenheit haben. Solange der Sprung in die Selbstständigkeit nicht durch den wirtschaftlichen Druck von Arbeitslosigkeit oder sich kontinuierlich verschlechternden Arbeitsbedingungen erfolgt, muss deshalb die Möglichkeit zur Unternehmensgründung als positives Freiheitsmoment bewertet werden. Möglichst offene Märkte ohne unnötiges Kammerwesen sind hierbei wichtig, weil sie tendenziell mehr Menschen den Schritt in die Selbstständigkeit erlauben.

Außerhalb des Finanzsektors, der durch seine zentrale Funktion für die gesamte Wirtschaft und die potenziell hohen fiskalischen Kosten einer Finanzkrise einer besonderen Regulierung bedarf, sollte deshalb vermieden werden, den Marktzutritt in einzelnen Produkt- oder Dienstleistungsmärkten zu hemmen oder die Insolvenz von Unternehmen jenseits dramatischer Krisenzeiten zu verhindern. Folglich kann es auch nicht darum gehen, dass Wirtschaftssystem zurück in jenen Regulierungsstand zu versetzen, den es etwa in den 1960er- oder 1970er-Jahren gegeben hat. Stattdessen müssen die neuen Rahmenbedingungen und staatlichen Eingriffe unter dem Grundsatz stehen, die emanzipatorischen Elemente der Liberalisierung der vergangenen Jahrzehnte zu erhalten, während die destabilisierenden Elemente der Deregulierung wieder eingefangen werden.

Wir stimmen Keynes zu, »dass ein klug geleiteter Kapitalismus die wirtschaftlichen Aufgaben wahrscheinlich besser erfüllen wird als irgendein anderes, vorläufig in Sicht befindliches System, dass man aber gegen den Kapitalismus an sich viele Einwände erheben kann. Unser Problem geht dahin, eine Gesellschaftsorganisation zu schaffen, die möglichst leistungsfähig ist, ohne dabei unsere Ideen über eine befriedigende Lebensführung zu verletzen«[10]. Ob der Kapitalismus, so wie wir ihn kennen, die nächsten Jahrhunderte überleben wird, ist schwer zu sagen. Diese Frage hat für die aktuellen Probleme und die absehbare Zukunft auch keine Relevanz, denn die bestehende Wirtschafts- und Gesellschaftsformation stellt den notwendigen und bindenden Ausgangspunkt für Reformen und Veränderungen dar.

## 4.2 Globale Finanzen brauchen globales Management

Die Reform des Finanzsystems einschließlich der Geldpolitik ist ein zentraler Ansatzpunkt für den guten Kapitalismus. Aus diesem Bereich heraus kann die meiste Dynamik entstehen, er kann aber gleichzeitig auch die größte Gefahrenquelle für die Wirtschaft sein, wie die jüngste Krise gezeigt hat. Eine Modelldebatte um die Zukunft des Kapitalismus muss also notgedrungen in dieser Sphäre der Wirtschaft ihren Ausgangspunkt nehmen. Verschiedene Ebenen hinsichtlich des Finanzbereichs sind dabei zu beachten: zum einen die Währungen und Wechselkurse, zum anderen das eigentliche Bankengeschäft und »gute Unternehmensführung« zum Wohl der Beschäftigten. Aus deutscher Perspektive muss man zudem die Ebene der EU in Betracht nehmen. Grundsätzlicher Ansatzpunkt einer neuen Finanzarchitektur sind die sozialen Sicherungssysteme, vor allem das Rentensystem. Inwieweit sollte sich eine moderne Volkswirtschaft aber nun künftig auf den Finanzmarkt in punkto sozialer Sicherung verlassen? Wieweit darf die sogenannte Kapitaldeckung der Rente gehen, damit sie einerseits solide wächst und andererseits eine sichere Bank für das Alter ist? Diese Fragen wollen wir im folgenden Teil behandeln und genauer ausführen. Denn eine entsprechende Justierung in diesem Bereich der Wirtschaft ist der erste wichtige Schritt in Richtung eines guten Kapitalismus. In einem globalisierten System wäre die globale Ebene gewiss der ideale Rahmen für Einbettungen des Finanzsystems. Es ist aber auch durchaus möglich, zu Hause einige Bereiche in eine gute Richtung zu lenken. Wir fangen dennoch zuerst mit der globalen Ebene an und arbeiten uns weiter zu nationalen und europäischen Maßnahmen vor.

### 4.2.1 Reform des Weltwährungs- und Finanzsystems

Die Reform des Weltwährungs- und Weltfinanzsystems umfasst verschiedene Dimensionen. Zunächst soll hier die Rolle eines internationalen Reservemediums für Zentralbanken angesprochen werden. Danach werden die Funktionsweise eines neuen Systems von Bretton Woods und die Notwendigkeit der Reform von supranationalen Institutionen diskutiert.

#### Ein internationales Reservemedium für Zentralbanken

Nationale Gelder übernehmen internationale Funktionen. Die Vorstellung von Karl Marx beispielsweise, dass Geld dabei sein nationales Gewand abstreift und dann Gold oder ein anderes Medium als Weltgeld fungiert,[11] ist nicht zutreffend. Unter dem Goldstandard vor dem Ersten Weltkrieg übernahm das Pfund Sterling die Rolle als Weltgeld; in den 1950er- und 1960er-Jahren war dies der US-Dollar; in der gegenwärtigen weltwirtschaftlichen Konstellation übernehmen der US-Dollar und der Euro gemeinsam diese Funktion, wobei dem US-Dollar die Führungsrolle zukommt.

Das Zusammenfallen nationaler und internationaler Geldfunktionen bringt für jene Länder Vorteile mit sich, deren Gelder die internationalen Funktionen einnehmen. Sie können sich in inländischer Währung im Ausland verschulden, einen großen Teil ihres Außenhandels ebenfalls in inländischer Währung abwickeln und einen besonders hohen sogenannten Seignorage-Gewinn realisieren, da ihre Noten und Münzen weltweit in Parallelwährungssystemen zirkulieren. Jedoch gibt es auch Nachteile. Einer davon ist, dass Zentralbanken und private Wirtschaftssubjekte Geldvermögen in großem Umfang in internationalen Währungen halten. In der Regel sind diese Anlagen kurzfristig, sodass insbesondere bei einem Multiwährungsstandard Vermögensumschichtungen von einer Reservewährung in eine andere wahrscheinlich werden. Solche Umschichtungen können außenwirtschaftliche Turbulenzen mit negativen Effekten für die Reservewährungsländer und die Weltwirtschaft nach sich ziehen. Zudem besteht für ein Reservewährungsland die Gefahr, dass die hohe Nachfrage nach seiner Währung zu einer nachhaltigen Aufwertung und infolgedessen zu anhaltenden und hohen Leistungsbilanzdefiziten führt, die im Inland wiederum das Wachstum bremsen.

Nationale und internationale Funktion eines Weltgeldes können überdies miteinander in Konflikt geraden. Denn dass ein Land, dessen Währung internationale Funktionen übernimmt, auch eine dem angemessene Geldpolitik betreibt, ist keineswegs garantiert. Verfolgt es beispielsweise eine binnenwirtschaftlich destabilisierende Politik mit hoher Inflationsrate, kann das gesamte Währungssystem ins Wanken geraten. Versucht das Land dagegen, mittels restriktiver Geld- und Fiskalpolitik eigene Leistungsbilanzdefizite zu verhindern, fehlt dem Rest der Weltwirtschaft dringend benötigte internationale Liquidität und Nachfrage, was zu weltweit steigender Arbeitslosigkeit und wirtschaftlichen Krisen führt, wie der US-Ökonom Robert Triffin (1961) bereits in den 1960ern bei Anhörungen vor dem US-Kongress warnte.

Ein Weltgeld, das von einer Weltzentralbank ausgegeben und von privaten Wirtschaftssubjekten zumindest in weiten Teilen der Welt genutzt wird, würde zwar einige der diskutierten Probleme lösen, ist jedoch in der gegenwärtigen Lage keine Option. Auch wenn wir nicht für flexible Wechselkurse plädieren, so sind kontrollierte Wechselkursanpassungen doch ein wichtiges Instrument zur Steuerung von Ökonomien. Denn die Ausgabe eines Weltgeldes würde bedeuten, dass die Welt eine Währungsunion schafft. Währungsunionen machen aber nur dann Sinn, wenn es eine kohärente Fiskalpolitik, einen kohärenten Lohnbildungsmechanismus und eine Reihe anderer gemeinsamer Institutionen dieser Union gibt. Die Probleme der EWU zeigen, wie weitgehend sich die Länder in einer Währungsunion integrieren müssen, um sie funktionsfähig zu machen. Denkbar wäre zwar, dass eine Weltzentralbank ein Weltgeld für den privaten Gebrauch ausgibt, das neben den nationalen Währungen existiert. Aber auch dieser Weg erscheint uns nicht sinnvoll. Parallelwährungssysteme sind nicht stabil. Wirtschaftssubjekte wählen immer das Geld für ihre Vermögenshaltung aus, das sie als qualitativ besser erachten. Ein Weltgeld würde somit in manchen Ländern nicht genutzt, in anderen würde es dagegen die nationale Währung verdrängen. Abgesehen von den genannten Problemen fehlen zudem für eine Weltzentralbank, die Banknoten ausgeben könnte, die notwendigen politischen Strukturen.

Realisierbar ist allerdings ein internationales Geld, das von Zentralbanken zur Haltung internationaler Reserven und für Transaktionen zwischen ihnen genutzt werden kann. Ein solches Geld würde zwar nur Teile der gegenwärtigen Probleme der Weltwirtschaft lösen, es wäre allerdings ein

Schritt zu deren Stabilisierung. Eine Vereinigung der Zentralbanken, etwa der Internationale Währungsfonds (IWF), könnte es ausgeben. Dabei müsste sich das Volumen der Schöpfung eines solchen Geldes nach den Liquiditätsbedürfnissen der Zentralbanken richten. Auf diese Weise würden die Zentralbanken dann keine Devisenreserven mehr in nationalen Währungen wie US-Dollar oder Euro halten, sondern nur noch in der Währungseinheit, die sie sich selbst geschaffen haben. Der Vorteil eines solchen Systems wäre, dass die Zentralbanken der Welt ein stabiles Reservemedium bekommen. Sie wären dann nicht gezwungen, sich beispielsweise zwischen US-Dollar und Euro zu entscheiden. Währungsumschichtungen von Zentralbanken gehörten so der Vergangenheit an. Für Länder, die mit ihren nationalen Währungen internationale Funktionen übernehmen, hätte ein solches Geld zudem den Vorteil, dass sie nicht mehr aufgrund der Reservehaltung von Zentralbanken in Leistungsbilanzdefizite gedrängt würden.

Der Vorschlag eines Geldes für Zentralbanken ist nicht neu. Während der Beratungen über die Weltwährungsordnung nach dem Zweiten Weltkrieg in Bretton Woods im Jahr 1944 wurde das Problem schon einmal diskutiert. John Maynard Keynes schlug den *Bancor* vor.[12] Dieser sollte ein Geld sein, das von einer internationalen Institution – Keynes nannte sie *Clearing Union* – ausgegeben und für Zentralbanken als Währungsreserve benutzt werden sollte. Devisenreserven sowie Zahlungen zwischen Zentralbanken sollten, so das Ziel, nicht mehr in international führenden nationalen Währungen gehalten bzw. durchgeführt werden, sondern in Bancor. Keynes' Vorschlag scheiterte, da die USA in dieser Phase den US-Dollar als internationales Reservemedium auch für Zentralbanken festschreiben wollten und sich daraus nationale Vorteile versprachen.

Wie schon geschildert, wurde dann ein System mit dem US-Dollar als internationalem Reservemedium für Zentralbanken geschaffen. Allerdings hatten die Zentralbanken das Recht, ihre Devisenreserven in Gold umzutauchen, da sich die USA einseitig zu einem solchen Umtausch bereit erklärten. Sehr schnell überstiegen nach dem Zweiten Weltkrieg die von den Zentralbanken gehaltenen Devisenreserven in US-Dollar den Goldbestand in den USA, der zu ihrer Deckung zur Verfügung stand. Der Umtausch von US-Dollar-Devisenreserven in Gold war zur Illusion geworden. Robert Triffin (1961) thematisierte dieses Problem und argumentierte, dass eine prosperierende weltwirtschaftliche Entwicklung eine stete Zunahme internationaler Liquidität, also internationaler Devisenbestände bedarf, dass jedoch das anhaltende Wachstum der US-Dollar-Haltung seitens ausländischer Zentralbanken das Vertrauen in die Stabilität des US-Dollars untergraben müsse. Nach Triffin konnte ein nationales Geld kein gutes Reservemedium für Zentralbanken sein. Bei ausreichender Versorgung der Welt mit Devisenreserven seitens des Weltreservewährungslandes muss das Vertrauen in dieses Geld früher oder später erodieren. Die Argumentation von Triffin gilt bis heute. Die riesigen Leistungsbilanzdefizite und die hohe Auslandsverschuldung der USA sind zu einem beachtlichen Teil durch die

Devisenhaltung von Zentralbanken bedingt. Das ist eine Zeitbombe. Denn die hohen Leistungsbilanzdefizite zusammen mit der expansiven Geld- und Fiskalpolitik der USA, die zur Kompensation des leistungsbilanzbedingten Nachfragelochs verfolgt wurde, können das Vertrauen in den US-Dollar zusammenbrechen lassen und zu heftigen Turbulenzen im Wechselkurssystem führen. So ist in den vergangenen Jahren wiederholt davor gewarnt worden, dass der Versuch etwa der asiatischen Notenbanken, ihre Dollarreserven zur Wertsicherung in Euroanlagen umzutauschen, zu einem rapiden Verfall des Dollarwechselkurses führen könnte.[13]

Robert Triffin schlug, den Gedanken Keynes' folgend, ein internationales Geld vor, das ausschließlich von Zentralbanken gehalten werden sollte. Im Jahre 1969 wurde dann zum ersten Mal in der Welt die Schaffung eines internationalen Geldes für Zentralbanken in der Form der Sonderziehungsrechte (Special Drawing Rights) entschieden. Sonderziehungsrechte werden vom IWF wie Zentralbankgeld nationaler Staaten »aus dem Nichts« geschaffen. Der Schöpfungsakt besteht darin, dass die Sonderziehungsrechte den Konten der nationalen Zentralbanken beim IWF gutgeschrieben (zugeteilt) werden. Der Wert der Sonderziehungsrechte war bei ihrer Schaffung ausschließlich an den US-Dollar gebunden, wobei einer Einheit Sonderziehungsrecht 1 US-Dollar entsprach. Seit dem Zusammenbruch des Bretton-Woods-Systems im Jahre 1973 werden die Sonderziehungsrechte durch einen Währungskorb definiert. Bei der letzten Festlegung des Korbs im Jahre 2006 bekam der US-Dollar ein Gewicht von 44 Prozent, der Euro von 34 Prozent und das Pfund Sterling und der Yen je 11 Prozent. Faktisch sind die Sonderziehungsrechte bisher aber bedeutungslos, da sich insbesondere die USA einer größeren Rolle der Sonderziehungsrechte verweigerten und gegen die USA wiederum beim IWF keine Beschlüsse gefasst werden können. Sonderziehungsrechte wurden in den 1970er-Jahren in zwei Wellen geschaffen und akkumulierten sich Ende 2006 auf 21,4 Mrd. Einheiten oder etwas mehr als 30 Mrd. US-Dollar.[14]

Erneut belebt wurde die Debatte um ein internationales Reservemedium jenseits nationaler Währungen von Joseph Stiglitz (2006, Kapitel 9). Anknüpfend an Keynes' Bancor und die Sonderziehungsrechte schlug Stiglitz die Schaffung eines »Global Greenbacks« vor. Im Frühjahr 2009, kurz vor dem G-20-Treffen in London, forderte Zhou Xiaochuan (2009), Präsident der chinesischen Zentralbank, die Reduzierung des US-Dollars als internationalem Reservemedium für Zentralbanken und die verstärkte Schaffung von Sonderziehungsrechten. Beim G-20-Treffen in London wurde dann eine neue Ausgabe von Sonderziehungsrechten im Wert von rund 250 Mrd. Dollar beschlossen.

Wir unterstützen eine größere Bedeutung der Sonderziehungsrechte und die Reduzierung der Rolle des US-Dollars und des Euros bei der Reservehaltung von Zentralbanken. Sinnvoll wären eine jährliche Erhöhung entsprechend der Notwendigkeiten der Weltwirtschaft sowie die Verpflichtung der Zentralbanken, nur noch Sonderziehungsrechte als zusätzliche Reserven zu halten. Eine kontrollierte Überführung existierender Reserven aus den nationalen Währungen in Sonderziehungsrechte könnte angegangen werden, denn bisher ist die Verteilung der Sonderziehungsrechte sehr ungleich. Dabei sollte mit einer Veränderung der Quoten bzw. Stimmanteile beim IWF der erste Schritt zur Lösung dieses Problems gemacht werden.

**Ein neues Bretton-Woods-System**

Flexible Wechselkurse erlauben bei unregulierten internationalen Kapitalströmen oftmals nicht die Verfolgung einer eigenständigen nationalen Wirtschaftspolitik. Insofern ist die Argumentation im Rahmen des Unvereinbarkeitsdreiecks, das die Kombination von national orientierter Geldpolitik, unregulierten internationalen Kapitalströmen und flexiblen Wechselkursen vorschlägt, nicht zutreffend (vgl. Kapitel 2.3.1). Ein System fester Wechselkurse mit unregulierten internationalen Kapitalströmen erlaubt den meisten Ländern der Welt ebenfalls keine national orientierte Geldpolitik. Denn in diesem Fall muss sie der Verteidigung des Wechselkurses unterworfen werden. Nur das Leitwährungsland kann in einem System fester Wechselkurse eine nationale Geldpolitik verfolgen, während sich die übrigen Länder ihr fügen müssen. Selbstverständlich kann es zu temporären Schwächen des Leitwährungslandes kommen, die dann auch dessen Geldpolitik einschränken. Nun führen flexible Wechselkurse und unregulierte Kapitalströme nicht zu einem Ausgleich der Leistungsbilanzsalden bzw. zu akzeptablen Leistungsbilanzungleichgewichten.

Die USA sind ein Paradebeispiel dafür. Es gibt unzählige Fälle, in denen Länder mit hohen Defiziten diese auch bei flexiblen Wechselkursen nur über eine harte Stabilisierungskrise reduzieren konnten. Auch feste Wechselkurse führen nicht automatisch zur Beschränkung der Leistungsbilanzungleichgewichte auf ein akzeptables Niveau. Durch unterschiedliche Kostenentwicklungen in zwei Ländern eines Festkurssystems etwa können sich Ungleichgewichte aufbauen, die sich nicht einfach von selbst zurückbilden. Zwar kann das Land mit Leistungsbilanzdefiziten bei Finanzierungsschwierigkeiten eine restriktive Geldpolitik betreiben und eine Stabilisierungskrise initiieren, jedoch wird die Rückführung der Defizite dann aufgrund der hohen inländischen Produktions- und Beschäftigungsverluste schmerzhaft. Festzuhalten ist, dass bei unreguliertem internationalen Kapitalverkehr weder ein System fester noch eines flexibler Wechselkurse, das ausschließlich durch Marktkräfte gesteuert ist, automatisch zu weltwirtschaftlicher Stabilität und Wohlstand führt. Beide Systeme bedürfen zusätzlicher Instrumente, um einen stabilen Rahmen für die weltwirtschaftliche Entwicklung zu schaffen. Dazu sollten dann auch die Vorteile beider Systeme genutzt werden.

Wir halten den Vorschlag von John Maynard Keynes nach wie vor für eine gute Grundlage zur Reform des Weltwährungssystems. Keynes (1969) schlug ein System mit grundsätzlich festen Wechselkursen vor, die jedoch bei sich aufbauenden Leistungsbilanzungleichgewichten zwischen Ländern angepasst werden sollten. Die erlaubten Schwankungsbreiten um den Leitkurs sollten dabei möglichst gering sein. Der Anpassungsmechanismus, der Keynes vor Augen schwebte, sah bei Ungleichgewichten eine wirtschaftspolitische Stimulierung im Land mit Überschüssen und eine entsprechende Drosselung im Land mit Defiziten vor. Keynes hatte also einen symmetrischen Anpassungsprozess im Sinn. In aller Regel führen Marktprozesse dazu, dass ausschließlich das Land mit dem Defizit über eine restriktive Wirtschaftspolitik die Ungleichgewichte abbauen muss. Das aber ist nicht nur übermäßig schmerzhaft für das jeweils betroffene Land, sondern wirkt sich auch negativ auf die Entwicklung der Weltwirtschaft insgesamt aus. Denn da für jedes Land der Anreiz besteht, Leistungsbilanzdefizite möglichst zu vermeiden oder sogar Überschüsse einzufahren, ergibt sich wiederum ein struktureller globaler Nachfrageunterhang. Um einen symmetrischen Anpassungsprozess zu fördern oder gar zu erzwingen plädierte Keynes für die Einführung von Strafsteuern und das sowohl für Länder mit Defiziten als auch für solche mit Überschüssen in der Leistungsbilanz.

Implizit unterstellt der Keynes'sche Vorschlag eine enge wirtschaftspolitische Kooperation der am Festkurssystem beteiligten Länder. Dafür wäre ein gemeinsames Gremium notwendig, das einerseits die Funktion hätte, über etwaige Wechselkursanpassungen zu entscheiden, und anderseits die Geldpolitik in den beteiligten Ländern zu koordinieren. Im hergebrachten Bretton-Woods-System wurden solche Anpassungen im Rahmen der Gremien des IWF entschieden. Eine explizite Koordinationsaufgabe der Geldpolitiken hatte der IWF jedoch nicht. Das ist einer der Mängel, die ein neues Weltwährungssystem nicht aufweisen sollte.

Robert Mundell, sicherlich kein radikaler Ökonom, griff diese Problematik auf. Er schlug ein Festkurssystem zwischen US-Dollar, Euro und Yen vor. Zur Koordination der Geldpolitik dachte er an ein gemeinsames unabhängiges Steuerungsgremium, bestehend aus vier US-Amerikanern, drei EWU-Vertretern und zwei Japanern. Sie sollten die Geldpolitik in den drei Ländern abstimmen und vorgeben.[15] Mundells Vorschlag impliziert somit die Übertragung der geldpolitischen Kompetenz der Teilnehmerländer auf ein supranationales Gremium bei gleichzeitiger Beibehaltung der nationalen Währungen. Ein solches Gremium könnte auch beim IWF angesiedelt sein und die Vertreter der weltweit wichtigsten Zentralbanken als Mitglieder haben. Dies käme fraglos einem Quantensprung bei der globalen Steuerung der Weltwirtschaft gleich. Und wenn das auch angesichts der gegenwärtigen politischen Strukturen nicht umsetzbar scheint, ist es dennoch wichtig, diese Diskussion überhaupt wieder zu führen.

Eine wirtschaftspolitische Koordination würde neben der Geld- auch eine abgestimmte Fiskalpolitik einschließen. Zumindest müsste in weltwirtschaftlichen Krisenphasen die Fiskalpolitik in den wichtigsten Ländern koordiniert werden. Bisher geschah dies im Rahmen von G-7-, G-8- oder neuerdings G-20-Treffen. Prinzipiell ist gegen einen solchen Koordinationsmechanismus nichts einzuwenden. Es könnte allerdings über einen weltwirtschaftlichen Sachverständigenrat mit Mitgliedern der wichtigsten Länder nachgedacht werden. Seine Aufgabe bestünde darin, Empfehlungen zur fiskalischen Abstimmung, aber auch zu anderen Bereichen, beispielsweise der Harmonisierung der Steuersysteme, auszuarbeiten.

**Wie häufig sollten Wechselkursanpassungen stattfinden?**

Es gibt eine Reihe weiterer Fragen, die sich bei der Schaffung eines neuen Bretton-Woods-Systems stellen. Die erste betrifft die Häufigkeit der Wechselkursanpassungen. Harry Dexter White, der Leiter der US-amerikanischen Delegation bei den Beratungen von Bretton Woods, sprach sich wie Keynes für ein System fester Wechselkurse aus. White jedoch wollte das Instrument der Wechselkursanpassung schneller anwenden. Offensichtlich traute Keynes dem Mechanismus weniger als White, was angesichts der vielfältigen Probleme, die bei Wechselkursanpassungen auftreten können, verständlich ist. Wir unterstützen die Position, dass eine symmetrische Anpassung der makroökonomischen Ausrichtung der Wirtschaftspolitik in Ländern mit inakzeptablen Leistungsbilanzungleichgewichten einer Wechselkursanpassung vorzuziehen ist. Selbstverständlich gibt es auch Umstände, die eine Wechselkursanpassung als besseres Instrument erscheinen lassen. Letztlich muss in der jeweiligen historischen Situation entschieden werden, welche Instrumente zur Koordinierung der weltwirtschaftlichen Entwicklung die günstigsten sind.

Ein neues Bretton-Woods-System entsprechend der dargelegten Vorstellungen würde zwar zur Stabilisierung der internationalen Kapitalströme beitragen. Allerdings gäbe es auch in diesem Szenario keine Garantie dafür, dass Kapitalströme das System nicht ernsthaft stören oder gar zerstören könnten. Aus diesem Grunde sind verschiedene Vorkehrungen zu treffen. Zunächst sollten alle Zentralbanken, was für Festkurssysteme selbstverständlich ist, auf den Devisenmärkten heftig intervenieren, um destabilisierende Kapitalströme zu kompensieren. Die Entwicklungen speziell nach der Asienkrise haben gezeigt, dass Devisenaufkäufe mit nachfolgender Sterilisierungspolitik durch die Ausgabe eigener Zentralbankwertpapiere in großem Umfang möglich sind und erfolgreich sein können. Gleichzeitig bedarf ein solches System einer starken internationalen Institution zur Finanzierung von Zentralbanken, die aufgrund von Kapitalabflüssen unter Druck geraten sind. Der IWF zusammen mit jährlich angepassten Sonderziehungsrechten ist die schon existierende und geeignete Institution zur Übernahme dieser Funktion.

Schließlich sollten Kapitalverkehrskontrollen auch zwischen den entwickelten Ländern wieder ein normales Instrument der Geldpolitik und der Stabilisierung von Ökonomien werden. Deregulierte Kapitalströme, die in mannigfacher Weise die Ökonomie stören und destabilisieren, sind kein Selbstzweck. Idealerweise sollte dieses Instrument abgestimmte Zu- und Abflusskontrollen einschließen – also ebenfalls international koordiniert werden. Kapitalverkehrskontrollen können mit unterschiedlicher Intensität flexibel genutzt werden. Wichtige Kapitalströme, etwa ausländische Direktinvestitionen, brauchen dabei nicht nachhaltig behindert zu werden.

**Welche Kapitalverkehrskontrollen sind sinnvoll?**

Kapitalverkehrskontrollen können in verschiedensten Formen durchgeführt werden. Berühmt wurde die sogenannte Tobin-Steuer. James Tobin (1978) schlug vor, alle Devisenmarktinterventionen mit einer geringen Steuer zu belegen. Wichtige Transaktionen wie Warenexporte und -importe würden durch die Steuer kaum belastet, während gleichzeitig der sehr kurzfristigen Spekulation durch die Steuer der Garaus gemacht würde. Tobin hoffte, durch die Steuer den Zeithorizont von Wirtschaftsubjekten zu verlängern und damit die Wechselkursentwicklung zu stabilisieren und von Fundamentalfaktoren abhängig zu machen. Er hoffte, dass die Steuer Sand ins Getriebe der Finanzmärkte streuen und diese weniger schnell machen würde. Aus steuerlichen Gründen, also zur Erzielung von Staatseinnahmen, mag die Tobin-Steuer zwar Sinn machen, jedoch ist sie zur Steuerung der internationalen Kapitalströme ein zu schwaches Instrument. Denn von der Grundidee her ist der Steuersatz weit unter einem Prozent. Wird der Steuersatz aber sehr hoch gewählt, dann ist das Instrument zu grob. Denn in diesem Fall wären viele Transaktionen (wie etwa Warenexporte und -importe), die man an sich gar nicht besteuern will, ebenfalls von dem hohen Satz betroffen.

Ähnliche Argumente gelten für die Börsenumsatzsteuer, die nicht in der Lage ist, Aktienmarktblasen zu verhindern. Die Immobilienmärkte sind ein gutes Beispiel dafür, dass selbst hohe Transaktionskosten und intransparente Märkte mit in Teilen niedriger Liquidität heftige Übertreibungen erleben können. Aber wie bei der Tobin-Steuer kann es Sinn machen, Transaktionen auf den Aktienmärkten aus fiskalischen Gründen zu besteuern. Letztlich käme das der Grunderwerbssteuer gleich.

Es erscheint zunächst sinnvoll, spezifische internationale Transaktionen zu reduzieren bzw. ökonomische Einheiten dazu zu zwingen, diese nicht mehr durchzuführen. So können Pensionsfonds, Versicherungen, Spezialinstitute (etwa Bausparkassen) oder Banken in öffentlichem Eigentum (Sparkassen, Landesbanken) dazu veranlasst werden, ihre Geschäfte ausschließlich im Eurowährungsraum zu tätigen. Dies würde die Banken- bzw. Finanzmarktaufsicht bei diesen Instituten vereinfachen und zugleich stärken. Spezifischen Finanzinstitutionen und Unternehmen könnte vorgeschrieben werden, keinerlei offene Währungspositionen zu haben. Schließlich wäre es auch kein Problem, jegliche Transaktionen mit Offshore-Zentren schlicht und einfach zu verbieten. Dies wäre sogar für Deutschland alleine denkbar und schon aus Gründen der Steuergerechtigkeit wünschenswert.[16] Ein weiters Instrument, das auch den internationalen Kapitalverkehr bremsen würde, wäre eine hohe von der Einkommenssteuer unabhängige Besteuerung kurzfristiger Spekulationsgewinne beim Erwerb von Aktien und Immobilien. Eine solche Steuer könnte degressiv ausgerichtet sein, also mit der Haltedauer des Vermögensobjektes abnehmen.

Relativ einfach zu kontrollieren sind internationale Portfolioinvestitionen und Bankkredite, die den Eurowährungsraum verlassen oder in den Euroraum hineinfließen. Denn solche Transaktionen werden von Finanzinstituten durchgeführt, die sowieso von den Aufsichtsbehörden überwacht werden. Diese Kapitalflüsse könnten dann entweder mit einer hohen Steuer belegt oder in spezifischen Situationen verboten werden. Denkbar ist auch eine zinslose Hinterlegungspflicht der Kapitaltransaktion für einen bestimmten Zeitraum bei der Zentralbank. Dies hätte den Effekt, dass die Steuer mit der Kurzfristigkeit der Transaktion ansteigt. Wird bei jeder Kreditaufnahme in einem ausländischen Währungsraum eine zinslose Hinterlegung der Kreditsumme von vier Wochen bei der Zentralbank erzwungen, dann machen Kredite unter vier Wochen offensichtlich keinen Sinn, Kredite über einen Zeitraum von zwei Monaten werden durch die Maßnahme relativ teuer, während ein Kredit über zehn Jahre nur unwesentlich verteuert wird. Es ist hier nicht der Platz, Kapitalverkehrskontrollen im Detail zu beschreiben, dazu sei vielmehr auf die Aufsätze der Ökonomen Akira Ariyoshi (2000) und John Williamson (2005) verwiesen. Allerdings ist es bei diesen Kontrollen wie bei Steuern: Existiert der politische Wille, dann können sie auch durchgesetzt werden.

**Supranationale Organisationen im Bereich des globalen Finanzsystems**

Um für den Globalisierungsprozess stabile Rahmenbedingungen zu gewährleisten, müssen alte supranationale Institutionen reformiert und neue Institutionen geschaffen werden. Insgesamt sind diese Organisationen zu demokratisieren, da bisher die Industrieländer eine dominante Rolle spielen und alle anderen Staaten unterrepräsentiert sind. Das ist ein Problem nicht nur, weil damit den Institutionen die Legitimation fehlt, sondern auch, weil mit dem Aufstieg einiger Schwellen- und Entwicklungsländer wie China und Indien zu wirtschaftlichen Großmächten deren Bereitschaft insgesamt sinkt, die gegebenen Strukturen länger zu akzeptieren und diesen Institutionen neue Befugnisse zu übertragen. Beispielhaft soll deshalb auf einige der notwendigen Reformen eingegangen werden.

Zunächst bedarf der IWF einer umfassenden Reform, die sich insbesondere um die existierenden Quoten gruppiert, welche die Stimmrechte und auch die Zuteilung bei den Sonderziehungsrechten regeln. Die Industrieländer und speziell die europäischen Staaten haben innerhalb des IWF ein viel zu hohes Gewicht. Die OECD-Länder vereinigen auf sich den Löwenanteil an den Stimmrechten (vgl. Tabelle 4.1). Die Niederlande haben ein höheres Stimmrecht als beispielsweise Indien, die Schweiz ein größeres als Brasilien. Soll der IWF allgemein anerkannt und legitimiert werden, dann müssen sich diese Gewichte der tatsächlichen Bedeutung der teilnehmenden Länder anpassen. Das schließt auch einen deutschen Verzicht auf Stimmrechte ein. Angebracht wäre eine Stimme für die gesamte EWU. Die Vergabeprinzipien von Krediten während der vergangenen Jahrzehnte seitens des IWF sind nicht akzeptabel und entsprechen auch nicht seiner ursprünglichen Aufgabe, die ihm bei seiner Gründung im Rahmen des Systems von Bretton Woods zugedacht wurde. Der Währungsfonds hat sich in der Vergangenheit in einer Weise in die inländischen Angelegenheiten der Länder eingemischt, die nicht legitimiert war. Dabei war die Akzeptanz unterschiedlicher Kapitalismusmodelle nicht gerade die Stärke des IWF. Seine Prinzipien basierten für lange Zeit auf neoklassischen Vorstellungen der Deregulierung von Güter- und Finanzmärkten sowie des Rückbaus des Staates, die unter dem Schlagwort »Washington Consensus« bekannt wurden.[17] Diese Vorstellungen versuchte der IWF wiederholt durch Bedingungen bei der Kreditvergabe durchzusetzen. Da gerade diese Globalisierungsstrategie gescheitert ist, darf sie auch nicht mehr Grundlage der künftigen Kreditvergabe sein. Natürlich sollte der IWF auch in Zukunft nicht beliebig Kredite vergeben, sondern diese an Prinzipien binden. Durch eine Änderung der Machtverhältnisse innerhalb des IWF würden sich aber schon die grundlegenden Vergabeprinzipien ändern, zumal die meisten der Schwellen- und Entwicklungsländer dem Washington Consensus kritisch gegenüber eingestellt sind.

*Tabelle 4.1: Auswahl der Stimmanteile beim Internationalen Währungsfonds in Prozent aller Stimmen, Stand Juli 2009*

| | |
|---|---|
| USA | 16,77 |
| Japan | 6,02 |
| Deutschland | 5,88 |
| Großbritannien | 4,85 |
| Frankreich | 4,85 |
| Italien | 3,19 |
| Belgien | 2,09 |
| Spanien | 1,39 |
| Schweiz | 1,57 |
| Niederlande | 2,34 |
| Kanada | 2,88 |
| China | 3,66 |
| Indien | 1,98 |
| Brasilien | 1,38 |
| Südafrika | 0,86 |
| Russische Föderation | 2,69 |

Quelle: IMF (2009c)

Die Subprime-Krise mit ihren systemischen Wirkungen hat gezeigt, dass die Überwachung des Weltfinanzsystems von zentraler Bedeutung ist. Nun wird es keine zentrale weltweite Institution geben können, die alleine das komplexe globale Finanzsystem bis in die Geschehnisse in den einzelnen Ländern hinein tatsächlich effizient überwachen kann. Jedoch sollte eine Institution geschaffen werden, die das Weltfinanzsystem kontinuierlich beobachtet, Reformvorschläge erarbeitet und ein Gremium zum intensiven Informationsaustausch nationaler Behörden bei der Überwachung multinationaler Banken und anderer Finanzinstitutionen organisiert. Wir schlagen für diesen Zweck ein Internationales Komitee zur Finanzmarktaufsicht vor. Dieses sollte nicht beim IWF angesiedelt sein, da der Fonds ansonsten zu viele Funktionen auf sich vereinigen würde, die ohne Schaden getrennt werden können. Die Bank für Internationalen Zahlungsausgleich in Basel ist für die internationale Finanzmarktaufsicht der geeignete Ort. Der Basler Ausschuss für Bankenaufsicht, der 1974 von den Bankenaufsichtsbehörden und Zentralbanken der damals zehn führenden Industrienationen gegründet wurde, kann zu einer solchen Institution ausgebaut werden, wie der ehemalige UN-Funktionär und heutige Professor José Antonio Ocampo vorgeschlagen hat.[18]

In der Vergangenheit haben außenwirtschaftliche Überschuldungen in den betroffenen Ländern zu großen Verwerfungen und oftmals zu langfristiger Stagnation geführt. Individuelle Gläubiger, private Institutionen bis hin zu Staaten haben die Lage der Schuldnerländer ausgenutzt, um über Zugeständnisse eigene ökonomische und politische Vorteile zu erzielen und nicht selten das jeweilige Land auszubeuten. Es spricht alles für eine Institution, die im Falle der Überschuldung eines Landes eine geordnete Entschuldung durchführt und einen Kompromiss zwischen Schuldnern und Gläubigern ermöglicht. Auf nationaler Ebene sind solche Verfahren etabliert. Auf internationaler Ebene fehlt eine solche Institution. Wir empfehlen somit einen internationalen Schuldengerichtshof, der auf Basis allgemeiner Prinzipien bei der Überschuldung eines Landes in Aktion tritt und für eine faire Lastenteilung zwischen Gläubigern und Schuldnern im Krisenfall sorgt.[19]

Auch andere supranationale Institutionen, die den Zweck einer Steuerung der Globalisierung haben, sind von den Industrieländern dominiert und bieten den restlichen Staaten der Welt nur einen geringen Gestaltungsspielraum. Zu nennen sind hier insbesondere die Welthandelsorganisation und die Weltbank. Auch bei diesen Institutionen sind Reformen unumgänglich.[20]

### Geld- und Wechselkurspolitik der EWU ohne globale Kooperation

Eine globale Lösung ist zwar wünschenswert, jedoch gibt es Spielraum für einseitige Schritte auf der Ebene der EWU. Die EZB könnte eine Geld- und Wechselkurspolitik verfolgen, die das Eurowährungsgebiet von außenwirtschaftlichen Schocks abzuschotten versucht. Dadurch würde auch ein Beitrag zu weltwirtschaftlicher Stabilität geleistet. Ein zentrales Element einer solchen Strategie wäre eine Zwischenlösung beim Wechselkursregime, die für die EWU ebenso sinnvoll wäre wie für jeden anderen Währungsraum in einer global deregulierten und instabilen Weltwirtschaft. Diese Politik würde folgende Elemente umfassen:

Der Wechselkurs sollte möglichst stabil gehalten werden, da sich scharfe Auf- und Abwertungen negativ auf Ökonomien auswirken. So wünschenswert und wichtig aber auch Wechselkursstabilität ist, sie muss gegenüber anderen wirtschaftspolitischen Zielen abgewogen werden. Bauen sich hohe Leistungsbilanzdefizite auf, dann führt dies zur Anhäufung ausländischer

Schulden und damit zur Gefahr von Währungskrisen. Das kann selbst für den Euroraum nicht ausgeschlossen werden. Eine längere Phase hoher Defizite muss somit durch eine Abwertung der Wechselkurse beendet werden. Jedoch sollte diese in kontrollierter Form erfolgen, sodass überschießende Reaktionen ausgeschlossen werden. Im Falle von Leistungsbilanzüberschüssen ist dementsprechend eine Aufwertung des Euros anzustreben. Durch eine solche Politik wird das Eurowährungsgebiet zu einem stabilisierenden Faktor für die Weltwirtschaft, da es andere Länder nicht in Leistungsbilanzdefizite drückt. Ohne internationalen Kapitalverkehr würden sich die empfohlenen Wechselkursanpassungen automatisch ergeben. Also können es nur die internationalen Kapitalströme sein, die einen tendenziellen Ausgleich des Leistungsbilanzsaldos verhindern. Das führt uns zum nächsten Punkt.

Kapitalverkehrsregulierungen sind ein notwendiges Element, destabilisierende Kapitalströme und Wechselkursturbulenzen zu verhindern. Kapitalimportkontrollen können Aufwertungsphasen einer Währung mit Leistungsbilanzdefiziten unterbinden, Kapitalexportkontrollen können kumulative und unkontrollierte Abwertungen bekämpfen. Der Eurowährungsraum sollte also die internationalen Kapitalströme so regulieren, dass Leistungsbilanzungleichgewichte und Wechselkursturbulenzen gering bleiben. Länder können über Devisenmarktinterventionen Wechselkurse stabilisieren. Dieses Instrument kann zusammen mit Kapitalverkehrsregulierungen Leistungsbilanzungleichgewichte und Wechselkursturbulenzen bekämpfen. Die EZB wird weiterhin Zinspolitik als eines ihrer geldpolitischen Instrumente benutzen. In dem vorgestellten wirtschaftspolitischen Ansatz liegt die gesamte Anpassungslast der externen Stabilisierung aber nicht auf dem Zinssatz. Er wird damit zumindest zu einem großen Teil für die binnenwirtschaftliche Steuerung der Ökonomie frei.

Die Mischung zwischen Wechselkursstabilisierung, Kapitalverkehrskontrollen, Devisenmarktinterventionen und nationaler Zinspolitik kann von jedem Währungsblock und auch von einzelnen Ländern verfolgt werden. Entsprechend der jeweiligen Situation des Landes kann die Mischung der verschiedenen Instrumente gewählt werden. Würden alle Länder der vorgeschlagenen Politik folgen, dann würde die Weltwirtschaft stabiler. Die Globalisierung würde darunter nicht leiden, sondern lediglich in stabile Bahnen gelenkt. Vorzuziehen wäre eine globale kooperative Lösung. Jedoch erscheint uns gerade für den Euroraum auch eine individuelle Lösung machbar und attraktiv. Freilich setzt eine solche Politik entsprechende politische Mehrheiten und das nicht nur in Deutschland voraus.

### Die anzustrebende Leistungsbilanzkonstellation zwischen Industrie- und Entwicklungsländern

Große Leistungsbilanzungleichgewichte in Industrie- und Entwicklungsländern waren in den vergangenen Jahren eine anhaltende Quelle der Instabilität und sollten somit verhindert werden. In der Tendenz sollten diese Ungleichgewichte gemessen am BIP der entsprechenden Länder gering bleiben. Ein Konstruktionsfehler des gegenwärtigen Währungssystems besteht darin, dass – zumindest bis zum Jahr 2000 – ein Teil der Entwicklungsländer hohe Leistungsbilanzdefizite realisiert und damit hohe Auslandsschulden aufgebaut hat. Das gefährdete sowohl die Länder selbst als auch das internationale Finanzsystem und entlud sich wiederholt in Krisen wie etwa der Asienkrise oder der Argentinienkrise 2001/2002. Auch die Gegenbewegung nach dem Jahr 2000, in der angeführt von China viele der Schwellen- und Entwicklungsländer große Überschüsse aufhäuften, erwies sich nicht als stabil. Denn im Umkehrschluss akkumulierten die USA die übermäßigen Leistungsbilanzdefizite.

Zur Stabilisierung der ökonomischen Beziehung zwischen den Entwicklungsländern und den Industrieländern und damit zur Schaffung weltwirtschaftlicher Stabilität wäre es am günstigsten, wenn die Gruppe der Entwicklungsländer moderate Überschüsse und die Gruppe der Industrieländer moderate Defizite anstreben würde. Das setzt jedoch voraus, dass insbesondere die USA, die EWU und Japan moderate Defizite gegenüber Entwicklungsländern akzeptieren, während einige dieser Länder, besonders China und andere asiatische Staaten, ihre hohen Überschüsse abbauen müssen. Für Entwicklungsländer hat die vorgeschlagene Konstellation der Leistungsbilanzsalden den Vorteil, dass sie über Exporte die Integration ihrer Ökonomien in die Weltwirtschaft stimulieren können. Gleichzeitig würde so die Gefahr von Währungskrisen und außenwirtschaftlicher Überschuldung abnehmen. Für die Industrieländer, die sich in der Regel in inländischer Währung im Ausland verschulden können, sind moderate Defizite dagegen kein Problem.

Die vorgeschlagene Struktur der Leistungsbilanzsalden zwischen den Ländern der Peripherie und den Zentren ist durchaus mit Zuflüssen ausländischer Direktinvestitionen in den peripheren Ländern vereinbar. Solche Zuflüsse müssten eben nur durch andere Kapitalexporte des Privatsektors oder des Staates, etwa in der Form von Deviseninterventionen, ausgeglichen werden, wie dies etwa im Fall Chinas passiert ist.[21] Andere Arten von Kapitalzuflüssen jenseits von Direktinvestitionen haben sich für Entwicklungsländer ohnehin als wenig hilfreich erwiesen und einzig deren Leistungsbilanzdefizite erhöht. Das lässt sich an der Tatsache erkennen, dass Entwicklungsländer, die den internationalen Kapitalverkehr dereguliert haben, keinerlei Wachstumserfolge im Vergleich zu den Ländern erlebten, die den internationalen Kapitalverkehr kontrolliert haben, wie unter anderem Stiglitz (2004) feststellt. Sollten die Direktinvestitionen zu hoch werden oder in Bereichen stattfinden, die von den jeweiligen Regierungen nicht gewünscht sind, muss den Entwicklungsländern das Recht zugestanden werden, solche Direktinvestitionen wie alle anderen Kapitalströme auch nach ihren spezifischen Bedürfnissen zu regulieren.

Sicherlich gibt es eine kleine Gruppe von Entwicklungsländern insbesondere in Afrika, der es schwerfällt, in eine Konstellation von Export- und

Leistungsbilanzüberschüssen zu springen. Aber auch diese Länder können eine in der Tendenz ausgeglichene Bilanz haben, wenn Entwicklungshilfe in Form von Transfers und nicht in Form von Krediten gegeben wird. Hohe private Kapitalzuflüsse hat diese Gruppe von Ländern sowieso nicht zu erwarten. Eine Teilentschuldung der besonders hoch verschuldeten Länder der Peripherie kann den Weg zu einer neuen weltwirtschaftlichen Saldenstruktur ebnen. Als unterstützende Maßnahme sind die Gütermärkte der entwickelten Industrieländer für die Produkte der Entwicklungsländer zu öffnen.

### 4.2.2 Die Restrukturierung des Finanzsystems

Die Regulierung der Finanzmärkte ist eine, wenn nicht sogar die entscheidende Stellschraube zur Neuausrichtung des deutschen und internationalen Wirtschaftsmodells. Im Zuge der aktuellen Krise wurde deutlich, dass die Unterregulierung der Finanzmärkte zu regelmäßig wiederkehrenden Blasen auf den Aktien- und Immobilienmärkten, zu destabilisierenden Kreditexpansionen und – darauf folgenden – Rationierung von Krediten, zu gigantischen Leistungsbilanzungleichgewichten sowie Überschuldungen von Ländern und schließlich mit der Subprime-Krise zu einer systemischen weltweiten Finanzmarktkrise geführt hat. Die realökonomischen Kosten der Finanzmarktkrisen der vergangenen Jahrzehnte waren gigantisch und erreichen mit der Subprime-Krise einen traurigen Höhepunkt. Die Entwicklungen auf den Finanzmärkten waren zudem auch der Motor zur Auflösung der Deutschland AG und des sogenannten Modells Deutschland ab den 1990er-Jahren. Ohne eine grundlegende Reform des Finanzsystems kann kein guter Kapitalismus geschaffen werden. Ein stabiles Finanzsystem kann dabei als öffentliches Gut angesehen werden, das der Staat durch Regulierungen im öffentlichen Interesse bereitstellen muss.

Im Zuge der Verhandlungen der G-20-Staaten kam es im Rahmen zweier Gipfel (November 2008 in Washington und April 2009 in London) zu Regulierungsvorschlägen, die sich zwar auf alle Bereiche des Finanzsystems im engeren Sinne bezogen, allerdings in der konkreten Formulierung nicht hinreichend verbindlich waren. Das ist zum einen der komplexen Frage von Regulierungen auf internationaler Ebene geschuldet, die zwar über eine Reihe internationaler Organisationen koordiniert werden können, aber auf der Implementierungsebene letztlich auf die Kooperation der Nationalstaaten angewiesen sind. Zum anderen ist das Ergebnis der G-20-Treffen der hohen Komplexität des Politikfeldes geschuldet, weshalb die konkreten Ergebnisse und Vorschläge zur Ausarbeitung der Reformen in Arbeitsgruppen verlagert wurden. Zu der Instabilität des internationalen Kapitalverkehrs, den Leistungsbilanzungleichgewichten und dem Wechselkurssystem hat sich das G-20-Treffen ausgeschwiegen. Man hat sich darauf beschränkt, ohne Strukturreformen die Mittel des Internationalen Währungsfonds zur Stabilisierung von Ländern zu erhöhen, die durch die Subprime-Krise in Währungs- und Überschuldungskrisen geraten sind.

Die Reform des Weltwährungssystems und Elemente einer Global Governance wurden oben bereits dargelegt, sodass wir uns nun auf die Finanzmärkte im engeren Sinne konzentrieren können. Folgend werden wir die verschiedenen Dimensionen einer Finanzmarktregulierung der Reihe nach diskutieren.

### Makroökonomische Dimension der Finanzmarktregulierung

Ein Grundproblem der Reformen der Finanzmarktregulierung der vergangenen Jahrzehnte war nicht nur, dass ökonomische Prozesse global und Regulierungen national waren, sondern auch, dass die Regulierungsbehörden offensichtlich wie die Mehrheit der Ökonomen an effiziente Märkte glaubten. Es wurde angenommen, dass die Überprüfung der mikroökonomischen Stabilität von Instituten automatisch zu makroökonomischer Stabilität führt. Durch diese Fehleinschätzung traten makroökonomische Probleme wie Vermögensmarktblasen, zunehmende Fragilität des Gesamtsystems aufgrund steigender Fremdkapitalquoten, Überschuldungen ganzer Länder und ähnliche Probleme in den Hintergrund. Bei den Regulierungen muss somit dringend ein Philosophiewechsel eintreten, um makroökonomische Aspekte wieder einzubeziehen.

Makroorientierung bedeutet auch, das Finanzsystem so zu regulieren, dass es eine dienende und fördernde Funktion für den Unternehmenssektor einnimmt und nicht Quelle systemischer Risiken wird. Um die Tragfähigkeit von Finanzinstitutionen zu überprüfen, haben die Aufsichtsbehörden deren Geschäftsmodelle zu überprüfen. Sie müssen folglich von den jeweiligen Instituten offengelegt werden. Dabei sollten Geschäftsmodelle, die überwiegend oder rein auf spekulativen Aktivitäten beruhen, von den Behörden entweder mit höheren Eigenkapitalanforderungen belegt oder im Extremfall sogar ganz verboten werden.

Finanziell und personell sollten die Aufsichtsbehörden künftig deutlich besser aufgestellt sein. Qualifiziertes Personal ist unabdingbar, um die komplexen Vorgänge im Finanzsystem angemessen überwachen und gegebenenfalls Vorschläge für Verbesserungen machen zu können. Dabei sollte den Behörden die Freiheit gegeben werden, Geschäfte nicht nur deshalb infrage zu stellen, weil sie die Buchstaben bestimmter Regulierungen verletzen, sondern auch, wenn diese die engen Regeln erfüllen, aber den Geist der Aufsichtsvorschriften umgehen. Dazu sollten die Aufsichtsbehörden stärker mit Makroökonomen als Ergänzung zu den einzelwirtschaftlich orientierten Prüfern besetzt werden.

### Auflösung des Schattenbankensystems

Für die umfassende Regulierung von Finanzmärkten ist der Grundsatz der Gleichbehandlung relevant. Ökonomische Funktionen, unabhängig davon in welcher Institution und Lokalität sie angesiedelt sind, müssen den gleichen Regulierungen unterworfen werden. Geschieht dies nicht, kommt es zu Regulierungsarbitrage und damit zu deren Durchlöcherung. Banken und andere Finanzmarktakteure würden dann natürlich ihre Aktivitäten genau in solche Rechtsformen oder an solche Orte verlegen, wo die Regulierung am durchlässigsten ist. Genau das war in den vergangenen Jahrzehnten durch die Entwicklung eines »Schattenbankensystems« zu beobachten. Die verhältnismäßig streng regulierten Geschäftsbanken lagerten einfach ihre riskanten Tätigkeiten in weniger regulierte Zweckgesellschaften oder Fonds aus. Die Bedeutung der traditionellen Geschäftsbanken ging damit zurück, und weniger oder nichtregulierte Institute wie Investmentbanken, Investmentfonds und andere Nichtbank-Finanzintermediäre gewannen an Bedeutung. Zusammen mit der Fehleinschätzung, Finanzmärkte seien von sich aus stabil, konnte es so zur starken Ausweitung eines unregulierten Schattenbankensystems kommen.

Angesichts der dadurch entstandenen Probleme müssen Reformen am Finanzmarkt heute das Ziel haben, einerseits dieses Schattenbankensystem aufzulösen und andererseits alle Finanzinstitute einer umfassenden Regulierung zu unterwerfen, die über deren bloße Registrierung hinausgeht. Vom Grundsatz her sind, wie betont, Funktionen zu regulieren und nicht Finanzinstitutionen mit spezifischen Namen. Statt also Geschäftsbanken beispielsweise Eigenkapitalanforderungen vorzuschreiben, während Zweckgesellschaften davon befreit blieben, sollte eher die Vergabe von Krediten unter bestimmte Regeln gestellt werden. Eine Möglichkeit dazu ist das Verbot von Zweckgesellschaften oder anderen Institutionen, die vom Bankensystem zur Umgehung der Vorschriften vorzugsweise in Ländern mit geringen Regulierungen gegründet wurden. Eine Alternative zu einem solchen Verbot besteht darin, alle Aktivitäten eines Finanzinstituts in einer konsolidierten Bilanz zu erfassen und diese zur Grundlage der Regulierung zu machen. Auch sollten allen Finanzinstitutionen spezifische Eigenkapitalvorschriften auferlegt werden, um die Hebelwirkung dieser Institutionen mittels Kreditaufnahme zu begrenzen.

Die Fristentransformation (Refinanzierung langfristiger Anlagen durch Wertpapiere mit kurzer Laufzeit oder kurzfristigen Einlagen) bei Investmentbanken und allen Fonds ist im Gegensatz zu Geschäftsbanken zu begrenzen. Denn im Vergleich zum Geschäftsbankensystem stehen Nicht-Geschäftsbanken normalerweise[22] auch nicht unter dem Schutz der Zentralbank, die aufgrund ihrer Funktion als Lender of Last Resort die Liquidität von Banken garantiert.

Parallel dazu sollten die Transparenzvorschriften von Hedgefonds, Private-Equity-Fonds und ähnlichen Nichtbank-Finanzintermediären verändert werden. Geschäftsmodelle und laufende Geschäfte sind gegenüber der Öffentlichkeit und den Regulierungsbehörden offenzulegen ebenso wie Eigentumsstrukturen und Investoren innerhalb der Fonds.

Geschäfte inländischer Institutionen mit Offshore-Zentren, die sich Regulierungen nicht unterwerfen, sind schlicht und einfach zu verbieten. Dass ein solches Verbot von Deutschland auch im Alleingang durchgesetzt werden kann, betont beispielsweise Altbundeskanzler Helmut Schmidt.[23]

Hinzu kommt der Schutz von Arbeitnehmern und ihrer Mitbestimmungsrechte, des Rechts auf Anhörung und Konsultation von Arbeitnehmervertreten für den Fall eines Eigentümerwechsels etwa. Betriebs- und Mitbestimmungsvereinbarungen sowie Tarifverträge sollten in allen Finanzinstitutionen bestehen.

**Stärkung der Eigenkapitalbasis und Krisenpuffer**

Für ein nachhaltiges Finanzsystem ist es notwendig, dass die einzelnen Finanzinstitutionen über ausreichend Eigenkapital verfügen. Das gilt einerseits zum Schutz der Gläubiger, also beispielsweise der Einleger, andererseits wird über Eigenkapitalvorschriften aber auch die Kreditexpansion dieser Institute begrenzt. Gegen hohe Eigenkapitalquoten gibt es im Grunde kein gutes ökonomisches Argument. Finanzinstitute können neben der Anwerbung von Einlagen oder der Ausgabe von verzinslichen Wertpapieren auch ihr Eigenkapital erhöhen, was zu mehr Stabilität des Finanzsystems insgesamt beiträgt. Eine hohe Eigentumshaltung bewirkt zudem, dass Finanzinstitutionen bei ihren Geschäften sorgfältiger agieren, da für sie selbst mehr eigenes Kapital auf dem Spiel steht.[24]

Ursprünglich mussten Banken nach dem sogenannten Standardansatz bestimmte Prozentsätze ihrer Kreditvergabe als Eigenkapital halten, wobei zwischen verschiedenen Risikoklassen der Kredite unterschieden wurde. Im Rahmen von Basel II konnten die Banken dann auf interne Risikomodelle oder externes Rating bei der Berechnung ihrer Hinterlegungspflicht zurückgreifen. Diese Entwicklung hat zur Reduzierung der Eigenkapitalhaltung geführt – gemessen in Prozent des Geschäftsvolumens der jeweiligen Bank. Es gilt, diesen Trend umzukehren.

Dabei kann die Eigenkapitalhaltung durchaus von Risikomodellen abhängig gemacht werden. Jedoch muss deutlich sein, dass diese Modelle auch versagen können, da sie auf historischen Daten beruhen und systemische Krisen nicht erfassen. Aus diesem Grunde schlagen wir vor, dass die Eigenkapitalhaltung aus zwei Komponenten besteht. Erstens sollten die Finanzinstitute risikounabhängige Mindesteigenkapitalquoten nach dem alten Standardansatz erfüllen. Sie können relativ niedrig sein. Zweitens ist zusätzlich eine risikoabhängige Eigenkapitalhaltung vorzuschreiben, die über entsprechende Modelle ermittelt werden kann. Die Aufsichtsbehörde sollte dann auch die von den Banken benutzten Risikomodelle strikt überprüfen. In Absprache mit Fachleuten sollten diese zudem kontinuierlich verbessert werden und neben den normalen auch große, systemische Risiken erfassen. Die Modelle sind überdies durch Szenarienanalysen zu ergänzen.

Insgesamt sollte sich dann eine Eigenkapitalhaltung von mindestens 8 Prozent ergeben, was auch der ursprünglichen Idee von Basel I entspricht. Kredite der Geschäftsbanken an weniger regulierte und risikofreudige Institutionen wie Hedgefonds sollten einer deutlich höheren Eigenkapitalhinterlegungspflicht unterworfen werden.

Nicht nur Geschäftsbanken sollten solchen Vorschriften unterworfen werden, sondern in gewissem Umfang auch andere Finanzinstitute, beispielsweise Investmentbanken und Fonds. Es hat sich gezeigt, dass die extreme Hebelwirkung, die Finanzinstitutionen außerhalb des Geschäftsbankensystems durch kreditfinanzierte Transaktionen und mit oftmals minimalem Eigenkapital entfalten, für die ökonomische Entwicklung gefährlich ist. Ökonomische Dynamik, etwa in den 1950er- und 1960er-Jahren, war auch ohne die Existenz solcher teilweise extrem risikoorientierten und mit hohem Fremdkapitaleinsatz agierenden Finanzinstitutionen möglich.

Wir schlagen eine Eigenkapitalhinterlegungspflicht vor, die mit der Größe einer Finanzinstitution, gemessen an dessen konsolidierter Bilanz, steigt. Dadurch werden größere Institute benachteiligt. Aus systemischer Sicht ist das jedoch gerechtfertigt. Denn zum einen verhindert eine solche Regelung tendenziell das immer weitere Wachsen der großen Finanzkonzerne. Das ist wichtig, weil ab einer gewissen Größe die Pleite einer einzigen Bank das ganze System zum Zusammenbruch bringen kann und deshalb der Staat im Krisenfall mit Steuergeldern einspringen müsste. Zum anderen wirkt eine solche Regelung der Konzentration innerhalb der Finanzbranche entgegen. Das wiederum verhindert, dass der Finanzsektor exzessive Gewinne auf Kosten der übrigen Wirtschaft abgreifen kann – wie es in den vergangenen Jahren passiert ist. Zu guter Letzt werden durch die Benachteiligung großer Banken die kleineren und mittleren Institute wie Sparkassen und Genossenschaftsbanken gestützt. Und gerade sie haben sich in der aktuellen Krise als wichtiger Stabilitätsfaktor erwiesen.

Zwei weitere Argumente bei der Eigenkapitalhaltung sind relevant. Erstens sollte eine höhere Eigenkapitalhaltung nicht in einer Krisenphase eingeführt werden, da dies das Bankensystem mit hoher Wahrscheinlichkeit kurzfristig zu einer Reduzierung der Kreditvergabe zwingen würde. Zweitens ist eine Eigenkapitalhinterlegungspflicht nicht ausreichend, destabilisierende Entwicklungen zu verhindern. Dazu sind weitere Instrumente notwendig.

### Verhinderung prozyklischer Prozesse

Finanzsysteme tendieren von sich aus zu kumulativen prozyklischen Prozessen, da in aller Regel Vermögensmarktinflationen mit einer Ausweitung der Kreditvergabe einhergehen und umgekehrt Deflationen mit einer Kreditklemme. Diese systemische Prozyklik führt zu selbstverstärkenden Tendenzen in die eine oder andere Richtung und ist mit dem heutigen Regelwerk nicht nachhaltig zu durchbrechen.

Bankenspezifische Risikomodelle wirken prozyklisch, da sie in einer Aufschwungsphase und selbst während des Aufbaus einer Vermögensblase keine Risiken anzeigen. Denn in diesen Phasen treten der Sache nach keine faulen Kredite auf. Gerade in einer solchen Situation weiten die Banken dann mit gegebenem Eigenkapital ihre Kreditvergabe stark aus, obwohl gesamtwirtschaftlich gerade dann eine etwas langsamere Kreditexpansion wünschenswert wäre, damit es nicht zu Übertreibungen kommt. Platzt die

Vermögensblase später und zeigen dann die Risikomodelle größere Gefahren an, so fahren die Banken ihre Kreditvergabe herunter, gerade zu dem Zeitpunkt, zu dem die Wirtschaft ohnehin schon durch die platzende Vermögensblase geschwächt ist. Das Problem lässt sich durch eine Mindesteigenkapitalhaltung begrenzen. Das ist aber nicht ausreichend. Wir schlagen eine Eigenkapitalhinterlegungspflicht vor, die von der Zentralbank diskretionär, also nach eigenem Ermessen, für spezifische Kredite variiert werden kann. Dadurch können Kredite für Immobilien, zur Aktienspekulation, zur Finanzierung von Private-Equity-Fonds etc. gegebenenfalls teurer gemacht werden. Auch andere Regulierungen sind denkbar, etwa eine diskretionäre Variation des notwendigen Eigenkapitals bei einer Immobilienfinanzierung.

Dass solche Vorschläge funktionieren können, zeigt Spanien. Im Jahre 2000 zwang die spanische Zentralbank angesichts der entstehenden Immobilienblase die Banken zum Aufbau von Reserven zur Kompensation möglicher Verluste. So blieb trotz des Platzens der Immobilienblase im Gefolge der Subprime-Krise das Bankensystem Spaniens relativ stabil. Die Bilanzierungsvorschriften nach US-GAAP (Generally Accepted Accounting Principles) bzw. dem IFRS (International Financial Reporting Standards)[25], die für international agierende Unternehmen gelten und nunmehr auch zum Teil in das deutsche Handelsrecht übernommen werden (Bilanzrechtsmodernisierungsgesetz)[26], sind extrem auf Kurzfristigkeit ausgerichtet und haben prozyklische Effekte. Vierteljahresberichte von Unternehmen, Fair-Value-Bewertungen und Mark-to-Market-Regeln bauen auf der Vorstellung auf, dass Investoren auf Vermögensmärkten immer den aktuellen Wert eines Unternehmens sowie die Werthaltigkeit und Renditemöglichkeit von Anlagen kennen sollten. Da Vermögensmärkte in den vergangenen Jahrzehnten immer kurzfristiger orientiert wurden, dachte man, dass eine jederzeit aktuelle und nach ihrer Logik ausgerichtete Buchführung diesen Märkten auch dienen sollte. Die eingeführten Buchführungsregeln verstärken dabei prozyklische Entwicklungen der Wirtschaft, indem sie Vermögensgegenstände in Boomphasen überbewerten, Gewinne ausweisen, die nicht auf tatsächlichen Erlösen beruhen, Anreize zur Kreditaufnahme geben und insgesamt zu weiterer Überhitzung führen. In Krisensituationen bewirken diese Prinzipien eine Unterbewertung von Vermögensgegenständen, die Zerstörung von Eigenkapital und eine Beschleunigung der Abwärtsspiralen. Fair-Value-Prinzip und Mark-to-Market-Regeln sind daher nicht mit einer nachhaltigen Entwicklung von Finanzmärkten und Unternehmen vereinbar. Dafür ist hingegen eine Bilanzierung nach dem Niederstwertprinzip empfehlenswert. Dabei würden Vermögenswerte nach dem Anschaffungswert bzw. historischen Kaufpreis bemessen. Der aktuelle Marktwert würde nur dann eine Rolle spielen und den Wertansatz bestimmen, wenn er unter dem Anschaffungswert liegt. So wird die Eigenkapitalbasis von Unternehmen gestärkt und deren Stabilität in Krisenphasen erhöht.

Bilanzierungsregeln sollten grundsätzlich die Offenlegung aller Verbriefungspositionen der Banken und ihrer Risiken gewährleisten. Die Informationsbedürfnisse von Anlegern auf Kapitalmärkten können durch Informationen jenseits der Buchführungsregeln befriedigt werden.

**Standardisierung und Verbot von Finanzprodukten**

Eine Reform der Bewertung von Finanzprodukten ist unumgänglich. Wie die Vergangenheit gezeigt hat, sind sie ebenso gefährlich wie Arzneimittel. Bei Letzteren ist eine sorgfältige Kontrolle inzwischen Standard, bei Finanzprodukten sollte es ebenfalls so sein. Ein Höchstmaß an Transparenz, Neutralität und Kontrolle bei der Bewertung von Risiken ist dabei zu beachten.

Wir schlagen vor, dass alle Finanzprodukte sich wie Arzneimittel einer Zulassung unterziehen müssen. In diese Richtung geht auch die Expertenkommission der Vereinten Nationen zur Erarbeitung von Reformen des Finanzsystems. Sie schlägt eine Wertpapiersicherheitsagentur (Financial Product Saftey Commission) zur Überwachung von Finanzprodukten vor.[27] Ein solches Verfahren würde unter anderem die bisherige Tendenz zur Schaffung laufend neuer Finanzprodukte, die keinerlei zusätzlichen ökonomischen Nutzen mit sich bringen, beenden. Es würde sich ein Bündel von standardisierten Produkten durchsetzen, die den Markt überschaubarer machen. Nützliche Innovationen könnten nach Prüfung durch staatliche Ratingagenturen eingeführt werden, sodass es nicht zur Blockierung sinnvoller Erneuerungen kommt. Auch würde eine solche Zulassungskontrolle das mehrfache Verpacken von Produkten verhindern, das selbst keinen ökonomischen Vorteil bringt, da jeder Investor bei Bedarf sich sein eigenes Portfolio mischen kann.[28]

Finanzprodukte sollten nur noch auf organisierten Märkten gehandelt werden dürfen, die als Clearingstelle fungieren. Sogenannte Over-The-Counter-Geschäfte (OTC), die bilateral gehandelt werden können, sind zu verbieten. Ein solcher Schritt ist zum einen notwendig, um ausreichend Transparenz auf den Märkten zu garantieren. Zum anderen trägt er zur Stabilisierung des Finanzsystems bei. Bislang werden große Volumina von Derivaten nur durch bilaterale Verträge zwischen einzelnen Finanzinstitutionen gehandelt. Dies trifft zum Beispiel für den gigantischen Markt der Credit Default Swaps (CDS) zu, bei dem der eine Vertragspartner dem anderen eine Prämie dafür gibt, dass der andere im Falle des Kreditausfalls ihm eine vereinbarte Summe bezahlt. Dieser CDS-Markt hat nach seriösen Schätzungen in den vergangenen Jahren ein Volumen von mehr als 60.000 Mrd. US-Dollar erreicht – ähnlich viel wie die jährliche globale Wirtschaftsleistung. Andere Derivate machen noch einmal zusätzlich immense Summen aus. Zum Teil gibt es vernünftige Gründe, einen CDS-Vertrag einzugehen, etwa wenn man sich gegen den Zahlungsausfall eines Kunden absichern möchte. Das Volumen der CDS ist aber wesentlich größer, als jede Summe, die man vernünftig für solche Zwecke brauchen würde. Ein Großteil der Geschäfte ist zudem rein spekulativer Natur und findet einzig zwischen Finanzinstitutionen statt.

Das Problem an den OTC-Geschäften ist nun zum einen, dass unklar ist, welcher Marktteilnehmer welche Positionen hält und ob es zur Konzentration von Risiken kommt oder nicht. Bei größeren Kursbewegungen oder im Falle der Pleite einer Firma kann der Käufer eines Derivats, etwa eines CDS, selber in Zahlungsschwierigkeiten geraten. Zum Zweiten droht im Falle der Pleite eines OTC-Vertragspartners dem anderen die Absicherung wegzubrechen. In der Vergangenheit sind Marktteilnehmer schlichtweg blind davon ausgegangen, dass OTC-Partner immer vollständig einspringen können. Damit wurden aus mikroökonomischer Perspektive Geschäftsstrategien als abgesichert eingestuft, obwohl bei einer makroökonomischen Betrachtung klar sein musste, dass dies nicht der Fall ist.

Genau diese Gefahren sind im Zuge der Verstaatlichung des US-Versicherungskonzerns AIG und der Pleite von Lehman Brothers deutlich geworden. AIG hatte enorme Summen an CDS ausstehen, sodass die US-Regierung bei einer Pleite des Versicherungskonzerns einen Dominoeffekt der Bankenzusammenbrüche fürchtete. Auch im Fall der Investmentbank Lehman Brothers gab es diese Befürchtung, was schließlich dazu geführt hat, dass der Staat nach deren Zusammenbruch faktisch unbegrenzt einsprang. Tatsache war aber, dass die Aufsichtsbehörden einfach die Konsequenzen der Insolvenzen nicht absehen konnten.

Eine zentrale Clearingstelle hätte den Aufsehern die Informationen über die existierenden Risiken zusammengefasst aufzeigen können. Weil alle Transaktionen über diese zentrale Stelle laufen, sind dort die notwendigen Informationen abrufbar. Es ist für Aufseher direkt absehbar, wer welche Positionen und Gegenpositionen eingegangen ist, sodass das Nettorisiko einer Bankenpleite besser abschätzbar wird. Zudem dient eine zentrale Clearingstelle quasi als Absicherung für die Auswahl von Partnern im Handel mit Derivaten: Abhängig von der Entwicklung der Verbindlichkeiten aus Derivatsverträgen müssen die Handelspartner bei der Clearingstelle einen bestimmten Anteil dieser Verbindlichkeiten in Form von Bankguthaben oder hoch liquiden Wertpapieren wie Staatsanleihen hinterlegen. So wird sichergestellt, dass die Vertragspartner auch tatsächlich am Ende ihre Verbindlichkeiten erfüllen können. Zudem begrenzt die Pflicht zur Hinterlegung von liquiden Wertpapieren automatisch die Summe an Derivaten, die die einzelnen Finanzinstitute ausgeben können. So lässt sich wiederum das Volumen des Marktes für Derivate, falls gewollt, relativ einfach reduzieren, indem die Hinterlegungspflicht erhöht wird und Derivategeschäfte damit mehr Mittel der Investoren verbrauchen. Denn eine höhere Hinterlegungspflicht wirkt wie eine Gebühr, die Absicherungsgeschäfte moderat verteuert, und einer allzu hohen Risikoneigung auf dem Markt entgegenwirkt.

Die Standardisierung der Finanzprodukte im Rahmen einer Zulassungskontrolle für solche Papiere ebnet den Weg, dass diese nur noch auf organisierten Märkten gehandelt werden. Dabei sollten, ähnlich dem Zulassungsverfahren von Arzneimitteln, auch bestimmte Geschäfte verboten werden. Ein Beispiel sind die sogenannten ungedeckten Leerverkäufe auf

Aktienmärkten. Bei diesen verkauft ein Spekulant Aktien zu einem zukünftigen Zeitpunkt, die er noch gar nicht besitzt. Er verkauft somit eine Aktie heute und hofft, die Aktien zum Zeitpunkt der Lieferung billiger kaufen und dann liefern zu können. Solche Geschäfte können Abwärtsbewegungen auf Vermögensmärkten beschleunigen und haben keinen Nutzen. Sie sollten verboten werden. Ein anderes Beispiel für ein sinnvolles Verbot von Transaktionen stellen spekulative Aktivitäten von Finanzinstitutionen auf Zukunftsmärkten von Rohstoffen und Lebensmitteln dar. Es gibt keinen Zweifel, dass die Berg- und Talfahrt der Rohstoff- und Lebensmittelpreise während der vergangenen Jahre zu einem beachtlichen Teil durch spekulative Aktivitäten von Institutionen wie Hedgefonds ausgelöst wurde. Der Kreis der auf Zukunftsmärkten von Rohstoffen und Lebensmitteln Agierenden könnte begrenzt werden.

**Verhinderung falscher Anreizstrukturen**

Die Entscheidung, einen Kredit zu vergeben, und die Verantwortung für das damit einhergehende Risiko müssen grundsätzlich miteinander verknüpft bleiben. Ansonsten entsteht eine Anreizstruktur, die nicht mehr auf die Qualität des Kredits achtet. Insofern sollten Finanzinstitute ihre Kreditrisiken nicht mehr vollständig verbriefen und weiterreichen können. Sie sollten künftig einen Anteil des Risikos selber tragen. Das muss sich bei Finanzprodukten auch auf die Tranche beziehen, welche das höchste Risiko trägt. Wir halten eine Regelung für vernünftig, die eine Veräußerung von Krediten bis zu maximal 20 Prozent vorsieht, wobei die 20 Prozent auch für die Tranche mit dem größten Risiko gelten sollten.[29]

Die Bezahlung des Managements hat sich in den vergangenen Jahrzehnten so entwickelt, dass Kurzfristorientierung und risikoreiches Verhalten belohnt wurden. Bonuszahlungen beispielsweise in der Form von Aktienoptionen oder Umsatzvolumina sollten als Bestandteil der Managerentlohnung begrenzt werden. Bei Bonussystemen der Manager und sonstiger Beschäftigter sind zur Berechnung der Zahlungen lange Zeiträume (mindestens drei Jahre) zugrunde zu legen. Zu begrenzen ist die steuerliche Abzugsfähigkeit von Vorstandsbezügen und -abfindungen in Form von Betriebsausgaben.

**Reform der Ratingagenturen**

Katalysatoren für die systemische Instabilität von Finanzmärkten waren Ratingagenturen, die Finanzprodukte als sicher bewertet hatten, die sich später dann aber als hochgradig »giftig« erwiesen. Es könnte eine europäische Agentur geschaffen werden, die Ratingagenturen registriert und mittels klarer Standards kontrolliert. Auf freiwillige Selbstverpflichtungsversprechen der Ratingagenturen vertrauen wir nicht. Darüber hinaus ist die Einrichtung einer oder mehrerer europäischer Ratingagenturen erforderlich, um einen weltweiten Wettbewerb um nachhaltige und transparente Verfahren zu etablieren.

Die Trennung von Rating und Beratung ist notwendig, um eine möglichst neutrale Risikobewertung zu garantieren. Um Interessenskonflikten vorzubeugen sollte deshalb die Bezahlung einer entsprechenden Dienstleistung nicht mehr durch den Emittenten von Wertpapieren geschehen, sondern durch die Käufer. Bewertungsverfahren sollten der Öffentlichkeit gegenüber transparent gemacht werden. Ratingagenturen selbst bedürfen einer ständigen Aufsicht, die ihre Praxis kontinuierlich auf die Richtigkeit von Bewertungen und Verfahren überprüft.

Weitreichender ist der Vorschlag für staatliche Ratingagenturen, wie er beispielsweise von Peter Bofinger (2009b) ins Gespräch gebracht worden ist. Finanzinstitutionen, die in Europa Geschäfte machen wollen, müssten dann zwingend staatliche Agenturen für Ratings benutzen. Solche staatlichen Ratingagenturen würden implizit Teil der Finanzmarktaufsicht und könnten sich über Gebühren kostendeckend finanzieren. Es könnten beispielsweise mehrere staatliche Ratingagenturen in Europa entstehen, um eine gewisse Konkurrenzsituation zu schaffen.

**Reformen im Steuersystem**

Auch das Steuersystem wirkt vielfältig auf Finanzmärkte ein, wobei deren Stabilität mit fiskalischen Aspekten verbunden ist. Eine hohe Fremdkapitalfinanzierung hat für den Unternehmenssektor ebenso destabilisierende Wirkungen wie für das Finanzsystem. Im Unternehmensbereich spielt dies dann unter anderem eine Rolle, wenn Private-Equity-Fonds als sogenannte Heuschrecken Unternehmen aufkaufen, um danach das Eigenkapital in Fremdkapital umzuwandeln. Die Unternehmung macht dann faktisch keine Gewinne mehr, Einkommen wird ins Ausland mit niedrigeren Steuersätzen transferiert. Gleichzeitig wird das Unternehmen aufgrund des geringen Eigenkapitals krisenanfälliger. Die Beseitigung der steuerlichen Absetzbarkeit von Zinsen auf Fremdkapital würde diesen Missständen Einhalt gebieten und den Anreiz zum Halten von Eigenkapital erhöhen. Dabei könnte der Steuersatz auf Gewinne so angepasst werden, dass die Gesamtlast für ein durchschnittliches Unternehmen nicht steigt. Zwar würde dadurch der Anreiz zur Kreditaufnahme auch für Investitionszwecke reduziert. Allerdings dürfte dieser Nachteil durch eine höhere Stabilität des Unternehmens- und Finanzsektors sowie durch eine größere Einkommensgerechtigkeit mehr als ausgeglichen werden.[30]

Negative Effekte von Private-Equity-Fonds können durch weitere spezifische Regulierungen begrenzt werden. Bei Unternehmen, die in den Besitz von Private-Equity-Fonds gelangen, sollten hemmende Vorschriften für den Entzug von Vermögen und die Auflastung von Schulden eingeführt werden. Zudem ist eine Gewerbesteuerpflicht für Private-Equity-Fonds notwendig. Der hohe Gewinnanteil, den Fondsmanager erhalten, sollte als normales Einkommen und nicht als Kapitaleinkunft mit vermindertem Steuersatz behandelt werden.[31]

Vorgeschlagen wird eine Börsenumsatzsteuer. Wir halten eine solche

Steuer für fokussierter als die Tobin-Steuer, die alle Devisentransaktionen beträfe. Jedoch dürfte auch eine Börsenumsatzsteuer spekulative Entwicklungen auf den Aktienmärkten nicht wesentlich einschränken. Allenfalls sehr kurzfristig orientierte Spekulation auf Grundlage geringster Kursänderungen könnte gebremst werden. Aus fiskalischen Gründen ist eine Börsenumsatzsteuer allerdings sinnvoll.

Der gleichen Logik folgend könnten alle Derivategeschäfte einer Umsatzsteuer unterworfen werden, die zwar spekulative Aktivitäten nicht unterdrücken, jedoch Steuereinnahmen generieren würde. Wichtig ist hierbei allerdings, dass eine solche Steuer nicht eingeführt wird, bevor OTC-Geschäfte verboten worden sind. Eine Umsatzsteuer auf Derivategeschäfte vor einem Verbot des unregulierten bilateralen Handels mit diesen Instrumenten würde vor allem dazu führen, dass der Handel von Derivaten weiter von offiziellen Handelsplattformen verdrängt wird.

Die hohe oder gar gänzliche Besteuerung von Spekulationsgewinnen auf Aktienmärkten innerhalb eines Jahres bzw. eine Besteuerung, die mit der Haltedauer abnimmt, ist ein wirksameres Instrument zur Reduzierung der Spekulation. Auch kann die Kreditaufnahme für Spekulationszwecke durch hohe Eigenkapitalhinterlegungspflichten bei den Banken eingeschränkt werden. Bezüglich der Austrocknung von Steueroasen und weitgehend regulierungs- und rechtsfreier Offshore-Finanzzentren, die zum unkontrollierten Anwachsen der Finanzmärkte und der Steuerhinterziehung beigetragen haben, ist eine internationale Kooperation wünschenswert. Jedoch kann auch mittels Drucks relevanter Akteure nach dem Vorbild der USA, die beispielsweise erfolgreich unilateral auf die Schweiz bezüglich der Offenlegung sowie Besteuerung von Konten und Zahlungsflüssen eingewirkt haben, vorgegangen werden. Auf alle Fälle sollten »exterritoriale Fonds« wie hochspekulative Hedgefonds und Private-Equity-Fonds gezwungen werden, sich im Inland bzw. der EWU/EU anzusiedeln. Anderenfalls kann solchen Institutionen die Geschäftstätigkeit im Inland verboten werden.[32] Die EU-Zinsrichtlinie liefert einen ersten Beitrag dazu, Steuerflucht und Steuerhinterziehung wirksam zu unterbinden.[33]

### Reform der Corporate Governance

Die Kritik an einer Corporate Governance, die auf den Shareholder-Value reduziert wird, ist seit der Krise noch einmal erheblich größer geworden. Modelle der Unternehmensführung müssen in einen gesellschaftlichen Kontext zurückgeführt werden. Die Konzentration auf mehrere Stakeholder in einem Unternehmen (also Mitarbeiter, Betriebsräte, aber natürlich auch die Anteilseigner) bietet Ansatzpunkte für eine effiziente und gleichzeitig stabile Unternehmensführung. Dieser Ansatz entspringt zu einem gewissen Grad dem Modell Deutschland zu Zeiten der Deutschland AG, wie es bereits im zweiten Kapitel beschrieben wurde. Corporate Governance geht dieser Vorstellung folgend davon aus, dass verschiedene Parteien zum ökonomischen Erfolg und dem Wert einer Unternehmung beitragen. Die Gruppe der

Beteiligten geht somit über die Fraktion der Kapitalgeber, die im Modell des Shareholder-Value die zentrale Instanz sind, hinaus. Eine Grundüberlegung für das inklusive Stakeholder-Modell basiert auf der Beobachtung, dass das Kernelement des Shareholder-Ansatzes, nämlich der Aktienmarkt, erratisch, also fehlerhaft, unkalkulierbar und äußerst kurzfristig funktioniert. Haben Aktienkurse keinen Anker in Fundamentaldaten wie den künftigen Gewinnen, was der Fall ist, dann wird die Unternehmensführung, die auf dem Shareholder-Value basiert, zu einem Spiel im Casino.

Ansatzpunkte für neue Prinzipien der Corporate Governance sind zum einen innerhalb der Unternehmen zu suchen, aber zum anderen auch im Markt für Unternehmenskontrolle, der immer stärker durch institutionelle Investoren, Großinvestoren und entsprechend finanzorientierte Managements geprägt ist. Informalisierung und Formen privater (Selbst-)Regulierung kommen hinzu. Neue Modelle der Corporate Governance bedeuten insofern zunächst eine Abkehr vom bisherigen Trend zur »Finanzialisierung der Wirtschaft«, mit der gemeinhin die zunehmende Dominanz der Finanz- über die Realwirtschaft und die Arbeitnehmer beschrieben wird.[34] Begleiterscheinung dieser Entwicklung war, dass sich Löhne und Kapitalerträge voneinander entkoppelt haben und der Finanzsektor einen immer größeren Teil der Wertschöpfung an sich ziehen konnte.

Der einseitige Fokus auf Finanzmarktwerte bedeutet, dass sich die Renditeerwartungen von Unternehmen den Renditeerwartungen im Finanzmarktsektor angepasst haben. Die aber haben sich im Laufe der vergangenen Jahrzehnte deutlich nach oben verschoben und sind so zu einer der Quellen ungleicher Einkommensverteilung geworden. Für die ökonomische Entwicklung hat das mitunter fatale Folgen: Ist zum Beispiel eine Investition in eine Produktionsanlage oder auch in die Qualifikation der Mitarbeiter kurzfristig aufgrund der vom Finanzmarkt gestellten Renditeansprüche nicht rentabel genug, dann wird sie schlichtweg unterlassen. Die Folgen zeigen sich mittel- bis langfristig. Dann nämlich, wenn Nachfrage, Produktion und Innovationen ausbleiben und die Arbeitslosigkeit ansteigt. Die gesamtwirtschaftliche Investitionsquote blieb in Deutschland beispielsweise in den vergangenen 20 Jahren – trotz einer Steigerung im letzten Aufschwung – historisch niedrig. Es gibt somit keinen Beleg für eine neue Investitions- oder Wachstumsdynamik, die durch die Entfesslung der Finanzmärkte ausgelöst wurde.[35] Innovationen fanden vor dem Hintergrund der Shareholder-Ideologie vor allem im Bereich der Prozessoptimierung mit dem Ziel der Kostensenkung statt. In allen anderen Bereichen war die deutsche Industrie nicht sonderlich innovativ. Das trifft im Übrigen auch auf die notwendige ökologische Modernisierung zu, wo Deutschland im Grunde gute industrielle Voraussetzungen für eine Führungsrolle in der Welt hätte.

Der Shareholder-Fokus wird primär durch Dividendenzahlungen an die Aktionäre ausgedrückt, aber auch durch Aktienrückkaufprogramme, um den Wert der Kurse (und damit auch das kursgebundene Gehalt des Managements) künstlich aufzublähen und gegebenenfalls feindliche Übernahmen abzuwehren – oder eine eigene vorzubereiten. In den USA, wo die Dominanz des Finanzsektors am weitesten fortgeschritten ist, stieg infolge dieses Trends die Vergütung des Managements im Verhältnis zum durchschnittlichen Arbeiter von 30 zu 1 in den 1970er-Jahren auf 500 zu 1 heute.[36] Diese Zahlen belegen, dass das ursprüngliche Ziel des Shareholder-Value, nämlich die Unterwerfung des Managements unter die alleinigen Interessen der Eigentümer, nur begrenzt erfolgreich war. Denn das Management hat es geschafft, dem eigenen Interesse zu folgen und sich selbst am besten zu bedienen. Alternative Entlohnungs- und Bonussysteme für Manager sind aber nicht nur ein Argument für Verhältnismäßigkeit, sondern auch für den Unternehmenserfolg an sich. Denn der Erfolg eines Unternehmens stellt sich in einer mittleren Frist durch bedachte strategische Entscheidungen ein und nicht durch kurzfristigen Aktionismus auf den Kapitalmärkten.

Das Prinzip für eine neue Form der Corporate Governance, das hier zum Tragen kommt, ist die Begrenzung der problematischen Kurzzeitorientierung des Managements sowie seiner einseitigen Ausrichtung auf die Interessen der Kapitalgeber. Dafür müssen alle Stakeholder einer Unternehmung sowie deren Erwartungen identifiziert und wieder stärker gewichtet werden. Bei dieser Reform geht es also um die (gesetzliche) Bestimmung eines Verfahrens, das die Interessen der Anspruchsgruppen im Unternehmen angemessen berücksichtigt. Das Kernelement des deutschen Wirtschaftsmodells ist die betriebliche Mitbestimmung. Sie ist zudem mit einer langfristigeren Ausrichtung von Management und Unternehmensstrategie verknüpft. Insofern stellt die Krise auch eine große Chance dar, diese wirtschaftsdemokratische Besonderheit Deutschlands zu stärken und den Unternehmenserfolg wieder an nachhaltigeren Kriterien zu messen. Anzustreben ist eine soziale Produktivitätssteigerung, bei der die Qualitätszunahme von Arbeit und die Berücksichtigung ökologischer Dimensionen eine wichtige Rolle spielen. Soziale Produktivität ist damit die Voraussetzung für eine echte Wohlstandsmehrung jenseits monetärer und rechnerischer Stellgrößen. Die Reform der Corporate Governance daran auszurichten, bedeutet so, das Ideal einer innovativen Wettbewerbsfähigkeit mit einem sozial und ökologisch nachhaltigen Gesellschaftsmodell zu vereinbaren.

Auf der betrieblichen Ebene bedeutet eine Stärkung der Mitbestimmung, dass zentrale Entscheidungen des Managements zwingend dem Aufsichtsrat zur Kontrolle vorgelegt werden, wodurch auch die Vertreter der Arbeitnehmerseite automatisch involviert wären. Kontrolle sollte zum Beispiel stattfinden bei Entscheidungen über Standortschließungen oder -verlagerungen, beim Kauf oder Verkauf von Unternehmensbeteiligungen, beim Einstieg eines neuen Investors ins jeweilige Unternehmen oder deren Tochtergesellschaften sowie bei der Kreditaufnahme oder -gewährung, beispielsweise an eine Private-Equity-Gesellschaft.[37]

Gerade mit Blick auf die Ebene des sogenannten privaten Beteiligungskapitals (Private Equity) muss die Corporate Governance gesetzlich überarbeitet werden. Bislang richtete sich hier die Debatte um eine umfassende

Regelung primär auf die Annahme, dass mit dem Börsengang die ultimative Stufe der »guten Unternehmensführung« erreicht sei. Corporate-Governance-Standards (wie sie zum Beispiel von der OECD erarbeitet wurden) treffen auf Private-Equity-Unternehmen nicht zu, die von vielen Regeln ausgenommen sind.

Auch im Mutterland des Shareholder-Value findet bereits ein Umdenken in Sachen Corporate Governance statt. So haben in jüngster Zeit schon mehr als die Hälfte der US-Bundesstaaten damit begonnen, Stakeholder-Gesetze zu verabschieden, die das Management darauf verpflichten, eine Art Folgenabschätzung ihrer Entscheidungen auf andere Teilhaber vorzunehmen, einschließlich der Beschäftigten, Kunden, Zulieferer und Kommunen. Damit weichen die USA bereits in weiten Teilen vom einseitigen Kapitalmarktfokus ab. Zusammen mit einer umfassenden Regulierung der Finanzmärkte, ihrer Akteuren und Instrumente kann eine Wiederbelebung der Stakeholder-Orientierung zu einer neuen Unternehmenskultur führen. Sie wäre nicht mehr den Finanzmärkten unterworfen. Ob dies allerdings gelingt, ist vor allem eine politische Frage.

**Die Ebene von Regulierungen**

Eine optimale Regulierung hochgradig transnationaler Finanzprodukte ist zweifelsohne auf der internationalen Ebene anzusiedeln. Denn die Regulierung sollte auf Höhe der Transaktionen stattfinden. In diesem Sinne ist eine globale Finanzmarktregulierung ein klassisches internationales öffentliches Gut, das der Gefahr unterliegt, mangels internationaler Koordinierung nur in ungenügendem Ausmaß bereitgestellt zu werden.[38] Ein Schritt in Richtung einer optimalen Regulierung war die Etablierung des Financial Stability Board und die Aufwertung des Internationalen Währungsfonds. Die einfache Aufstockung der Mittel des IWF, wie auf dem G-20-Gipfel beschlossen, verändert nicht das schon angesprochene Legitimitätsproblem des Fonds und anderer internationaler Organisationen. Solange deren Leistungsstrukturen nicht die derzeit existierenden geoökonomischen Gewichte der Länder der Welt widerspiegeln, sondern von den traditionellen Industrieländern beherrscht werden, bleibt dieses Legitimationsdefizit bestehen.[39] Deshalb schlagen wir die Schaffung einer mächtigen globalen Finanzaufsichtsbehörde vor, die bei der Bank für Internationalen Zahlungsausgleich faktisch als Weiterentwicklung des Financial Stability Board angesiedelt wird.

Internationale Standards für Finanzinstitute und -produkte sind jedoch politisch schwierig zu etablieren. Einfacher ist dagegen ein regionales Vorgehen. Zwar kann das nach wie vor für Wettbewerbsverzerrungen im globalen Maßstab sorgen, eröffnet aber auch die Möglichkeit, durch gute Regulierung Wachstum und hohe Beschäftigung im jeweiligen ökonomischen Raum auf einem stabilen Entwicklungspfad zu halten. Eine erfolgreiche Stabilisierung kann dann als positives Beispiel dienen und einen Nachahmereffekt oder auch Druck auf andere Regionen und Länder auslösen. Die Ebene der Europäischen Union stellt insofern einen geeigneten Rahmen für eine umfassende Finanzmarktregulierung dar.[40] Im Zweifel können, falls Großbritannien sich beispielsweise einer weitgehenden Regelung aufgrund nationaler Interessen verweigert, die Maßnahmen innerhalb der Europäischen Währungsunion durchgesetzt werden. Dabei stehen nationale Eigenheiten der Mitgliedsstaaten, wie etwa das dreigliedrige Bankensystem in Deutschland, zu einer europäischen Rahmenregulierung nicht im Widerspruch. Eine Reihe von Maßnahmen kann zudem national umgesetzt werden.

Insgesamt ist ein großer Teil der oben ausgeführten Regulierungen auf nationaler Ebene durchführbar. Dadurch gehen einem Land zwar spezifische Elemente der Finanzindustrie verloren. Großbritannien ist jedoch ein gutes Beispiel dafür, dass eine Konzentration der nationalen Ökonomie auf die Finanzindustrie auch sehr negative Folgen haben kann. Aber für Deutschland ist die europäische eindeutig die Ebene, die sich für solche Regulierungen am besten eignet. Denn die bisherige nationale Zersplitterung der Regulierungsbehörden in Europa führt dazu, dass Finanzmarktakteure den Zuständigkeitsbereichen der einzelnen Behörden ausweichen und diese durch eine Regulierungsarbitrage gegeneinander ausspielen. In einem ersten Schritt muss deshalb auf europäischer Ebene und zumindest in der EWU zwingend ein Kollegium der an einer internationalen Bank beteiligten Aufsichten geschaffen werden. Es muss befugt sein, verbindliche Entscheidungen zu treffen, wobei sich die Stimmrechte aus den Wertschöpfungsanteilen ergeben könnten. Dafür ist eine Regelung notwendig, wie Entscheidungen auch im Falle einer Uneinigkeit der Aufsichtsbehörden der Mitgliedsstaaten herbeigeführt werden können. Solche Kollegien könnten auch international für die insgesamt kleine Anzahl weltweit agierender Finanzkonzerne gebildet werden. Was die EWU, möglichst aber auch die EU, anbelangt, ist jenseits einer solchen Gruppenaufsicht eine zentrale Regulierungsbehörde notwendig. Es ist widersinnig und zeugt von theoretischer Unkenntnis oder schlicht Naivität, eine europäische Währung mit einer europäischen Zentralbank und einem immer enger vernetzten Geld- und Kapitalmarkt, insbesondere innerhalb der EWU, geschaffen zu haben und gleichzeitig die Bankenaufsicht auf der Ebene der einzelnen Mitgliedsländer zu belassen. Neben einer europäischen Finanzmarktaufsicht bedarf die EWU zudem einer gemeinsamen Einlagensicherung bei Banken und eines gemeinsamen Konkursrechts.

Aber auch auf einer globalen Ebene sind Institutionen zu schaffen, die zeitnahe und unabhängige Analysen zur Entwicklung der internationalen Finanz- und Kapitalmärkte durchführen, geeignete Maßnahmen zur weltweiten Regulierung vorschlagen und eine laufende sowie verbindliche Kommunikation zwischen den internationalen Institutionen, den wichtigen Zentralbanken und Regierungen der Welt gewährleisten (vgl. dazu die Ausführungen im obigen Kapitel).

### 4.2.3 Neue Instrumente der europäischen Geldpolitik

Eine der Ursachen der aktuellen Krise war eindeutig die Preisblase am US-Immobilienmarkt. Auch wenn das Platzen der Blase an sich ohne die Verstärkereffekte des deregulierten Finanzsystems kaum eine Wirtschaftskrise mit einem solch dramatischen Ausmaß herbeigeführt hätte, gibt es seit ihrem Ausbruch eine heftige Debatte darum, welche Ursachen diese Preisblase selbst hatte. Sowohl in der allgemeinen Medienberichterstattung wie auch unter Ökonomen wird dabei gern der US-Notenbank und insbesondere ihrem früheren Chairman Alan Greenspan die Schuld zugeschoben. So wird argumentiert, Greenspan habe die Zinsen im Zeitraum nach dem Platzen der New-Economy-Blase und den Terroranschlägen vom 11. September 2001 zu lange zu niedrig gehalten, was die Immobilienblase weiter aufgebläht habe.

Allerdings ist diese Schuldzuweisung gegenüber der Notenbank nicht ganz zutreffend. Das Problem aus der Niedrigzinsphase der Jahre 2002 bis 2004 war, dass die Konjunktur- und Lohnentwicklung in den USA anhaltend schwach blieb. In dieser Phase gab es ernst zu nehmende Anzeichen, der US-Wirtschaft könnte sogar eine Deflation drohen. Bis ins Jahr 2004 hinein blieb die Arbeitslosigkeit hoch und der Preisdruck extrem gering. Zudem bewegten sich auch die Anlageinvestitionen der US-Unternehmen zu diesem Zeitpunkt – gemessen als Anteil am Bruttoinlandsprodukt – auf extrem niedrigem Niveau. Eine frühere Zinserhöhung hätte zwar möglicherweise den Preisauftrieb am US-Immobilienmarkt gebremst, aber gleichzeitig die Investitionstätigkeit der Unternehmen weiter gedämpft, was ebenfalls die Arbeitslosigkeit hoch gehalten hätte. Zudem zeigt die Erfahrung, dass sehr kräftige Zinserhöhungen notwendig sind, um Vermögenspreisblasen tatsächlich unter Kontrolle zu bekommen. Wenn ein Hauskäufer mit einem Anstieg der Hauspreise von jährlich zehn Prozent rechnet, hat ein Anstieg der Finanzierungskosten von 5 auf 6 Prozent nur begrenzt Auswirkungen auf die Immobiliennachfrage. Eine Zinserhöhung, die mit Sicherheit die Spekulation beenden könnte, würde dagegen eine enorme Belastung für den Rest der Wirtschaft bedeuten.

Die Antwort auf dieses Dilemma besteht darin, den Zentralbanken über den Refinanzierungszinssatz hinaus weitere Instrumente zum Erreichen von Finanzsystem- und Preisstabilität an die Hand zu geben. Die Instrumente sollten dabei so gestaltet sein, dass die Notenbank Kreditexpansion selektiv in solchen Sektoren begrenzen kann, in denen sich Vermögenspreisblasen entwickeln. Charles Goodhart schlägt deshalb vor, der Notenbank die Möglichkeit zu geben, selektive antizyklische Eigenkapital- und Liquiditätsanforderungen sowie Beleihungsgrenzen (Loan-To-Value) beispielsweise für Immobilienkredite festzulegen.[41]

Um Übertreibungen in einzelnen Teilen der Wirtschaft einzudämmen, scheint vor allem der antizyklische Einsatz von Eigenkapitalanforderungen und Beleihungsgrenzen zielführend. Mindestreserve- bzw. Liquiditätsanforderungen setzen üblicherweise an der Passivseite der Bankbilanz an, also an der Frage, wie viel Einlagen die einzelne Bank mit spezifischen Laufzeiten angenommen hat. Vereinfacht dargestellt sind gegenwärtig die Banken im Euroraum verpflichtet, für Einlagen mit einer Laufzeit von bis zu zwei Jahren Mindestreserven von zwei Prozent vorzuhalten; für Einlagen mit längerer Laufzeit gilt keine Mindestreservepflicht. Allerdings besteht nun zwischen den Liquiditätsanforderung und der Verwendung der Mittel auf der Aktivseite der Bankbilanz keine Verbindung. Die Frage etwa, an welchen Sektor die Bank ihre Kredite vergibt, bleibt unberührt. Eine Bank, die ihre Einlagen vor allem für die Vergabe von Hypothekenkrediten benutzt, muss die gleichen Mindestreserven halten wie eine andere Bank, die Unternehmensanleihen kauft. Auch wäre es extrem schwierig, eine solche Verbindung von Liquiditätsanforderung und Kreditgeschäft herzustellen, weil man dazu entweder genau zuordnen müsste, welche Posten des Einlagegeschäfts welche Posten des Kreditgeschäftes finanzieren, oder die Mindestreserve von der Laufzeit der Einlagen abzukoppeln wäre. Insofern ist eine über den Zyklus variable Mindestreserveanforderung zur Feinsteuerung der Kreditvergabe nach Sektoren eher ungeeignet.

Im Konjunkturzyklus variierende Eigenkapitalanforderungen, die nach Kredittyp und Sektoren differenziert werden können, erscheinen dagegen sehr sinnvoll. Hier könnte die Notenbank etwa festlegen, dass Hypotheken im Unterschied zu Unternehmenskrediten mit einer höheren Eigenkapitalquote hinterlegt werden müssen, wenn es Anzeichen für eine Hauspreisblase gibt. Denn eine höhere Eigenkapitalanforderung für Hypotheken bedeutet, dass die Banken mehr teures Eigenkapital vorhalten müssen, wenn sie solche Kredite ausweiten wollen. Dies würde die Hypothekenkosten selektiv verteuern und damit einen Kreditboom bremsen. Der Vorteil gegenüber variablen Mindestreserven ist, dass solche Anforderungen schon heute nach den Posten der Aktivseite der Bankbilanzen berechnet werden und eine Umsetzung dieser Maßnahmen sehr einfach wäre.

Um das Instrument wirkungsvoll zu machen, muss den Banken auch eine Eigenkapitalquote für Kreditvergaben, beispielsweise von Immobilienkrediten, vorgeschrieben werden, wenn sie diese dann verbriefen und weiterverkaufen. Eine generelle Quote für verbriefte Kredite ist sowieso zu empfehlen, um das Moral-Hazard-Problem bei solchen Verbriefungen zu begrenzen. Ähnliches gilt für die Einführung variabler Beleihungshöchstgrenzen. Könnte die Notenbank etwa festlegen, dass ein Hypothekenkredit einen bestimmten Prozentsatz des Immobilienpreises nicht überschreiten darf, so könnte sie die Zahl der Neukredite im Boom begrenzen, indem sie diese Quote heraufsetzt. Das würde zugleich die Nachfrage nach Immobilien dämpfen. Es würde tendenziell auch das Risiko einer Bankenkrise verringern, da mit steigenden Immobilienpreisen (und damit dem größeren Risiko einer Preisblase) das von Immobilienkäufern einzubringende Eigenkapital zunehmen würde.

Für Deutschland wären diese Instrumente freilich auf Ebene der Europäischen Währungsunion einzuführen, da die Geldpolitik nicht mehr national bestimmt wird. Eine globale Regulierung ist dagegen nicht unbedingt notwendig: Länder, die auf entsprechende Instrumente verzichten, mögen weiter Vermögenspreisblasen erleben. Soweit das internationale Finanzsystem dann aber so reguliert ist, dass eine platzende Spekulationsblase nicht mehr wie in der Subprime-Krise die Stabilität des Finanzsystems anderer Länder gefährdet, ist dies ein nationales, kein globales Problem.

Im Kontext der europäischen Währungsunion böten eine variable und nach Kredittypen differenzierte Eigenkapitalanforderung sowie entsprechend variable Beleihungshöchstgrenzen eine weitere interessante Option: Die Europäische Zentralbank könnte diese Instrumente nutzen, um gezielt Überhitzungen in einzelnen Regionen zu bremsen. So wäre etwa denkbar, bei Anzeichen eines Immobilienpreisbooms in Spanien dort die Eigenkapitalanforderungen für Hypotheken nach oben zu setzen, jene für deutsche Hypotheken aber unverändert zu lassen.

Wir haben bisher speziell Immobilienkredite und deren selektive Begrenzung diskutiert. Selbstverständlich kann das Instrument auch bei anderen Kreditvergabearten angewandt werden. So könnten Kredite für Aktienspekulation oder Spekulationen auf den Rohstoffmärkten für Banken und damit auch die Kreditnehmer sehr teuer gemacht werden, ohne generell das Zinsniveau nach oben zu treiben.

Es soll hier allerdings nicht verschwiegen werden, dass die Einführung solcher zusätzlichen Instrumente eine Umkehr des geldpolitischen Trends der vergangenen Jahrzehnte bedeuten würde. Im Rahmen der Debatte um die sogenannte *Financial Repression* waren seit den 1970er-Jahren Regulierungen bei der Kreditvergabe und dem Einlagengeschäft der Banken sukzessive abgebaut worden. Dazu zählten auch geldpolitische Instrumente wie selektive Versorgung der Geschäftsbanken mit Zentralbankgeld oder Begrenzung deren Kreditvergabe. Die Geldpolitik der Zentralbank engte sich in dieser Zeit auf ein einzelnes Instrument, den Refinanzierungszinssatz, ein, der in erster Linie über Offenmarktoperationen der Notenbank beeinflusst wurde. Das Argument hinter dieser Bewegung war, dass der Markt besser als eine Notenbank in der Lage sei zu entscheiden, in welchem Sektor das Kapital die beste Rendite und damit den größten Wohlfahrtsgewinn für die Volkswirtschaft erreicht. Die nun in der Krise deutlich gewordenen Fälle von Marktversagen zeigen, dass die Entwicklung möglicherweise zu weit gegangen ist und dass die Notenbank eben doch weitere Instrumente braucht, um ihre Ziele zu erreichen.

Selbst bei konservativer Interpretation der Geldpolitik dürfte es unumstritten sein, dass eine Zentralbank, neben der Preisstabilität, die Verhinderung destabilisierender Vermögensmarktblasen und die Steuerung des Wechselkurses zum Ziel hat. Gegebenenfalls kommt, wie beispielsweise in den Statuten der US-amerikanischen Notenbank, noch das Ziel eines befriedigenden Wachstums und niedriger langfristiger Zinssätze hinzu. Von Jan Tinbergen (1956) wissen wir, dass aber jedes wirtschaftspolitische Ziel mindestens ein linear unabhängiges Instrument benötigt. Die Geldpolitik sollte zukünftig ihren Instrumentenkasten wieder ausbauen. Neben dem Zinssatz und den diskutierten Instrumenten zur selektiven Kreditkontrolle spielen in diesem Zusammenhang vor allem noch Eingriffe in den internationalen Kapitalverkehr eine Rolle. Sie wurden schon bei der Diskussion der Reform des Weltwährungs- und Finanzsystems (Kapital 4.2.1) angesprochen.

### 4.2.4 Soziale Sicherung geht ohne Finanzmärkte

Mit der von uns vorgeschlagenen Regulierung werden Finanzmärkte stabiler und versorgen insbesondere Unternehmen mit ausreichend Mitteln, um Investitionen und Innovationen durchführen zu können. Auch sollte das Finanzsystem für eine verlässliche und günstige Finanzierung von Immobilienkäufen der privaten und eine solide Finanzierung der öffentlichen Haushalte sorgen. Die Konsumnachfrage sollte primär über eine relativ ausgeglichene Einkommensverteilung erfolgen und nicht über eine Expansion der Verschuldung der Privathaushalte.

Wir haben einen Weg beschrieben, wie Finanzmärkte gleichzeitig stabil und dynamisch sein können. Dass Nationalstaaten diesen Weg unmöglich alleine bewerkstelligen können, ist hoffentlich deutlich geworden. Es bedarf einer engen internationalen Zusammenarbeit und eines neuen Modells der Global Governance, einschließlich strikter Regulierung oder gegebenenfalls Ausgrenzung unterregulierter Standorte, die andernfalls das Regelwerk zu unterlaufen drohen. Da Finanzsysteme aus politischen Gründen schwierig zu regulieren sind und selbst regulierte Finanzsysteme immer wieder Krisentendenzen aufweisen, ist sozialen Sicherungssystemen, die auf Finanzmärkten aufbauen, mit großer Vorsicht zu begegnen. Soziale Sicherungssysteme sind nach wie vor überwiegend national ausgerichtet und stellen eine zentrale Säule in der Absicherung der Menschen vor den großen Lebensrisiken dar. Insofern sind sie – und darin liegt ein wichtiger zweiter Grund – prinzipiell nicht geeignet für den globalen »Kasinokapitalismus«, von dem die britische Politikökonomin Susan Strange (1986) bereits vor über 20 Jahren gesprochen hat – und der auch nach der aktuellen Krise aufgrund der ungebrochenen Machtstellung des Finanzkapitals weiter existieren dürfte.

Bei der Diskussion um Finanzmärkte und Sozialversicherungssysteme steht die Rentenversicherung im Zentrum. Zur Sozialversicherung nach dem deutschen Bismarck'schen Modell gehört das Verständnis, dass gesetzliche Sozialversicherungen die Risiken verbunden mit Alter, Gesundheit und Arbeitsplatz auffangen. Das erfolgt entweder über Geldleistungen oder durch die Bereitstellung öffentlicher Güter von einer freien Gesundheitsversorgung im Alter bis hin zur kostenlosen Benutzung öffentlicher Verkehrsmittel. Finanzmärkte spielten lange Zeit keine bedeutende Rolle in Bezug auf die sozialen Sicherungssysteme. Die Finanzierung wurde ausschließlich über ein Umlageverfahren gewährleistet, also ein System, bei dem die Jungen über laufende Abgaben die Alten finanzieren. Der Generationenvertrag sieht dann vor, dass die späteren Alten von der nachrückenden Generation finanziert werden. In Deutschland nahm der Generationenvertrag die spezifische Form an, dass nur die Arbeitnehmer dem System unterworfen und die Beträge an das Lohneinkommen geknüpft wurden. Insofern wird das deutsche Sozialversicherungsmodell auch häufig als »konservativ« bezeichnet. Es baut auf Normalarbeitsverhältnisse und setzt damit auf Vollzeitjobs und Kontinuität eines Arbeitsvertrages. Es sollte jedoch bedacht werden, dass dieses konservative Modell extrem schockresistent ist. Im Prinzip kann das System sogar Kriege und Hyperinflationen überstehen, da die Renten nicht über einen Kapitalstock oder Wertpapiere finanziert werden, sondern eben durch die Umlage. Es ist jedoch ebenfalls klar, dass die spezifische deutsche Variante des Generationenvertrags unter Druck gerät, wenn durch Arbeitslosigkeit und die Zunahme prekärer Beschäftigung das Normalarbeitsverhältnis erodiert.

Bei der Diskussion um die Rentenversicherung sollte man sich zunächst einige nicht immer richtig verstandene Grundlagen verdeutlichen. In einer geschlossenen Ökonomie wird die jüngere Generation immer vollständig für die ältere Generation aufkommen müssen. Denn in jeder Zeitperiode produziert eine Gesellschaft ein gewisses Sozialprodukt, das zwischen den Jungen und den Alten aufgeteilt werden muss. Dies gilt sowohl für ein umlagefinanziertes als auch ein kapitalgedecktes System. Umverteilungen zwischen Generationen kann es somit überhaupt nicht geben, sondern immer nur Umverteilungen innerhalb einer Gesellschaft. Für neoliberale Vorstellungen hat ein kapitalgedecktes Verfahren den Charme, dass jeder seines Glückes Schmied ist. Wer somit während seines aktiven Arbeitslebens kein Vermögen angesammelt hat, kann dann im Alter ausschließlich Sozialhilfe erwarten. Wird das Vermögen durch Krisen zerstört, dann hat die betreffende Person eben Pech gehabt – sie hat ihr Portfolio falsch gewählt. Ein Effekt des kapitalgedeckten Systems besteht darin, dass es die Verteilung zwischen Alt und Jung innerhalb der Generationen anonymisiert und dem Markt überlässt. Wir halten eine solche anonyme und über den Markt gesteuerte Lösung einer für jede Gesellschaft so elementaren Frage wie der Altersversorgung für zutiefst unsozial und unangemessen. Das gilt für jede entwickelte Gesellschaft. Die Verteilung zwischen Jung und Alt muss politisch debattiert und entschieden werden. Dazu eignet sich das Umlageverfahren bestens, das wir einem kapitalgedeckten Verfahren vorziehen.

Es gibt die Hoffnung im Rahmen des kapitalgedeckten Verfahrens, dass die reifen und geburtenschwachen Gesellschaften des Westens ihr Vermögen in den armen und geburtenstarken Gesellschaften der Entwicklungsländer investieren könnten. Dann würden, so das Argument, die Entwicklungsländer die Alten in den entwickelten Ländern finanzieren und damit die Jungen der reichen Gesellschaften entlasten. Zunächst ist fragwürdig, wie stark der Einfluss eines solchen Effektes überhaupt sein kann, vor allem, weil gerade die erfolgreicheren Entwicklungsländer wie China ein mindestens ebenso großes demografisches Problem wie Deutschland haben. Wichtiger ist aber, dass es keinerlei Garantie dafür gibt, dass die Entwicklungsländer in 20, 30 oder 40 Jahren auch zahlen können oder wollen. Argentinien erklärte beispielsweise seine Auslandsschulden im Jahre 2001 für gegenstandslos. Schließlich sollte man auch nicht vergessen, dass der inländische Konsum für die Alten *und* Jungen in entwickelten Industrieländern in späteren Generationen nach dem Modell real nur dann wachsen kann, wenn Industrieländer wie Deutschland und Japan Handelsbilanzdefizite oder gar Leistungsbilanzdefizite hinnehmen. Solche »globalistischen« Annahmen stehen also auf tönernen Füßen. Für die Welt insgesamt gilt dies sowieso nicht, da sie eine geschlossene Ökonomie darstellt.

Der dänische Wohlfahrtsstaatenforscher Gøsta Esping-Andersen unterschied in seiner einflussreichen Studie von 1990 drei Wohlfahrtsstaatenmodelle: zum einen das bereits erwähnte konservative Modell, dann das sozialdemokratische Modell, das hauptsächlich in Skandinavien zu finden ist, und schließlich das liberale Modell, das von ihm mit den angelsächsischen Ländern in Verbindung gebracht wird.[42] Im Gegensatz zum konservativen zeichnet sich das sozialdemokratische Modell durch eine stärkere Steuerfinanzierung der Sozialversicherungssysteme aus und umfasst damit mehr Einzahler (nämlich alle Steuerzahler) als das rein arbeitnehmerzentrierte Modell in Deutschland. Das liberale Modell hingegen baut stärker auf eine private Absicherung der Lebensrisiken und betont die Eigenverantwortung der Menschen. Im liberalen Modell spielt insofern der Finanzmarkt seit jeher eine gewichtigere Rolle als in den beiden anderen Systemen, die stärker auf den Staat bzw. die Gesellschaft ausgerichtet sind. Es gibt für alle drei Modelle gute Argumente und ebenso gute Argumente gegen sie. Die in der Geschichte immer wieder auftretenden Krisen der Finanzsysteme und auch die jüngste weltweite Krise im Gefolge des Subprime-Debakels in den USA haben jedoch deutlich gemacht, dass kein Verlass auf einen unregulierten Finanzmarkt ist. Wenn eine Gesellschaft ihre Altervorsorge über ihn gestaltet, setzt sie buchstäblich die eigene Zukunft aufs Spiel. Das Wundermittel der neoliberalen Reformdebatte des vergangenen Jahrzehnts mit dem Namen »Kapitaldeckung« der Rentenversicherung hat insofern einen kräftigen Kratzer bekommen.

Kapitaldeckung bedeutet, dass die jeweilige junge Generation entweder als Kollektiv oder individuell Vermögen aufbaut, das dann im Alter bis zum Tode verbraucht wird. Die Kapitaldeckung war ein Kerninstrument der großen Rentenreform in Deutschland im Jahr 2001. Ein bestimmendes Ziel der Rentenreform war die Erhaltung der Beitragssätze insbesondere für die Arbeitgeber. Mit der zunehmenden Alterung der Gesellschaft und Veränderung der Arbeitsverhältnisse hin zu mehr prekärer Beschäftigung gab es auch eine zunehmende Finanzierungslücke im System, die angegangen werden musste. Besonders gravierend wurde zum Zeitpunkt der Rentenreform die Verschlechterung des sogenannten Altersquotienten betrachtet: das Verhältnis der über 65-Jährigen zu den 21- bis 65-Jährigen. Für die Errechnung der Finanzierungslücke zählt letztendlich aber das Verhältnis der Zahl der Rentenempfänger zu der Zahl der beitragszahlenden Versicherten.[43] Ungeachtet dessen, welchen Quotienten man betrachtet, es herrschte und herrscht nach wie vor großer Handlungsbedarf. Und noch zusätzlich üben die anhaltend hohe Arbeitslosigkeit und neue prekäre Arbeitsverhältnisse wie Teilzeit- und geringfügige Beschäftigung, mehr Selbstständige sowie Scheinselbstständige Druck auf die Finanzierung der Altersvorsorge und die anderen sozialen Sicherungssysteme aus. Entscheidend ist auch der sinkende Anteil der Arbeitseinkommen am Volkseinkommen. Angesichts der großen Gefahr einer mittelfristig nicht dynamischen Entwicklung der Ökonomie in Deutschland wird die Reform der Rentenversicherung schnell wieder auf die Tagesordnung der politischen Auseinandersetzung kommen.

Das Ziel der deutschen gesetzlichen Rentenversicherung ist zum einen das Verhindern von Altersarmut und zum anderen die Sicherung des Lebensstandards nach dem Ausscheiden aus dem Erwerbsleben. Das erfordert eine stabile und vor allem gesicherte Finanzierung. Mit der Rentenreform zu Beginn des Jahrtausends ist man den Weg einer teilweisen Privatisierung gegangen, um den Beitragssatz trotz aller oben genannten negativen Faktoren stabil zu halten und um Niveaukürzungen bei der umlagenfinanzierten Rente (individuell) zu kompensieren. Das bedeutete in erster Linie eine Entlastung der Lohnkosten für die Arbeitgeber, aber ein zusätzliche Belastung der Arbeitnehmer – sofern sie diese private Altersvorsorge (Riester-Rente) in Anspruch nehmen oder überhaupt bezahlen konnten. Für Deutschland kam das einem Paradigmenwechsel in der Rentenpolitik gleich: weg vom Primat der Lebensstandardsicherung und hin zur Beitragssatzstabiliät, Aufkündigung der paritätischen Finanzierung des Rentensystems und hin zu mehr Eigenvorsorge. Nach dem Riester-Konzept droht ohne die Einzahlung in eine private Vorsorge Altersarmut. Zwar unterstützt der Staat die private Altersvorsorge finanziell, sie ist aber freiwillig. Man braucht kein Prophet zu sein, um zu antizipieren, dass diese Rentenreform, sollte sie nicht grundlegend überarbeitet werden, zu einem starken Anstieg der Altersarmut führen wird.

Die Teilprivatisierung der Rente Anfang des Jahrtausends passte gut ins Bild der Förderung des »Finanzplatzes Deutschland«. Trotz einer Ablehnung oder nur zögerlicher Akzeptanz der privaten Rentenvorsorge durch die Masse der Arbeitnehmer und Gewerkschaften stärkte die Reformdebatte die Finanzwirtschaft und hatte eine gewisse Katalysatorwirkung für den Finanzkapitalismus in Deutschland. Die Anlage von Altersvorsorgezahlungen bedeutete eine immense Aufwertung von Banken und institutionellen Investoren in der Rolle von Fondsverwaltern. Ein Blick in die USA, wo die Kapitaldeckung der Altersvorsorge schon immer existierte, genügt: Dort sind institutionelle Anleger die gewichtigsten Akteure im Finanzsektor und haben großen Einfluss auf die Wirtschaft als Ganzes und die Corporate Governance im Speziellen. Insofern spielten die Stärkung des Finanzmarktes und der Umbau der sozialen Sicherungssysteme in den vergangenen zehn Jahren eine sich gegenseitig verstärkende Rolle beim Abwracken des alten Modells Deutschland.

Die Frage, welche Bedeutung der Finanzmarkt für die sozialen Sicherungssysteme einnehme sollte, ist also auch eine Frage hinsichtlich des Wirtschaftsmodells, das für ein Land oder einen Wirtschaftsraum sinnvoll ist. Der Glaube, die Risiken einer kapitalgedeckten Altersvorsorge seien durch die Beschränkung der Investitionsfreiheit der Mittel aus der privaten Vorsorge kontrollierbar, ist blanker Unsinn. Wie die Subprime-Krise gezeigt hat, kann die Krise eines räumlich begrenzten Marktsegments (der private Häusermarkt in den USA in diesem Fall) das globale Finanzwesen in den Abgrund reißen. Solange das Finanzsystem nicht durch eine funktionierende Aufsicht und Kontrolle stabil gemacht wird, haben soziale Sicherungssysteme nichts auf den Börsen der Welt verloren. Zudem ist es mehr als optimistisch, dass es in Zukunft nicht massive ökonomische und politische Verwerfungen geben könnte, die ja auch die Geschichte Deutschlands prägten. Ein kapitalgedecktes Rentensystem ist angesichts einer ungewissen Zukunft schlicht und einfach zu risikoreich, um als stabile Altersversicherung von Generationen zu dienen.

Neben der Krisensicherheit hat ein Umlageverfahren – zumindest wenn man vorübergehende Defizite und Überschüsse zulässt – in Zeiten der Krise eine stabilisierende Wirkung. Es ist Teil der fiskalischen automatischen Stabilisatoren in der Form, dass Menschen in Krisenphasen aufgefangen werden und deren Kaufkraft erhalten bleibt. Im liberalen Modell mit Fokus auf private Vorsorge wirkt sich die Finanzmarktlastigkeit der sozialen Sicherung und insbesondere der Rente dagegen prozyklisch und somit krisenverschärfend aus. Denn wenn Vermögenswerte in ihrem Preis sowie Vermögenseinkommen sinken, werden Rentner, die ihre Renten über den Vermögensmarkt beziehen, ihre Güternachfrage reduzieren müssen. Sowohl aus der individuellen als auch aus der gesamtwirtschaftlichen Perspektive ist ein kapitalgedecktes Rentensystem mit unangemessen großen Risiken behaftet und destabilisierend.

Es gibt eine Alternative zur (weiteren) Kapitaldeckung der sozialen Sicherung. Der gute Kapitalismus ist ohne eine starke und engmaschige soziale Sicherung nicht denkbar und bietet dafür potenziell auch die optimale Finanzierungsgrundlage. Wie in anderen Ländern auch (beispielsweise der Schweiz) sollte der Kreis der Beitragszahler für die gesetzliche Rentenversicherung erweitert werden. Der momentane Fokus auf die versicherungspflichtig Beschäftigten hat angesichts der oben aufgezählten Faktoren tatsächlich zur Folge, dass die Beiträge steigen und es zu einer ungerechtfertigten Belastung der Arbeitnehmer kommt.[44] Eine solche Fehlfinanzierung ist im guten Kapitalismus zu ändern. In erster Linie geht es, wie betont, um eine Ausweitung der Finanzierung auf Einkunftsarten und Personengruppen, die bislang nicht für die allgemeine Rentenkasse herangezogen wurden. Der Einzahlerkreis müsste sich künftig auch auf Selbstständige und Beamte erstrecken. Wichtig ist dabei, dass es weiterhin einen klaren Zusammenhang zwischen der Höhe des Beitrags und der des Rentenanspruchs gibt. Wir schlagen für Deutschland als Lösung eine Zwangsmitgliedschaft aller in Deutschland Einkommen erzielenden Menschen vor, wobei eine Höchstgrenze für Beitragszahlungen festgelegt werden soll. Im Alter erhalten dann auch alle Einzahler eine Rente aus der gesetzlichen Altersversicherung. Bei einem solchen Modell würden die Finanzierungsprobleme des Rentenversicherungssystems schlagartig beseitigt und gleichzeitig würde ein Beitrag für die Reduzierung der unakzeptablen Einkommensunterschiede geleistet. Die Steuerfinanzierung einer Mindestrente bliebe dabei ein zusätzliches und durchaus sinnvolles sozial-, verteilungs- und beschäftigungspolitisches Mittel.

Fest steht, es gibt eine Alternative zur finanzmarktabhängigen privaten Altervorsorge und somit eine Alternative zu einem System, das grundlegende Risiken auf den Einzelnen ablädt und die gesellschaftliche Solidarität bei der Altersversorgung aufkündigt. Selbstverständlich gibt es verschiedene Modelle, die dem jeweiligen nationalen Kontext angepasst werden müssen. Jedoch ist keine Gesellschaft gut beraten, die Versorgung der älteren Generation zum Spielball der Finanzmärkte zu machen.

## 4.3 Stellschrauben für Investitionen und Wachstum

Finanz- und Fiskalpolitik bilden in einem neuen Wirtschaftsmodell zwangsläufig ein entscheidendes Element. Es geht um einen Bereich, in dem Politik mit den größten und nachhaltigsten Einfluss auf die Wirtschaft ausübt. Jenseits von Regulierungen kann mit der Finanzpolitik nicht nur die gesamtwirtschaftliche Nachfrage gesteuert werden, indem etwa der Staat seine Ausgaben oder Steuern variiert. Die Finanzpolitik ist auch zentral, wenn es um die Umverteilung innerhalb der Gesellschaft geht oder wenn der Staat mit Investitionen in Bildung oder Forschung und Entwicklung gewisse Akzente für die Zukunft setzen will. Beide Elemente sind im Rahmen des hier vorgestellten neuen Modells wichtig, um dafür Sorge zu tragen, dass die Wirtschaft nachhaltig und stabil in der Nähe voll ausgelasteter Kapazitäten und hoher Beschäftigung produziert. Kurzfristig kann sich der Staat mit seinen Instrumenten zur Konjunktursteuerung darum kümmern, dass bei üblichen konjunkturellen Abschwüngen und noch mehr bei unvorhergesehenen Ereignissen wie der aktuellen Subprime-Krise oder den Terroranschlägen des 11. September 2001 die gesamtwirtschaftliche Nachfrage stabilisiert wird. Dafür sollten im Abschwung steigende Ausgaben und möglicherweise auch Steuersenkungen eingesetzt werden. Die entsprechenden Defizite sollten dann freilich im Aufschwung wieder abgebaut werden. Mittel- und langfristig ist die wichtigste Aufgabe der Finanzpolitik, zum einen durch ausreichende Investitionen in Bildung und Infrastruktur die Rahmenbedingungen für kontinuierliches Produktivitätswachstum zu setzen, zum anderen über die Steuer- und Ausgabenpolitik ein Auseinanderlaufen der Einkommen verschiedener Gruppen zu verhindern.

Weil aber die Finanzpolitik ein so extrem mächtiges Instrument ist, muss darauf geachtet werden, dass dieses Politikfeld keine ungewollten Nebenwirkungen verursacht. Für Deutschland als Teil der EU ist dieser Aspekt besonders wichtig: Sowohl die makroökonomischen Effekte einer guten oder fehlgeleiteten Fiskalpolitik als auch die Folgen von Steuerwettbewerb und Steuerreformen in einem Mitgliedsland können wegen der engen wirtschaftlichen Verpflichtungen enorme Auswirkungen für die Partner haben.

### 4.3.1 Was der Staat im guten Kapitalismus ausgibt und einnimmt

Bevor man sich mit der europäischen und internationalen Dimension der Finanzpolitik beschäftigt, sollte man sich ein paar Gedanken darüber machen, wofür der Staat Geld ausgeben, wie er an diese Mittel kommen und wie groß der Staatsanteil an der Wirtschaft überhaupt sein sollte. Diese Frage ist von Fiskalpolitik im engeren Sinne unabhängig, also von der Frage, wie der Staat durch Variation seiner Ausgaben und Einnahmen die konjunkturelle Entwicklung beeinflussen kann. Aber auch bei der Konjunkturpolitik sind die strukturellen Effekte und die Wirkungen auf die Einkommensverteilung zu berücksichtigen.

Der Markt führt zu einer Unterversorgung oder oftmals überhaupt keiner Produktion von öffentlichen Gütern und kann schon aus diesem Grunde nicht als Mechanismus begriffen werden, der alleine zu gesellschaftlicher Wohlfahrt führt. Öffentliche Güter sind Güter, die von verschiedenen Personen bzw. Unternehmen genutzt werden können, ohne dass dadurch einem der Nutzer ein Nachteil entsteht. Ein Beispiel für ein öffentliches Gut ist eine Radiosendung, die von vielen Personen gehört werden kann, ohne dass sich daraus ein Nachteil für einen der Hörer ergibt. Bei einem normalen Gut ist der Verbrauch konkurrierend. Wenn Person A ein Frühstück verspeist, dann kann dies von keiner anderen Person konsumiert werden. Oftmals kann der Konsum eines öffentlichen Gutes nicht ausgeschlossen werden. Nehmen wir die klassischen öffentlichen Güter Landesverteidigung oder öffentliche Sicherheit. Alle profitieren von der Verhinderung einer ausländischen Aggression oder der geringen Wahrscheinlichkeit eines Überfalls auf offener Straße. Da niemand von solchen öffentlichen Gütern ausgeschlossen werden kann, werden diese schwerlich von einem privaten Unternehmen ausreichend produziert. Wer versucht hat, in Sao Paulo oder Johannesburg nachts durch die Straßen zu bummeln, versteht das Problem unverzüglich, denn in diesen beiden Städten ist dies nicht gefahrlos möglich. Zwar gibt es individuelle Strategien wie gepanzerte Fahrzeuge oder individuelle Bewaffnung, aber dadurch wird die öffentliche Sicherheit nicht hergestellt.

Es gibt ein zweites theoretisches Konzept, das Marktversagen bei der Produktion und dem Verbrauch von Gütern in unserem Zusammenhang thematisiert. Bei der Existenz sogenannter »externer Effekte« versagen Marktpreise als Signale für Knappheit oder Überfluss. Als Beispiel wäre an einen Spaziergänger zu denken, der an einem privaten Garten vorbeigeht und sich über die schönen Blumen freut. Der Spaziergänger erfreut sich folglich eines Genusses, der den Eigentümer des Gartens Geld gekostet hat, und bezahlt nicht dafür. In der Tat könnte der Gartenbesitzer einen hohen Zaun bauen und Eintritt für seinen Garten verlangen. Weniger harmlos ist es, wenn eine Fabrik am Oberlauf des Flusses giftige Stoffe entsorgt und am Unterlauf des Flusses Fischer giftige Fische fangen und diese an Konsumenten verkaufen, die dann erkranken. Die Fabrik hat in unserem Beispiel ohne Kosten die Umwelt verschmutzt und die Gesundheit von Konsumenten beschädigt. Gerade bei der Zerstörung der Lebensgrundlagen durch Erderwärmung und ähnliche Prozesse liegen negative externe Effekte vor, die zum Versagen des Marktes auf diesem Gebiet führen.

Es ist hier nicht der Platz, auf die Einnahmen und Ausgaben des Staates in all seinen Dimensionen einzugehen. Wir beschränken uns daher exemplarisch auf den Bereich der Bildung und der Infrastruktur sowie grundlegende Überlegungen zum Sozialstaat und Steuersystem.

### Investitionen in Bildung und Infrastruktur

Wie bereits zuvor angesprochen ist das Produktivitätswachstum der wichtigste Bestimmungsgrund für das mittel- und langfristige Einkommenswachstum einer Volkswirtschaft und sollte deshalb gefördert und unterstützt werden. Wie die Friedrich-Ebert-Stiftung in einer Reihe von Studien unter dem Obertitel »Zukunft 2020« jüngst vorgerechnet hat, liegt Deutschland in der Produktivitätsentwicklung bei den Industrieländern im Mittelfeld, zeigt jedoch im internationalen Vergleich vor allem ein langsames Produktivitätswachstum bei den Dienstleistungen. In diesen Bereichen scheint den Untersuchungen zufolge vor allem ein Mangel an Investitionen in Human- und Sachkapital, aber auch eine zögerliche Nutzung neuer Organisationsformen und Prozessabläufe das Produktivitätswachstum zu dämpfen.[45]

Staatliche Ausgaben für Bildung, aber auch für Infrastruktur sowie Forschung und Entwicklung ebenso wie möglichst hohe Investitionen der Unternehmen in zukunftsträchtigen Bereichen sind zentral, um das Produktivitätswachstum und damit den Lebensstandard zu erhöhen. Bildung, Forschung und Infrastruktur sind öffentliche Güter, die privat nicht ausreichend produziert werden. Sie erzeugen zudem positive externe Effekte, da Unternehmen beispielsweise von einem hohen Ausbildungsstand und einer guten Infrastruktur profitieren und positive Synergieeffekte entstehen.

Bildung hat aber noch eine andere wichtige Funktion: Ihre Verbreitung in der Gesellschaft hilft, mittel- und langfristig ungleiche Einkommensverteilungen zu vermeiden. In einer Gesellschaft, in der die am niedrigsten Qualifizierten gerade einmal in der Lage sind, einfachste Fließbandarbeiten zu verrichten, die Höchstqualifizierten aber schnell hochkomplexe Maschinen bauen, die Fließbandarbeiter ersetzen, wird sich am Arbeitsmarkt immer ein enormes Einkommensgefälle ausbilden. Einkommenspolitische Instrumente wie Mindestlohn oder Flächentarife mögen diese Entwicklung dämpfen, können sie aber nicht völlig verhindern.

Bildung ist hier also ein ganz wichtiger Ansatzpunkt. Indem das Bildungsniveau auch der Geringqualifizierten angehoben wird, kann dazu beigetragen werden, einerseits Aufstiegschancen in der Gesellschaft und damit Einkommensmobilität über das Erwerbsleben zu erhöhen, was wiederum die Einkommensgefälle begrenzt. Andererseits erhöht sich das Produktivitätsniveau einer Gesellschaft. Nicht akzeptable Lohnunterschiede trotz eines ansteigenden Bildungsniveaus können mit entsprechenden Arbeitsmarktregeln, etwa zum Mindestlohn, begrenzt werden.

Da in Deutschland besonders schon bei der frühkindlichen Bildung und der Schulbildung die Weichen für Bildungserfolg oder Misserfolg gesetzt werden, wäre es sinnvoll, gerade in diesen Bereichen mehr Geld auszugeben. So zeigen die beiden Bildungsexperten Tobias Fritschi und Tom Oesch in ihrem Gutachten für die Bertelsmann-Stiftung nicht nur, dass Kinder von Eltern mit Hauptschulabschluss eine deutlich geringere Chance haben, jemals ein Gymnasium zu besuchen, als Kinder von Eltern mit Abitur, sondern auch, dass der Besuch einer Kita diesen Effekt spürbar abmildern kann. So steigt die Wahrscheinlichkeit, dass ein Kind von Eltern mit Hauptschulabschluss das Gymnasium besucht, um 83 Prozent, wenn dieses im Kleinkindalter eine Krippe besucht hat.[46] Angesichts dieser Zahlen ist es grotesk, dass Eltern im Kindergarten Gebühren bezahlen und nicht ausreichend Plätze vorhanden sind, während beispielsweise Gymnasien, die nur relativ wenige Kinder von unteren Einkommensgruppen aufnehmen, gebührenfrei sind. Dies bedeutet nicht, dass Gymnasien mit Gebühren belegt werden sollten, sondern dass Kindergartenplätze für alle frei angeboten werden müssten, um das öffentliche Gut Bildung ausreichend zu produzieren.

Auch die Infrastruktur ist für die Produktivität einer Volkswirtschaft zentral. Das gilt selbst dann, wenn grundlegende Dinge wie Strom- und Telefonversorgung gesichert sind und zuverlässig arbeiten. Wenn die Autobahnen und Schienennetze eines Landes in einem solch maroden Zustand sind, dass etwa hoch qualifizierte Maschinenbauingenieure ihre Arbeitszeit vor allem im Stau auf dem Weg zu Kunden verbringen, kann die Produktivität nicht ihr volles Potenzial erreichen.

Sowohl für Bildung als auch für Infrastrukturinvestitionen hat der deutsche Staat in den vergangenen Jahren vor der Krise gemessen am BIP deutlich weniger ausgegeben als wirtschaftlich erfolgreichere OECD-Länder (siehe Abbildung 4.1). Für Bildung (also von der Kinderkrippe bis zur Hochschule) gab Deutschland nach den neuesten verfügbaren OECD-Daten im Jahr 2005 gerade einmal 4,5 Prozent des BIPs aus. Selbst in den USA, wo ein Großteil der Hochschulausbildung privat finanziert wird, waren es 5,1 Prozent. Dänemark gab mit 8,3 Prozent des BIPs fast doppelt so viel aus wie Deutschland. Zwar muss nicht unbedingt mehr Geld für Bildung auch bessere Bildungsergebnisse bedeuten, aber eine solide Finanzausstattung ist dafür eine notwendige Voraussetzung. Derart niedrige Ausgaben wie in Deutschland können deshalb auch nur zu unterdurchschnittlichen Bildungserfolgen führen.

*Abbildung 4.1: Öffentliche Bildungsausgaben 2005 in % des BIPs*

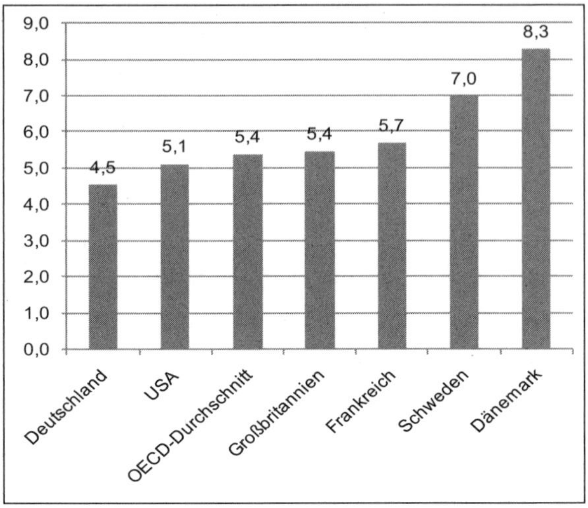


Quelle: OECD (2008)

Bei den Infrastrukturinvestitionen zeigt sich ein ähnliches Bild (Abbildung 4.2): Vor Abschreibungen investierte der deutsche Staat (einschließlich Länder und Kommunen) gerade einmal 1,5 Prozent des BIPs gegenüber 2,5 Prozent als Durchschnitt im Euroraum. Bezieht man die Abnutzung und den Verfall der öffentlichen Straßen und Gebäude in Deutschland mit ein, so ergibt sich ein noch dramatischeres Bild. Die sogenannten Nettoinvestitionen der öffentlichen Hand, also die Investitionen abzüglich der Abschreibungen, waren zuletzt sogar negativ. In Deutschland gab der Staat also über Jahre nicht einmal so viel Geld für die Infrastruktur aus, wie abgenutzt wurde. Das ist ein Sonderfall, zudem es unter den industrialisierten Ländern kaum Parallelen gibt.

Es wird häufig argumentiert, dass nicht unbedingt der Staat mehr für Bildung und Infrastruktur ausgeben sollte, sondern dass der Privatsektor hier einspringen muss. Wir halten dieses Argument für fragwürdig. Bildung und Infrastruktur haben eine Reihe von Charakteristika, die erwarten lassen, dass es bei einer privatwirtschaftlichen Lösung zu einer zu niedrigen Bereitstellung dieser Güter kommt. Zum Ersten haben Investitionen in diese beiden Bereiche üblicherweise positive Effekte für den Rest der Wirtschaft – externe Effekte, die nicht zielgenau zuzuordnen sind. Wenn eine Volkswirtschaft besser ausgebildete Ingenieure hat, die innovativ neue Prozesse und Produkte entwickeln, steigt die Produktivität auch der Facharbeiter, die diese neuen Erkenntnisse einsetzen. Ähnliches gilt für die Infrastruktur. Wenn dank guter Verkehrsanbindung und guter Telekommunikationsverbindungen sich Unternehmen ansiedeln, führt das zu einem Wissensgewinn und technologischem Fortschritt in der Volkswirtschaft, von dem eine breite Masse später profitiert.

*Abbildung 4.2: Öffentliche Investitionen in % des BIPs, 2003-2007*

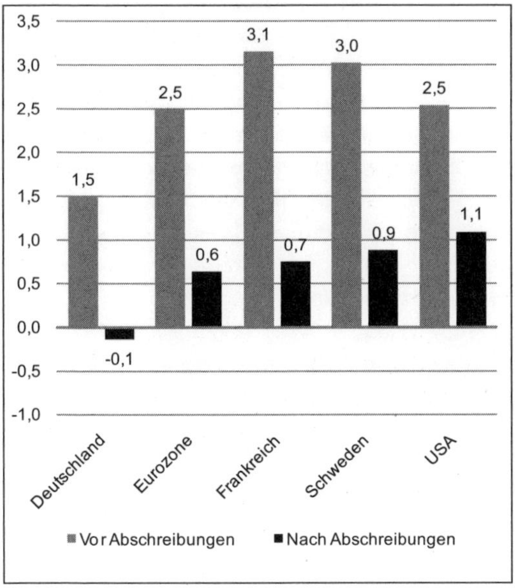


Quelle: Ameco (2009)

Ein weiteres Problem für Investitionen in Bildung und Infrastruktur sind die langen Planungshorizonte: Sowohl die Ausbildung eines Menschen als auch eine Autobahn kann gut 40 Jahre lang Nutzen stiften, allerdings ist der Nutzenzuwachs solcher Investitionen gerade in ferner Zukunft recht schwer zu quantifizieren. Während Privatanleger vor solchen Investitionen tendenziell zurückschrecken und wohl auch nur zu schlechten Bedingungen eine Finanzierung dafür erhalten würden, kann sich der Staat einen solchen Planungshorizont erlauben. Zum einen ist der Staat in der Lage, sich auch über lange Zeiträume günstig zu finanzieren. Zum anderen betreibt er eine Vielzahl von Bildungs- und Infrastrukturprojekten. Selbst wenn einige davon in zehn Jahren keinen Nutzen mehr stiften, dürfte dies durch die Erfolge anderer Projekte ausgeglichen werden.

Auch aus Verteilungsgründen ist es tendenziell bedenklich, wenn zunehmend Bildungsausgaben über Gebühren etwa von Studierenden finanziert werden sollen. Erfahrungen mit der Einführung von Studiengebühren deuten darauf hin, dass gerade Abiturienten aus bildungsfernen Schichten selbst von moderaten Gebühren in Höhe von 500 Euro pro Semester abgeschreckt werden. Zwar legt die ökonomische Logik nahe, dass der erwartete Einkommenszuwachs aus einem Studium die Investitionen so deutlich übersteigt, dass die 500 Euro keine Rolle spielen sollten. Allerdings scheint empirisch bei bildungsfernen Schichten die Angst vor einem Start ins Berufsleben mit einem Schuldenberg sehr abschreckend zu wirken. Gerade weil Menschen sich nicht immer ökonomisch rational verhalten, sollte die Politik diese Erkenntnisse bei ihren Entscheidungen miteinbeziehen. Der (auch teilweise) Rückzug des Staates aus der Hochschulfinanzierung sollte aus diesen Gründen noch einmal gründlich überdacht werden. Hilfreich wäre es, wenn nach dem Vorbild des wirtschaftspolitischen Teams des US-Präsidenten Barack Obama dabei auch Fachleute aus den *behavioural economics* miteinbezogen würden. Denn gerade sie machen gegenwärtig die Erkenntnisse aus Psychologie und Soziologie für die Wirtschaftswissenschaften fruchtbar.

Insgesamt lässt sich festhalten, dass der Staat im guten Kapitalismus hohe Investitionen sowohl im Bildungs- als auch Infrastrukturbereich tätigen sollte – selbstverständlich unter der Prämisse, dass die Gelder dort möglichst effizient eingesetzt werden.

**Stabilisierung der sozialen Sicherungssysteme**

Doch auch ein gut funktionierendes Sozialsystem ist für ein mittel- und langfristig stabiles Wachstum unumgänglich. Wenn den Menschen die Angst vor den großen wirtschaftlichen Risiken des Lebens genommen wird, ist zum einen mit robusterem Konsumwachstum zu rechnen. Zum Zweiten ist zu erwarten, dass Menschen eher wirtschaftliche Wagnisse etwa bei der Unternehmensgründung oder beim Arbeitsplatzwechsel eingehen, wenn die existenziellen Risiken abgedeckt sind. Beides erzeugt ökonomische Dynamik und ist förderlich für die wirtschaftliche Entwicklung. Die »Produktion« von Sicherheit durch ein gut funktionierendes Sozialsystem muss als öffentliches Gut angesehen werden, das privat nicht ausreichend bereitgestellt wird und vor allem bereitgestellt werden kann. Zu den Grundrisiken, die deshalb vom Staat abgedeckt werden sollten, gehören Krankheit, Arbeitslosigkeit und Armut im Alter. Dabei sollten bei der Krankenversicherung alle notwendigen Kosten im Falle einer Krankheit abgedeckt werden, wobei natürlich ein gewisser Selbstbehalt für den Einzelnen durchaus denkbar ist.

Die Arbeitslosenversicherung sollte den Menschen die Angst vor einem vorübergehenden Verlust des Arbeitsplatzes nehmen. Nicht für sinnvoll halten wir es, über die Arbeitslosenversicherung dauerhaft einen Lebensstandard oberhalb dessen abzusichern, was andere Arbeitnehmer durch ihre Arbeit verdienen. Wäre dies der Fall, würde schnell die Legitimität des Systems infrage gestellt, was auf Dauer zu politischen Rückschlägen für eine solide soziale Absicherung führen dürfte. Die Lebensstandardgarantie durch die Arbeitslosenversicherung kann großzügig ausgestaltet werden, ist jedoch zu begrenzen. Aus dieser Sicht sind die Zusammenlegung der Arbeitslosenhilfe und der Sozialhilfe zum neuen Arbeitslosengeld II (die Hartz-IV-Reform) grundsätzlich durchaus vertretbar: Vor der Reform waren Fälle denkbar, bei denen der gut verdienende Jungakademiker mit Anfang 30 arbeitslos wurde und bis zu seiner Rente Arbeitslosenhilfe bezogen hätte, die über dem Einkommen einer Kindergärtnerin oder Krankenschwester lag. Selbstverständlich muss diskutiert werden, ob nicht die heutigen Hartz-IV-Sätze zu niedrig sind, vor allem, wenn es mit Mindestlohnregeln gelingt, die Einkommen der Geringverdiener zu erhöhen.

Verhindert werden sollte allerdings, dass in langen Phasen konjunktureller Schwäche breite Massen aus der normalen Arbeitslosenversicherung, dem Arbeitslosengeld I, in das Arbeitslosengeld II gedrückt werden und somit die Angst vor dem sozialen Abstieg in der Bevölkerung geschürt wird. Einer solchen Gefahr kann durch relativ lange Zahlung des Arbeitslosengeldes entgegengewirkt werden. Umgehen kann man das Problem auch dann, wenn man – wie in den USA üblich – in Rezessionsphasen die Bezugsdauer von Arbeitslosengeld verlängert. Zwar ist die USA nicht für besonders großzügige Sozialsysteme bekannt, aber die Arbeitslosenversicherung dort hat ein paar höchst sinnvolle Elemente. Diese Verlängerung des Arbeitslosengeldes in der Rezession wird in den USA zum einen über automatische Regeln umgesetzt, zum anderen hat der US-Kongress in allen Rezessionen seit den 1970er-Jahren per Gesetz die Bezugsdauer von Arbeitslosenunterstützung verlängert.

Die Rentenversicherung sollte schließlich versuchen, in etwa den Lebensstandard des Berufslebens abzudecken. Das muss nicht heißen, dass die Rente so hoch sein sollte wie das vorherige Erwerbseinkommen. Ein Rentner hat üblicherweise deutlich weniger Ausgaben als ein Arbeitnehmer, weil beispielsweise die Fahrten zum Arbeitsplatz wegfallen, ebenso wie Kosten für Berufskleidung. Zudem sind üblicherweise im Rentenalter die eigenen Kinder erwachsen, sodass für deren Ausbildung keine Kosten mehr anfallen. Deshalb sollte die Rente zum einen Armut verhindern und den Lebensstandard sichern, zum anderen aber in einem angemessenen Verhältnis zu den eingezahlten Beiträgen stehen. Wir halten nichts von einem Modell, das eine Lebensstandardgarantie nur mit einer privaten Zusatzversicherung anstrebt. Vor dieser Prämisse sollte ein weiteres Absenken des Rentenniveaus vom heute beschlossenen Stand unbedingt vermieden werden.

Diese Grundsätze für das Sozialsystem sollten nicht nur für Arbeitnehmer mit einer Standard-Erwerbsbiografie gelten, sondern auch für all jene, die zeitweise durch Selbstständigkeit, Kinderversorgung oder Arbeitslosigkeit nicht dem traditionellen Normarbeitsverhältnis entsprechen. Wir plädieren dafür, dass alle Gesellschaftsgruppen, also auch Arbeitnehmer mit sehr hohen Einkommen, Selbstständige und Beamte in das staatliche Sozialsystem eingebunden sind.

Wir plädieren deshalb auch dafür, die Reichweite der Sozialversicherungen ebenso wie deren Finanzierung zu reformieren. Bei dem Umfang muss es darum gehen, möglichst alle Gesellschaftsgruppen in die staatlichen Systeme für Kranken-, Pflege- und Rentenversicherung einzubeziehen. Die Trennung zwischen privater und gesetzlicher Kranken- und Pflegeversicherung hat in den vergangenen Jahren dazu geführt, dass junge Gutverdiener in das Privatsystem abwanderten, während Arme, Kranke, Alte und Kinderreiche in der gesetzlichen Krankenversicherung verblieben, die dadurch zunehmend Finanzierungsprobleme bekam.

Auf der Finanzierungsseite ist ebenfalls wichtig, dass sich alle Gesellschaftsgruppen an der Bezahlung der Sozialsysteme beteiligen. Dies sollte dadurch geschehen, dass jeder Einwohner Deutschlands Mitglied der staatlichen Sozialsysteme wird und dass diese grundsätzlich durch Beiträge ihre Ausgaben decken. Dabei sollten alle Einkommensarten, also auch Zinsen und Gewinneinkommen zur Beitragsberechnung herangezogen werden. Um eine breite Finanzierung sicherzustellen, sollten die Beitragsbemessungsgrenzen, also jene Summe, bis zu der Abgaben anfallen, deutlich erhöht werden. Soweit diese Reform nicht ausreicht, über den ganzen Verlauf der Einkommenskurve eine vernünftige Progression aus Steuern und Abgaben zu erreichen, sollte ein größerer Teil der Sozialversicherungen als heute durch Steuern statt durch Abgaben finanziert werden.

In Deutschland gibt es eine Reihe von Ungereimtheiten im derzeit existierenden System. So ist bei der Krankenversicherung schwierig zu argumentieren, warum der Beitrag bis zur Beitragsbemessungsgrenze ansteigt, danach aber bei dem Höchstbetrag verbleibt und damit zwar der Arbeitnehmer mit einem Jahreseinkommen von 40.000 Euro doppelt so viel Beiträge zur gesetzlichen Krankenversicherung zahlt wie ein Arbeitnehmer mit 20.000 Euro Jahreseinkommen, ein Angestellter mit 200.000 Euro Jahreseinkommen aber nicht mehr bezahlt als jener mit einem Einkommen von 50.000 Euro. Das bisherige Finanzierungssystem der Sozialversicherungssysteme in Deutschland führt auch zu den oft im internationalen Vergleich angeprangerten hohen Grenzbelastungen für mittlere Einkommen: Ein angestellter Single in Deutschland mit einem Jahreseinkommen von knapp unter 44.000 Euro zahlt für jeden zusätzlichen Euro Einkommen derzeit rund 60 Cent an Steuern und Abgaben, während sein Vorgesetzter mit einem Jahreseinkommen von 100.000 Euro nur noch etwa 44 Cent für jeden zusätzlichen Euro abführen muss. Das hängt mit der Beitragspflicht zu den Sozialversicherungen nur bis zur Beitragsbemessungsgrenze zusammen, nach der auf Einkommen bis zu eben dieser Grenze ein bestimmter Anteil an die Sozialversicherungen abgeführt werden muss, auf Einkommen oberhalb dieser Grenze aber keine weiteren Sozialabgaben mehr anfallen. Für den zusätzlichen Euro bei einem Einkommen knapp unter 44.000 Euro werden so Steuern und Sozialabgaben fällig, für den zusätzlichen Euro über 100.000 Euro aber nur noch die Steuern.

Eine stärkere Finanzierung der Sozialversicherungssysteme durch eine Mitgliedschaft aller Gesellschaftsgruppen und das Einbeziehen aller Einkommen unabhängig von Art und Höhe oder gegebenenfalls durch allgemeine Steuern würde diesen ungerechten und aus Verteilungsgesichtspunkten kontraproduktiven Verlauf der Steuer- und Abgabenbelastung in Deutschland korrigieren. Zudem würde über eine solche Reform möglicherweise die Bereitschaft der Deutschen zum Steuerzahlen gestärkt. Wegen des komplizierten Systems von Steuern und Sozialabgaben, das zu sehr hohen Grenzbelastungen von mittleren Einkommen führt, die für Reiche wieder deutlich sinken, haben viele Menschen den Eindruck, Deutschland sei ein Hochsteuerland, obwohl dies im OECD- oder EU-Vergleich mitnichten stimmt. Über eine klarere Gesamtprogression des Steuer- und Abgabensystems kann dieser Eindruck abgemildert werden.

Im Kontext der Finanzierung der Sozialversicherungssysteme gehören auch die Beamtenprivilegien auf den Prüfstand. Es ist nicht einsichtig, warum Beamte etwa nicht Mitglieder der gesetzlichen Krankenversicherung, sondern für einen Teil ihrer Behandlungskosten in der privaten Krankenversicherung versichert sind und zu einem anderen Teil ihre Kosten aus der staatlichen Beihilfe erstattet bekommen. Auch ist nicht verständlich, warum Beamte nicht in der allgemeinen Rentenversicherung versichert sind. Dabei geht es nicht darum, Beamte schlechter zu bezahlen als bisher oder ihr Lebenseinkommen zu kürzen. Für eine gut funktionierende öffentliche Verwaltung sind gut qualifizierte Mitarbeiter unentbehrlich, die entsprechend bezahlt werden sollten. Uneinsichtig ist allerdings, warum es für Beamte Sondersysteme für die soziale Absicherung gibt.

**Progressive Einkommens- und moderate Erbschaftssteuer**

Kommen wir zum Steuersystem. All die oben beschriebenen Staatsausgaben müssen natürlich finanziert werden. Da die Finanzierung nicht dauerhaft über neue Staatsschulden geleistet werden kann, weil damit am Ende unweigerlich der Staatsbankrott droht und in der Zwischenzeit die staatliche Handlungsfähigkeit durch hohe Zinszahlungen enorm eingeschränkt würde, braucht es eine solide Finanzierungsbasis. Laufende Ausgaben des Staates sollten über den Konjunkturzyklus hinweg durch Steuern finanziert werden.

Um eine wachsende Ungleichverteilung innerhalb der Gesellschaft zu vermeiden, ist dabei ein progressives Einkommenssteuersystem unumgänglich, bei dem Besserverdiener auch einen höheren Steuersatz auf zusätzliche Einkünfte zahlen. Grundsätzlich ist im deutschen System eine solche Progression bereits enthalten. Der Höchstsatz in Deutschland liegt – sieht man von der sogenannten Reichensteuer ab – dabei derzeit mit 42 Prozent (plus Solidaritätszuschlag) weder im internationalen noch im historischen Vergleich besonders hoch. Durchaus vertretbar wäre deshalb eine Finanzierung der Staatsausgaben über einen höheren Spitzensteuersatz. Gleichzeitig sollte man sich allerdings fragen, ob es zweckmäßig ist, diesen wie heute üblich bei unter 60.000 Euro Jahreseinkommen für Ledige und 120.000 Euro für Ehepaare greifen zu lassen. Solche Summen zeigen zwar eine gute Einkommenslage an, es handelt sich aber bei vielen Zahlern des Spitzensteuersatzes heute nicht um jene Bevölkerungsgruppen, die mit einer übermäßig hohen Sparquote zu Deutschlands niedrigem Konsumwachstum beitragen.

Die sogenannte Reichensteuer, die von der großen Koalition nach der Bundestagswahl 2005 eingeführt wurde, kann das Ziel einer gleichmäßigeren Einkommensverteilung nicht erreichen. Als eine Art Extrastufe besteuert sie jährliche Einkommen von mehr als 250.000 Euro für Ledige und 500.000 Euro für Verheiratete mit einem Satz von 45 Prozent. Sie gilt zudem explizit nicht für Einkommen aus Gewinnen. Überdies fallen auch Zins- und Kapitaleinkommen raus, da diese mit dem niedrigeren Satz der Abgeltungssteuer von 25 Prozent (plus Solidaritätszuschlag) belegt werden. Damit ist ein großer Teil jener Einkommen von der Besteuerung ausgenommen, die die problematische Entwicklung und die ungerechte Verteilung ausmachen.

Skeptiker führen gegen einen höheren Spitzensteuersatz für alle Einkommen gern an, dass die Besteuerung auch von Gewinnen Mittelständler daran hindere, Eigenkapital zu bilden. Dieses Argument ist allerdings bei näherer Betrachtung äußerst wackelig: Der Einkommenssteuersatz gilt unabhängig davon, ob der Steuerpflichtige mit seinem gerade verdienten Geld später am Finanzmarkt spekuliert, eine Yacht kauft oder das Geld wieder in seine Unternehmung steckt. Zudem gilt das Argument nur für Personengesellschaften, da Kapitalgesellschaften einbehaltene Gewinne ohnehin nur mit der niedrigeren Körperschaftssteuer (plus der Gewerbesteuer) besteuern müssen. Ein höherer Spitzensteuersatz auch für Gewinneinkommen würde so wahrscheinlich eine Reihe von Mittelständlern dazu bewegen, Kapitalgesellschaften wie eine GmbH oder eine AG zu gründen. Damit aber würden zumindest all jene Einkommen vernünftig besteuert, die gerade nicht im Unternehmen verbleiben und deshalb nicht zur Eigenkapitalbildung beitragen.

Unnütz und veraltet ist auch das Splittingsystem bei der Einkommenssteuer, das den puren Akt der juristischen Eheschließung belohnt. Man könnte die Existenz von Kindern bei der Einkommenssteuer stärker ausbauen, aber hier erscheinen uns Transferzahlungen in der Form von Kindergeld aus verteilungspolitischen Gründen angebrachter.

Ganz wichtig für das Verhindern eines kontinuierlichen Auseinanderklaffens der Einkommen ist, dass alle Einkommensarten erfasst werden und ähnlich besteuert werden. In diesem Zusammenhang ist hart und entschieden gegen Steuerflucht und Steuerhinterziehung vorzugehen – einige Möglichkeiten werden weiter unten diskutiert.

Auch die Abgeltungssteuer, nach der seit 2009 Einkommen aus Kapitalvermögen mit nur noch 25 Prozent plus Solidaritätszuschlag besteuert werden, ist deshalb als bedenklich anzusehen. Um eine halbwegs stabile Einkommens- und Vermögensverteilung in Deutschland zu gewährleisten, ist es kontraproduktiv, gerade Kapitaleinkommen steuerlich besser zu stellen, die in erster Linie den reicheren Teilen der Bevölkerung zufließen. Gern wird argumentiert, ein niedrigerer Steuersatz für Kapitaleinkünfte ist notwendig, um Steuerflucht zu vermeiden. Steuerflucht aber ist unserer Einschätzung nach auf anderem Wege besser zu bekämpfen.

Neben der progressiven Einkommenssteuer ist auch eine ordentliche Besteuerung von Erbschaften zur Begrenzung wachsender Verteilungsungleichheit notwendig. In Deutschland ist diese Besteuerung im internationalen Vergleich nicht übermäßig hoch. Der Höchstsatz bei der Erbschaftssteuer unter engen Verwandten beträgt in Deutschland lediglich 30 Prozent und gilt erst ab 26 Mio. Euro. In den USA greift der Fiskus wesentlich stärker zu: Bis 2001 galt ein Steuersatz von 55 Prozent für Erbschaften über 550.000 US-Dollar, ab 2011 gilt erneut dieser Steuersatz für Erbschaften ab 1 Mio. US-Dollar (in der Zwischenzeit galten niedrigere Sätze, die von George W. Bush durchgesetzt worden waren). Bis in die 1980er-Jahre betrug der Steuersatz gar 70 Prozent und die Freibeträge weniger als 200.000 US-Dollar. Großbritannien besteuert alle Erbschaften mit 40 Prozent bei einem nur geringen Freibetrag. Gerade eine Gesellschaft, die sich als »Leistungsgesellschaft« versteht, kann nicht zulassen, dass Menschen riesige Vermögen ohne jegliche eigene Leistung erben und damit gänzlich andere Lebenschancen haben als Menschen, die nichts erben. Dabei soll es nicht darum gehen, dass der Fiskus bei einem Todesfall in der Familie das Wohnhaus der Eltern oder Geschwister an sich bringen sollte. Allerdings ist wirklich fraglich, ob große Erbschaften derart gut vor Erbschaftssteuer geschützt werden sollten wie in Deutschland. Eine Erhöhung der Erbschaftssteuer auf das aktuelle US-Niveau wäre durchaus eine diskutable Option. Dabei könnte man natürlich überlegen, ob man eventuell für Deutschland etwas großzügigere Freibeträge zulässt, die beispielsweise Vermögen bis 2 Mio. Euro ausklammern.

Zwei Argumente werden in Deutschland gern gegen die Erbschaftssteuer ins Feld geführt. Zum einen wird behauptet, eine hohe Erbschaftssteuer würde einzig zur Steuerflucht ins Ausland führen. Zum anderen wird oft angeführt, dass eine hohe Erbschaftssteuer mittelständische Unternehmen ruinieren würde, weil bei dem Tod des Eigentümers die Erben die liquiden Mittel des Unternehmens zur Begleichung der Steuerschuld aufbringen müssen. Beide Argumente haben nur begrenzte Gültigkeit. Solange der Unternehmenssitz in Deutschland ist oder Erblasser oder auch Erbe entweder in Deutschland ihren Wohnsitz haben oder eine deutsche Staatsbürgerschaft besitzen, ist ein Zugriff des deutschen Fiskus kein Problem. Wie das Steuerrecht der USA zeigt, nachdem Amerikaner auch dann steuerpflichtig sind, wenn sie im Ausland leben, ist es durchaus möglich, alle Staatsbürger eines Landes unabhängig von ihrem Wohnort zu besteuern. Dazu müssen einzig die eigenen Gesetze und Doppelbesteuerungsabkommen entsprechend gestaltet werden.

Auch die Sorge um die mittelständischen Unternehmen lässt sich leicht lösen. Eine Möglichkeit wäre, dass der Staat stiller Teilhaber bei jenen Unternehmen wird, bei denen die Erben nicht sofort die Erbschaftssteuer bezahlen können. Der Staat würde dann ab dem Erbfall einen entsprechenden Anteil der Gewinne des Unternehmens erhalten, die Erben hätten aber das Recht, diesen Anteil abzukaufen, sollten sie selber zu Geld kommen. Der normale Geschäftsbetrieb eines Unternehmens würde so nicht gestört. Zudem kann auch in diesem Bereich mit großzügigen Freibeträgen gearbeitet werden.

**Investitionsfördernde Unternehmenssteuer**

Wenn mit einer progressiven Einkommenssteuer, die alle Einkommensarten gleichmäßig erfasst, und einer ordentlichen Erbschaftssteuer der wachsenden Ungleichverteilung begegnet wird, verliert die Besteuerung von Unternehmensgewinnen an Bedeutung. Im Prinzip werden diese Gewinne entweder besteuert, wenn sie an die Eigentümer ausgeschüttet werden, oder wenn die Eigentümer ihre Anteile verkaufen oder vererben. In einem solchen System könnten die Unternehmenssteuern niedrig sein, ohne dass es zu Finanzierungsungleichgewichten des Staates oder zu gefährlich wachsenden Einkommens- und Vermögensungleichgewichten käme. Niedrige Unternehmenssteuern würden auch einen Beitrag zur Stärkung der Eigenkapitalbasis des Unternehmenssektors leisten. Da es allerdings eine Illusion ist, zu glauben, gerade Kapitaleinkommen lückenlos zu erfassen, bleibt eine gewisse Besteuerung der Unternehmensgewinne sinnvoll.

Bei der Unternehmensbesteuerung sollte es dann allerdings in erster Linie darum gehen, das System so zu gestalten, dass Investitionen angeregt werden. Dies ist insbesondere wichtig, wenn man sich vor Augen führt, dass Innovationen oftmals mit neuen Kapitalgütern ihren Weg in Wirtschaft und Gesellschaft finden. Diese Innovationen sind zudem für das langfristige Produktivitäts- und Wohlstandswachstum wichtig. Der Weg der deutschen Politik der vergangenen Jahre, die Steuersätze zu senken und dafür die Abschreibemöglichkeiten einzuschränken, scheint dabei nicht unbedingt der beste. Denn auf diese Weise werden alle profitablen Unternehmen entlastet. Firmen, die gerade besonders viel investieren, müssen in Einzelfällen sogar kurzfristig mehr Steuern zahlen. Würde man stattdessen die Unternehmen besonders mit großzügigen Möglichkeiten zur Abschreibung ausstatten, würden Investitionen stärker gefördert. Dabei würden aber keine Unternehmen subventioniert, die vor langer Zeit investiert haben und heute nur noch die Gewinne auf längst abgeschriebene Anlagen einfahren.

Wichtig ist zudem, dass Unternehmen bei der Besteuerung daran gehindert werden, über die kreative Gestaltung von Verrechnungspreisen gegenüber ihren ausländischen Mutter- und Tochtergesellschaften ihren steuerpflichtigen Gewinn in Deutschland zu senken. Das ist geboten, um die Einnahmebasis des Staates zu sichern und um zu verhindern, dass Mittelständler, die einzig in Deutschland tätig sind, gegenüber multinationalen Konzernen benachteiligt werden. Seitens der OECD gibt es hierzu eine Reihe von Empfehlungen, die bei der Vermeidung des Missbrauchs des sogenannten Transfer Pricing helfen.[47] Auch sollte man sich andere Modelle, etwa der US-Steuerbehörden, ansehen, die zum Teil sehr erfolgreich dabei waren, ihre Basis bei der Unternehmenssteuer trotz hoher Sätze zu bewahren, indem sie die buchhalterische Gewinnverlagerung begrenzten.

Ein wichtiges Instrument gegen Steuerflucht ist, die Abzugsfähigkeit von Fremdkapitalzinsen ebenso wie von Lizenzgebührenzahlungen zur Benutzung von Firmennamen[48] oder anderer Rechte zu verbieten. Durch einen solchen Ansatz werden Steuervermeidungsstrategien und, wie im Finanzmarktkapitel vermerkt, Private-Equity-Strategien, die das Eigenkapital inländischer Unternehmen aus steuerlichen Gründen durch Fremdkapital ersetzen, erschwert. Um zu verhindern, dass so Kleinunternehmen und Gründer ungebührlich belastet werden, könnte man Unternehmen über Sonderregeln erlauben, eine kleine Summe von Fremdkapitalzinsen (etwa bis 100.000 Euro pro Jahr) abzusetzen, solange die Kredite für Neuinvestitionen verwendet wurden.

**Stabilisierungsfunktion der Staatsquote**

Neben den allgemeinen Debatten über die richtige Steuerhöhe wird gerade in Deutschland gern diskutiert, wie groß denn bitteschön der Staatssektor sein soll. Lange Zeit galt es als schick, ein Absenken der Staatsquote, der Sozialabgaben und Steuerbelastung auf »unter 40 Prozent« zu fordern, wie es etwa die CSU im Wahlkampf zum Bundestag 2002 tat. Bei genauerer Betrachtung ist eine solche Forderung allerdings wenig fundiert und willkürlich. Es gibt keinen Grund anzunehmen, dass eine Staatsquote (gemessen als Anteil der Staatsausgaben am Bruttoinlandsprodukt) von 39 Prozent richtiger sei als eine von 41 Prozent. Im internationalen Vergleich gibt es sehr erfolgreiche Länder wie die skandinavischen mit Staatsquoten von deutlich über 50 Prozent und Länder mit permanent kriselnder Wirtschaft wie Japan mit einer Staatsquote von weniger als 40 Prozent (siehe Tabelle 4.2).

*Tabelle 4.2: Staatliche Einnahmen und Ausgaben 2007, in % des BIPs*

| | Ausgaben | Einnahmen |
|---|---|---|
| Frankreich | 52,7 | 49,6 |
| Schweden | 51,9 | 55,1 |
| Österreich | 48,7 | 48,0 |
| Großbritannien | 48,1 | 41,1 |
| Durchschnitt Eurozone | 46,8 | 45,5 |
| Niederlande | 45,5 | 45,6 |
| Deutschland | 44,0 | 43,9 |
| USA | 39,0 | 33,1 |
| Japan | 36,0 | 33,5 |

Quelle: OECD (2009b)

Tatsächlich sollte die richtige Staatsquote dadurch bestimmt werden, welche Aufgaben der Staat erfüllen soll und welche Finanzierungssummen er dazu braucht. Dabei ist maßgeblich, welche dieser Aufgaben tatsächlich der öffentliche Sektor besser erfüllen kann als der private. Wie oben bereits beschrieben, gibt es in einer Gesellschaft viele Aktivitäten, die den Charakter eines öffentlichen Gutes haben. Und viele dieser Aufgaben können in der Tat besser von der öffentlichen Hand wahrgenommen werden als vom Privatsektor. Auch bei der Netzwerkindustrie wie der Strom- und Wasserversorgung oder der Eisenbahn ist nicht klar, ob der Betrieb als Privatunternehmen wirklich gegenüber dem eines Staatsunternehmens sinnvoller ist. Viele der Privatisierungen der Vergangenheit, auch in Deutschland, waren ideologisch motiviert und nicht ökonomisch. Auch ist es von gesellschaftlich zweifelhaftem Wert, wenn ein privates Unternehmen nur deshalb kostengünstiger produzieren kann, weil es die Löhne und Arbeitsstandards absenkt. Im Zweifel müssen die Gebühren für öffentliche Dienstleistungen so gestaltet sein, dass die Einkommen und Arbeitsbedingungen in den Dienstleistungsunternehmen den allgemeinen gesellschaftlichen Standards entsprechen. Es besteht zudem die Gefahr, dass private Unternehmen in Netzwerkbetrieben die erlangte Monopolmacht für Preiserhöhungen ausnutzen.

Gerade wenn man – wie dieses Buch – die These vertritt, dass der Staat für ein mittel- und langfristig stabiles Wachstum durch die Bereitstellung öffentlicher Güter sorgen, mit einer spürbaren Umverteilung in die Wirtschaft eingreifen und im Konjunkturzyklus mit seinen Einnahmen und Ausgaben eine wichtige Stabilisierungsfunktion wahrnehmen sollte, scheint am Ende eine Staatsquote von mehr als 40 Prozent wahrscheinlicher als eine Quote, die darunterliegt. Im Einklang mit dem obigen Argument ist dabei aber selbstverständlich, dass eine bestimmte Staatsquote kein Ziel an sich sein kann. Sie muss sich als Konsequenz des Aufgabenkatalogs des Staates ergeben.

### 4.3.2 Die Zukunft liegt in Europa

Deutlich vergrößert hatten sich im Vorfeld der Finanzkrise nicht nur die Leistungsbilanzungleichgewichte zwischen den Defizitländern auf der einen Seite, also den USA, den anderen angelsächsischen Ländern sowie den osteuropäischen Transformationsstaaten, und den Überschussländern auf der anderen, zu denen neben Japan und den Erdöl exportierenden Staaten auch die aufholenden Schwellenländer Asiens gehören. Gleiches galt zudem für die Ungleichgewichte innerhalb der Eurozone. Entsprechend manifestiert sich gegenwärtig ein Teil der Krise in wachsenden Bedenken über die Nachhaltigkeit der Verschuldung einiger Euroländer. So haben die Ratingagenturen die Bewertung einer Reihe von Regierungen in Eurostaaten wie Portugal, Spanien und Irland heruntergesetzt. Das Problem dabei ist, dass selbst Staaten in der EWU, die den Stabilitäts- und Wachstumspakt erfüllen, durch eine krisenhafte Entwicklung schnell in eine Situation geraten können, die zu einer Überschuldung nationaler öffentlicher Haushalte führt.

Dabei zeigt sich zweierlei: Erstens hat die ungleiche Nachfrageentwicklung, die sich global zwischen den USA und Asien aufgetan hat, ihr Spiegelbild innerhalb der europäischen Währungsunion in einem zunehmenden Ungleichgewicht zwischen den Überschussländern wie beispielsweise Deutschland oder Finnland und den Defizitländern wie etwa Spanien, Portugal oder Griechenland. Bei genauerer Betrachtung stellt sich heraus, dass dies Ergebnis einer sehr ungleichen Entwicklung der verschiedenen

Nachfragekomponenten in den einzelnen Ländern ist. Während sich etwa in Spanien, Portugal und Griechenland das Wirtschaftswachstum in den vergangenen Jahren in erster Linie aus einem Anstieg des Konsums und der Bauaktivitäten speiste, stagnierte in Deutschland der Privatkonsum weitestgehend und die Impulse kamen praktisch nur vom Export oder durch Investitionen im Exportsektor. Die zweite Quelle der Leistungsbilanzungleichgewichte in der EWU ist in der ungleichen Entwicklung der Lohnstückkosten zu finden, die in Deutschland seit dem Beginn der EWU stagnierten und in den Defizitländern deutlich zunahmen. Diese ungleiche Kosten- und Nachfrageentwicklung und die daraus folgenden Leistungsbilanzungleichgewichte haben nun zum Ergebnis, dass die Verschuldung einzelner Volkswirtschaften in den vergangenen Jahren enorm angestiegen ist. So hat sich die Nettoauslandsposition Spaniens (was man als Nettoauslandsverschuldung des Landes interpretieren kann) von einem Minus um 21 Prozent des BIPs im Jahr 2000 auf eines von 76,8 Prozent im Jahr 2007 erhöht. Auch wenn die Zahlen nicht in gleicher Qualität für Portugal und Griechenland erhältlich sind, dürfte sich für diese Länder angesichts ihrer enormen Leistungsbilanzdefizite Ähnliches ergeben.

Zweitens zeigt die Erfahrung der Krise, dass der einseitige Fokus des Europäischen Stabilitäts- und Wachstumspaktes auf die Verschuldung der öffentlichen Hand Schuldenkrisen in der Währungsunion nicht verhindern kann. Spanien und Irland etwa, zwei Kandidaten, deren Kreditwürdigkeit zunehmend angezweifelt wird, hatten bis unmittelbar vor Ausbruch der Krise sehr solide Staatsfinanzen – teilweise mit beträchtlichen Überschüssen in den öffentlichen Haushalten. In der aktuellen Krise zeigt sich nun, dass auch eine Überschuldung des Privatsektors eines Landes innerhalb der Währungsunion zu einer Schuldenkrise führen und einen Bail-Out durch die anderen Mitglieder nötig machen kann. Da kein Staat sich einen Bankrott seines Bankensystems erlauben kann, wird im Krisenfall der einzelne Nationalstaat die Verbindlichkeiten des nationalen Finanzsektors notfalls übernehmen. Ähnliches dürfte bei einer Überschuldung des Unternehmenssektors gelten. Im Krisenfall dürfte der Staat eher die Verbindlichkeiten der wichtigsten Unternehmen übernehmen, als eine Insolvenz großer Teile der Privatwirtschaft zu riskieren. Diese Verbindlichkeiten können im Extremfall ein Vielfaches der bisherigen Staatsschulden ausmachen. Wie am Beispiel Irlands gezeigt, kann quasi über Nacht dadurch ein Staat mit eigentlich soliden öffentlichen Finanzen zum Sanierungsfall werden.

Vor diesem Hintergrund sollte die Finanzpolitik in der Europäischen Währungsunion dazu beitragen, eine Überschuldung einzelner Sektoren oder einzelner Länder möglichst zu vermeiden. Eine besondere Herausforderung ist dabei, regionale Verwerfungen, in Form einer unterschiedlichen Entwicklung der regionalen Wettbewerbsfähigkeit, und überschießende nationale Konjunkturzyklen abzufedern. Weil innerhalb der Währungsunion nur noch ein einheitlicher Zins gilt, können sich nationale Auf- und Abschwünge selbst verstärken. Läuft die Wirtschaft in einem Land heiß, so kommt es dort zu höheren Lohnabschlüssen und steigender Inflation. Zwar verliert das Land dadurch an Wettbewerbsfähigkeit, allerdings führt die höhere Inflation auch zu niedrigeren Realzinsen. Das reduziert die Finanzierungskosten und kurbelt Investitionen insbesondere im nationalen Wohnungsbau an. Gleichzeitig steigt die Verschuldung, weil der Verlust an Wettbewerbsfähigkeit zur Erosion der Handelsbilanz führt. Aber erst wenn der Verlust so drückend wird, dass dieser Effekt die kurzfristigen positiven Folgen der höheren nationalen Inflation kompensiert, kommt der Boom zum Erliegen. Üblicherweise kann durch die europäische Währungsunion und die Tatsache, dass Leistungsbilanzdefizite so länger vom Bankensektor anderer Länder finanziert werden als es zuvor der Fall war, ein Boom deutlich länger laufen und die nationale Wettbewerbsfähigkeit deutlich weiter vom langfristigen Gleichgewicht wegdrücken, als dies unter einer nationalen Geldpolitik möglich gewesen wäre. Einem solchen Boom folgt dann logisch eine lange Phase schwachen Wachstums, in der der vorherige Verlust an Wettbewerbsfähigkeit korrigiert werden muss. Die Korrektur findet dabei durch Lohnabschlüsse unterhalb jener im Rest der Währungsunion statt, was zu niedrigerer nationaler Inflation oder gar Deflation, höheren nationalen Realzinsen und damit schwächerer inländischer Nachfrage führt. Ein Anpassungsprozess kann auch scheitern und ein Land mit verlorener Wettbewerbsfähigkeit zu einer langfristig stagnierenden Region machen. Die Gefahr besteht zudem, dass in einem solchen Boom- und Bust-Zyklus die Verschuldung eines Landes derart steigt, dass dieses in Zahlungsschwierigkeiten gerät.

Es gibt verschiedene Möglichkeiten, dieses Problem anzugehen. Eine Option wäre, die europäische Ebene mit einem wesentlich größeren Haushalt, mit eigenen Steuereinnahmen, wesentlich mehr Aufgaben und ebenfalls wesentlich mehr Befugnissen auszustatten, sodass die EU-Ebene bzw. bei einer kleineren Lösung die EWU-Ebene in den einzelnen Regionen die Nachfrage mit ihren Staatsausgaben oder Steuereinnahmen des Zentralhaushalts signifikant beeinflussen kann. Faktisch würde ein wie in einem Nationalstaat ausgebauter regionaler Finanzausgleich etabliert. Die Hoffnung wäre dann, dass der Zentralhaushalt die nationalen Konjunkturausschläge dämpft. Damit würde sich die Eurozone in ihrer Gestalt stärker an traditionelle Föderalstaaten wie etwa die USA oder Deutschland annähern.

Langfristig wäre eine solche Entwicklung sicher wünschenswert. Lösungen in der bisherigen Struktur der Europäischen Wirtschaftspolitik zu finden, ist aber sehr schwierig, wenn nicht unmöglich. Wie sich erst in dieser Krise wieder gezeigt hat, ist es mangels eines europäischen Staates enorm wichtig, dass die einzelnen Nationalstaaten ihre Finanzpolitik benutzen können, um bei drastischen Konjunktureinbrüchen gegenzusteuern. Gleichzeitig ist in der jüngsten Krise deutlich geworden, dass die Finanzen eines einzelnen Staates tatsächlich ein Interesse der Partnerländer darstellen. Der Bankrott eines einzelnen Eurostaates würde Schockwellen durch das Bankensystem der gesamten Währungsunion senden. So halten etwa nicht nur italienische Banken, sondern auch deutsche, französische oder belgische Institute italienische Staatsanleihen. Ein Wertverlust dieser Anleihen könnte schnell zur Massenpleite von Banken in ganz Europa führen. Da eine solche Bankenkrise am Ende extrem hohe Kosten nicht nur für die Sanierung der Banken bedeutet, sondern auch mit dem Verlust an Wirtschaftswachstum einhergeht, werden im Zweifel die europäischen Partner kein einzelnes Land in die Zahlungsunfähigkeit laufen lassen. Wahrscheinlicher ist, dass am Ende eine Lösung gefunden wird, bei der die anderen EWU-Staaten für ein Land in Finanzschwierigkeiten eintreten. So hat selbst der deutsche Finanzminister Peer Steinbrück in der jüngsten Krise angedeutet, dass eine solche Rettungsaktion für andere Eurostaaten denkbar sei. Die im Maastricht-Vertrag enthaltene sogenannte No-Bail-Out-Klausel, nach der die anderen Eurostaaten nicht für die Schulden eines einzelnen Mitglieds einstehen, dürfte somit im Ernstfall an der ökonomischen Realität der engen wirtschaftlichen Verflechtungen in Europa scheitern.

Der bisherige Stabilitäts- und Wachstumspakt hat für dieses Dilemma keine Lösung parat. Die Begrenzung der Staatsdefizite auf 3,0 Prozent des BIPs außer in Phasen dramatischer Konjunktureinbrüche mag zwar für eine Jahrhundertkrise wie die Subprime-Krise ausreichend Flexibilität enthalten. Für einen normalen Konjunkturabschwung, wie wir ihn alle paar Jahre erleben und für dessen Bekämpfung durchaus auch die Finanzpolitik eingesetzt werden sollte, bietet er aber weiter nicht genug Spielraum. Und die Überschuldung von öffentlichen Haushalten in Regionen, die von tiefen Krisen oder langfristigen Stagnationsphasen betroffen sind, kann der Stabilitätspakt, wie oben betont, schon gar nicht verhindern. Gleichzeitig aber scheint ein völliges Freigeben der Finanzpolitik auf nationaler Ebene auch keine Lösung. Zu groß ist die Gefahr, dass einzelne Länder bei ihrer Finanzpolitik nur die eigenen nationalen Interessen verfolgen und mit einem Bail-Out rechnen – ohne Rücksicht auf die Folgen und Kosten für den Rest der Währungsunion.

Lösen ließe sich dieses Problem mit einer Regierung auf europäischer Ebene, die einen großen Teil der bisherigen Aufgaben der Nationalstaaten übernimmt, wie es in den USA der Fall ist. Im Kern verlangt eine Währungsunion ein starkes fiskalisches Zentrum, das ein wichtiges Element der Erhaltung der Kohärenz eines Währungsraumes darstellt. In einer solchen Konstruktion könnte einerseits die europäische Regierung die Ausgaben und Einnahmen so ausgestalten, dass den makroökonomischen Erfordernissen in allen Teilen wie auch für die Währungsunion als Ganzes Rechnung getragen wird. Wie in den USA wäre dann die Zentralebene für Konjunkturpolitik zuständig. Im Gegenzug könnte dann tatsächlich der Spielraum der Nationalregierungen zum Schuldenmachen eingeschränkt werden. Zudem würden langfristig in einem solchen System diese Schulden an Bedeutung verlieren, weil die Nationalregierungen ja nur noch einen geringeren Teil der Steuereinnahmen und Staatsausgaben über ihr Budget abwickeln und keine Verpflichtung der konjunkturellen Stabilisierung mehr haben. Das systemische Risiko, was von der Zahlungsunfähigkeit eines Nationalstaats ausginge, würde abnehmen.

Freilich ist eine solche Konzentration der politischen Kompetenzen auf Ebene der EU und gegebenenfalls der EWU nicht denkbar ohne eine Reform der demokratischen Institutionen. Ein solches Projekt würde es erfordern, dass mittel- bis langfristig das EU-Parlament eine echte europäische Regierung wählt und dass die Nationalregierungen an Einfluss etwa bei der Besetzung der EU-Kommission, aber auch bei der Gestaltung europäischer Politik einbüßen. Da in einigen EU-Ländern derzeit die Bereitschaft zu weiteren Integrationsschritten eher gering ist und selbst auf der Ebene der EWU große Widerstände hat, dürfte ein solches Projekt allerdings sicher mehrere Jahrzehnte in Anspruch nehmen. Die Probleme von Ungleichgewichten innerhalb der Währungsunion sind allerdings so drängend, dass lange Jahre des Nichtstuns gefährlich wären. Deshalb sollte man sich überlegen, wie mit geringen Änderungen am bisherigen Institutionengefüge zumindest die gröbsten Spannungen etwas abgemildert werden können.

Den bisherigen EU-Haushalt stärker zur konjunkturpolitischen Steuerung einzusetzen, indem einzelne Ausgabenkategorien etwa für Infrastruktur im Konjunkturzyklus gestreckt oder beschleunigt werden,[49] wäre ein erster Schritt in dieser Richtung. Unter solchen Regeln würden beispielsweise weitere Infrastrukturprojekte zeitlich verzögert, wenn in einem Land ohnehin der Bausektor gerade boomt oder gar überhitzt. In einer Konjunkturkrise könnte man dagegen die eigentlich zu einem späteren Zeitpunkt geplanten Ausgaben für Infrastruktur vorziehen.

Denkbar wäre auch die Einführung einer europäischen Arbeitslosenversicherung.[50] In einem solchen System würden alle europäischen Arbeitnehmer in eine Basisversicherung einzahlen. Wird der Einzelne arbeitslos, erhält er im Gegenzug aus Brüssel dann eine Arbeitslosenunterstützung angelehnt an sein früheres Einkommen. Jenseits dieser Basisabsicherung könnte jedes Land noch eine zusätzliche Absicherung anbieten, sodass es mit dem System zu keinem Abbau der derzeit bestehenden sozialen Absicherung käme. Dieses System würde helfen, die auseinanderlaufenden Konjunkturzyklen in Europa zu begrenzen: Boomt die Wirtschaft in einem Land, so fließt mehr Geld ab nach Brüssel und von dort in Länder mit schwächerer Konjunktur. Im Boomland wird die Konjunktur gebremst, im Stagnationsland angekurbelt. Zudem würde verhindert, dass einzelne Länder in Phasen schwachen Wachstums, wenn die öffentlichen Haushalte unter Finanzdruck stehen, ihre Arbeitslosenabsicherung zurückschneiden. So etwas ist in den vergangenen Jahren vor der Finanzkrise wiederholt passiert und hat in den betroffenen Ländern üblicherweise den Abschwung verlängert, weil so die verfügbaren Einkommen der Haushalte weiter gedämpft wurden. Letztlich würde eine solche europäischen Basisversicherung ein Mindestmaß an Absicherung gegen Arbeitslosigkeit festschreiben und damit bei der sozialen Absicherung einen »Wettlauf nach unten« verhindern.

Die Frage ist allerdings, ob diese Zentralisierung der Finanzpolitik –

selbst wenn sie politisch umsetzbar wäre – reichen würde, um die ungleichgewichtigen Verschuldungstrends in der Währungsunion zu begrenzen. Denn ein zentrales Problem sind die Lohnentwicklungen in den einzelnen Ländern, die über den Zyklus hinweg divergieren.[51] Ursachen dafür sind unterschiedliche Lohnsetzungssysteme und Arbeitsmarktpolitiken in den Mitgliedsstaaten. Fiskalpolitik alleine dürfte kaum in der Lage sein, diese Divergenzen auszugleichen.

Eine Möglichkeit zur Lösung dieses Problems bestünde darin, die nationale Finanz- und Wirtschaftspolitik als Ganzes stärker in die Verantwortung zur Vermeidung makroökonomischer Ungleichgewichte innerhalb der EWU einzubeziehen. Ein besonderes Augenmerk sollte dabei das außenwirtschaftliche Gleichgewicht erhalten. Denn die anhaltenden Leistungsbilanzdefizite oder -überschüsse schlagen sich in einer permanent steigenden Nettoauslandsverschuldung bzw. in einem permanent akkumulierenden Nettoauslandsvermögen nieder. Hier wäre ein denkbares Instrument, den Stabilitätspakt so zu reformieren, dass er künftig nicht mehr einzig auf die Verschuldung der öffentlichen Hand in den einzelnen Ländern achtet, sondern vielmehr die Verschuldung der einzelnen nationalen Volkswirtschaften überwacht und begrenzt. So könnte man etwa eine Regel einführen, nach der kein Land der Eurozone ein Leistungsbilanzungleichgewicht von mehr als 3,0 Prozent des Bruttoinlandsprodukts aufweisen darf.[52] Ähnlich der bisherigen Stabilitätspaktregeln würde ein Überschreiten dieses Grenzwertes nach einem gewissen Zeitraum zu Strafzahlungen an die EU führen. Dabei sollte dieser Pakt sowohl für Defizit- als auch für Überschussländer gelten, da per Definition Leistungsbilanzungleichgewichte jeweils zwei Verursacher haben: ein Land, das mehr absorbiert, als es produziert, und ein Land, in dem die Nachfrage niedriger ist als die gesamtwirtschaftliche Produktion.[53]

Der Charme einer solchen Lösung im Gegensatz zu einer zentralisierten europäischen Finanzpolitik bestünde zum einen darin, dass die einzelnen Staaten eine vergleichsweise weitgehende Autonomie über ihre Wirtschafts- und Finanzpolitik behalten würden, solange sie massive Außenhandelsungleichgewichte vermeiden. Zum anderen würde ein derart reformierter Stabilitätspakt auch Einfluss auf die nationalen Lohnsetzungssysteme haben. Denn die einzelnen Länder würden dazu angeregt, über ihre nationale Gesetzgebung und Tarifabschlüsse im öffentlichen Dienst die Lohnpolitik dergestalt zu beeinflussen, dass große Ungleichgewichte zwischen den Eurostaaten vermieden werden. Schließlich würden die einzelnen Länder gezwungen, bei ihrer Wirtschaftspolitik die Konsequenzen für die Partnerländer in der EU miteinzubeziehen. Die lange Phase zu niedriger Lohnerhöhungen in Deutschland würde dann ebenso unter Druck kommen wie die lange Phase zu hoher Lohnerhöhungen in Spanien, Portugal oder anderen Ländern der EWU.

Bedacht werden sollte zudem, dass die Staaten der EU, die nicht zur EWU gehören, noch ihren Wechselkurs zur Anpassung der Leistungsbilanzungleichgewichte haben und damit nicht zwingend beim beschriebenen erweiterten fiskalischen Mechanismus mitmachen müssen. Aber auch für diese Staaten sind die Leistungsbilanzungleichgewichte zu begrenzen, wobei hier ebenfalls eine Schwelle von 3,0 Prozent sinnvoll erscheint. Es war blauäugig und verantwortungslos, dass etwa die baltischen Länder oder andere Staaten der EU, die nicht zur EWU gehören, so hohe Leistungsbilanzdefizite realisieren konnten. Zu wenig Ökonomen und schon gar keine Politiker haben vor dem Problem der hohen Defizite gewarnt – und das nach der langen Liste der Währungskrisen in den vergangenen Jahrzehnten. Man hätte einen fiskalischen und in Zweifel einen Wechselkursmechanismus anwenden müssen, um sie zu verhindern.

### 4.3.3 Unfairen Steuerwettbewerb verhindern

Neben der makroökonomischen Steuerung ist mit der Steuerpolitik ein weiteres wichtiges Feld bezogen auf die europäische Dimension eines neuen Wirtschaftsmodells in den Blick zu nehmen. Das in diesem Buch vorgestellte Wirtschaftsmodell setzt stark auf ein gleichmäßiges Einkommenswachstum unter verschiedenen Ländern, Sektoren und Bevölkerungsgruppen. In all jenen Fällen, in denen das Marktergebnis ein allzu großes Abweichen von diesem Idealzustand erzeugt, ist der Staat gefragt, mit seinen Steuern umverteilend einzugreifen. Auch ist der Staat gefordert, mit Investitionen in Infrastruktur, Bildung und Kinderbetreuung ein wachstumsfreundliches Umfeld zu schaffen. Ein wichtiges Element dafür ist freilich die Fähigkeit des Staates, möglichst alle Einkommen auch wirksam zu besteuern – Kapitaleinkommen und Zinsen ebenso wie die Einnahmen von Freiberuflern oder die normalen Löhne und Gehälter.

In den vergangenen Jahrzehnten ist diese Fähigkeit zunehmend durchlöchert worden. Mit dem europäischen Binnenmarkt und der damit verbundenen Freizügigkeit von Kapitalströmen innerhalb der EU, aber auch weltweit, sind die Möglichkeiten der europäischen Staaten gesunken, Kapital- und Gewinneinkommen ihrer Bürger wirkungsvoll zu besteuern.

Zunehmend spielt die Steuerpolitik in der EU außerdem eine wesentliche Rolle für die scheinbare Attraktivität eines Mitgliedslandes als Investitionsstandort. Dabei gibt es einen Wettbewerb zwischen großen und kleinen, ärmeren und reicheren sowie unter den ärmeren und den reicheren Ländern selbst. Gerade kleinere Länder werben gern mit enorm niedrigen Steuersätzen, um Unternehmen dazu zu bringen, ihre Konzernzentrale zu verlegen oder Investitionen im Niedrigsteuerland zu tätigen. Der Steuerwettbewerb folgt dabei der Logik einer möglichst niedrigen Kostenbelastung für Unternehmen. Denn Steuern werden primär als Kosten verstanden. In dieser Perspektive ist Steuerwettbewerb also zunächst ein Standortwettbewerb. Die Staaten befürchten, dass sie im Ringen um Direktinvestitionen und Produktionsstandorte nur bestehen können, wenn sie ihre nationale Unternehmensbesteuerung an den sinkenden Trend anpassen. Empirische

Untersuchungen können zwar einen Zusammenhang von Unternehmenssteuern und Standortentscheidung bestätigen.[54] Ein Großteil des internationalen Steuerwettbewerbs findet allerdings im Finanzbereich und den Steuerverwaltungen von Unternehmen statt. Dabei geht es nicht darum, an welchem Ort tatsächlich eine Fabrik gebaut und damit produziert werden soll, sondern vielmehr, wie die Buchhaltung gestaltet wird, sodass die Gewinne später möglichst gering besteuert werden. International verfolgen Nationalstaaten bei der Besteuerung unkoordiniert verschiedenste Methoden und Strategien. Durch die Anpassung der steuerlich relevanten Unternehmensstruktur und das Ausnutzen legaler Spielräume bei der Vertragsgestaltung und Bilanzierung ist es multinationalen Unternehmen möglich, ihre Belastung zu minimieren. Transnational operierende Unternehmen betreiben Steuervermeidung durch buchhalterische Gewinnverschiebung (sogenanntes profit shifting). Bilanzielle Gewinnverlagerung ist etwa durch eine Manipulation von Verrechnungspreisen beim konzerninternen Handel von Vor- und Zwischenprodukten möglich.

Ein weiteres Instrument zur Steuervermeidung ist die Anpassung der Finanzierungsstruktur. Durch konzerninterne Vergabe von Scheinkrediten können Steuern vermieden werden, da Schuldzinsen in verschiedenen Nationalstaaten zu unterschiedlichen Anteilen von der Steuerschuld abzugsfähig sind.[55] Buchhalterische Gewinne lassen sich so auch durch das Zwischenschalten von Holding- und Finanzierungsgesellschaften in Steueroasen verschieben.

Der primäre Effekt dieser Steuervermeidungsstrategien besteht zunächst im Abfluss von Steuersubstrat aus Staaten mit hoch entwickelter (sozialer) Infrastruktur und dadurch begründeter hoher Steuerbelastung. Besonders Länder wie Deutschland sind von den Methoden der Steuervermeidung betroffen und verlieren dadurch entsprechende Einnahmen.[56] Die Handlungsfähigkeit des Staates auf der Ausgabenseite wird so fraglos beschnitten.

Problematisch ist auch, dass sich durch diesen Wettbewerb die Steuerstruktur verändert. Die Staaten sehen sich gezwungen, auf das Verhalten der Unternehmen zu reagieren. Sie folgen bei der Unternehmensbesteuerung dem politischen Trend zur Senkung der jeweiligen Sätze einerseits und Verbreiterung der Bemessungsgrundlagen andererseits. Das geschieht, um sich im internationalen Wettbewerb um Steuereinnahmen und günstige Standortbedingungen behaupten zu können. Da diese Senkungen durch die Verbreiterung gegenfinanziert werden, ist der eigentliche Nettoeffekt des Einnahmeverlustes der öffentlichen Hand zwar vorhanden, aber nicht so groß, wie oftmals angenommen wird. Gravierender sind tatsächlich die Auswirkungen auf die Steuerstruktur und damit die Lastenverteilung innerhalb eines Landes: Die Verbreiterung der Bemessungsgrundlage führt dazu, dass die Belastung von hochprofitablen Investitionen sinkt, während sie bei weniger profitablem bzw. »neuem« Kapital steigt. Die jüngste Unternehmenssteuerreform in Deutschland ist ein gutes Beispiel für dieses Phänomen. Zum 1.1.2008 wurde der Körperschaftssteuersatz (also jene Steuer, die Kapitalgesellschaften anstelle von Einkommenssteuer zahlen müssen) von 25 auf 15 Prozent gesenkt. Das war ein Steuergeschenk an alle Unternehmen, die Gewinne schreiben. Gleichzeitig wurden die Abschreibungsbedingungen verschärft. Unternehmen, die gerade neu investiert hatten, mussten demnach einen Teil der Steuersenkung finanzieren, während Konzerne, die auf alten, bereits steuerlich abgeschriebenen Anlagen noch Gewinne erwirtschafteten, kräftig entlastet wurden. Eine solche Strategie ist mit Sicherheit verteilungspolitisch problematisch, möglicherweise sogar eine Bremse für neue Innovationen und künftiges Wachstum.

Außerdem führt das zu einer relativ stärkeren Belastung der Arbeitnehmer und einer Umschichtung auf indirekte Steuern wie die Mehrwertsteuer. In der Praxis bedeutet dies, dass es zu einer Entlastung von großen, multinational organisierten Firmen und zu einer Belastung von kleinen und mittelständischen Betrieben und überdies von Arbeitnehmern kommt. Hier ist ebenfalls die deutsche Unternehmenssteuerreform ein schönes Beispiel: Die Unternehmenssteuersenkung 2008 hat ungefähr so viel gekostet wie einer der drei Prozentpunkte Mehrwertsteuererhöhung ein Jahr zuvor gebracht hat. Ohne Körperschaftssteuersenkung hätte also der Finanzminister auch bei 18 statt 19 Prozent Mehrwertsteuer in etwa die gleichen Einnahmen gehabt.

Insgesamt gilt, dass der Steuerwettbewerb, der primär die Körperschaftssteuer betrifft, einen zersetzenden Einfluss auf die Finanzierungsstruktur innerhalb der Wirtschaftsmodelle und Wohlfahrtsstaaten hat. Die Steuergerechtigkeit, aber auch die Wirtschaftsdynamik des deutschen Modells wird dadurch infrage gestellt.[57] Aufkommensneutrale Steuerreformen zur Steigerung der Standortattraktivität induzieren also zwangsläufig politische Verteilungskonflikte über die Finanzierung der öffentlichen Haushalte. Deutschland ist in diesem Wettbewerb Akteur und Getriebener zugleich und muss für ein nachhaltiges Wirtschaftsmodell eine Regelung auf europäischer Ebene anstreben.

Eine europäische Einigung auf eine gemeinsame Besteuerung von Unternehmen ist allerdings aufgrund sehr unterschiedlicher Interessenlagen in den Mitgliedsstaaten äußerst unwahrscheinlich. Dem stehen nicht nur eine mächtige Interessenspolitik der Unternehmen in den einzelnen Ländern sowie in Brüssel entgegen, sondern auch eine Reihe struktureller Faktoren der Mitgliedsstaaten selbst. Sie führen zu einer relativ festgefahrenen Positionierung der Länder in dieser Debatte, weshalb sich die europäische Steuerpolitik in einem dauerhaften Stillstand befindet – steuerpolitische Entscheidungen müssen in der EU einstimmig von den Mitgliedsstaaten gefällt werden. Dennoch ist es im Interesse Deutschlands, weiter auf eine europäische Lösung hinzuwirken. Ein Kompromiss wäre, als ersten Schritt eine Mindestbesteuerung von Kapitaleinkünften festzulegen. Ein solcher Mindeststeuersatz würde dem Steuerdumping in gewissem Umfang den Boden entziehen. Für dessen Einführung bietet die aktuelle Wirtschafts- und Finanzkrise sogar gewisse Chancen. Denn einige der Hauptblockierer im Steuerstreit wie etwa Irland sind besonders von der Finanz- und Wirtschaftskrise betroffen. Beistand der anderen EU-Staaten für diese Länder sollte davon abhängig gemacht werden, dass sie sich bei den Steuerfragen kooperativer zeigen.

Freilich würde ein Mindeststeuersatz für Unternehmen nur Sinn ergeben, wenn gleichzeitig die relevanten Bemessungsgrundlagen in Europa harmonisiert werden. Ansonsten besteht die Gefahr, dass sich der Wettbewerb weg von den Steuersätzen hin zu Ausnahmeregeln und Möglichkeiten zum Absetzen bestimmter Ausgaben verlagert. Allerdings sollten auch bei einer harmonisierten Bemessungsgrundlage den einzelnen Staaten noch bestimmte Freiheiten erlaubt werden, etwa beim Festlegen der Abschreibezeiten und -sätze von Investitionen in neue Maschinen und Anlagen. In den vergangenen Jahren hat sich wiederholt gezeigt, dass eine vorübergehende Verbesserung der Abschreibebedingungen die Investitionstätigkeit kräftig ankurbeln kann. Dies kann als gezieltes Instrument zur Konjunkturstützung eingesetzt werden, wie es etwa in Deutschland von der großen Koalition in den Jahren 2006 und 2007 erfolgreich getan wurde. Eine Veränderung der Abschreibebedingungen zur Konjunkturstützung sollte deshalb auch bei einer ansonsten einheitlichen Bemessungsgrundlage noch erlaubt sein.

Bei Umsetzung dieser Reformen sollte allerdings darauf geachtet werden, dass die so modifizierte einheitliche Bemessungsgrundlage nur gleichzeitig mit einer Mindestbesteuerung eingeführt wird. Tendenziell dürfte nämlich eine einheitliche Bemessungsgrundlage ohne Regeln zu Mindeststeuersätzen den Wettbewerb noch einmal anheizen: Anders als heute, wo ein Steuersatz von 10 Prozent in einem Niedrigsteuerland möglicherweise wegen reduzierter Abschreibemöglichkeiten letztlich eine höhere Effektivbelastung bedeutet als in einem Nachbarland mit einem Satz von 40 Prozent bei besseren Abschreibebedingungen, könnte dann der Investor auf einen Blick sehen, wo die Steuerbelastung für sein Projekt am niedrigsten ist. Gerade der Mittelstand, der derzeit vor Verlagerung seines Unternehmensstandorts auch wegen der Intransparenz der Steuersysteme zurückschreckt, dürfte dann auch stärker versuchen, über eine Unternehmensverlagerung die Steuerbelastung zu senken. Dies würde noch einmal den Druck nach unten auf die Steuersätze erhöhen.

Ein weiterer, wichtiger Harmonisierungsschritt wäre es, die steuerliche Absetzbarkeit von Schuldzinsen europaweit abzuschaffen. Da bislang in vielen Ländern Zinsen als Ausgabe abzugsfähig sind, Dividenden oder Gewinnausschüttungen aber nicht, wird eine Fremdkapitalfinanzierung bessergestellt als eine Eigenkapitalfinanzierung. Ein Abschaffen dieser Regel würde den Anreiz verringern, Unternehmen mit möglichst wenig Eigenkapital auszustatten. Das würde zudem Gestaltungsspielräume von multinationalen Konzernen zur Steuervermeidung verringern (vgl. dazu auch das Kapitel über die Reform der Finanzmärkte).

Neben der stärkeren Koordinierung der Politik bei Unternehmens- und Kapitalsteuern innerhalb der EU sollte ein weiteres, wichtiges Feld auf europäischer Ebene angegangen werden: die Steuerflucht, die sich außerhalb der EU in sogenannten Steueroasen abspielt. Steuerparadise sind sogenannte Offshore-Finanzplätze und Rechtssysteme mit einem ausgeprägten Bankgeheimnis, die eine entsprechende Besteuerung verhindern und bewusst unmöglich machen. Solche Steuerparadise befinden sich in Liechtenstein, San Marino, Monaco, Jersey, Isle of Man, um nur die für Europa wichtigsten zu nennen. Während die Steueroptimierungspraktiken im Falle der oben geschilderten Unternehmensbesteuerung in der Regel völlig legal sind, ist Steuerflucht gesetzeswidrig und beschert einem Land wie Deutschland enorme Einnahmeverluste von bis zu 100 Mrd. Euro pro Jahr.[58] Die Steuerpolitik ist in diesen Bereichen im Idealfall europäisch zu bearbeiten, weil das Problem der Steuerflucht nicht nur einzelne, sondern alle EU-Staaten betrifft. Gegenüber Drittstaaten könnte die EU mit erheblich größerem politischen und wirtschaftlichen Gewicht Druck hinsichtlich globaler Standards für Transparenz und Steuergerechtigkeit ausüben.[59] Denkbar wäre etwa, den Kapitalverkehr mit den unkooperativen Drittstaaten einzuschränken. Die US-Regierung demonstrierte im Jahr 2008 in einer Klage gegen die Schweizer Bank UBS, wie Druck auf solche Länder und Finanzinstitute ausgeübt werden kann. Nach einer Klage gegen das Kreditinstitut wegen Beihilfe zur Steuerhinterziehung durch die Schaffung von Scheinkonten in einem Umfang von 20 Mrd. US-Dollar erklärte sich die Bank zu einer Strafzahlung in Höhe von 780 Mio. US-Dollar und der Übermittlung von Geheimdaten amerikanischer Kunden bereit. Ein solcher Ansatz würde auf europäischer Ebene durchaus Erfolg versprechend sein, weil die EU ein enormes wirtschaftliches Gewicht in die Waagschale werfen kann.

Allerdings kann Deutschland auch im Alleingang gegen Steueroasen oder Länder mit übermäßig niedrigen Steuersätzen vorgehen. Neben einem tatsächlichen Verbot von Geschäften mit diesen Ländern böte sich auch an, für Deutsche eine Steuerpflicht aller Einkommen weltweit einzuführen, wie es die USA bereits getan hat. Nach einer solchen Regel müssten alle Deutschen, ob sie in Deutschland leben oder nicht, deutsche Steuern auf alle ihren Einkommen weltweit bezahlen. Falls der Betroffene bereits im Ausland Steuern gezahlt hat, würden diese ihm angerechnet. Das Ergebnis wäre, dass auch deutsche Tennisprofis mit Wohnsitz in Monaco de facto am Ende den deutschen Spitzensteuersatz von 42 Prozent zahlen müssten, auch wenn Monaco überhaupt keine Einkommenssteuern erhebt. Immerhin ist in der aktuellen Krise bereits eine erfreuliche Bewegung in das Problem des internationalen Steuerwettbewerbs und das Aushöhlen der nationalen Steuerbasis gekommen. Der Umgangston gegenüber Steuerparadiesen hat sich enorm verschärft.

Zudem konnten innerhalb der EU mit der im Jahr 2005 eingeführten Zinssteuerrichtlinie einige Lücken geschlossen werden. Ihr zufolge soll mithilfe von grenzüberschreitenden Kontrollmitteilungen ein Minimum an effektiver Besteuerung der Zinserträge innerhalb der EU gewährleistet werden. Die Richtlinie gilt allerdings nur für die Besteuerung natürlicher

Personen und insofern nicht für Unternehmen. Zudem betrifft sie nur eine bestimmte Art von Zinserträgen, d.h. Erträge aus grenzüberschreitenden Kapitalanlagen, die in Form von Zinsen an natürliche Personen in einem EU-Mitgliedsstaat mit Wohnsitz in einem anderen EU-Mitgliedsstaat gezahlt werden. Nicht besteuert werden somit Kapitalerträge aus Dividenden, Derivaten und Lebensversicherungen ebenso wie viele Anlagefonds. Auch gilt die Richtlinie nicht für die außerhalb der EU liegenden Steueroasen. Zudem haben sich einige EU-Mitgliedsstaaten (Österreich, Luxemburg und Belgien) eine Sonderregelung erwirkt: Sie übermitteln keine Kontrollmitteilungen an die Finanzämter der Steuerpflichtigen, damit die Kapitalerträge dort im Rahmen der jeweils gültigen Sätze besteuert werden können. Stattdessen erheben diese drei EU-Mitgliedsstaaten, ebenso wie beispielsweise die Schweiz, Liechtenstein und Monaco, Quellensteuern von derzeit 25 Prozent, die sie größtenteils an die Heimatländer der Steuerpflichtigen überweisen. Ab 2011 wird die Steuer auf 35 Prozent angehoben. Im Rahmen einer europäischen Finanzpolitik müsste das System der Kontrollmitteilungen auf alle Kapitalerträge und EU-Mitgliedsstaaten ausgedehnt werden. Erst ein vollständiges System von Kontrollmitteilungen gewährleistet, dass der Steuerhinterziehung wirksam etwas entgegengesetzt werden kann.

## 4.4 Guter Kapitalismus braucht gute Arbeit

Im Zuge der neoliberalen Revolution (vgl. Kapitel 2.4) wurden über die vergangenen Jahrzehnte die Arbeitsmärkte in vielen Ländern kräftig dereguliert. Dies hat in den meisten Industrienationen zu einer zunehmenden Spreizung der Löhne, zunehmender Ungleichheit, dem Anstieg prekärer Arbeitsverhältnisse und der Gefahr des Reißens des nominellen Lohnankers – also dem Abrutschen der jeweiligen Volkswirtschaft von einer Krise in die Deflation – geführt. Deutschland ist eines der Länder, die von diesen Tendenzen am stärksten betroffen sind (vgl. Kapitel 2.4.4).

Wir halten die Analyse, die hohe Arbeitslosigkeit in Deutschland und anderen europäischen Ländern habe vor allem mit Verkrustungen am Arbeitsmarkt zu tun, für falsch. Wie der Nobelpreisträger Robert Solow in einer Rede vor wenigen Jahren in München sagte, sei der Glaube, Arbeitslosigkeit habe die Ursache immer in Arbeitsmarktproblemen etwa so, als würde man glauben, das Loch bei einem platten Reifen sei immer unten am Reifen zu finden, weil der Reifen ja dort sichtbar platt sei. Entsprechend sehen wir für die vergangenen Jahre (und insbesondere für die lange Stagnationsphase von 2001 bis 2005) in allererster Linie eher ein Nachfrageproblem als Ursache der hohen Arbeitslosigkeit in Deutschland. Für die gesamtwirtschaftliche Stabilität, Wachstum und Beschäftigung nimmt der Arbeitsmarkt allerdings auch in diesem Ansatz eine wichtige Rolle ein. Einerseits muss über das Lohnwachstum bzw. die Einkommensverteilung die Konsumnachfrage abgesichert werden. Andererseits dürfen vom Arbeitsmarkt weder inflationäre noch deflationäre Impulse ausgehen, weil dies die Ökonomie destabilisieren und die Geldpolitik und Finanzpolitik hindern würde, ihre Instrumente im Interesse eines stabilen Wirtschaftswachstums einzusetzen.

Folgt man dieser Argumentation und der Analyse dieses Buches insgesamt, dass die Nachfrageschwäche der deutschen Wirtschaft nicht nur ein Problem für Deutschland selbst, sondern auch für die europäischen Nachbarn und – zusammen mit den großen Handelsüberschüssen Japans und Chinas – sogar für die Weltwirtschaft war, muss man zwingend zu dem Schluss kommen, dass eine ganze Reihe jener Reformen, die etwa vom deutschen Sachverständigenrat und anderen weithin zitierten Ökonomen für den deutschen Arbeitsmarkt gefordert werden, für eine nachhaltige und stabile Wirtschaftsentwicklung eher kontraproduktiv ist.

Um ein stabiles und nachhaltiges Konsumwachstum zu erreichen, das ohne Überschuldung und Schuldenkrisen auskommt, sollten die Löhne mit der Gesamtnachfrage ansteigen. Dies impliziert im Trend eine Zunahme der Nominallöhne um das mittelfristige Produktivitätswachstum plus die Zielinflation der Zentralbank und bei gleichzeitig unveränderter Lohnquote. Zudem ist es wenig zweckmäßig, wenn die Lohnspreizung zwischen den Beschäftigten zu groß wird. In einem solchen Fall würde ein überproportional großer Anteil des Lohnzuwachses auf dem Konto der Besserverdienenden landen, die aber nur einen kleineren Teil davon wieder für den Konsum ausgeben. Anders sähe dies bei einer gerechteren Verteilung aus, die den Konsum der Geringverdienenden über mehr Lohn entsprechend steigern würde. Ist dies nicht der Fall, wäre ein stabiles Wachstum der Konsumnachfrage mithin nur möglich, wenn sich ein Teil der Lohnempfänger zunehmend verschuldet – eine Entwicklung, die nach der Subprime-Erfahrung in den USA besser verhindert werden sollte. Ein weiterer Aspekt scheint hier relevant. Je unsicherer die Lebenssituation von Menschen wird, je höher beispielsweise die Gefahr der Arbeitslosigkeit ist und je unsicherer die Rente im Alter, desto geringer wird die Konsumnachfrage, da die Haushalte für die Zukunft vorsorgen. Die hohe Arbeitslosigkeit und der Umbau des Sozialstaats haben auch in Deutschland über diesen Kanal zur verhaltenen Nachfrage auf den Gütermärkten geführt.

Ein neues Entwicklungsmodell, das dauerhaft ökonomische Stabilität bringen will, muss deshalb zunehmende Ungleichheit ebenso vermeiden wie prekäre Arbeitsverhältnisse oder ein gesamtwirtschaftliches Lohnwachstum unterhalb der oben beschriebenen Leitlinie. Allerdings muss gleichzeitig auch verhindert werden, dass wie in den 1970er-Jahren die Lohnpolitik inflationär wird.

### 4.4.1 Ein guter Arbeitsmarkt für Deutschland

Für Deutschlands Arbeitsmarkt stellt sich eine doppelte Herausforderung. Erstens müssen Reformen angegangen werden, welche die obigen Probleme und Instabilitätspotenziale stoppen. Zweitens ist Deutschland ein Teil der EWU und damit eine Region des Eurowährungsgebietes. Die Lohnentwicklung in Deutschland muss somit im Zusammenhang mit der in der EWU insgesamt gesehen werden. In diesem Unterkapital gehen wir auf die internen Probleme Deutschlands ein, im nächsten diskutieren wir die Lohnentwicklung in der EWU. Wir beginnen mit einigen grundsätzlichen Überlegungen.

In Deutschland waren die Lohnsteigerungen gemessen an der Lohnleitlinie von Produktivität plus Zielinflation ab Mitte der 1990er-Jahre in der Regel zu gering. Ein wichtiger Grund für diese Entwicklung ist der Zusammenbruch des bis in die 1980er-Jahre hinein existierenden Lohnbildungsmechanismus. Aufgrund der Schwäche der Gewerkschaften und Arbeitgeberverbände konnte das Tarifverhandlungssystem ein Absinken von Löhnen in bestimmten Branchen, Regionen und Unternehmenstypen nicht verhindern. Aus diesem Grund sind die Einführung eines allgemeinen gesetzlichen Mindestlohnes und die Stärkung des Tarifverhandlungssystems in Deutschland von extrem hoher Bedeutung.

Was den deutschen Arbeitsmarkt betrifft, halten wir gesetzliche Mindestlöhne aus zwei Gründen für ein sinnvolles Instrument. Zum einen können sie als Damm gegen Deflationsgefahren wirken. Weil der Stundenlohn nicht unter den gesetzlichen Mindestlohn fallen kann, gibt es eine Untergrenze für die Lohnstückkosten und damit eine kostenseitige Verankerung des Preisniveaus. Zweitens verändern gesetzliche Mindestlöhne die Lohnstruktur und damit die Verteilung innerhalb der Arbeitsklasse. Indirekt wirken sie so auch auf die Verteilung der Haushaltseinkommen ein. Die Profitrate bestimmt somit die funktionale Einkommensverteilung und die Lohnstruktur die Einkommensverteilung innerhalb der Gruppe der Arbeitnehmer. Steigen etwa die Kosten für Putzdienstleistungen, dann wird dies die Reallöhne der Lohnabhängigen senken, die zuvor solche Dienstleistungen günstig einkaufen konnten. Im Gegenzug steigen die Realeinkommen der Putzkräfte.[60] Selbstverständlich stellen gesetzliche Mindestlöhne nur ein Element der notwendigen Reformen auf dem Arbeitsmarkt dar. Einer ihrer Vorteile besteht jedoch darin, dass sie schnell umgesetzt werden können und der Staat unmittelbar auf dem Arbeitsmarkt eingreifen kann.

Eine spannende Frage ist, wie hoch der Mindestlohn in Deutschland sein sollte. Ein Vergleich von nominellen Löhnen in verschiedenen Währungsräumen ist problematisch, da Wechselkursbewegungen in diesem Fall die Löhne schnell verändern können. Im Vergleich mit den USA würde etwa der dortige aktuelle gesetzliche Mindestlohn von 7,25 US-Dollar beim Wechselkurs des Jahres 2002 (0,84 US-Dollar pro Euro) 8,63 Euro betragen, beim Wechselkurs des Sommers 2009 (1,40 US-Dollar pro Euro) gerade einmal 5,20 Euro.

Dieses Problem taucht bei einem Vergleich der gesetzlichen Mindestlöhne innerhalb der EWU (vgl. Tabelle 4.3) nicht auf. Betrachtet man die gesetzlichen Mindestlöhne in der EWU, dann erscheint die derzeitige Forderung der deutschen Gewerkschaften nach einem Mindestlohn von 7,50 Euro sehr moderat. Auch ein höherer gesetzlicher Mindestlohn wäre ökonomisch vertretbar, da Deutschland im europäischen Vergleich ein Land mit einem relativ hohen Produktivitätsniveau ist.

*Tabelle 4.3: Gesetzliche Mindestlöhne in der Europäischen Währungsunion, Stand Juli 2008*

| | |
|---|---|
| Luxemburg | 9,30 Euro |
| Frankreich | 8,71 Euro |
| Irland | 8,65 Euro |
| Belgien | 8,41 Euro |
| Niederlande | 8,33 Euro |
| Griechenland | 3,80 Euro |
| Spanien | 3,59 Euro |
| Malta | 3,55 Euro |
| Slowenien | 3,28 Euro |
| Portugal | 2,55 Euro |

Quelle: Böckler Impulse (2008)

Ein Mindestlohn von 7,50 Euro und höher würde in Deutschland nicht nur als Anker gegen Deflationsgefahren fungieren, er würde auch einen wichtigen Beitrag zur Schaffung einer ausgeglichenen Lohnstruktur bedeuten. Denn empirisch hat sich in allen entwickelten Industrieländern herausgestellt, dass eine deutliche Anhebung des gesetzlichen Mindestlohnes die Lohnstruktur von unten zusammendrückt und damit zu einer Reduzierung der Einkommensunterschiede innerhalb der Arbeiterklasse führt.[61]

Gesetzliche Mindestlöhne sollten allgemein und damit auch in Deutschland nach folgenden Prinzipien bestimmt werden:

Ein allgemeiner gesetzlicher Mindestlohn sollte festgesetzt werden, der nicht nach Berufen, Branchen oder Regionen differenziert. Das Argument ist hier, dass Deutschland ein einheitlicher Wirtschafts- und Lebensraum ist (oder sein sollte) und somit innerhalb dieses Raumes für Unternehmen und Arbeitnehmer gleiche Bedingungen geschaffen werden sollten. Allenfalls könnte eine Ausnahme für Jugendliche in Ausbildungsberufen unter 18 Jahren erlaubt werden. Es wäre zu kompliziert und würde dem Sinn eines gesetzlichen Mindestlohnes widersprechen, wenn Differenzierungen beispielsweise nach Berufen oder Regionen berücksichtigt würden. Es sollte den Tarifparteien vorbehalten sein, solche Differenzierungen zu bestimmen. Mindestlöhne sollen damit kein Ersatz für Tarifverhandlungen sein, sie sollen Letztere vielmehr stärken.

Mindestlöhne sollten jährlich angepasst werden. Denn werden sie durch diskretionäre politische Entscheidungen festgelegt, besteht die Gefahr, dass sie immer wieder von der allgemeinen Lohnentwicklung abgekoppelt werden. Mindestlöhne sollten sich jährlich entsprechend der Lohnnorm erhöhen, also entsprechend der trendmäßigen Produktivitätsentwicklung in Deutschland plus der Zielinflationsrate steigen. Dadurch tragen sie zum nominellen Lohnanker bei.

Erhöhen sich die durchschnittlichen Löhne schneller als die Lohnnorm, dann sollten sich die Mindestlöhne dem Anstieg der Durchschnittslöhne anpassen. Dahinter steht die Auffassung, dass die Verteilungsgerechtigkeit nicht einer potenziellen Inflationsbekämpfung geopfert werden darf. Zudem sollte beachtet werden, dass der Anstieg der Mindestlöhne für die Inflationsdynamik zumindest in entwickelten Ländern wie Deutschland gering ist.[62]

Soll die Lohnstruktur geändert werden, dann sollten sich die Mindestlöhne schneller oder langsamer als die Durchschnittslöhne entwickeln. Das ist eine politische Entscheidung.

Gesetzliche Mindestlöhne sollten bei Vollzeitarbeit für einen Einpersonenhaushalt einen Lebensstandard erlauben, der die angemessene Teilnahme am sozialen Leben der Gesellschaft erlaubt. Die Living-Wage-Diskussion thematisiert diesen Punkt.[63] Schließlich sollten gesetzliche Mindestlöhne einen ausreichenden Abstand zur Sozialhilfeunterstützung haben. Es wäre nach unserer Sicht ein falsches Anreizsystem sowie auch ungerecht, wenn ein Leben mit Sozialtransfers ein gleiches oder gar höheres verfügbares Einkommen erlaubt als eine Vollzeitbeschäftigung.

Großbritannien, das 1999 unter der Labour-Regierung von Tony Blair sehr erfolgreich gesetzliche Mindestlöhne einführte, liefert ein Modell für deren jährliche Anpassung. Die Empfehlung zur Anpassung wird an eine von der Regierung unabhängige Niedriglohnkommission (*Low Pay Commission*) übertragen. Die Kommission setzt sich zusammen aus jeweils drei Vertretern der Gewerkschaften, der Arbeitgeber und unabhängiger Experten, die zum einen Sachverstand in die Diskussion einbringen, zum anderen auch moderierend innerhalb der Kommission wirken. Die erarbeiteten Empfehlungen werden dann faktisch von der Regierung übernommen, wobei die Regierung jedoch das letzte Wort hat. Die Niedriglohnkommission erarbeitet zudem einen jährlichen Bericht über die Entwicklung der Lohnstruktur und insbesondere des Niedriglohnsektors. Dadurch hat sie über die Jahre auch Wissen aufgehäuft, das in dieser konzentrierten Form ansonsten nicht existieren würde.

Das gängige Argument gegen gesetzliche Mindestlöhne ist, dass deren Einführung oder Erhöhung massiv Jobs im Niedriglohnsektor kostet. Das Argument basiert auf einer eher primitiven Variante neoklassischen Denkens, die auf Grundlage einer partialökonomischen Argumentation das Beschäftigungsvolumen über die Angebotsseite erklärt. Beispielsweise wird die Erhöhung der Mindestlöhne in den Wäschereien einer Region untersucht. Die Kostenerhöhung führt dann, so das Argument, zu höheren Preisen für Reinigungsdienstleistungen, was wiederum eine geringere Nachfrage nach diesen Diensten und damit weniger Jobs zur Folge hat. Ohne lange nachzudenken, wird das Ergebnis dann auf die gesamte Wirtschaft übertragen. Solche Ansätze sind unbefriedigend, da Partialanalysen keine makroökonomischen Aussagen erlauben. Erstens wird dabei unterschlagen, dass möglicherweise Wäschereidienstleistungen in der einen Region leicht durch ähnliche Dienste in einer Nachbarregion ersetzt werden, etwa weil die Großkunden ihre Wäsche dorthin fahren lassen. Führt man einen Mindestlohn flächendeckend, also auch in anderen Regionen ein, so gibt es diesen sogenannten Substitutionseffekt nicht. Zum anderen wird unterschlagen, dass höhere Löhne auch im Niedriglohnbereich möglicherweise die Nachfrage nach eben jenen Gütern und Dienstleistungen erhöhen, die mit geringqualifizierter Arbeit produziert werden. So ist es durchaus plausibel, dass Geringqualifizierte mehr Geld etwa in Fast-Food-Restaurants ausgeben, wenn sie selber mehr verdienen.

Nachdem bis in die 1990er-Jahre hinein auch in den USA unter Ökonomen die Meinung vorherrschte, dass eine Erhöhung des Mindestlohns Jobs für Geringqualifizierte kosten würde, sind derzeit die Mehrheitsverhältnisse selbst unter US-Volkswirten nicht mehr derart klar. Eine wachsende Zahl ist inzwischen der Meinung, dass ein solcher negativer Beschäftigungseffekt nicht existiert. Grund für den Sinneswandel war eine Reihe empirischer Studien über die Effekte von gesetzlichen Mindestlohnerhöhungen, auch von neoklassischen Autoren, die keine negativen Beschäftigungseffekte nachweisen konnten.

Diese Ergebnisse haben die Vertreter des neoklassischen Paradigmas in Verlegenheit gebracht. Daraufhin gewann in den 1990er-Jahren ein schon lange bekannter Spezialfall[64] wieder an Bedeutung, der im Rahmen des neoklassischen Modells bei steigenden gesetzlichen Mindestlöhnen steigende Beschäftigungseffekte zu erklären erlaubt. Dieser Spezialfall ist das sogenannte Monopson, also die Kombination vollständiger Konkurrenz und damit eines gegebenen Preises auf der Seite des Güterverkaufs eines Unternehmens bei gleichzeitiger Monopolstellung, was die Nachfrage nach Arbeitskräften betrifft. Ein Beispiel für diesen Fall ist ein Kohlebergwerk in einer unterentwickelten Region. Der Kohlepreis ist national gegeben, das Unternehmen kann jedoch aufgrund einer geringen Mobilität der Bergleute in der Region deren Löhne durch Absenkung der Arbeitsnachfrage und Schaffung von Arbeitslosigkeit drücken und so einen Monopolgewinn realisieren. Erhöht der gesetzliche Mindestlohn die Löhne aber, dann wird der Monopolgewinn zerstört und das gewinnmaximierende Unternehmen erhöht seinen Output.

Mit einer ähnlichen Argumentation dürften auch die Ergebnisse der wohl bekanntesten Studie in diesem Zusammenhang erklärt werden, bei der ein Anstieg der Mindestlöhne gerade keinen negativen Beschäftigungseffekt zeigte. Die beiden Princeton-Ökonomen David Card und Alan Krüger hatten in den 1990er-Jahren die Erhöhung des gesetzlichen Mindestlohns im US-Bundesstaat New Jersey als natürliches Experiment für die Auswirkung auf die Beschäftigung genommen. Da der Mindestlohn nur in New Jersey, nicht aber im Nachbarstaat Pennsylvania erhöht wurde, konnten die beiden die Beschäftigung in Fast-Food-Restaurants vergleichen und auf einen Effekt aus der Mindestlohnerhöhung schließen. Tatsächlich kam es keineswegs zu einem Rückgang, sondern sogar zu einem leichten Anstieg der Beschäftigung in New Jersey. Als Erklärung für dieses Ergebnis wird üblicherweise angeführt, dass die Fast-Food-Ketten über eine Marktmacht im Segment der Geringqualifizierten verfügen. Durch diese Marktmacht konnten sie die Löhne künstlich niedrig halten, indem sie die Zahl ihrer Beschäftigten ebenfalls möglichst niedrig hielten. Die Erhöhung des Mindestlohns zwang nun die Fast-Food-Ketten, auch ihren Angestellten mehr zu bezahlen. Weil nun kein Grund mehr bestand, weniger Beschäftigte einzustellen, als eigentlich gewünscht, stieg die Zahl der Arbeitnehmer.

Tatsächlich mag es einen solchen Monopsoneffekt geben, jedoch sprechen unseres Erachtens nach bessere Argumente gegen negative Beschäftigungseffekte von Mindestlöhnen. Wie oben bereits angedeutet, haben gesetzliche Mindestlöhne einen Effekt auf die Einkommen der Geringverdiener, was sich in deren Nachfrage nach Gütern und Dienstleistungen niederschlägt. Da eine Erhöhung der gesetzlichen Mindestlöhne die Einkommen der Niedrigverdiener auf Kosten höherer Einkommensgruppen erhöht, ist von einem Anstieg der aggregierten Güternachfrage auszugehen. Denn Haushalte mit einem niedrigen Einkommen haben in aller Regel eine höhere Konsumneigung als Haushalte mit einem höheren Einkommen. Und von eben diesem Effekt ist ein Beschäftigungsanstieg zu erwarten.

Üblich ist auch das Argument, dass ein Anstieg der gesetzlichen Mindestlöhne die internationale Wettbewerbsfähigkeit schwächt und damit die Beschäftigung sinkt. Speziell in Deutschland ist dieses Argument aber verfehlt, denn der Niedriglohnsektor befindet sich hierzulande primär im Bereich nichthandelbarer Güter und Dienstleistungen, also im Dienstleistungssektor, lokalen Handwerk etc. Zwar profitiert der Exportsektor von Vorleistungen aus den Niedriglohnsektoren, jedoch dürfte dieser Effekt in Deutschland gering sein. Zudem realisiert Deutschland hohe Handels- und Leistungsbilanzüberschüsse, welche ohnehin reduziert werden sollten.

Bei all diesen Argumenten sollten Volkswirte allerdings nicht zu erwähnen vergessen, dass bei einer Erhöhung der gesetzlichen Mindestlöhne die gesamte Preis-, Mengen- und Einkommensstruktur in der Ökonomie verändert wird. Das kann selbst zur Wahl neuer Technologien in der Ökonomie führen. Welche makroökonomischen Wirkungen diese Effekte dann auf die Beschäftigung haben, ist theoretisch und empirisch sehr schwer zu erfassen und muss letztlich offen bleiben.

Neben der Einführung eines gesetzlichen Mindestlohns muss die Stärkung der Gewerkschaften und der Arbeitgeberverbände auf der Agenda für einen besseren Arbeitsmarkt in Deutschland stehen. Starke Tarifparteien bieten eine größere Chance für eine funktionale Lohnpolitik im Sinne der oben beschriebenen Leitlinie als ausschließlich marktbestimmte Löhne, die auf Unternehmensebene ausgehandelt werden. Oftmals wird argumentiert, dass starke Gewerkschaften vor allem Lohnerhöhungen auf Kosten der Nichtmitglieder durchsetzen, bei Gewerkschaften mit hoher Mitgliederquote also auf Kosten der Arbeitslosen. Dieses Argument ist empirisch wie theoretisch fragwürdig. Tatsächlich haben nämlich starke Gewerkschaften mit einer breiten Mitgliederschaft in allen Branchen ein großes Interesse, stabilitätsorientierte Lohnabschlüsse auszuhandeln. Da den Gewerkschaften bekannt ist, dass bei inflationären Lohnabschlüssen die Notenbank die Zinsen erhöhen wird, was am Ende nur Beschäftigung, Wachstum und mithin verfügbare Einkommen für ihre Mitglieder kostet, gibt es keinen Anreiz für sie, übertriebene Forderungen durchzusetzen. Ebenfalls unattraktiv ist es, Abschlüsse unterhalb der Lohnleitlinie zu vereinbaren, weil dadurch die Arbeitnehmer nichts gewinnen. Wenn diese starken Gewerkschaften mit starken Arbeitgeberverbänden über die Löhne verhandeln, ist zudem sichergestellt, dass den Belangen des Unternehmenssektors Rechnung getragen wird. Auch empirisch ist die These von den starken, umfassenden Gewerkschaften, die nur kurzfristige Mitgliederinteressen verfolgen, nicht haltbar. Tatsächlich hat sich die makroökonomische Entwicklung vor allem in den korporatistischen skandinavischen Ländern mit starken Einheitsgewerkschaften als oftmals besser im Vergleich zu Ländern mit schwächeren Gewerkschaften und Lohnverhandlungen auf Betriebsebene herausgestellt.

Für Deutschland würde die Stärkung der Tarifparteien mehrere Schritte erfordern. Zur Förderung einer rationalen Debatte über die Lohnentwicklung und auch anderer Themen, welche für Gewerkschaften und Arbeitgeberverbände relevant sind, sollten sich zunächst die Spitzenvertreter der Verbände zusammen mit Regierungsvertretern treffen. Dies könnte das »Modell Deutschland« wiederbeleben, das in der Nachkriegszeit durch eine Kooperation und Koordination vieler Belange des Arbeitsmarktes und gegenseitiger Akzeptanz gekennzeichnet war. Eine Wiederbelebung der »Konzertierten Aktion«, die 1965 vom damaligen Sachverständigenrat zur Begutachtung der gesamtwirtschaftlichen Entwicklung vorgeschlagen und dann 1967 ins Leben gerufen wurde, könnte den Prozess der funktionalen Abstimmung makroökonomischer Politiken wieder zu etablieren helfen.

Um den Trend des kontinuierlichen Machtverlustes von Gewerkschaften und Arbeitgeberverbänden in Deutschland umzukehren, muss die Logik des Flächentarifvertrags insbesondere bei der Entlohnung wieder gestärkt und gegebenenfalls wieder eingeführt werden. Öffnungsklauseln sind auf ein Minimum zu beschränken. Gleichzeitig ist zu garantieren, dass die Lohnentwicklung in verschiedenen Regionen Deutschlands nicht wie ab Mitte der 1990er-Jahre auseinanderdriftet. Es gibt eine ganze Reihe institutioneller Reformen und Politiken, die zur Realisierung dieses Ziels beitragen können:

Ein starkes und überlegenswertes Instrument ist die Pflichtmitgliedschaft von Unternehmen im Arbeitgeberverband. Das Erreichen gleicher Wettbewerbsbedingungen durch gleiche Löhne ist ein öffentliches Gut. Wenn die freiwillige Mitgliedschaft in den Arbeitgeberverbänden dies aber nicht mehr garantiert, dann ist die Pflichtmitgliedschaft ein legitimer Weg zur Organisation der Arbeitgeberseite. Außerdem haben Arbeitgeberverbände andere wichtige Funktionen, beispielsweise die Organisation der Berufsausbildung, die ebenfalls den Charakter eines öffentlichen Gutes hat, wie der britische Ökonom David Soskice (1990) herausgearbeitet hat. Durch die Pflichtmitgliedschaft würden Tarifabschlüsse automatisch für alle Unternehmen gelten. Österreich fuhr mit diesem Modell, den Wirtschaftskammern, nicht schlecht und hat eine nahezu hundertprozentige Tarifbindung.

Ein weiteres Instrument ist die Allgemeinverbindlichkeitserklärung von Tarifverträgen. In Deutschland wurden 2008 nur 1,5 Prozent der Tarifverträge als allgemeingültig anerkannt. Damit ist Deutschland in Europa eine Ausnahme. In einer Reihe europäischer Staaten wurde dagegen eine weitreichende Tarifbindung (also tarifgebundene Beschäftigte in Prozent aller Beschäftigten) durch eine hohe Verbreitung der Allgemeinverbindlichkeitserklärung erreicht. Beispiele sind Belgien (96 Prozent), Frankreich (95 Prozent), Spanien (83 Prozent) oder die Niederlande (81 Prozent). In Italien können Arbeitnehmer den Tariflohn einklagen, was einer indirekten Allgemeinverbindlichkeitserklärung gleichkommt (80 Prozent). Schweden, Finnland und Dänemark haben keine oder nur eine geringe Verbreitung. Sie haben allerdings aufgrund eines hohen Organisationsgrades der Gewerkschaften Tarifbindungen von 92, 90 bzw. 80 Prozent. Deutschland mit einer äußerst geringen Verbreitung der Allgemeinverbindlichkeit bei gleichzeitiger Erosion des traditionellen Lohnbildungsmechanismus hat eine Tarifbindung von nur 63 Prozent.[65] Mit dem Arbeitnehmer-Entsendegesetz (AEntG) ist in Deutschland Ende der 1990er-Jahre ein neues Verfahren zur Allgemeingültigkeitserklärung eingeführt worden. Es spricht der Bundesregierung eine größere Rolle zu und erlaubt es den Spitzenorganisationen der Arbeitgeber nicht mehr, eine Allgemeingültigkeit zu verhindern. Denkbar wäre, dass die Niedriglohnkommission (vgl. oben die Diskussion über Mindestlöhne) Empfehlungen für Allgemeingültigkeitserklärungen gibt und die Regierung dann diese umsetzt. Noch sinnvoller wäre jedoch eine automatische Allgemeingültigkeit von Tarifverträgen oder eine Zwangsmitgliedschaft bei den Arbeitgeberverbänden.

Ein weiteres und schnell einsetzbares Instrument zur Stärkung des Gesetzes des einheitlichen Preises auf dem Arbeitsmarkt besteht darin, dass Aufträge der öffentlichen Hand nur noch an Unternehmen vergeben werden, die tariflich gebunden sind. Dieses Instrument könnte auch noch andere Kriterien aufnehmen, beispielsweise ob das Unternehmen Ausbildungsplätze zur Verfügung stellt.

Die Tendenz zum Abbau regulärer Voll- und Teilzeitbeschäftigung ist in Deutschland ungebrochen. Dazu beigetragen haben unter anderem die sogenannten Minijobs, die in den vergangenen Jahren einen enormen Aufschwung genommen haben. Solche Arbeitsverhältnisse schwächen die gesetzlichen Sozialsysteme in der gegenwärtigen Situation, da nicht mehr alle Arbeitnehmer in die Sozialkassen einzahlen. Zudem führt der Abbau regulärer Voll- und Teilzeitbeschäftigung zur Gefahr späterer Altersarmut. Prekäre Arbeitsverhältnisse mit keinen oder nur geringen Sozialabgaben senken zwar die Lohnkosten, schaffen jedoch keine neuen Arbeitsverhältnisse. Sie haben somit letztlich nur negative Effekte (vgl. dazu die Diskussion über Mindestlöhne). Es sind alle Politiken zu unterstützen, die Voll- und Teilzeitbeschäftigung nur in sehr seltenen Ausnahmen als nicht regulär zulassen.

Abgelehnt werden von uns sogenannte Kombilohnmodelle, also Modelle der Lohnsubvention seitens der öffentlichen Haushalte. Kombilohnmodelle führen dazu, dass die offiziell bezahlten Löhne immer weiter absinken, da ja der Staat dann seine Lohnsubvention erhöht. Es kann zu Mitnahmeeffekten und zur Koalition der betroffenen Arbeitnehmer und Arbeitgeber gegen den Staat kommen. Unternehmen sollten Marktlöhne bezahlen und im Wettbewerb bestehen. Zur Förderung spezifischer Gruppen von Arbeitnehmern gibt es eine Reihe anderer Instrumente, sodass nicht auf Kombilohnmodelle zurückgegriffen werden muss.

Während die Arbeitgeberseite bei den Tarifverhandlungen durch die oben beschriebene Pflichtmitgliedschaft gestärkt werden kann, macht dies bei den Gewerkschaften wenig Sinn – und ist ökonomisch auch gar nicht notwendig. Ein wirksamer Flächentarifvertrag kann bereits über die Pflichtmitgliedschaft der Arbeitgeber in ihren Verbänden erreicht werden. Zur Stärkung der Gewerkschaften müssen diese selbst attraktiv für Mitglieder werden. Es ist allerdings zu erwarten, dass ein Ende der neoliberalen und ideologisch feindlich gefärbten Einstellung und die Würdigung der Rolle der Gewerkschaften in Wirtschaft und Gesellschaft ihre Bedeutung unterstützt.

Freilich stehen die hier dargestellten Vorschläge in diametralem Gegensatz zu dem, was viele deutsche Ökonomen, unter anderem der Sachverständigenrat in seinem Jahresgutachten 2003, regelmäßig gefordert und empfohlen haben. Statt einer Stärkung des Flächentarifvertrages wurde meist eine Auflösung gefordert, sodass jedes Unternehmen seine eigenen Löhne festlegen kann. In der dort vorgebrachten Logik soll sich die Lohnentwicklung in den einzelnen Unternehmen nach der wirtschaftlichen Lage des einzelnen Betriebs richten. Unternehmen mit hoher Produktivität, moderner Technologie und guter Gewinnlage sollen höhere Löhne zahlen, während Unternehmen mit niedriger Produktivität, veralteter Technologie und schlechter Gewinnlage niedrigere Löhne zahlen würden.

Unserer Einschätzung nach macht es wirtschaftlich keinen Sinn, wenn unterschiedliche Unternehmen innerhalb einer Branche und einer Region, die zu einem Nationalstaat gehört, unterschiedliche Löhne für gleiche Arbeit zahlen. Dies verzerrt die Wettbewerbsfähigkeit zwischen den Unternehmen und ist ökonomisch nicht gerechtfertigt. Unterschiedliche Löhne innerhalb einer Branche machen ebenso wenig Sinn wie unterschiedliche Rohstoffpreise oder unterschiedliche Preise für die gleiche Sorte und Qualität Stahl. Niemand käme auf die Idee, von einem Stahlkonzern, der Telekom oder dem lokalen Stromanbieter zu verlangen, gewinnschwachen Unternehmen

Stahl, Telefongespräche oder den Strom billiger zu liefern. Das von Ökonomen üblicherweise verehrte Prinzip des einheitlichen Preises sollte somit auch auf dem Arbeitsmarkt gelten. Unterschiedliche Löhne für die gleiche Arbeit nutzen letztlich einzig die hohen Transaktionskosten (etwa für einen Wohnungsumzug oder dem Wechsel von Kindertagesstätte oder Schule der Kinder) beim Wechsel eines Arbeitsplatzes aus. Implizit zahlen dabei die Beschäftigten der weniger produktiven Unternehmen eine Subvention an ihr Unternehmen. Mit dieser Subvention durch differenzierte Löhne wird der nötige Strukturwandel behindert, weil »lahme Enten« übermäßig lange im Markt gehalten werden. Dadurch werden der technische Fortschritt und die Expansion produktiver Unternehmen gebremst. In vielen Industrien finden sich Skalen- und Verbundeffekte. Ist dies der Fall, dann macht es auch keinen Sinn, über niedrige Löhne Kleinunternehmen am Leben zu erhalten. Prinzipiell müssen kleinere den gleichen Wettbewerbsbedingungen ausgesetzt werden wie größere Unternehmen. Durch die Absenkung der Produktivität in einer Branche aufgrund unterdurchschnittlicher Löhne in einem Teil der Unternehmen wird zwar in einem begrenzten Umfang die Beschäftigung erhöht. Die negativen Effekte der Lohndifferenzierung innerhalb einer Branche überwiegen jedoch den Vorteil dieser Art der Absenkung ihrer Gesamtproduktivität.

Gibt es tatsächlich gute Gründe einzelne Unternehmen zu unterstützen, dann ist dies die Aufgabe des Staats. Solche Subventionen sollten dann offen und klar erkennbar sein und sollten aus allgemeinen Steuermitteln und nicht über unterschiedliche Löhne innerhalb einer Branche geschehen. Nur so kann im politischen Prozess informiert über Sinn und Unsinn der Unterstützung diskutiert werden.

### 4.4.2 Ein kooperatives Deutschland in Europa

Ein wichtiges Problem der Europäischen Währungsunion (vgl. Kapitel 2.3.3) besteht im Auseinanderlaufen der Kosten- und Nachfragetrends. Eine gute Lohnpolitik in den einzelnen europäischen Ländern wäre hier hilfreich. Gleichzeitig gilt für die Eurozone das, was auch jeden Nationalstaat mit einer eigenen Währung betrifft: Die Lohnentwicklung darf weder inflationär noch deflationär wirken. Erfüllt würden diese beiden Kriterien durch eine Entwicklung der Löhne, die sich sowohl an den regionalen Produktivitätstrends als auch der Zielinflationsrate des gesamten Währungsraumes orientiert. In diesem Fall würde sich die preisliche Wettbewerbsfähigkeit der verschiedenen Regionen innerhalb des Währungsraumes nicht ändern. In der EWU würde damit jedes Land die Nominallöhne entsprechend der spezifischen trendmäßigen Produktivitätsentwicklung einschließlich der Zielinflationsrate der EZB erhöhen.[66] Die Diskussion beschränkt sich hier auf die Mitgliedsländer der EWU, denn die übrigen Länder der EU verfügen über das Instrument der Wechselkursanpassung. Büßen sie ihre Wettbewerbsfähigkeit – aus welchen Gründen auch immer – ein, können sie abwerten und damit wieder wettbewerbsfähig werden. Hat ein Land hohe Leistungsbilanzüberschüsse, dann kann eine Aufwertung diese abbauen. Das ist in der EWU nicht möglich. Aus diesem Grunde sind hier die Anforderungen an die Lohnpolitik weitaus höher als in Ländern mit einer eigenen Währung.

Der Vorschlag, die Lohn- an der Produktivitätsentwicklung der einzelnen EWU-Länder zu orientieren, sieht somit eine regionale Differenzierung der Lohnerhöhungen vor und nicht eine einheitliche Entwicklung wie in Deutschland. Zu begründen ist das einerseits mit den großen Technologie- und Produktivitätsunterschieden innerhalb des Währungsraums. Andererseits spielt der Umstand, dass in der EWU nach wie vor der Nationalstaat die primäre Instanz ist, die Lebensverhältnisse innerhalb seines Staatsgebietes durch Transfers und andere Politiken zu vereinheitlichen, hier eine wichtige Rolle. Auf der Ebene der EWU greifen solche Ausgleichsmechanismen bisher nur in sehr beschränktem Maße. Zudem ist der Wechsel eines Arbeitnehmers etwa von einem Betrieb in Niedersachsen zu einem Betrieb in Bayern ohne größere Probleme möglich, während der Wechsel eines Arbeiters aus Barcelona nach Wolfsburg durch kulturelle und sprachliche Barrieren behindert wird.

Abbildung 4.3 verdeutlicht, dass die Unterschiede der Produktivitätsentwicklung in der EWU enorm sind. Die durchschnittliche prozentuale Erhöhung der Produktivität pro Jahr beträgt dabei etwa 1,2 Prozent. Deutschland liegt bei diesem Indikator etwas über dem Durchschnitt, während Irland, Griechenland und Finnland deutlich darüberliegen. Erschreckend schlecht ist die Entwicklung der Produktivität in Italien und Spanien. Auch Portugal hat eine vergleichsweise niedrige Erhöhung der Arbeitsproduktivität. Entsprechend der wünschenswerten regionalen Norm sollten die Nominallöhne beispielsweise in Italien um etwa 2,4 Prozent (0,44 Prozent Produktivität plus 2 Prozent Zielinflationsrate) zunehmen, in Deutschland um 3,7 Prozent (1,7 Prozent Produktivität plus 2 Prozent Zielinflationsrate) und in Finnland um 3,9 Prozent (1,9 Prozent Produktivität plus 2 Prozent Zielinflationsrate). Unter dieser Bedingung würden die Lohnstückkosten in allen Ländern mit der Zielinflationsrate steigen. Damit hätten auch alle Länder von der Kostenseite her – zumindest was die Löhne betrifft – die Voraussetzung für eine Inflationsrate um 2 Prozent gelegt. Selbstverständlich wären im angegebenen Fall die Veränderungen im Reallohnniveau unterschiedlich. So würden die Reallöhne in den Ländern mit stärker steigender Produktivität auch kräftiger zunehmen im Vergleich zu Ländern mit geringer Produktivitätserhöhung.

Soll sich die Wettbewerbsfähigkeit der einzelnen Länder innerhalb der EWU verändern, muss auch die Lohnnorm modifiziert werden. Mit seinen großen und dysfunktionalen Leistungsbilanzüberschüssen innerhalb der EWU sollten die Löhne in Deutschland für einige Jahre stärker, als durch die Lohnnorm angegeben, steigen. In Ländern der EWU mit hohen Leistungsbilanzdefiziten sollten die Löhne für einige Zeit weniger stark zulegen.

*Abbildung 4.3: Durchschnittliche jährliche Änderungsrate der Arbeitsproduktivität der EWU-Länder in Prozent, von 1999 bis 2006*

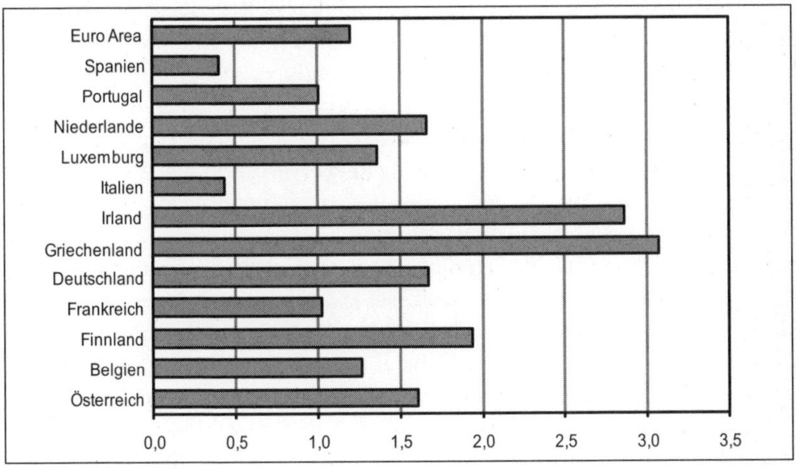


Quelle: Ameco (2009)

Was dabei die Anpassung bestehender Ungleichgewichte im europäischen Handel betrifft, bedarf es ein wenig Geduld. Es sollte möglichst verhindert werden, dass die Abweichung von der Lohnnorm so groß wird, dass es zu deflationären Tendenzen in einzelnen Ländern kommt. Solche Tendenzen im Euroraum insgesamt wären ein Desaster. Dadurch würde die reale Schuldenlast für Unternehmen, Haushalte und den Staat steigen und somit die ökonomische Dynamik gebremst werden. Aber auch deflationäre Entwicklungen in einzelnen EWU-Ländern sind negativ und gefährlich. Sie schwächen das Wachstum der entsprechenden Region, da die lokalen Produzenten von regional verbrauchten Gütern in Mitleidenschaft gezogen würden. Ein Deflationsprozess in Italien beispielsweise, also dem Land mit der geringsten Produktivitätsentwicklung, würde die reale Schuldenlast der regionalen Handwerker und Dienstleistungsunternehmen steigen lassen und damit die wirtschaftliche Entwicklung in Italien schwer belasten. Auch der Staatshaushalt Italiens würde zusätzlich belastet, da Steuereinnahmen bei einer Deflation geringer ausfallen, der staatliche Schuldendienst jedoch unverändert bleibt. Die Anpassung der Wettbewerbsfähigkeit innerhalb der EWU sollte somit durch relativ kräftige Lohnzuwächse in den Ländern mit hohen Leistungsbilanzüberschüssen und nicht durch Senkung der Lohnstückkosten in Ländern mit hohen Defiziten erreicht werden.

EWU-weite Gewerkschaften und Arbeitgeberverbände, die eine koordinierte Lohnentwicklung anstreben könnten, gibt es derzeit nicht. Auch andere Institutionen auf Arbeitsmärkten, die eine kohärente Entwicklung der Lohnstückkosten befördern könnten, sind in der EWU nicht ausgebaut. Dieser Zustand ist gefährlich und sollte durch die Schaffung neuer Institutionen überwunden werden.[67]

Eine wichtige Rolle für die makroökonomische Koordination auf EWU-Ebene kann der sogenannte Makroökonomische Dialog übernehmen. Dieser wurde im Jahre 1999 vom Europäischen Rat in Köln als informelles Koordinierungsinstrument etabliert. Er soll über ein besseres wechselseitiges Verständnis der Positionen makroökonomischer Entscheidungsträger zu einem funktionalen Policy-Mix in der EU und insbesondere in der EWU beitragen. Am Dialog nehmen daher Vertreter der nationalen Zentralbanken, der EZB, der Gewerkschaften, der Arbeitgeberverbände sowie von Rat und Europäischer Kommission teil. In der Vergangenheit war der Makroökonomische Dialog trotz halbjährlicher Treffen aber nahezu bedeutungslos. Zum einen waren die einzelnen Standpunkte zu unterschiedlich und zum anderen besitzt das Gremium selbst keinerlei Machtpositionen, eventuelle Empfehlungen entschieden zu vertreten. Die Schwäche des Gremiums besteht also darin, dass der Teilnehmerkreis zu breit ist, kein Report geschrieben wird und letztlich auch keine Empfehlungen abgegeben werden. Die Treffen dienen nur dem Informationsaustausch und sind zudem vertraulich.[68] Im Rahmen der Schaffung europäischer Institutionen ist die Rolle des Makroökonomischen Dialogs zu stärken. Es sollte zudem einen solchen Dialog speziell für die EWU-Länder geben. Mitglieder dieses engeren Kreises sollten automatisch auch Mitglieder des größeren Gremiums sein. Dieser Vorschlag basiert auf dem Tatbestand, dass eine Währungsunion gänzlich anderen makroökonomischen Koordinationsanforderungen unterliegt als ein Zusammenschluss von Ländern mit eigenen Währungen. Zudem sollte der Makroökonomische Dialog die Ergebnisse der Beratungen öffentlich machen, einschließlich der unterschiedlichen Meinungen der einzelnen Vertreter. Überdies sollte er wirtschaftspolitische Empfehlungen abgeben, gegebenenfalls auch voneinander abweichende.

Wir schlagen zwei weitere europäische Institutionalisierungen vor, die zu einer funktionalen Makropolitik beitragen können und, was in diesem Abschnitt interessiert, zu einer funktionaleren Lohnentwicklung in Europa führen würden. Es sollte auf Ebene der EWU (gegebenenfalls auch EU-weit) eine Europäische Niedriglohnkommission geschaffen werden. In dieser sollten, dem britischen Beispiel folgend, europäische Spitzenvertreter von Gewerkschaften und Arbeitgeberverbänden sowie unabhängige Experten sitzen. Die Aufgabe der Kommission wäre es, einen jährlichen Bericht über die Entwicklung der Mindestlöhne in den verschiedenen Ländern zu erstellen. Auch sollte die Kommission Empfehlungen erarbeiten, wie das System der Mindestlöhne in der EWU (bzw. EU) aussehen sollte und welche Entwicklung der Mindestlöhne in den einzelnen Ländern erstrebenswert sei. Von einem solchen Gremium ist zu erwarten, dass es eine kohärente Mindestlohnentwicklung auf Ebene der EWU (bzw. EU) fördert und Wissen über den Niedriglohnbereich in Europa sammelt.

Es sollte in den EWU-Ländern einen Europäischen Makroökonomischen Sachverständigenrat geben. Dieser Rat sollte nicht nur zu Fiskal- und Geldpolitik Stellung beziehen und Empfehlungen abgeben, er sollte überdies auch die Lohnentwicklung in der EWU analysieren und entsprechende Lohnempfehlungen für die Mitgliedsländer aussprechen. Es wäre eine der wichtigen Aufgaben des Europäischen Makroökonomischen Sachverständigenrates, dabei die Kohärenz der Währungsunion im Auge zu haben.

Es gibt in der EWU keinen gemeinsamen Arbeitsmarkt, da die nationalen Lohnbildungsmechanismen und Arbeitsmarktregulierungen zu unterschiedlich sind. Eine Währungsunion macht nur Sinn, wenn es also gemeinsame Institutionen und Mindeststandards der teilnehmenden Länder auch im Bereich der Arbeitsmärkte gibt. Von zentraler Bedeutung ist der Aufbau EWU-weiter Gewerkschaften und Arbeitgeberverbände. Ebenso wichtig ist die Verlagerung von Lohnverhandlungen zumindest bei bestimmten Branchen auf die Ebene der EWU. Es sind einige Entwicklungen in dieser Richtung zu verzeichnen, jedoch sind sie ungenügend. Zudem gibt es eine ganze Reihe weiterer Bereiche, die für den Arbeitsmarkt indirekt wichtig sind. Zu nennen sind hier die sozialen Sicherungssysteme oder das Steuersystem. Auch in diesen Bereichen sind weitere Integrationsschritte notwendig, um die EWU zu einem erfolgreichen Projekt zu machen.

### 4.4.3 Wohin mit dem technischen Fortschritt?

Wie bereits mehrfach angesprochen hat sich in Deutschland und in vielen anderen Industrieländern seit den 1970er-Jahren ein Sockel von Arbeitslosigkeit aufgebaut. Hohe und anhaltende Arbeitslosigkeit schwächt Arbeitnehmer und Gewerkschaften und ist für viele der negativen Entwicklungen der vergangenen Jahrzehnte mitverantwortlich. Sie ist zudem eine zentrale Quelle sozialer Ungleichheit und Ausgrenzung. Auch um Kräfteverhältnisse in der Gesellschaft zu erzeugen, die für eine nachhaltige und soziale Entwicklung eintreten und dies ebenfalls umsetzen können, ist eine geringe Arbeitslosigkeit ein wichtiges Element.

Gerade in entwickelten Industriegesellschaften stellt sich die Frage, wie mit den permanenten Produktivitätserhöhungen kapitalistischer Ökonomien umgegangen wird. Selbstverständlich sind solche Erhöhungen, die auf verbessertem technischen Wissen beruhen, positiv, da sie den Lebensstandard steigern. Wenn allerdings die Nachfrage, aus welchen Gründen auch immer, in bestimmten Zeiten langsamer wächst als die Produktivität, sinkt die Zahl der geleisteten Arbeitsstunden in einer Volkswirtschaft. Bei einer unveränderten Zahl der Wochenarbeitsstunden steigt dabei die Arbeitslosigkeit. Wichtig ist es, zu erkennen, dass der Markt eine steigende Produktivität nicht automatisch in einen höheren Output umsetzt, wie es Angebotsökonomen oft vereinfacht behaupten, sondern diese auch zu Arbeitslosigkeit führen kann. Dieses Buch hat als Lösungsansatz zunächst eine Stärkung der gesamtwirtschaftlichen Nachfrage vorgeschlagen – unter anderem durch eine Umverteilung von Haushalten mit einer niedrigen zu Haushalten mit einer höheren Konsumneigung. Sicherlich gibt es auch in den entwickelten Industriegesellschaften noch eine ganze Reihe von unbefriedigten Konsumbedürfnissen, insbesondere bei der ärmeren Bevölkerung. Angesichts der Tatsache, dass viele Menschen alle notwendigen Güter des täglichen Gebrauchs besitzen, und angesichts des Umstands, dass die natürlichen Ressourcen begrenzt sind, stellt sich allerdings die Frage, wie sich mittelfristig das Produktivitätswachstum nutzen lässt, ohne schlicht ein Mehr an gleichen physischen Gütern zu produzieren wie bisher.

Prinzipiell gäbe es dafür eine Reihe von Optionen. So wäre zum einen denkbar, das Wachstum in jene Sektoren zu lenken, die nur wenig Ressourcenverbrauch mit sich bringen, wie etwa Pflegeberufe, den Bildungssektor oder andere Bereiche personennaher Dienstleistungen. Ein solches Umsteuern würde dabei wahrscheinlich mit einem langsameren Produktivitätswachstum einhergehen, weil die Produktivität etwa in der Pflege nicht wie im verarbeitenden Gewerbe durch den Einsatz einer neuen Maschine erhöht werden kann. Auch wäre es denkbar, statt auf eine Erhöhung der Quantität des physischen Outputs auf eine Steigerung der Qualität zu setzen. Wenn etwa energiesparendere Autos mit einer längeren Lebensdauer statt minderwertiger Autos mit kurzer Lebensdauer produziert werden, dann kann dies in der Statistik des Bruttoinlandsprodukts das Wachstum erhöhen. Auch wird die Umstellung der Infrastruktur, der Produktionstechniken oder der öffentlich und privat genutzten Gebäude einen Wachstumsprozess auslösen, der sowohl positive Beschäftigungs- als auch positive ökologische Effekte mit sich bringt. Es wäre mehr als wünschenswert, wenn mit anhaltenden langfristigen Programmen in den Nationalstaaten und auf europäischer Ebene begonnen würde, den ökologischen Umbau ernsthaft in Angriff zu nehmen.

Zu guter Letzt kann steigende Produktivität natürlich auch für mehr Freizeit genutzt werden. Dies könnte sich in einem etwas langsameren Konsumwachstum und dafür einer langsam fallenden Arbeitszeit niederschlagen. Die Absenkung der Arbeitszeit in verschiedensten Formen wird ein Weg sein, den reife Industriegesellschaften gehen müssen – und den sie seit der Industrialisierung mit Ausnahme jedoch der deutschen Erfahrung der 2000er-Jahre immer wieder gegangen sind. Allerdings ist ein solcher Weg schwierig. Das liegt weniger am System an sich, das auch mit weniger Wachstum funktionieren kann. Es liegt vielmehr an der generellen Einstellung der Gesellschaft, die auf Wachstum gepolt ist, und dem Wunsch vieler Menschen, trotz der Erfüllung ihrer grundsätzlichen materiellen Bedürfnisse doch noch mehr konsumieren zu wollen.[69]

Auch bei der aktuellen Debatte über ein neues Entwicklungsmodell dürfen solche grundsätzlichen Erwägungen nicht vernachlässigt werden. Insbesondere sollten Arbeitszeitverkürzungen ein Teil des zukünftig angestrebten Modells sein. Ein Teil der Produktivitätserhöhung kann für Arbeitszeitverkürzung genutzt werden, wobei dann allerdings auf entsprechende Reallohnerhöhungen verzichtet werden muss. Die Bereitschaft der Bevölkerung, für Arbeitszeitverkürzung einzutreten, wird somit nicht unabhängig sein von der Verteilung der Einkommen.

## 4.5 Auf einen Blick: Was zu tun ist

Die Vorstellung, der Kapitalismus sei ein sich selbst regelndes System, das zur Stabilität und Wohlfahrt für alle führt, ist falsch. Märkte müssen immer in Institutionen und Regulierungen eingebunden werden, anderenfalls entfalten sie destruktive Kräfte. Es ist also keine Frage, ob der Staat in Märkte eingreifen soll, sondern wie. Während der vergangenen Jahrzehnte wurde der Glaube an die selbstregulierenden Kräfte des Kapitalismus immer größer, was zunehmend zu negativen Folgen in Deutschland und weltweit geführt hat. Langfristig hohe Arbeitslosigkeit, zunehmende Einkommens- und Vermögensungleichheit, weltwirtschaftliche Ungleichgewichte und ein genereller Anstieg der Unsicherheit der Lebensverhältnisse sind Ausdruck dieser Entwicklung. Damit der Kapitalismus seine produktive (»gute«) Dynamik möglichst frei von seinen zerstörerischen Tendenzen entfalten kann, muss er an die Leine genommen werden: durch den Staat und die Gesellschaft. Diese Leine darf nicht zu lang, aber auch nicht zu kurz sein. In einer idealen Welt muss auch der globale Kapitalismus eine globale Regulierung oder Leine haben, um im Bild zu bleiben. Politisch realistisch ist dies kurzfristig nicht. Das entbindet jedoch niemanden davon, sich ebenfalls auf globaler Ebene Gedanken über Institutionen und Regulierungen zu machen. Aber auch auf nationaler und regionaler Ebene ist schon einiges an sinnvollen Vorkehrungen zu treffen. Es gibt genügend Spielraum für ein Land wie Deutschland, binnenwirtschaftliche ökonomische Belange und den eigenen Grad der Globalisierung zu gestalten. Anderslautende Argumente sind häufig von Lobbyinteressen durchzogen oder schlichtweg ignorant. Es gibt durchaus eine machbare Alternative, die nach unserer Vorstellung für Deutschland auf den folgenden vier Säulen ruht.

**Säule I: Die Banken und das Finanzsystem**

Das Finanzsystem sollte für den Unternehmenssektor ausreichend Kredite zur Verfügung stellen und innovative Unternehmen auch mit höheren Risiken fördern. Dazu braucht es allerdings nicht die unzähligen und sich letztlich sehr ähnlichen Finanzprodukte und ebenso nicht den Umfang der gigantisch eskalierenden Derivatemärkte. Auch unterstützen durch Spekulation und kurzfristiges Handeln getriebene Aktien- und Immobilienmärkte sowie auf den kurzfristigen Gewinn hin orientierte Unternehmensstrategien nicht die langfristige Entwicklung von Ökonomien. Relativ bodenständige Finanzsysteme sind ausreichend, um über eine Kreditexpansion Investitionen und Innovationen zu finanzieren.

**Was zu tun ist**

- Erhaltung mehrgliedriger Bankensysteme mit einem starken öffentlichen Sektor (Sparkassen und Genossenschaftsbanken)
- Einführung engerer Regeln zum Eigenkapital von Finanzinstitutionen für alle Bilanzrisiken
- Antizyklische Ausgestaltung der Finanzmarktregulierung (Reduzierung der Rolle von bankenspezifischen quantitativen Risikomodellen, Reform von Basel II)
- Schaffung einer europäischen Bankenaufsicht
- Striktes Verbot von Geschäften mit Offshore-Zentren
- Regulierung aller Finanzinstitute nach den Funktionen, die sie im Markt übernehmen
- Einführung neuer Regeln für Verbriefungen einschließlich einer Zulassungsstelle oder eines »TÜV« für Finanzprodukte und des Eigenbehalts auch der risikoreichsten Tranchen beim Weiterverkauf von Forderungen
- Installierung einer Clearingstelle für Derivate und das strikte Verbot von OTC-Geschäften
- Ausweitung der Kompetenzen der Banken- und Finanzmarktaufsicht, die künftig auch Finanzmarktdaten sammeln und aggregieren sowie eine makroökonomische Perspektive einnehmen muss
- Abkehr vom Fair-Value-Accounting und Einführung des Niedrigwertprinzips
- Reform der Ratingagenturen und Einführung staatlicher Ratingagenturen
- Einführung strikter Regeln zu Bonussystemen für Manager
- Aufgabe des Shareholder-Value-Prinzips bei der Unternehmensführung mit seiner Kurzfristorientierung und Stärkung der Rolle aller Stakeholder in einem Unternehmen
- Erweiterung des Instrumentenkastens der Zentralbank neben der Zinspolitik um variable Eigenkapitalvorschriften bei Immobilienkrediten (differenziert nach Sektoren und Regionen) und den Einsatz von Kapitalverkehrskontrollen und Devisenmarktinterventionen

**Säule 2: Die Löhne und der Arbeitsmarkt**

Die Kaufkraft, die in entwickelten Volkswirtschaften die zentrale Nachfragequelle ist, sollte auf einer relativ ausgeglichenen Einkommensverteilung beruhen und nicht auf einer Expansion von Konsumkrediten. Eine ausgeglichene Einkommensverteilung braucht mehrere Maßnahmen: erstens die Umkehrung des langfristigen Trends einer fallenden Lohnquote, der vor allem auf den Machtzuwachs, das Ausufern und die Risiko- und Renditegier des Finanzsystems zurückzuführen ist. Zweitens ist die Lohnstruktur in der Form zu ändern, dass die unteren Löhne angehoben werden. Drittens muss der Staat in die vom Markt gegebene Verteilung durch Steuern und

Ausgaben einschließlich der Bereitstellung öffentlicher Güter eingreifen. Den gesetzlichen Sozialsystemen kommt dabei eine wichtige, jedoch nicht die alleinige Rolle zu.

**Was zu tun ist**

- Orientierung der Lohnentwicklung an der gesamtwirtschaftlichen Produktivität und der Zielinflationsrate der Zentralbank
- Einführung von einheitlichen und gesetzlichen Mindestlöhnen zur Begrenzung der Ungleichheit bei der Einkommensverteilung und zur Verhinderung deflationärer Gefahren
- Stärkung des Flächentarifvertrages durch Zwangsmitgliedschaft der Unternehmen in Unternehmerverbänden oder generelle Allgemeinverbindlichkeitserklärung von Tarifabschlüssen
- Stärkung der Mitbestimmungsrechte in Unternehmen
- Bindung öffentlicher Aufträge an die Erfüllung von Mindeststandards bei Löhnen und Arbeitsbedingungen
- Schaffung einer gemeinsamen Arbeitslosenversicherung auf der Ebene der europäischen Währungsunion unter anderem zur Stärkung der regionalen Kohärenz
- Europäischer Mindestlohnanker (Mindestlohn soll 60 Prozent des nationalen Durchschnittslohnes betragen) und Gründung einer europäischen Niedriglohnkommission
- Koordinierung der Lohnpolitik entlang europäischer Lohnleitlinien
- Unterstützung des Aufbaus europäischer Gewerkschaften, europäischer Arbeitgeberverbände und europäischer Tarifverhandlungen

**Säule 3: Die öffentlichen Haushalte**

Eine stärkere Rolle des Staates ist in einem grundlegend neu regulierten Kapitalismus nicht ohne eine gerechte und solide finanzierte Einnahmenbasis sicherzustellen, die einen Anstieg der Staatsverschuldung am Bruttoinlandsprodukt überzyklisch verhindert. Die Steuerpolitik korrigiert zum einen die Einkommensverteilung und dient dazu, insbesondere in den Bereich der Bildung, Forschung, Infrastruktur und sozialen Sicherheit zu investieren. Die solide Finanzierung des Staates ist die Voraussetzung für eine antizyklische Stabilisierung der Wirtschaft durch automatische Stabilisatoren und für eine Bereitstellung möglichst guter öffentlicher Dienstleistungen.

**Was zu tun ist**

- Mitgliedschaft aller Einkommensbezieher in der gesetzlichen Renten-, Kranken- und Arbeitslosenversicherung
- Einführung europäischer Mindeststeuersätze für Unternehmen
- Stärkere Zentralisierung der Finanzpolitik in der Eurozone über europäische Steuern und Verschuldungsmöglichkeiten der EU-Ebene

- Einsatz antizyklischer Fiskalpolitik auf europäischer Ebene einschließlich Koordinierung der Fiskalpolitik in der EWU bzw. EU
- Ausbau des Finanzausgleichs innerhalb der EU, um einzelnen Ländern in Problemphasen besser helfen zu können
- Einführung eines neuen Euro-Stabilitätspaktes zur Korrektur von Leistungsbilanzungleichgewichten

**Säule 4: Die Welt**

Wir plädieren für eine wirtschaftliche Konstellation, die Produktivitätserhöhungen und Innovationen fördert, durch ein stabiles und gleichzeitig dynamisches Finanzsystem gekennzeichnet ist und auf einem Wachstum der Länder der Welt aufbaut, das grundsätzlich auf inländischen Faktoren beruht und damit große Leistungsbilanzungleichgewichte verhindert. Die Weltwirtschaft sollte durch ein System relativ stabiler Wechselkurse bestimmt sein, die bei großen Ungleichgewichten angepasst werden können. Ungleichgewichte in den Leistungsbilanzen sollten durch entsprechende Geld- und Fiskalpolitiken – innerhalb von Währungsunionen wie der EWU auch entsprechende Lohnentwicklungen – bekämpft werden. Beim Aufbau zu großer Leistungsbilanzungleichgewichte sollten Wechselkursanpassungen vorgenommen werden. In Währungsunionen sind Wechselkursanpassungen nicht möglich, was die Notwendigkeit einer stärkeren Integration und Kooperation der Länder impliziert, die einer Währungsunion angehören.

**Was zu tun ist**

- Rückkehr zu stabileren Wechselkursen mit klarem Regelwerk für Anpassungen bei Leistungsbilanzungleichgewichten durch bessere Koordinierung der Geld- und Fiskalpolitik zwischen den Ländern, Kapitalverkehrskontrollen und Devisenmarktinterventionen
- Stärkere Rolle eines grundlegend reformierten Internationalen Währungsfonds bei der Koordinierung von Wirtschaftspolitik
- Aufbau eines starken Internationalen Komitees zur Finanzmarktaufsicht bei der Bank für Internationalen Zahlungsausgleich in Basel mit dem Zweck der Überwachung der internationalen Finanzmärkte
- Stärkere Rolle der Sonderziehungsrechte des Internationalen Währungsfonds in Sachen »Weltgeld«
- Einführung eines internationalen Schuldengerichtshofs für Staaten
- Globale Förderung bei der Bereitstellung internationaler öffentlicher Güter wie z.B. Lösungen im Bereich der Umwelt
- Auf europäischer Ebene die Förderung des Makroökonomischen Dialogs

Ein guter Kapitalismus steht für relativ sichere wirtschaftliche Lebensverhältnisse. Es ist nicht akzeptabel, dass Arbeitnehmer oder Unternehmen zum Spielball vollständig destabilisierter Märkte werden – wie wir es nach der Subprime-Krise erlebt haben. Prekäre Arbeitsplätze und Massenarbeitslosigkeit schwächen Gewerkschaften und Arbeitnehmer. Es müssen somit Politiken verfolgt werden, welche die Arbeitslosigkeit gering halten und die gesetzlichen Möglichkeiten für prekäre Arbeitsplätze beseitigen. Demokratie hat nicht an Fabriktoren der Willkür von Eigentümern und Managern zu weichen. Ausgebaute Mitbestimmungs- und Arbeitnehmerrechte sind wichtig für die Kräftebalance zwischen Arbeit und Kapital.

Auch wenn unsere vorgeschlagenen Reformen durchgesetzt würden, wäre noch genügend Raum für Märkte, die in verschiedenen Dimensionen ein Element der Freiheit von Individuen sind. Es geht somit nicht darum, Märkte abzuschaffen oder zu ersetzen, sondern darum, Märkte, insbesondere Finanz- und Arbeitsmärkte, in Institutionen und Regulierungen einzubinden.

## Anmerkungen

1 Vgl. Keynes (1930b).

2 In einer wachsenden Volkswirtschaft ist dies durchaus mit signifikanten Überschüssen oder Fehlbeträgen kompatibel. Bei einem Wachstum des nominalen Bruttoinlandsprodukts von 5 Prozent (3 Prozent real und 2 Prozent Inflation) kann ein Sektor in alle Ewigkeiten einen Finanzierungsfehlbetrag von 3 Prozent des BIPs aufweisen, ohne dass seine Nettoverschuldung jemals über 60 Prozent des BIPs steigt.

3 Für eine detailliertere Beschreibung dieser und anderer Funktionen des Finanzsystems siehe Priewe/Herr (2005: S. 140ff).

4 Siehe für diesen Mechanismus Heine/Herr (2003) und Dullien (2009).

5 Bagehot (1873: S. 3-4) beschreibt diesen Mechanismus am Beispiel des Eisenbahnbaus, der wohl ohne ein modernes Finanzsystem nicht zu finanzieren gewesen wäre: »We have entirely lost the idea that any undertaking likely to pay, and seen to be likely, can perish for want of money; yet no idea was more familiar to our ancestors, or is more common now in most countries. A citizen of London in Queen Elizabeth's time could not have imagined our state of mind. He would have thought that it was of no use inventing railways (if he could have understood what a railway meant), for you would not have been able to collect the capital with which to make them. At this moment, in colonies and all rude countries, there is no large sum of transferable money; there is no fund from which you can borrow, and out of which you can make immense works.«

6 Diese Schlussfolgerung steht im Widerspruch zu der zuletzt häufiger geäußerten Forderung, die Kreditmenge in einer Volkswirtschaft solle nicht schneller als das nominale Bruttoinlandsprodukt steigen (siehe etwa Financial Times Deutschland [2008]).

7 Für gute Überblicksaufsätze siehe etwa Levine (1993) oder King/Levine (1993).

8 »Ich glaube, dass die Keime für den geistigen Verfall des individualistischen Kapitalismus in einer Einrichtung zu finden sind, die an sich nicht kennzeichnend für ihn selbst ist, sondern die er von dem sozialen System des ihm vorausgegangenen Feudalismus übernahm, ich meine den Grundsatz der Vererbung.« (Keynes 1925: S. 88).

9 Eine überzeugende Darstellung hierzu gibt der Wirtschaftshistoriker Charles Kindleberger (1986).

10 Keynes (1936: S. 116).

11 Vgl. Marx (1867: S. 146ff.).

12 Siehe hierzu Keynes (1969).

13 Siehe etwa Dullien (2008).

14 Im Europäischen Währungssystem (EWS), das im Jahre 1979 etabliert wurde und bis zum Übergang zur EWU existierte, wurde die European Currency Unit (ECU) als Währungseinheit für die am System beteiligten Länder geschaffen. Der ECU war ebenfalls eine Korbwährung, bestehend aus den jeweiligen Währungen der Teilnehmerländer am EWS.

15 »The assignment for the Bank of Japan and ECB would be to keep exchange rates fixed while that for the expanded Federal Reserve would be to stabilize the price level. The Policy Committee of the Federal Reserve (now the Open Market Committee) would incorporate Japanese and European as well as American experts. A nine-member Committee might include four Americans, three Europeans and two Japanese. Members of the Committee should be independent of their governments (as are, theoretically, members of the Governing Council of the ESCB). The expanded Fed would make the decisions about tightening or loosening credit. There would be a common target for monetary policy. [...] Members would then cast votes for tightening or loosening credit just as the three central banks do today. There would also be a formula for redistributing seigniorage, just as in the ECB.« (Mundell 2000).

16 Der ehemalige Bundeskanzler Helmut Schmidt schreibt zum letzten Punkt: »Finanzanlagen und Finanzkredite zugunsten solcher Unternehmen und Personen werden bei Strafe verboten, die rechtlich in Steuer- und Aufsichtsoasen registriert sind.« (Schmidt 2009).

17 Vgl. Herr/Priewe (2005).

18 Vgl. Ocampo (2009: S. 10).

19 Vgl. für diese Vorschläge Stiglitz (2006: Kapitel 8) oder Kellermann (2006).

20 Vgl. Stiglitz (2006: Kapitel 10).

21 Siehe für eine Beschreibung dieses Mechanismus Herr (2008a).

22 Normalerweise, denn im Verlauf der Subprime-Krise haben Zentralbanken auch Investmentbanken und anderen Institutionen geholfen oder haben sich Nichtgeschäftsbanken durch Umdefinierung ihres Geschäftsmodells schnell unter den Schirm der Zentralbank gestellt.

23 Vgl. Schmidt (2009).

24 Vgl. dazu Stiglitz/Greenwald (2003: Kapitel 9).

25 Vgl. FSF (2008).

26 Das Bilanzrechtsmodernisierungsgesetz ist ein Gesetzgebungsvorhaben der deutschen Bundesregierung zur Reform des deutschen (Handelsgesetzbuch-)Bilanzrechts. Es passt die bisherigen Vorschriften stärker an die Grundsätze der internationalen Rechnungslegungssysteme an. So macht es Vorgaben zur Bilanzierung von Zweckgesellschaften. Die Fair-Value-Bewertung wird allerdings so geändert, dass sie weniger prozyklisch wirkt. Zur Kritik am Bilanzrechtsmodernisierungsgesetz und seiner potenziellen Wirkung auf die deutsche Corporate Governance, insbesondere im Bereich der Aufgabenteilung von Aufsichtsrat und Vorstand, siehe Theisen (2009).

27 Vgl. United Nations (2009).

28 Vgl. Hellwig (2008).

29 Vgl. Horn et al. (2009: S. 9).

30 Vgl. VGW (2009).

31 Vgl. Arbeitskreis Europa (2009).

32 Vgl. Voth (2007); Horn et al. (2009: S. 8).

33 Die EU-Zinsrichtlinie sieht vor, dass EU-Mitgliedsländer ab 2005 Kontrollmitteilungen über die Zinseinkünfte ausländischer Investoren an deren Heimatfinanzämter übermitteln. Im Wohnsitzland sollen die Erträge dann nach den dort maßgeblichen Steuergesetzen behandelt werden. Für einige Länder wie die Schweiz und Liechtenstein gelten allerdings Ausnahmen. Zum Schutz des Bankgeheimnisses können diese Staaten auch eine pauschale Abgeltungssteuer abführen.

34 »Financialisation: the increasing dominance of the finance industry in the sum total of economic activity, of financial controllers in the management of corporations, of financial assets among total assets, of marketised securities and particularly equities among financial assets, of the stock market as a determinant of business cycles.« (Dore 2002, zitiert nach: Evans/Habbard 2008: S. 64); vgl. auch Palley (2008); Hein (2009); Evans/Habbard (2008).

35 Vgl. Hirschel/Stuber (2008: S. 279).

36 Vgl. Evans/Habbard (2008: S. 67); Hein (2009).

37 Vgl. Horn et al. (2009).

38 Vgl. Kindleberger (1986).

39 Vgl. Kellermann (2006) und (2009).

40 Vgl. Kellermann (2008).

41 Vgl. Goodhart (2009: S. 30ff).

42 Vgl. Esping-Andersen (1990).

43 Vgl. Mosebach (2002).

44 Vgl. Schmähl (2009).

45 Die Materialien zu dem Projekt »Zukunft 2020« finden sich im Internet unter www.fes.de/zukunft2020/

46 Siehe Fritschi/Oesch (2008).

47 Siehe OECD (2001).

48 Ein Beispiel ist hier das Möbelhaus IKEA. Alle IKEA-Geschäfte in Deutschland zahlen eine Lizenz an ein ausländisches Mutterunternehmen für die Erlaubnis, den IKEA-Namen und das Geschäftsmodell zu benutzen. So werden der Gewinn von IKEA und damit die Steuerzahlungen in Deutschland reduziert (Martens 2007).

49 Ein solcher Vorschlag wurde von Dullien/Schwarzer (2009) gemacht.

50 Vgl. Dullien (2008).

51 Vgl. etwa Dullien/Fritsche (2007a, 2008, 2009); Dullien (2009); Collignon (2008); Herr/Kazandziska (2007); Heine/Herr (2008).

52 Mit einem Defizit bzw. einem Überschuss von 3,0 Prozent würde sich die Auslandsverschuldung bzw. die Nettoauslandsvermögensposition bei einem nominalen Wirtschaftswachstum von 5 Prozent bei 60 Prozent des BIP einpendeln – einer Größenordnung, die nach historischer Erfahrung tragfähig ist.

53 In gewisser Weise greift dieser Vorschlag damit Elemente des Plans von Keynes zur Reform des Weltwährungssystems auf.

54 Vgl. Büttner/Ruf (2007); Oestreicher/Spengel (2003).

55 Vgl. Weichenrieder (2007).

56 Vgl. Sinn (1997); Weichenrieder (2007).

57 Vgl. Kellermann/Rixen/Uhl (2007).

58 Vgl. Arbeitskreis Europa (2009: S. 9f).

59 Vgl. Kellermann/Kammer (2009).

60 Keynes ist an diesem Punkt sehr klar: »In other words, the struggle about money-wages primarily affects the *distribution* of the aggregate real wage between different labour-groups, and not its average amount per unit of employment, which depends [...] on a different set of forces.« (Keynes 1936: S. 14).

61 Zur theoretischen Debatte über Mindestlöhne und einen Überblick über die empirischen Studien im Bereich der gesetzlichen Mindestlöhne vgl. Card/Krüger (1995) sowie Herr/Kazandziska/Mahnkopf-Praprotnik (2009).

62 In Entwicklungsländern kann dies anders sein. Dienen die gesetzlichen Mindestlöhne als Orientierung für die allgemeine Lohnentwicklung bei gleich bleibender Lohnstruktur, besteht natürlich eine relativ enge Beziehung zwischen der Veränderung der gesetzlichen Mindestlöhne und dem Preisniveau. In diesem Fall sollten sich die gesetzlichen Mindestlöhne entsprechend der Lohnnorm verändern.

63 Vgl. Pollin/Brenner/Wicks-Lim (2008). In den USA gibt es eine Living-Wage-Kampagne, die dazu geführt hat, dass in einer Reihe von Gebietskörperschaften die gesetzlichen Mindestlöhne deutlich über dem landesweiten Niveau der gesetzlichen Mindestlöhne liegen. Gleichzeitig wird von verschiedenen Gebietskörperschaften in den USA verlangt, dass bei öffentlichen Ausschreibungen nur Unternehmen zum Zuge kommen, die einen Living-Wage bezahlen. Beispiele sind der Bundesstaat Maryland, oder die Städte San Franzisco, Washington, D.C. oder Santa Fe.

64 Siehe Stigler (1946).
65 Vgl. Bispinck/Schulten (2009).
66 Vgl. Kromphardt (2004); Heine/Herr (2008).
67 Vgl. Schulten (2005).
68 Vgl. Niechoj (2004).
69 Vgl. Keynes (1930b).

## 5. Der gute Kapitalismus ist möglich!

Viele Leser, die sich bis zu diesem Fazit durchgearbeitet haben, werden sich an der ein oder anderen Stelle gedacht haben: Ja, das hier ist eine gute Idee, aber leider völlig unrealistisch. Feste Wechselkurse weltweit? Da würden doch die Amerikaner nie mitmachen. Höhere Steuern für mehr Umverteilung in Deutschland? Die Unternehmerlobbys sind für so etwas doch zu stark, oder? Den Flächentarif in Deutschland wieder stärken? Da werden doch Hunderte von deutschen Volkswirten Protestnoten unterschreiben und die Briefkästen der Politiker verstopfen. Beliebig könnte man diese Liste fortsetzen.

Wir glauben, dass eine solche Skepsis fehl am Platz ist. Die Wirtschaftsgeschichte ist voll von erstaunlichsten Meinungsumschwüngen. So war es zum Beispiel lange unvorstellbar, dass Geld nicht mit Edelmetallen gedeckt sein könnte. Heute ist keine wichtige Währung der Welt mehr durch die Notenbank in Gold oder Silber einlösbar. Zu Beginn der Großen Depression in den 1930er-Jahren glaubte man, dass der Staat nichts gegen Konjunkturausschläge machen könnte oder sollte. Gerade einmal ein halbes Jahrzehnt später krempelte John Maynard Keynes mit seiner *Allgemeinen Theorie* dieses Denken komplett um. Bis zum Beginn der Krise 2007 hätte man sich ebenfalls kaum vorstellen können, dass die britische und die amerikanische Regierung als Anteilseigner in die großen Privatbanken ihrer Länder einsteigen würden. Heute sind große Teile der Finanzsysteme dieser Länder vom Staat abhängig oder in Staatseigentum. Gehen mit einer solchen Entwicklung nachhaltige Veränderungen des Verhältnisses von Markt und Staat einher, dann kann es auch zu großen Veränderungen der Wirtschaftsweise kommen, so wie wir sie heute kennen.

Ein anderes Beispiel ist die Europäische Währungsunion: Als der sogenannte Werner-Plan im Jahr 1970 vorschlug, für Europa eine einheitliche Währung einzuführen, galt diese Idee als völlig utopisch. Selbst als der Maastricht-Vertrag Anfang der 1990er-Jahre ausgehandelt wurde, hielten wenige die Idee einer einheitlichen europäischen Währung für realistisch. Vor allem die Deutschen würden nie freiwillig ihre D-Mark abgeben, hieß es oft. Heute zahlen wir alle selbstverständlich mit Euro und Cent. Das heißt freilich noch nicht, dass die Architektur des Euros den Menschen nach unserer Vorstellung eines guten Kapitalismus in jedem Maße gute Dienste leistet. Die Gemeinschaftswährung könnte jedoch durch die aktuelle Krise die politische Integration in Europa vorantreiben, was die Grundlage für einen weiteren wichtigen Schritt in Richtung unseres neuen Wirtschaftsmodells wäre.

Krisen bieten immer auch Chancen. Sie bieten die Chance, all jene Lehrmeinungen und Interessen infrage zu stellen, die lange kaum hinterfragt weitergegeben und alleine durch ihre schlichte Verbreitung als allgemeingültig hingenommen wurden. So bietet die Finanz- und Wirtschaftskrise die Chance, einen Schritt zurückzutreten und zu überprüfen, was in den vergangenen Jahrzehnten in der Wirtschaft falsch gelaufen ist, was dazu geführt hat, dass unser Wirtschaftssystem leider nicht immer dazu beitrug, den Wohlstand der breiten Massen zu verbessern. Für viele, auch in Deutschland, brachte das neoliberale Globalisierungsprojekt nicht nur eine geringe oder keine Teilnahme an der gesellschaftlichen Wertschöpfung, sondern schuf prekäre Lebensverhältnisse mit der Gefahr eines gänzlichen Herausfallens aus der Gesellschaft. Soziale Sicherungssysteme wurden zumindest teilweise den Launen der Finanzmärkte ausgesetzt, berufliche und damit private Lebensplanungen wurden durch Krisen und neue Managementmethoden von heute auf morgen über den Haufen geworfen. Ein großer und wachsender Teil der Gesellschaft fühlt sich zunehmend als Spielball eines immer unkontrollierteren und gewalttätigeren Marktes. Der Zusammenhalt von Gesellschaften kann durch Resignation oder sogar soziale Unruhen bedroht werden. Angesichts dieser Gefahren gibt es keinen Zweifel, dass eine bessere Regulierung der Globalisierung notwendig ist.

Dazu kommt nach unserer Meinung, dass der Finanzkapitalismus, wie er in den vergangenen Jahrzehnten entstanden ist, aber auch die Deregulierung der Arbeitsmärkte sowie die anderen Elemente des neoliberalen Projektes, dazu beigetragen haben, dass die Weltwirtschaft wesentlich anfälliger für ökonomische und gesellschaftliche Katastrophen von der Art der Großen Depression der 1930er geworden ist. Die Subprime-Krise ist ein Ausdruck dafür. Durch sie ist die gefährliche Seite dieses Kapitalismus in den reichen Ländern mit aller Härte ausgebrochen, in den Entwicklungs- und Schwellenländern waren schwere ökonomische Zusammenbrüche schon länger an der Tagesordnung. Da diese Art von »Unfällen« das Potenzial haben, Millionen Menschen in die Armut zu stoßen und die sozialen wie ökonomischen Fortschritte von Jahren, wenn nicht Jahrzehnten zu vernichten, muss der Kapitalismus in der Art reguliert werden, dass er seine gefährliche Krisenhaftigkeit verliert.

Auch wenn das Fernziel eines durch Institutionen und Regeln gebändigten Kapitalismus, eines guten Kapitalismus, zunächst unrealistisch scheint, so sind doch viele erste Schritte durchaus vorstellbar oder bereits heute Gegenstand der politischen Debatte. Und da jeder lange Weg mit einem ersten Schritt beginnt, können auf diese anfänglichen Änderungen weitere, weitreichendere Vorschläge folgen und umgesetzt werden. Es ist eine Frage des politischen Willens und natürlich der politischen Möglichkeiten. Von daher ist es wichtig, gerade jetzt erste Reformen mit dem Potenzial langfristiger Veränderungen anzustoßen und umzusetzen.

Was in diesem Buch beschrieben wurde, ist ein Umbau der derzeitigen Wirtschaftsordnung zu einem besseren Kapitalismus. Es ist illusionär und ideologisch, auf den Markt als ein sich selbst regulierendes System zu setzen – diese Erkenntnis ist mindestens so alt wie die deutsche Vorstellung von der sozialen Marktwirtschaft, die hier ihren Ausgangspunkt hatte. Der Staat darf nicht nur Zaungast des freien Spiels der Märkte sein und die Wunden lecken, wenn das System ins Stolpern gerät. Wir haben einen Vorschlag entwickelt, wie man den Markt so einbetten kann, dass er frei genug ist, um seine ureigene und unnachahmliche Dynamik zum Wohl aller entfalten zu können – und dabei möglichst wenig zu stolpern. Märkte sollten nicht abgeschafft werden. Es muss ihnen ihr innovatives und effizientes Potenzial entlockt werden. Sie sind das Instrument für die notwendige grüne Wende hin zu einer nachhaltigen und gerechten Gesellschaft.

Märkte sind ein zentraler Motor für Innovationen und Neuerungen. Die Marktwirtschaft ist deshalb allen anderen bekannten Wirtschaftsordnungen überlegen. Auch das Privateigentum an Produktionseinrichtungen ist eine Institution, die wir nicht abschaffen wollen. Dies schließt allerdings ein, dass innerhalb der Unternehmen alle Stakeholder, allen voran die Arbeitnehmer, Einfluss haben sollten. Eine solche Wirtschaftsdemokratie, wie wir sie in Deutschland gut kennen, ist dabei von ganz entscheidender Rolle. Es geht um eine Versachlichung der Debatte über die Eigentumsformen von Unternehmen. Es sollte nach Zweckmäßigkeitsgründen entschieden werden, welche Eigentumsform beispielsweise bei der Bereitstellung öffentlicher Dienstleistungen wie Wasser, Strom oder Müllabfuhr gewählt wird. Privatunternehmen werden nicht effizienter, wenn sie niedrigere Löhne zahlen als staatliche Unternehmen und durch prekäre Arbeitsverhältnisse gekennzeichnet sind.

Für Investitionen und Innovationen braucht es Kapital und eine solide Finanzierung. Ein gutes Finanzsystem ist daher ein wichtiges Element des guten Kapitalismus und somit für wirtschaftliche wie auch gesellschaftliche Dynamik. Ein Unternehmer kann in der Regel nur mit Kredit Innovationen vorantreiben und auch marktfähig machen. Märkte wiederum ermöglichen Arbeitnehmern die Gründung von Unternehmen, wenn sie eine gute Idee und den Willen zur Selbstständigkeit haben. Dies ist durchweg positiv, solange Menschen nicht gegen ihren Willen in die Risiken des Unternehmertums getrieben werden.

Märkte sind ein wichtiges Element der Emanzipation. Alle bisher bekannten Gesellschaften einschließlich der Planwirtschaft waren weitaus mehr durch direkte Über- und Unterordnungsverhältnisse zwischen Menschen und geringere individuelle Gestaltungsspielräume geprägt als Marktgesellschaften. Im Prinzip bieten Märkte die besseren Voraussetzungen dafür, dass jeder Mensch sich verwirklichen kann, als dies in Gesellschaften ohne Märkte der Fall ist. Nur dank ihnen kann der Mensch über jene Güter entscheiden, die er konsumieren möchte. Allerdings fällt aus dem Markt heraus, wer kein Einkommen hat und wer seine Arbeitskraft nicht verkaufen kann. Der Natur der Sache nach sind das oftmals die Schwächsten der Gesellschaft. Aus diesem Grunde führen Märkte unreguliert zu großen Unterschieden bei der Einkommensverteilung und der Teilnahme an der Gesellschaft.

Wie in diesem Buch dargestellt wurde, neigen insbesondere Finanzmärkte zu Übertreibungen. Und weil diese anders als etwa der Markt für Hemdknöpfe für das Wirtschaftssystem insgesamt wichtig sind, muss der Staat korrigierend eingreifen. Auch andere Märkte, wie der Arbeitsmarkt, neigen dazu, dass es zu Ergebnissen kommt, die gesellschaftlich nicht gewünscht sind. Um ein anderes Sprichwort zu bemühen: Der Markt ist ein guter Knecht, aber ein schlechter Meister. Ihm müssen klare Aufgaben, klare Regeln und klare Grenzen gesetzt werden. Worum es uns geht, ist, die positive Dynamik der Märkte für den Menschen nutzbar zu machen, also im Spiel der Märkte das produktive Element zu erhalten und die negative Seite zu minimieren. Wir folgen der Auffassung, dass Finanzmärkte, Arbeitsmärkte und die Nutzung der Natur nicht dem Spiel unregulierter Märkte überlassen werden können, sondern in die Gesellschaft eingebettet sein müssen. Das muss auf der nationalen, europäischen und globalen Ebene geschehen.

Unsere Vorschläge haben aber noch eine ganz andere Dimension: Sie sollen die international offene Marktwirtschaft widerstandsfähiger und haltbarer machen. Das aktuelle neoliberale Globalisierungsprojekt trägt das Risiko in sich, dass Globalisierung an sich infrage gestellt und diskreditiert wird und es einen dramatischen politischen Rückschlag gegen die global vernetzte Wirtschaft gibt. Bereits in der aktuellen Krise hat es erneut Tendenzen gegeben, das eigene nationale Wohl auf Kosten der anderen Länder zu erhöhen. Einige der Konjunkturpakete, die weltweit verabschiedet wurden, enthalten Elemente, die den Kauf heimischer Produkte vorschlagen. Bei fast allen wurde darauf geachtet, dass nicht ein großer Teil der Mittel in Importe – und damit bei den Nachbarn – landet. Wir sehen die reale Gefahr, dass bei einem Versagen der Verantwortlichen zur Überwindung der Subprime-Krise und der Schaffung von Prosperität die Weltwirtschaft in ihre Einzelteile zerfällt. Eine Entwicklung mit Protektionismus- oder Abwertungswettläufen sowie Kreditverweigerung an Länder in tiefen Währungskrisen, ähnlich der in der Zwischenkriegszeit des zwanzigsten Jahrhunderts, die die wirtschaftliche Erholung immer wieder torpediert und die Weltwirtschaft immer tiefer in die Krise gerissen hat, ist nicht auszuschließen. Damit würden die positiven Elemente der Globalisierung, die in den vergangenen Jahrzehnten geholfen haben, Millionen Menschen vor allem in Asien aus der Armut zu befreien, nur behindert. Auch ist an internationalem Handel an sich nichts auszusetzen, der uns heute eine in früheren Zeiten undenkbare Vielfalt an Gütern und Dienstleistungen beschert. Allerdings muss Handel fair betrieben werden. Ein Zusammenbruch der Globalisierungen, wie etwa nach dem Ersten Weltkrieg, würde es zudem erschweren, viele der drängenden Probleme der Menschheit nicht zuletzt auf dem Gebiet der Ökologie zu lösen. Diese Probleme bedürfen der Sache nach eines globalen Ansatzes.

Das Argument, die eigenen Reformvorschläge seien die einzige Lösung, um eine katastrophale Entwicklung zu stoppen, ist natürlich mit Vorsicht anzubringen. Möglicherweise kommt es auch nicht schnell zum Schlimmsten. Auch russische Atomreaktoren vom Typ Tschernobyl haben über Jahre vor dem Super-GAU ohne Katastrophe funktioniert. Doch auch wenn aus der Krise nicht der Zusammenbruch der global integrierten Ökonomie folgt, besteht Handlungsdruck. Wie wir gerade erlebt haben, kann eine globale Wirtschaftskrise jederzeit ohne lange Vorwarnungen einschlagen und Millionen Menschen in Arbeitslosigkeit und Armut treiben. Wer nach so einer Katastrophe wie der Subprime-Krise nicht handelt, obwohl er etwas bewegen könnte, macht sich schuldig an zukünftigen Fehlentwicklungen der Ökonomie und Gesellschaft – und an den künftigen Generationen, denen wir unsere Wirtschaftsordnung hinterlassen.

# Literatur


Aghion, P., Howitt, P. (2006): Joseph Schumpeter Lecture Appropriate Growth Policy. A Unifying Framework, Journal of the European Economic Association 4, S. 269-314.

Aghion, P., Marinescu, I. (2006): Cyclical Budgetary Policy and Economic Growth. What Do We Learn from OECD Panel Data?, Harvard University. www.economics.harvard.edu/faculty/aghion/papers/Cyclical_Bud getary_Policy.pdf

AMECO Datenbank (2009): Annual Macroeconomic Database, Datenbank der Europäischen Kommission.

Arbeitskreis Europa (2009): Für einen Kurswechsel. Forderungen an die neue EU-Kommission, Internationale Politikanalyse, Friedrich-Ebert-Stiftung.

Ariyoshi, A., Habermeier, K., Laurens, B., Otker-Robe, I., Canales-Kriljenko, J.I., Kirilenko, A. (2000): Capital Controls. Country Experiences with Their Use and Liberalisation, IMF, Washington, D.C.

Bagehot, W. (1873): Lombard Street, London.

Bank for International Settlement (2007): Triennial Central Bank Survey, Basel.

Bank für Internationalen Zahlungsausgleich (2009): Quarterly Review, März 2009, Basel.

Bispinck, R., Schulten, T. (2009): Die Re-Stabilisierung des deutschen Flächentarifvertagssystems, in: WSI Mitteilungen, Vol. 62, S. 201-217.

Black, F., Scholes, M. (1973): The Pricing of Options and Corporate Liabilities, in: Journal of Political Economy, Vol. 81, S. 637-654.

Blinder, A. (2006): The Case Against the Case Against Discretionary Fiscal Policy, in: Kopcke, R.W., Tootell, G.M.B., Triest, R.K. (Hg.): The Macroeconomics of Fiscal Policy, Cambridge, MA et al.

Blinder, A., Yellen, J.L. (2001): The Fabulous Decade. Macroeconomic Lessons from the 1990s, New York.

Böckler Impulse (2008): Nr. 13/2008, Hans-Böckler Stiftung.
Bofinger, P. (2009a): Ist der Markt noch zu retten?, Berlin.
Bofinger, P. (2009b): Public Sector Credit Rating Agencies = More Stable Financial Architecture, in: Re-Defining the Global Economy, Dialogue on Globalisation, Occasional Papers, Friedrich Ebert Foundation, New York, S. 33-36.
Bosch, G., Kalina, T. (2008): Germany. What role for minimum wages on low-wage work?, in: Vaughan-Whitehead, D. (Hg.): The Minimum Wage Revisited in the Enlarged EU, ILO, Geneva, S. 179-206.
Bosch, G., Kalina, T., Weinkopf, C. (2008): Niedriglohnbeschäftigte auf der Verliererseite, in: WSI Mitteilungen, Vol. 61, S. 423-429.
Bundesregierung (1990): Bulletin des Presse- und Informationsamtes der Bundesregierung, Nr. 86, 3. Juli 1990.
Büttner, Th., Ruf, M. (2007): Tax Incentives and the Location of FDI. Evidence from a Panel of German Multinationals, in: International Tax and Public Finance, 14, S. 151-164.
Card, D., Krüger A.B. (1995): Myth and Measurement. The New Economics of the Minimum Wage, Princeton.
Cardarelli, R., Igan, D., Rebucci, A. (2008): The Changing Housing Cycle and the Implications for Monetary Policy. International Monetary Fund, World Economic Outlook, April, S. 103-132.
Chinn, M.D., Ito, H. (2005): What Matters for Financial Development? Capital Controls, Institutions, and Interactions, NBER Working Paper No. 11370.
Collignon, S. (2009): Wage developments in Euroland or The failure of the macroeconomic dialogue, Sant' Anna School of Advanced Studies, Pisa.
Dodd, R. (2007): Subprime: Tentacles of a Crisis, in: Finance and Development, IMF, Vol. 44 (4).
Dornbusch, R. (1976): Exchange Rate Expectations and Monetary Policy, in: Journal of International Economics, Vol. 6, S. 231-244.
Dornbusch, R. (1990): From Stabilisation to Growth, National Bureau of Economic Research Working Paper, No. W3302.
Dornbusch, R., Frankel, J. (1988): The Flexible Exchange Rate System. Experience and Alternatives, in: Borner, S. (Hg.): International Finance and Trade in a Polycentric World, London, S. 151-197.
Dullien, S. (2008): Eine Arbeitslosenversicherung für die Eurozone. Ein Vorschlag zur Stabilisierung divergierender Wirtschaftsentwicklungen in der Europäischen Währungsunion, SWP-Studie 2008/S01, Berlin.
Dullien, S. (2009): Central banking, financial institutions and credit creation in developing countries, UNCTAD Discussion Paper.
Dullien, S., Fritsche, U. (2007a): Anhaltende Divergenz bei Inflations- und Lohnentwicklung in der Eurozone. Gefahr für die Währungsunion?, Vierteljahrshefte zur Wirtschaftsforschung, Vol. 76 (4), S. 56-76.
Dullien, S., Fritsche, U. (2007b): Does the Dispersion of Unit Labour Costs Dynamics in the EMU Imply Long-run Divergence? Results from a Com-

parison with the United States of America and Germany, DEP Discussion Papers, University Hamburg, 2/2007.
Dullien, S., Fritsche, U. (2008): Does the Dispersion of Unit Labor Cost in the EMU imply long-run Convergence, in: International Economics and Economic Policy, Vol. 5 (3), S. 269-295.
Dullien, S., Fritsche, U. (2009): How bad is divergence in the euro zone? Lessons from the United States and Germany, Journal of Post Keynesian Economics, Vol. 31 (3), S. 431-457.
Dullien, S., Schwarzer, D. (2009): Bringing Macroeconomics into the EU Budget Debate. Why and How?, in: Journal of Common Market Studies, Vol. 47 (1), S. 153-174.
Eichengreen, B., Hausmann, R. (Hg.) (2005): Other's People's Money. Debt Domination and Financial Instability in Emerging Market Economies, Chicago.
Emminger (1986): D-Mark, Dollar, Währungskrisen. Erinnerungen eines ehemaligen Bundesbankpräsidenten, Stuttgart.
Esping-Andersen, G. (1990): The Three Worlds of Welfare Capitalism, Princeton.
European Commission (2007): The Labour Income Share in the European Union, Brussels.
Evans, J., Habbard, P. (2008): From Shareholder Value to Private Equity. The Changing Face of Financialisation of the Economy, in: Transfer 1/08, 14 (1), S. 63-75.
EZB (Europäische Zentralbank) (2004): Die Geldpolitik der EZB, Frankfurt a.M.
Fama, E. (1970): Efficient Capital Markets. A Review of Theory and Empirical Work, in: Journal of Finance, Vol. 25, S. 383-417.
FDIC (1997): History of the Eighties – Lessons for the Future. Volume II: Symposium Proceedings, Washington, DC.
Felderer, B., Homburg, S. (1994): Makroökonomie und neue Makroökonomie, 6. Auflage, Berlin et al.
Financial Times Deutschland (2008): Das Kapital: Die Regulierungsverfechter greifen zu kurz, 31.3.2008, S. 17.
Fischer, S., Sahay, R., Végh, C.A. (2002): Modern Hyper Inflations, in: Journal of Economic Literature, Vol. 15.
Fisher, I. (1933): The Debt-Deflation Theory of Great Depressions, in: Econometrica, Vol. 1, S. 337-257.
Flannery, M.J., James, C.M. (1983): The effect of interest rate changes on the common stock returns of financial institutions, Journal of Finance, Vol. 39, S. 1141-1153.
Friedman, M. (1953): The Case for Flexible Exchange Rates, in: Friedman, M.: Essays in Positive Economics, Chicago, S. 157-203.
Friedman, M. (1968): The Role of Monetary Policy, in: American Economic Review, Vol. 58, S. 1-17.
Friedman, M. (1969): The Optimum Quantity of Money, Chicago,.

Fritschi, T., Oesch, T. (2008): Volkswirtschaftlicher Nutzen von frühkindlicher Bildung in Deutschland – Eine ökonomische Bewertung langfristiger Bildungseffekte bei Krippenkindern, Bertelsmann-Stiftung.

FSF (Financial Stability Forum) (2008): Ongoing and Recent Work Relevant to Sound Financial Systems, Cover note by the Secretariat for the FSF meeting on 29-30 September 2008. www.financialstabilityboard.org/publications/on_0809.pdf

Galbraith, J.K. (1967): The New Industrial State, Princeton.

Goodhart, C.A.E. (2009): The Regulatory Response to the Financial Crisis, Cheltenham, UK et al.

Haipeter, T. (2009): Tarifregelung zwischen Fläche und Betrieb: Koordinierung und Praxis in der Chemie- und Metallindustrie, in: WSI Mitteilungen, Vol. 62, S. 185-191.

Hein, E. (2008): Money, Distribution Conflict and Capital Accumulation, Houndmills.

Hein, E. (2009): A (Post-)Keynesian perspective on »financialisation«, IMK Studies 01-2009, IMK at the Hans Boeckler Foundation, Macroeconomic Policy Institute. www.boeckler.de/pdf/p_imk_studies_01_2009.pdf

Hein, E., Truger, A. (2007): Die deutsche Wachstums- und Beschäftigungsschwäche im europäischen Kontext – ein Lehrstück makroökonomischen Missmanagements, in: Chaloupek, G., Hein, E., Truger, A. (Hg.): Ende der Stagnation? Wirtschaftspolitische Perspektiven für mehr Wachstum und Beschäftigung in Europa, Wien, S. 43-63.

Heine, M., Herr, H. (2003): Volkswirtschaftslehre. Paradigmenorientierte Einführung in die Mikro- und Makroökonomie, 3. Auflage, München.

Heine, M., Herr, H. (2008): Die Europäische Zentralbank. Eine kritische Einführung in die Strategie und Politik der EZB und die Probleme der EWU, 3. Auflage, Marburg.

Heine, M., Herr, H., Kaiser, C. (2006): Wirtschaftspolitische Regime westlicher Industrieländer – theoretische Analyse und Fallstudien über Japan, Großbritannien, die USA und Deutschland, Baden-Baden.

Hellwig, M. (2008): Systemic Risk in the Financial Sector. An Analysis of the Subprime-Mortgage Crisis, Max Planck Institute for Research on Collective Goods, November 2008.

Herr, H. (2004): Der Arbeitsmarkt in Deutschland im Jahre 2003. Lage, theoretische Debatte und Reformvorstellungen, in: Zwengel, R. (Hg.): Gesellschaftliche Perspektiven. Arbeitsmarkt, Ökologie und Reformpolitik, EU-Erweiterung. Jahrbuch der Hessischen Gesellschaft für Demokratie und Ökologie, 2003.

Herr, H. (2008a): Capital Controls and Economic Development in China, in: Arestis, P., De Paula, L.F. (Hg.): Financial Liberalization and Economic Performance in Emerging Countries, Basingstoke, New York, S. 142-172.

Herr, H. (2008b): Finanical Systems in Developing Countries and Economic Development, in: Hein, E., Niechoj, T., Spahn, P., Truger, A. (Hg.): Finance-led Capitalism? Macroeconomic Effects of Changes in the Financial Sector, Marburg, S. 123-150.

Herr, H. (2009): Gobal Imbalances and the Chinese Balance of Payments, in: Intervention. European Journal of Economics and Economic Policy, Vol. 6, S. 44-52.

Herr, H., Kazandziska, M. (2007): Wages and regional coherence in the European Monetary Union, in: Hein, E., Priewe, J., Truger, A. (Hg.): European Integration, Marburg.

Herr, H., Kazandziska, M., Mahnkopf-Praprotnik, S. (2009): The Theoretical Debate about Minimum Wages, Global Labour University Working Paper, No. 6, February 2009.

Herr, H., Priewe, J. (2005): Development Strategies Beyond the Washington Consensus, in: Internationale Politik und Gesellschaft, Heft 2.

Herr, H., Hübner, K. (2005): Währung und Unsicherheit in der globalen Ökonomie. Eine geldwirtschaftliche Theorie der Globalisierung, Berlin.

Hirschel, D., Stuber, M. (2008): Made in Germany im Griff der Finanzmärkte, in: Hagemann, H., Horn, G., Krupp, H.J. (Hg.): Aus gesamtwirtschaftlicher Sicht. Festschrift für Jürgen Kromphardt, Marburg, S. 271-292.

Horn, G., Joegbes, H., Kamp, L., Krieger, A., Sick, S., Trober, S. (2009): Gesamtwirtschaftliche Stabilität durch bessere Regulierung. Vorschläge für eine Neuordnung der Finanzmärkte, IMK Report Nr. 36, März 2009. Im Internet: www.boeckler.de/pdf/p_imk_report_36_2009.pdf

Hoshi, T., Kashyap, A.K. (2008): Will the U.S. Bank Recapitalization Succeed? Lessons from Japan, NBER Working Paper No. 14401.

ILO (International Labour Organisation) (2008): Global Wage Report 2008/09, International Labour Office, Geneva.

IMF (2003): Deflation. Determinants, Risks, and Policy Options – Findings of an International Task Force, Washington, D.C.

IMF (2008): Financial Stress and Deleveraging. Macro-Financial Implications and Policy. Global Financial Stability Report, October, Washington, D.C.

IMF (2009a): International Financial Statistics, Washington, D.C.

IMF (2009b): World Economic Outlook, Washington, D.C.

IMF (2009c): Country Representation, Washington, D.C. www.imf.org/external/about/govrep.htm

Johnson, H.G. (1972): The Case for Flexible Exchange Rates, 1969, in: Ders.: Further Essays in Monetary Economics, Winchester, S. 198-222.

Kalecki, M. (1969): Theory of Economic Dynamics, New York.

Kellermann, Chr. (2006): Die Organisation des Washington Consensus. Der Internationale Währungsfonds und seine Rolle in der internationalen Finanzarchitektur, Bielefeld.

Kellermann, Chr. (2008): Europe's leverage in financial market regulation, Friedrich-Ebert-Stiftung, Internationale Politikanalyse, Berlin.

Kellermann, Chr. (2009): Der IWF als Hüter des Weltgelds? Zum chinesischen Vorschlag einer globalen Währung, Friedrich-Ebert-Stiftung, Internationale Politikanalyse, Berlin.

Kellermann, Chr., Kammer, A. (2009): Deadlocked European Tax Policy. Which Way Out of the Competition for the Lowest Taxes?, in: Internationale Politik und Gesellschaft/International Politics and Society, No. 2, S. 127-141.

Kellermann, Chr., Rixen, Th., Uhl, S. (2007): Unternehmensbesteuerung europäisch gestalten, Internationale Politikanalyse, Friedrich-Ebert-Stiftung. http://library.fes.de/pdf-files/id/04761.pdf

Keynes, J.M. (1925): Am I a Liberal? The Collected Writings of John Maynard Keynes, Vol. IX, Essays in Persuasion, London 1972, S. 295-306 (deutsch in: Mattfled, H. (Hg.) (1985): Keynes. Kommentierte Werkauswahl, Hamburg, S. 86-95).

Keynes, J.M. (1930a): Treatise on Money, Vol. I: The Pure Theory of Money, Cambridge.

Keynes, J.M. (1930b): Economic Possibilities for our Grandchildren, wiederabgedruckt in: Keynes, J.M. (1963): Essays in Persuasion, New York, S. 358-373.

Keynes, J.M (1933) [1973]: Towards the General Theory, Collected Writings, Vol. XIII, London.

Keynes, J.M. (1936): The General Theory of Employment, Interest and Money, Cambridge.

Keynes, J. M. (1937): The General Theory of Employment, in: Quarterly Journal of Economics, 51, S. 209-223.

Keynes, J.M. (1969): Proposals for an International Clearing Union, in: Horsfield, J.K. (Hg.): The International Monetary Fund 1946-1965, Vol. III, Documents, Washington, DC.

Kindleberger, Ch.P. (1986): The World in Depression. 1929-1939, 2nd enlarged edition, Berkeley.

Kindleberger, Ch.P. (1996): Manias, Panics, and Crashes. A History of Financial Crises, 3rd edition, New York.

King, R.G., Levine, R. (1993): Finance and Growth. Schumpeter Might Be Right, Quarterly Journal of Economics, Vol. 108 (3), S. 717-737.

Kromphardt, J. (2004): Grundzüge einer europäisch orientierten Lohnpolitik, in: Altzinger, W. et al. (Hg.): Öffentliche Wirtschaft, Geld- und Finanzpolitik: Herausforderungen für eine gesellschaftlich relevante Ökonomie, Wien.

Krugman, P. (2007): The Conscience of a Liberal, New York.

Krugman (2009): Die neue Weltwirtschaftskrise, Frankfurt a.M.

Krugman, P., Obstfeld, M. (2006): Internationale Wirtschaft, 7. Auflage, München.

Lazonick, W. (2008): The Quest for Shareholder Value. Stock Repurchases in the US Economy. www.uml.edu/centers/CIC/Lazonick_Quest_for_Shareholder_Value_20081206.pdf

Leijonhufvud, A. (2009): Two Systemic Problems, CEPR Policy Insight, No. 29, January.

Levine, R. (1997): Financial Development and Economic Growth: Views and Agenda, Journal of Economic Literature, Vol. 35, S. 688-726.

Lucas, R.E. Jr. (1981): Studies in Business Cycle, London.

Lütz, S., Eberle, D. (2008): Varieties of Change in German Capitalism. Transforming the Rules of Corporate Control, in: New Political Economy, Vol. 13 (4), December 2008, S. 377-395.

Madura, J., Schnusenberg, O. (2000): Effects of Federal Reserve Policies on Bank Equity Returns, Journal of Financial Research, Vol. 23 (4), S. 421-447.

Marglin, S., Schor, J. (1992): The Golden Age of Capitalism. Reinterpreting the Postwar Experience, Oxford.

Martens, J. (2007): The Precarious State of Public Finance. Tax Evasion, Capital Flight and the Misuse of Public Money in Developing Countries – And What Can Be Done About It. DGB Bildungswerk, January. www.tax justice.net/cms/upload/pdf/martens_precarious_finance__2007.pdf

Marx, K. (1867): Das Kapital. Kritik der politischen Ökonomie, Band I, Marx-Engels-Gesamtausgabe, Zweite Abteilung, Bd. 5, Berlin.

Minsky, H.P. (1990): John Maynard Keynes. Finanzierungsprozesse, Investitionen und Instabilität des Kapitalismus, Marburg (englische Erstausgabe 1975).

Mishkin, F.S. (2007): The Economics of Money, Banking, and Financial Markets, Boston et al.

Mosebach, K. (2002): Demographischer Druck auf den Wohlfahrtsstaat?, in: Beck, St. et al. (Hg.): Nach der New Economy. Perspektiven der deutschen Wirtschaft, Münster, S. 133-153.

Müller-Armack, A. (1974): Genealogie der Sozialen Marktwirtschaft: Frühschriften und weiterführende Konzepte, Sozioökonomische Forschungen, Band 1, Bern und Stuttgart.

Mundell, R. (2000): Currency Areas, Exchange Rate Systems and International Monetary Reform. Paper delivered at Universidad del CEMA, Buenos Aires, Argentina, 17. April 2000. www.columbia.edu/~ram15/cema2000.html

Murphy, J.J. (2006): Technische Analysen der Finanzmärkte. Grundlagen, Strategien, Methoden, Anwendungen, München.

Niechoj, T. (2004): Fünf Jahre Makroökonomischer Dialog. WSI Diskussionspapier 123, April 2004.

Ocampo, J.A. (2009): A 7-Point Plan for Development Friendly Reform, in: Re-Defining the Global Economy, Dialogue on Globalisation, Occasional Papers, Friedrich Ebert Foundation, New York, S. 7-13.

OECD (2001): Transfer Pricing Guidelines for Multinational Enterprises and Tax Administrations, Paris.

OECD (2008): Education at a Glance 2008, Paris.

OECD (2009a): Trade Union Density in OECD Countries, 1960-2007, www.oecd.org/dataoecd/25/42/39891561.xls.

OECD (2009b): Economic Outlook No. 85, Paris.

OECD (2009c): OECD – Society at a Glance 2009, OECD Social Indicators.

Oestreicher, A., Spengel, Chr. (2003): Steuerliche Abschreibung und Standortattraktivitat, in: ZEW Wirtschaftsanalysen, Band 66, Baden-Baden.

Palley, Th. (2008): After the Bust. The Outlook for Macroeconomics and Macroeconomic Policy, IMK Working Paper, 20-2008. www.boeckler.de/pdf/p_imk_wp_20_2008.pdf

Paritätische Forschungsstelle (2009): Armutsatlas für Regionen in Deutschland. www.armutsatlas.de/

Pollin, R., Brenner, M., Wicks-Lim, J. (2008): A Measure of Fairness. The Economics of Living Wages and Minimum Wages in the United States, Cornell.

Priewe, J., Herr, H. (2005): The Macroeconomics of Development and Poverty Reduction. Strategies Beyond the Washington Consensus, Baden-Baden.

Rajan, R.G. (2005): Has Financial Development Made the World Riskier? National Bureau of Economic Research Working Paper, No. W11728.

Rappaport, A. (1986): Creating Shareholder Value. The New Standard for Business Performance, New York.

Robinson, J. (1938): The Economics of Inflation, in: The Economic Journal, Vol. 48, S. 507-513.

Robinson, J. (1974): What has become of the Keynesian Revolution?, in: »Challenge«, S. 1-2.

Rodrik, D. (1998): Who Needs Capital-Account Convertibility? Essays in International Finance, No. 207.

S&P/Case-Shiller Home Price Indices (Composite-10 CSXR), www.homeprice.standardandpoors.com

Sachverständigenrat (2007): Jahresgutachten 2007/08, Das Erreichte nicht verspielen, Bonn.

Sandal, K. (2004), The Nordic Banking Crises in the Early 1990s – Resolution Methods and Fiscal Costs, Chapter 3, in: Moe, T.G., Solheim, J.A., Vale, B. (Hg.): The Norwegian Banking Crisis, Norges Banks Occasional Papers No. 33.

Sargent, T.J. (1979): Macroeconomic Theory, New York.

Sargent, T.J., Wallace, N. (1976): Rational Expectations and the Theory of Economic Policy, in: Journal of Monetary Economics, Vol. 87, S. 169-83.

Scharpf, F. (1987): Sozialdemokratische Krisenpolitik in Europa, Frankfurt a.M.

Schieritz, M., Storn, A. (2009): Die Frage des Kapitals, in: Die Zeit vom 12.02.2009.

Schmähl, W. (2009): Sachgerechte Finanzierung der Sozialversicherung als politische Aufgabe, in: WSI Mitteilungen, 7/2009, S. 390-397.
Schmidt, H. (2009): Wie entkommen wir der Depressionsfalle?, in: Die Zeit vom 15.01.2009.
Schmidt, R., Maßmann, J. (1999): Drei Missverständnisse zum Thema Shareholde Value, Working Paper Series, Finance & Accounting, Nr. 31, Frankfurt a.M.
Schulmeister, S. (2007): Finanzspekulation, Arbeitslosigkeit und Staatsverschuldung, in: Intervention, Vol. 4, S. 73-97.
Schulten, T. (2005): Foundation and Perspectives of Trade Union Wage Policy in Europe, in: Hein, E., Niechoj, T., Schulten, T., Truger, A. (Hg.): Macroeconomic Policy Coordination in Europe and the Role of Trade Unions, Brussels, S. 263-292.
Schumpeter, J.A. (1926): Theorie der wirtschaftlichen Entwicklung, 2. Auflage, München u.a.
Schumpeter, J.A. (1951): The Theory of Economic Development. An Inquiry into Profits, Capital, Credit, Interest, and the Business Cycle, Cambridge, MA.
Sen, A. (1999): Development as Freedom, Oxford.
Shackle, G. (1958): Time in Economics, Amsterdam.
Shapiro, I., Friedman, J. (2004): Tax Returns – A Comprehensive Assessment of the Bush Administration Tax Cuts, Center on Budget and Policy Priorities, Washington, DC.
Shiller, R. (2008): The Subprime Solution, Princeton.
Sinn, H.-W. (1997): Deutschland im Steuerwettbewerb, in: Jahrbücher für Nationalökonomie und Statistik 216:6., S. 672-692.
Sinn, H.-W. (2009): Kasino-Kapitalismus. Wie es zur Finanzkrise kam, und was jetzt zu tun ist, Berlin.
Soskice, D. (1990): Wage Determination: The Changing Role of Institutions in Advanced Industrial Countries, in: Oxford Review of Economic Policy, Vol. 6, S. 36-61.
Sraffa, P. (1960): Production of Commodities by Means of Commodities. Prelude to a Critique of Economic Theory, Cambridge.
Stigler, G. (1946): The Economics of Minimum Wage Legislation, in: American Economic Review, Vol. 46, S. 358-365.
Stiglitz, J.E. (1996): Some Lessons form the East Asian Miracle, in: World Bank Observer, Vol. 11, S. 151-177.
Stiglitz, J.E. (2003): The Roaring Nineties, Why We're Paying the Price for the Greediest Decade in History, London, New York.
Stiglitz, J.E. (2004): Capital-Market Liberalisation, Globalisation, and the IMF, in: Oxford Review of Economic Policy, Vol. 20, S. 47-71.
Stiglitz, J.E. (2006): Making Globalisation Work, London.
Stiglitz, J.E., Greenwald, B. (2003): Towards a New Paradigm in Monetary Economics, Cambridge.
Strange, S. (1986): Casino Capitalism, Oxford.

Streeck, W. (2009): Re-Forming Capitalism. Institutional Change in the German Political Economy, Oxford.
Theisen, M.R. (2009): Stärkung der Corporate Governance durch das BilMoG, in: Freidank, C.-Chr., Altes, P. (Hg.): Das Gesetz zur Modernisierung des Bilanzrechts (BilMoG). Neue Herausforderungen für Rechnungslegung und Corporate Governance, Berlin, S. 341-357.
Tinbergen, J. (1956): Economic Policy: Principles and Design, Amsterdam.
Tobin, J. (1978): A Proposal for International Monetary Reform, in: Eastern Economic Journal, Vol. 4, S. 153-159.
Tobin, J. (1998): Money, Credit, and Capital, Boston.
Triffin, R. (1961): Gold and the Dollar Crisis: The Future of Convertibility, Yale.
United Nations (2009): Recommendations by the Commission of Experts of the President of the General Assembly on Reforms of the International Monetary and Financial System, 19. März 2009. www.un.org/ga/president/63/commission/financial_commission.shtml
VGW (Verein für Gesellschafts- und Wirtschaftswissenschaften) (2009): Reform der internationalen Finanzarchitektur, Wien.
Voth, H.-J. (2007): Transparenz und Fairness auf einem einheitlichen europäischen Kapitalmarkt, Studie im Auftrag der Hans-Böckler-Stiftung. www.boeckler.de/pdf/gutachten_voth_2007.pdf
Weichenrieder, A.J. (2007): Profit Shifting in the EU: Evidence from Germany. CESifo Working Paper No. 2043.
Williamson, J. (2005): Curbing the Boom-Bust Cycle: Stabilizing Capital Flows to Emerging Markets. Institute for International Economics, Washington, D.C.
WSI-Tarifarchiv (2009): www.boeckler.de/show_mindestlohn.html
Zhou Xiaochuan (2009): Reform of the International Monetary System, People's Bank of China, www.pbc.gov.cn/english/detail.asp?col=6500&id=178

# Zu den Autoren

**Prof. Dr. Sebastian Dullien** (geb. 1975) studierte und promovierte in VWL an der Freien Universität Berlin. Seit 2007 ist er Professor für International Economics an der Hochschule für Technik und Wirtschaft (HTW) in Berlin. Davor arbeitete er als Redakteur für Weltwirtschaft bei der Financial Times Deutschland. Er ist Autor einer regelmäßigen Kolumne im Wirtschaftsmagazin »Capital« und kann in seinen jungen Jahren bereits auf mehr als tausend journalistische Veröffentlichungen zu Wirtschaftsthemen und Wirtschaftspolitik, unter anderem bei »Financial Times Deutschland«, DIE ZEIT, Spiegel Online, tageszeitung, Berliner Zeitung oder stern.de, verweisen.

**Prof. Dr. Hansjörg Herr** (geb. 1951) startete seine Karriere als gelernter Koch und arbeitete einige Jahre als Schiffskoch auf den Weltmeeren. Über den zweiten Bildungsweg kam er zur Wirtschaftswissenschaft und promovierte und habilitierte an der Freien Universität Berlin. Seit 1994 ist er Professor für Volkswirtschaftslehre für Supranationale Integration an der Hochschule für Wirtschaft und Recht in Berlin. Seine Forschungsschwerpunkte liegen im Bereich der Finanzmärkte, insbesondere mit Blick auf die Analyse von Weltwährungssystemen. Während er immer noch gerne kocht, konzentriert sich seine Arbeit auf die globale Wirtschaft und die Arbeit mit den Studierenden.

**Dr. Christian Kellermann** (geb. 1974) studierte Politikwissenschaft und Wirtschaft in Frankurt am Main. Nach seinem Studium war er zunächst als Analyst bei einer Investmentbank in Frankfurt am Main und New York tätig. Nach dem Crash der New Economy promovierte er zum »Washington Consensus« und schrieb ein Buch über die Finanzmärkte und ihre Protagonisten. Danach arbeitete er in der internationalen Analyseabteilung der Friedrich-Ebert-Stiftung (FES) in Berlin und veröffentlichte vielfach zu internationalen Wirtschaftsthemen. Im Juli 2009 wechselte er für die FES als Leiter des Büros für die Nordischen Länder nach Stockholm und studiert dort die skandinavischen Erfahrungen mit einem vermeintlich besseren Kapitalismus.

# X-Texte zu Kultur und Gesellschaft

MATTHIAS KAMANN
**Todeskämpfe**
Die Politik des Jenseits und der Streit um Sterbehilfe

Oktober 2009, 158 Seiten, kart., 17,80 €,
ISBN 978-3-8376-1265-3

STEPHAN LESSENICH
**Die Neuerfindung des Sozialen**
Der Sozialstaat im flexiblen Kapitalismus

2008, 172 Seiten, kart., 18,80 €,
ISBN 978-3-89942-746-2

WERNER SCHIFFAUER
**Parallelgesellschaften**
Wie viel Wertekonsens
braucht unsere Gesellschaft?
Für eine kluge Politik der Differenz

2008, 152 Seiten, kart., 16,80 €,
ISBN 978-3-89942-643-4

**Leseproben, weitere Informationen und Bestellmöglichkeiten finden Sie unter www.transcript-verlag.de**

# X-Texte zu Kultur und Gesellschaft